北京师范大学公民与道德教育研究中心　编

中国公民教育评论（2017）

公民
权利意识与
教育研究

CHINA REVIEW OF
CITIZENSHIP EDUCATION (2017)

主　编／檀传宝

副主编／班建武　林　可

社会科学文献出版社
SOCIAL SCIENCES ACADEMIC PRESS (CHINA)

丛书学术委员会

丛书编辑委员会

前　言

在现代社会，"权利"与"公民"概念几乎是一个相互诠释的概念。"权利"既成就"公民"身份，也限定"公民"行为。因为与人身依附时代的"臣民"相比，公民首先是一个拥有权利（而非仅仅践行义务）的社会政治身份；而与小农人格意义上的"私民"相较，公民的实质则是一个理性主张权利、参与公共生活的积极社会主体。因此，加强公民权利意识教育一直是各国公民教育的核心主题，更是当前中国社会与教育发展的重要政治选择。

首先，依法保障全体公民享有广泛的权利，是中国社会发展的重要政治选择。

2017 年 10 月 18 日，中共中央总书记习近平在党的十九大报告中郑重宣告："中国特色社会主义进入新时代，我国社会主要矛盾已经转化为人民日益增长的美好生活需要和不平衡不充分的发展之间的矛盾。人民美好生活需要日益广泛，不仅对物质文化生活提出了更高要求，而且在民主、法治、公平、正义、安全、环境等方面的要求日益增长。"因此，"必须认识到，我国社会主要矛盾的变化是关系全局的历史性变化。""我们要在继续推动发展的基础上，着力解决好发展不平衡不充分问题，大力提升发展质量和效益，更好满足人民在经济、政治、文化、社会、生态等方面日益增长的需要，更好推动人的全面发展、社会全面进步。"

正是因为"人民美好生活需要日益广泛，不仅对物质文化生活提出了更高要求，而且在民主、法治、公平、正义、安全、环境等方面的要求日益增长"，习近平在党的十九大报告中再一次强调，要"明确全面深化改革总目标是完善和发展中国特色社会主义制度、推进国家治理体系和治理能力现代化；明确全面推进依法治国总目标是建设中国特色社会主义法治体系、建设社会主义法治国家"。"全面依法治国是中国特色社会主义的本质要求和重要保障。必须把党的领导贯彻落实到依法治国全过程和各方面，坚定不移走中国特色社会主义法治道路，完善以宪法为核心的中国特色社会主义法律体系，建设中国特色社会主义法治体系，建设社会主义法治国家。"

如果我们联系 2012 年习近平总书记《在首都各界纪念现行宪法公布施行 30 周年大会上的讲话》，我们就可以找到习近平重视公民权利的明晰逻辑："公民的基本权利和义务是宪法的核心内容，宪法是每个公民享有权利、履行义务的根本保证。""我们要依法保障全体公民享有广泛的权利，保障公民的人身权、财产权、基本政治权利等各项权利不受侵犯，保障公民的经济、文化、社会等各方面的权利得到落实，努力维护最广大人民根本利益，保障人民群众对美好生活的向往和追求。"

国家领导人的上述论断不仅是一种重要的政治宣示，更为重要的是，"依法保障全体公民享有广泛的权利"，是从等级社会走向现代文明、实现人的全面发展和解放以及当前"保障人民群众对美好生活的向往和追求"的必然选择，也是中国共产党和整个国际共产主义运动的核心主张。反之，讳言、漠视公民权利，不仅违背社会发展的大趋势，而且也有违共产党人为解放全人类而奋斗的立党"初心"。因此，一方面，我们应当在政治法律体系上持续推进社会主义政治文明建设，以便在制度上更好保障公民权利的实现；另一方面，"依法保障全体公民享有广泛的权利"这一主张在教育领域的落实，则要求我们大力开展有中国特色社会主义的公民教育，让全体公民特别是广大青少年，充分意识到宪法赋予自己的公民权利，并能理性行使自己的公民权利，为实现自己的人生梦想和民族复兴的"中国梦"而砥砺前行。

其次，切实加强公民权利意识教育，也是当前公民素质培育应有的核心教育主题。

在教育领域，中共十九大报告再一次强调，要"践行和培育社会主义核心价值观"。如何"践行和培育社会主义核心价值观"？2014 年五四青年节，习近平在北京大学师生座谈会上的讲话中曾这样全面解释过："富强、民主、文明、和谐是国家层面的价值要求，自由、平等、公正、法治是社会层面的价值要求，爱国、敬业、诚信、友善是公民层面的价值要求。这个概括，实际上回答了我们要建设什么样的国家、建设什么样的社会、培育什么样的公民的重大问题。"事实上,如果我们从整体上理解"社会主义核心价值观",国家、社会与公民三大层面的价值要求都是当前"培育什么样的公民"教育的重要内容。而其中的"权利意识教育",既涉及国家层面、社会层面,也涉及公民层面。因为无论国家的"富强、民主、文明、和谐",还是社会的"自由、平等、公正、法治",最终要实现这些与公民"权利"密切相关的价值目标的主体,都只能是中华人民共和国的公民。因此,切实加强公民权利意识教育,应当成为当前公民素质培育的核心教育主题。

"权利意识教育"固然是公民教育的应有之义,但是如何积极开展这一公民教育而不走向偏颇,却是一个需要认真研究的重要课题。最重要的例证之一就是"权利"概念的正确理解与诠释。

"权利"首先是一个法律概念,指的就是公民依法享有的权利和利益,或者法律关系主体在法律规定的范围内,为满足其特定的利益而自主享有的权利和利益。它最凸显的表征当然就是享有权利的公民有权做出一定的行为并要求他人或社会做出相应的行为。一方面,对公民权利的确认,是资产阶级革命以来现代社会超越古代社会的一个最重要的进步。随着社会文明的不断发展,公民权利也逐步从民事领域扩展到政治、经济、社会文化等各个领域。比如在当代社会,"环境权利"等均已普遍成为世界各国所认可的"第四代"基本人权。另一方面,公民权利也是现代社会不断进步的重要动力与保障。正是包括共产主义运动在内的对于公民权利的不懈追求,才有了更加平等、自由和公正的当代社会。也只有全体公民积极主张自己的合法权利,才能有效制约公权力、"将权力锁进制度的笼子",让国家更为"富强、民主、文明、和谐",让社会拥有更多的"自由、平等、公正、法治"。在这个意义上,也可以说,权利"是个好东西"。但是很明显,"权利"也有让人心存疑虑的一面。一个有趣的例子是,"权利"一词虽然在古汉语里很早就有,但在长期存在义利之争的古代中国,它大体上是一个消极或贬义的词汇。比如,荀子说:"是故权利不能倾也,群众不能移也,天下不能荡也。"(《荀子·劝学》)西汉桓宽说:"或尚仁义,或务权利。"(《盐铁论·杂论篇》)据说直到 19 世纪中期,当美国学者丁韪良先生(W. A. P. Martin)和他的中国助手们把维顿(Wheaton)的《万国律例》(*Elements of International Law*)翻译成中文时,他们选择"权利"这个古词来对译英文"rights"，并说服朝廷接受它以后，"权利"才开始在中国演变成一个褒义的，至少是中性的法律用语，之后开始被广泛使用。另外"权利"也是一个伦理学、社会学的概念。作为一个"实践理性"，理性的"权利"必须服从伦理的普遍性原则——你主张的权利，必须是所有人可以主张的权利，否则就是"特权"，而特权是对公民权利的否定。此外，公民权利的现实合理性必须到社会历史发展的进程之中去寻找，脱离社会实际的抽象的权利主张即便合理，也可能不仅不能增进权利的真正实现，反而会导致社会的动荡。而在生命权、发展权都得不到基本保障的情况下，其他权利主张都会成为难以实现的泡影。

因此，基于权利主张的积极层面，公民教育需要努力实现公民权利意识的"启蒙"，让全体公民都知晓自己的合法权利；基于权利意识可能走向的偏颇，公民教育需要建立有效的商谈或教育机制，让全体公民成为理性和积极的权利主体。《中国公民教育评论（2017）》选择以"公民权利意识与教育研究"作为主题，就是希望引导公民教育研究者关注权利、权利意识、义务、责任意识等公民人格的核心范畴，为中国公民教育理论与实践的健康建构添砖加瓦。

檀传宝

2017 年 11 月 22 日，于京师园三乐居

目录 Contents

实证研究

网络的技术陷阱与学生"网络臣民"的诞生及其超越 …… 班建武　章振乐 / 3

学校空间中公共权力与公民权利的冲突和制衡 ……………… 叶　飞 / 17

现代公民教育在我国义务教育阶段课程中的实现

　　——基于相关学科的课程标准与指导纲要的分析 … 李敏　Murray Print / 30

理论探索

公民政治与德性伦理："进步儒学"述评 ……………………… 王苍龙 / 57

中小学法治教育：政策与创新路径 ………………………………… 张　冉 / 71

国际视角

保障抑或限制：美国中小学生言论自由权的两难 …… 程红艳　郭　竞 / 87

青少年公民参与之能力赋权

　　——英国参与式公民教育模式分析 ………………………… 林　可 / 102

亚洲公民教育：文化、价值与政治 ………………… 甘国臻　李　惠 / 140

域外来风

文化差异与共同价值：对东西方"好公民"概念的批判性审视
……… 金玟江（Mingkang Kim）著　陈国清 译　林　可　檀传宝 审校／151
何谓21世纪"好"公民：课程的视角
……… 默里·普云特（Murray Print）著　叶王蓓 译　檀传宝 审校／170

调查报告

中学生权利意识与权利意识教育调查报告
………………………… 北京师范大学公民与道德教育研究中心／189
附录一　问卷…………………………………………………… 399
附录二　访谈提纲……………………………………………… 405

实证研究

网络的技术陷阱与学生"网络臣民"的诞生及其超越[*]

网络的技术陷阱与学生"网络臣民"的诞生及其超越[*]

班建武　章振乐[**]

摘　要： 网络作为一种技术，深刻改变着人们的生活方式和思维特点。在很大程度上，网络技术看似客观中立，实则包含着诸多意识形态陷阱；本应作为工具而存在的网络，正在僭越人的主体地位而变成个体的新的主宰；而网络在不断解放个体的同时，也在无形中加剧了个体的单子化存在。在这种情况下，学生呈现一种新的人格特征——"网络臣民"。具体表现为对网络技术的盲目迷信、过度的精神依赖、思想的臣服以及犬儒主义的自我。为此，要突破"网络臣民"的局限，就需要帮助学生清醒意识到网络技术的意识形态本质，突出学生网络使用的主体地位，并丰富学生现实的社会关系联结。

关键词： 网络技术　意识形态　"网络臣民"

长期以来，我们对于网络社会的关注，更多地注意到其所承载的内容对学生个体思想道德的影响，却相对忽视作为一种新兴的技术，网络同样具有深刻的社会改造和思想重塑作用。实际上，"任何一种新媒介的导入，比如印刷术和电视，无论印刷或播映的内容是什么，它们都会令使用者大脑的思维方式发生变化。"① 网络诸多看似客观、中立的技术功能，同样包

---

　　* 本文为中央高校基本科研业务费 2014 年度专项资金资助项目"超越'信息主义'：媒介素养教育的文化向度"（项目编号：SKZZY2014087）的研究成果。
　** 班建武，北京师范大学教育学部副教授；章振乐，浙江省杭州富阳区富春第七小学校长。
　① 〔加〕菲利普·马尔尚：《麦克卢汉：媒介及信使》，何道宽译，中国人民大学出版社，2003，第 264 页。

含着意识形态陷阱。如果缺乏对网络技术陷阱的深刻认识和积极扬弃，那么，生活在网络社会中的个体，尤其是青少年学生，就容易陷入网络意识形态的技术之网而沦为"网络臣民"。因此，有必要深入网络技术本身，分析作为"工具"的网络，是如何影响个体思想意识发展的。

一　网络的技术陷阱

网络本质上是一种媒介，它是内容载体和技术实践的统一。作为媒介的网络，其最主要的功能是实现了我们感官和思维器官的向外延伸。在过去传统媒介时代，如文字、报刊，这些媒体更多只是延伸了人的某一单一感觉和思维器官。但是，网络媒介的出现，则是历史上第一次全面延伸了我们对整个世界的感觉和认知触角。这种情况的出现，不仅归功于网络作为信息载体所提供给我们的海量内容，更应归功于作为技术的网络对我们整个心灵世界的改造。过去，"我们把重点全放在内容上，一点不重视媒介，因此我们失去了一切机会去察觉和影响新技术对人的冲击。"[①] 实际上，"电子时代的一个主要的侧面是，它确立的全球网络颇具中枢神经系统的性质。"[②] 因此，需要我们回到技术本身，重新审视其所包含的可能陷阱。

（一）　网络技术的客观化陷阱

长期以来，技术和科学是紧密结合在一起的。而科学最重要的特征就在于其所标榜的不可质疑的客观性。如果说科学有其基本价值前提的话，那么，这个价值前提就是价值无涉。因此，诞生于科学当中的技术毫无疑问就先天地具备这种价值无涉的特征。但是，从人类的技术实践来看，任何一项技术的革新，其所带来的不仅仅是物质层面的改变，也必然会带来社会关系，进而各种上层建筑的重新定义。尤其是在技术革命高歌猛进的当代，人们俨然将技术看成了社会发展的主宰，几乎社会发展和个人幸福的所有问题在网络时代都可以迎刃而解。这就使得作为客观化存在的网络

---

① 〔加〕埃里克·麦克卢汉、弗兰克·秦格龙编《麦克卢汉精粹》，何道宽译，南京大学出版社，2002，第373～374页。

② 〔加〕马歇尔·麦克卢汉：《理解媒介——论人的延伸》，何道宽译，商务印书馆，2000，第428页。

技术，内含了一种不易觉察的意识形态陷阱，正在深刻地控制着人们关于自我和社会的认识。

从《布莱克维尔政治思想百科全书》的定义来看，"意识形态是具有符号意义的信仰和观点的表达形式，它以表现、解释和评价现实世界的方法来形成、动员、指导、组织和证明一定的行为模式或方式，并否定其他一些行为模式或方式。"① 从这个定义可以看出，意识形态最重要的特征就在于，它一方面包含着价值判断，另一方面则具有强烈的排他性。即意识形态本质上是具有排他性的价值判断，它要求个体只能接受其所宣扬的价值观而不能接受其他与之相悖的论断。

实际上，网络作为一种技术，从其诞生之日起就不是客观中立的，它是美国为了服务于其军事目的而创造出来的。从整个国际环境看，当前围绕网络技术而展开的各种斗争，是国与国之间综合国力竞争的重要组成部分；从国家内部治理的角度看，网络技术的发展所带来的社会民主化的变革也日益突出；从个体的成长与发展看，网络技术也在很大程度上改变着人们关于自身与整个世界关系的认识。在这种情况下，网络技术本身就带有极强的意识形态色彩，它绝不单纯是一种价值无涉的技术实践。

（二）网络技术的工具化陷阱

与技术密切相关的另一个概念就是工具。对于人类而言，技术的开发和使用，最终都要物化为特定的工具。因此，技术和工具在很大程度上具有等同的意义。从这个角度看，基于技术的工具从根本上而言也是人类本质力量对象化的产物，即人们开发、研制、使用工具，归根结底是要让工具服务和服从于人的生存和发展的。

网络作为一种工具，从其开发出来的当日起，就被赋予了更为深远的属人目的。从有限走向无限，是人类孜孜以求的梦想。网络的出现，向外无限延展了个体的感觉和思维系统，使得人类第一次可以脱离自己的肉身以及特定时空的限制，走向妙不可言的无限性。网络由于其工具属性所具

---

① 〔爱〕戴维·米勒主编《布莱克维尔政治思想百科全书》，邓正来译，中国政法大学出版社，2011，第256页。

有的技术特征与人关于自我的不断超越梦想之间的内在契合度，使得本应作为工具而存在的网络在很大程度上成了人的自我存在本身。人越是依赖于网络，就越是臣服于自我创造出来的工具。

此外，网络也依靠其"热媒介"的特质在无形中剥夺了人们自主思考的机会。根据麦克卢汉的观点，所谓"热媒介"就是那些具有"高清晰度"的媒介，它反映的是一种"充满数据的状态"。① 这实际上表明，"热媒介"由于提供了大量完备的信息数据，个体在面对这类媒介时，不需要做任何的思考和补充，只需接受其所提供的信息即可。网络毫无疑问具有明显的"热媒介"特性。在网络上，各种海量的信息扑面而来，而且更新速度快，几乎不留给个体独立思考的时间。这就导致网络工具化的另一个陷阱：网络在很大程度上剥夺了人的自主思考，使人陷入被动的信息接收状态。

（三）网络技术的个人化陷阱

网络作为一种技术工具，其最大的特点就是它可以在形式上最大限度地脱离现实的社会关系，仅仅依靠一台拥有上网功能的电脑终端，就可以实现超时空的无限链接。因此，网络作为一种新兴的技术手段，它对于其使用者而言具有明显的个人化特征，即个体不需要与现实生活中的其他个人直接互动，就可以实现在交往、生活等诸多方面的"自给自足"。

另外，网络的出现，也使得个体的精神需求和物质需要可以脱离现实人际互动而得以实现。网络上大量的休闲娱乐节目和数不胜数的网络游戏，使得个体足不出户就可以满足其精神世界的寄托。而依托现代物流体系所建构起来的庞大网络商店，也使得个体的基本物质需要可以通过简单的网络订单予以解决。这就使得长期以来必须依赖社会供给的个人生活可以脱离现实的羁绊，仅凭一根网线就可以完全实现其全部的物质和精神需求。

因此，网络技术由于其"自给自足"的特征所造成的个体生活的个人

---

① 〔加〕马歇尔·麦克卢汉：《理解媒介——论人的延伸》，何道宽译，商务印书馆，2000，第51页。

化,一方面极大地解放了个体对现实社会关系的依赖,另一方面则有可能将个体导向一种单子化、原子化的存在。在这种情况下,个体一方面获得了与更为广阔空间中他者的自由联系,另一方面,则有可能在走向与远距离他者无限联系的过程中,逐渐了丧失与现实的联系。这是网络技术个人化所可能包含的陷阱。

二 学生"网络臣民"的诞生

从前文论述可以看出,网络技术所标榜的客观化本身蕴含着意识形态的陷阱,其工具化的形态会僭越人的主体性,网络技术的个人化会导致个体与现实社会关系的脱离而变得日益单子化。这一切极有可能让学生成为"网络臣民"。

臣民相对于公民而言,其最突出的人格特点就在于他的依附性,即臣服于某一特定的人或物而失去了作为主体的人应有的主体性和批判性。随着社会民主化进程的不断推进,人们已经逐渐从过去统治者的人身依附关系中解放出来。但是,随着网络技术的不断发展,人们似乎又从人与人之间的依附关系走向了人与技术的依附关系,并在这种技术依附关系中逐渐丧失了作为主体的人所应具有的主体性和批判性,从而造就了一种技术时代的"网络臣民"。尤其是对于从小生活在网络环境中的广大青少年学生而言,他们更容易成为"网络臣民"。我们在调查中发现,相当一部分学生已经或多或少地表现出了"网络臣民"的特征。①

(一)技术盲信

"网络臣民"的首要特征就是对网络技术的片面盲信,而看不到这些看似客观中立的技术背后所隐藏的深刻的意识形态。

调查数据表明,35.4%的学生认为"网络生活比现实生活更精彩"。这实际上表明,有相当一部分学生对网络技术所营造的世界更为着迷(见表1)。

---

① 本文所引用的调查数据均来自本人主持的中央高校基本科研业务费 2014 年度专项资金资助项目"超越'信息主义':媒介素养教育的文化向度"的调研报告。

表 1　网络生活比现实生活更精彩

单位：人，%

类别		频率	百分比	有效百分比	累积百分比
有效	非常赞同	822	16.2	16.3	16.3
	比较赞同	967	19.1	19.2	35.4
	说不清楚	1487	29.3	29.5	64.9
	比较不赞同	1156	22.8	22.9	87.8
	非常不赞同	616	12.1	12.2	100.0
	合　计	5048	99.4	100.0	—
缺失系统		28	0.6	—	—
合　计		5076	100.0	—	—

另外，42.0%的学生认为"网上好评率高的电影都是观众评出来的"（见表2）。从这些年所披露的数据来看，很多所谓的排行榜其实都是各种资本运作的结果，而不是一种对现实的客观反映。由此可见，相当一部分学生不能很好地洞悉看似客观的网络行为背后的经济控制。

表 2　网上好评率高的电影都是观众评出来的

单位：人，%

类别		频率	百分比	有效百分比	累积百分比
有效	非常赞同	819	16.1	16.3	16.3
	比较赞同	1296	25.5	25.7	42.0
	说不清楚	1672	32.9	33.2	75.2
	比较不赞同	835	16.4	16.6	91.8
	非常不赞同	414	8.2	8.2	100.0
	合　计	5036	99.2	100.0	—
缺失系统		40	0.8	—	—
合　计		5076	100.0	—	—

此外，有38.7%的学生认为"网络热点事件都是人为炒作出来的"（见表3）。与此同时，有71.1%的学生认为"网上热议的话题也是人们在现实生活中十分关注的"（见表4）。

表3 网络热点事件都是人为炒作出来的

单位：人，%

	类别	频率	百分比	有效百分比	累积百分比
有效	非常赞同	774	15.2	15.4	15.4
	比较赞同	1172	23.1	23.3	38.7
	说不清楚	2006	39.5	39.9	78.6
	比较不赞同	782	15.4	15.5	94.1
	非常不赞同	296	5.8	5.9	100.0
	合　计	5030	99.1	100.0	—
缺失系统		46	0.9	—	—
合　计		5076	100.0	—	—

表4 网上热议的话题也是人们在现实生活中十分关注的

单位：人，%

	类别	频率	百分比	有效百分比	累积百分比
有效	非常赞同	1381	27.2	27.4	27.4
	比较赞同	2206	43.5	43.7	71.1
	说不清楚	1020	20.1	20.2	91.3
	比较不赞同	296	5.8	5.9	97.1
	非常不赞同	145	2.9	2.9	100.0
	合　计	5048	99.4	100.0	—
缺失系统		28	0.6	—	—
合　计		5076	100.0	—	—

　　实际上，当前很多所谓的网络热点事件或网络热议话题，大多是一种人为的议题设置。也就是说，这些事件或话题之所以成为热点，主要不是因为这些事件或话题本身的原因，而是因为它反映了特定利益人群对该事件或话题的操控，进而达到某种利益诉求的目的。关于这一点，美国传播学者麦克姆斯、唐纳德·肖最早提出的议题设置理论就认为，大众传媒只要对某些问题予以重视，并以特定的技术手段为公众对这些问题的关注安排议事日程，那么就能影响社会公众的舆论和看法。而媒体之所以具有这种议题设置的操控能力，是与媒体技术对信息的垄断有着密切的关系。这实际上表明，网络热点和网络热议的话题，本质上也是一种媒体技术操控的结果。从以上调查数据可以看出，仅有三分之一强的学生看到了网络热点事件的人为炒作，相当多的学生并为看到这些网络技术的对人们认识世

界的控制作用。

事实是，很多网络的热点问题，都有背后的各种力量在运作。近几年来，各种网络炒作事件层出不穷。总体来说，网络炒作就是一些幕后推手利用网络媒体，发动网络写手对某个人物或者机构进行正反两个方面的评论，借此引起网友的关注。当被评论的对象其人气增加到一定数量的时候，这个人或者机构就被网络所炒红。由此可见，网络上高度关注或热议的事件或话题，并不完全等同于现实。但学生却对网络技术盲目相信，认为其所看到的就是客观存在的。

从以上数据可以看出，一部分学生往往被网络本身的客观性所迷惑，并不能很好地透过网络技术本身，看到背后的经济、社会等意识形态企图。

（二）精神依赖

由于对网络技术的片面崇拜，看不到其背后所裹挟的意识形态企图，青少年学生就容易对网络产生精神上的依赖。尤其是网络的工具性所带来的各种自我幻象，更是加重青少年学生对网络的依赖。

调查数据显示，58.1%的学生认为自己"更愿意和朋友在网上讨论问题"（见表5）。

表5 我更愿意和朋友在网上讨论问题

单位：人,%

类别		频率	百分比	有效百分比	累积百分比
有效	非常符合	1014	20.0	20.1	20.1
	比较符合	1917	37.8	38.0	58.1
	比较不符合	1631	32.1	32.3	90.4
	非常不符合	483	9.5	9.6	100.0
	合　计	5045	99.4	100.0	—
缺失系统		31	0.6	—	—
合　计		5076	100.0	—	—

此外，调查数据显示，36.6%的学生认为"一段时间不上网，我就很难受"，56.1%的学生"总喜欢在网上挂着QQ"。由此可见，有相当比例的学生对网络有较高的依赖性（见表6、表7）。

表6　一段时间不上网，我就很难受

单位：人，%

		频率	百分比	有效百分比	累积百分比
有效	非常符合	631	12.4	12.5	12.5
	比较符合	1210	23.8	24.0	36.6
	比较不符合	1801	35.5	35.8	72.3
	非常不符合	1393	27.4	27.7	100.0
	合　计	5035	99.2	100.0	—
缺失系统		41	0.8	—	—
合　计		5076	100.0	—	—

表7　我总喜欢在网上挂着QQ

单位：人，%

		频率	百分比	有效百分比	累积百分比
有效	非常符合	1330	26.2	26.4	26.4
	比较符合	1494	29.4	29.7	56.1
	比较不符合	1201	23.7	23.9	79.9
	非常不符合	1010	19.9	20.1	100.0
	合　计	5035	99.2	100.0	—
缺失系统		41	0.8	—	—
合　计		5076	100.0	—	—

从以上数据可以看出，相当一部分学生对网络有较高的精神依赖性。超过半数的学生的人际交往需要依赖于网络来完成，而超过三分之一的学生对网络的依赖更为强烈，他们会觉得"一段时间不上网，就会觉得难受"。在这种情况下，表面上看是人在使用网络，但是，这种对网络的使用在很多时候已经变成了部分人不自觉的下意识行为，网络俨然成了其生活的新主宰。因此，网络的出现，一方面极大地解放了自我，但另一方面，网络又成为现代人生活的新的主宰，使人在很大程度上成为网络的奴隶。

（三）犬儒主义的自我

"网络臣民"最终表现为一种犬儒主义的自我，即这是一种隐匿了真实自我，戴着面具生活的自我。它虽然可以给人带来暂时的自由和存在感，但最终不能从根本上解决人存在的深层次的自主、自由问题。

调查数据显示，33.9%的学生认为"只有在上网的时候，我才觉得自己是一个自由的人"。由此可见，部分学生已经很难在现实生活中获得人生意义的体验，只有沉浸在网络世界中，才能获得其自我的存在感。具体见表8。

表8 只有在上网的时候，我才觉得自己是一个自由的人

单位：人，%

类别		频率	百分比	有效百分比	累积百分比
有效	非常符合	677	13.3	13.5	13.5
	比较符合	1027	20.2	20.4	33.9
	比较不符合	2160	42.6	42.9	76.8
	非常不符合	1169	23.0	23.2	100.0
	合 计	5033	99.2	100.0	—
缺失系统		43	0.8	—	—
合计		5076	100.0	—	—

从以上数据可以看出，一部分青少年学生已经失去了在现实中获得存在感和意义感的可能。他们把自我的自由与解放，完全托付给了网络。但是，正如我们前面所说的，网络看似客观中立的技术实际上也包含着诸多意识形态。因此，网络并不是一个价值无涉的自由世界。只不过是由于网络技术本身的特点，它可以给人制造出一种自由的错觉。实际上，"发达工业文明的奴隶是受到抬举的奴隶，但他们毕竟还是奴隶。因为是否是奴隶'既不是由服从、也不是由工作难度，而是由人作为一种单纯的工具、人沦为物的状况'来决定。作为一种工具、一种物而存在，是奴役状态的纯粹形式"。①

此外，学生在网络世界中的犬儒主义还表现为其对人生问题的游戏心态上。调查数据显示，39%的学生认为"在网络上，没有人知道你是一条狗"。有30.7%的学生不赞同这个观点。另外，还是30.2%的学生对此观点"说不清楚"。具体情况见表9。由此可见，超过三分之一的学生对于网络人生的游戏心态都持一种赞同态度。这实际上表明，在网络世界中隐匿了个人真实现实生活身份的前提下，个体可以以一种近乎任意的方式去表达自

---

① 〔美〕赫伯特·马尔库塞：《单向度的人》，张峰、吕世平译，重庆出版社，1988，第32页。

我。在这种情况下，也许个体最原始的、最本能的需要及相应的情感会因为这种匿名性的保护而变得肆无忌惮。当前，部分学生在网络上的任意表现，与他们对网络这种匿名性所带来的自我狂欢有着十分密切的关系。

表 9　在网络上，没有人知道你是一条狗

单位：人, %

类别		频率	百分比	有效百分比	累积百分比
有效	非常赞同	1085	21.4	21.9	21.9
	比较赞同	849	16.7	17.1	39.0
	说不清楚	1497	29.5	30.2	69.2
	比较不赞同	483	9.5	9.7	79.0
	非常不赞同	1041	20.5	21.0	100.0
合　计		4955	97.6	100.0	—
缺失系统		121	2.4	—	—
合　计		5076	100.0	—	—

网络的匿名性所带来的自由一方面为个体原始本能的宣泄提供了前所未有的空间，另一方面，这种个体本能的宣泄如果不注意对自我真实身份的隐藏，就容易带来自我现实生活的种种非议甚至是批判。正是意识到了网络自由的两面性，因此，超过一半（61.4%）的学生在上网的时候，会经常隐瞒自己的真实身份。

表 10　上网时，我经常会隐瞒自己的真实身份

单位：人, %

类别		频率	百分比	有效百分比	累积百分比
有效	非常符合	1194	23.5	23.7	23.7
	比较符合	1904	37.5	37.7	61.4
	比较不符合	1422	28.0	28.2	89.6
	非常不符合	526	10.4	10.4	100.0
合　计		5046	99.4	100.0	—
缺失系统		30	0.6	—	—
合　计		5076	100.0	—	—

由此可见，一部分学生的网络生活，以一种近乎人格分裂的方式去完成。一方面，由于自我真实身份在网上的隐匿，他们可以将内在本能性的自由追求最大限度地表现出来；另一方面，由于这种自由缺乏现实的土壤，因而其在网上所体验的自由更多的只是一种镜花水月。在这种情况下，为了获得对这种镜花水月自由的长期拥有，他们只能以更大地热情投入到网络世界的生活当中。而他们这种自由的最终获得，却又是以他们对网络的依赖和臣服为前提的。这就造成了其网络生活的悖论，最终表现出一种带有犬儒主义特征的人格。

三　突破"网络臣民"的潜网

从前文分析可以看出，"网络臣民"诞生的主要原因在于，被网络技术的客观化表象所迷惑，忽略了技术背后的意识形态企图；片面为网络技术的工具进步性而沾沾自喜，却让渡出了工具使用者的主人地位；沉迷于网络世界造就的自由幻象，脱离了现实社会关系的真实性。因此，要突破网络技术所编制的这张臣民潜网，就需要青少年学生看清网络技术的意识形态本质，突出其网络使用过程中的自主地位并在社会生活中丰富其现实关系。

（一）看清网络技术的意识形态本质

加拿大著名学者麦克卢汉曾经说过，"媒介即讯息"，他认为："所谓媒介即是讯息只不过是说：任何媒介（人的任何延伸）对个人和社会的任何影响，都是由于新的尺度产生的；我们的任何一种延伸（或曰任何一种新的技术），都要在我们的事务中引进一种新的尺度。"① 这实际上表明，作为一种新媒介的网络，它对人的影响，绝不仅停留在它所包含的内容之上，而且体现在这种技术本身对人的存在方式和思维方式的影响上。

当前，学生更多地关注到了网络的出现对其生活方式的影响，却忽略了这种技术本身也有着重要的思想改造功能。很多时候，网络上看似客观

---

① 埃里克·麦克卢汉、弗兰克·秦格龙编《麦克卢汉精粹》，何道宽译，南京大学出版社，2000，第 227~228 页。

中立的内容，都是特定政治、经济或文化意识形态操控的结果。从前文数据可以看出，相当一部分学生在面对网络时，只看到了网络本身的技术客观性，而缺乏对这种看似客观的网络事件背后的意识形态的认识。因此，对于教师而言，他们在指导学生如何使用网络时，就不能仅仅停留在技术层面帮助学生学习和掌握各种先进的网络技术，而是要将对学生网络技术的培养与其对网络意识形态的批判能力建设紧密结合起来，提高其对网络媒体的自觉反思和主动批判能力，这样才能让学生更好地看透网络之网背后的价值观念及其对个人思维和生活的全方位控制。

（二）突出人在使用网络中的主体地位

任何一种工具，只有在促进人的全面而自由发展的时候才能显示出价值或意义。网络作为一种工具，同样也必须服务于人的发展和需要。一旦网络这种工具僭越了人的主体地位，成为控制人的一种力量时，人就会异化于他所创造出来的工具。

从前文论述可以明显看出，当代学生中有相当一部分人，在日常生活中已经产生了严重的网络依赖，成为网络的臣民。在这种情况下，教师需要进一步突出学生在网络使用过程中的主体意识。重点是提升学生在网络使用过程中对于自身的主体地位、主体能力和主体价值的一种自觉意识。为此，教师要着力培养学生的网络主体意识和网络主体能力，要让学生切实明白，是人在用网络，而不是网络在控制人。为此，教师要做好学生上网的有力指导者和监督者。在这方面，教师可以从积极和消极两个角度进行引导。从积极的角度看，教师要能够帮助学生主动规划和控制自己的上网行为，能够创造性地利用网络更好地服务和服从于学生的学习和生活；从消极的角度看，教师则要帮助学生具有抵抗网络诱惑的内在定力。只有将积极和消极两方面有机结合起来，才能够使学生在网络面前表现出自主性，而不是被网络所控制。另外，教师也可以与那些有网络主体意识，但缺乏网络主体能力的学生一道，共同商定一个网络使用方案。教师可以依据这个方案来对学生的网络行为进行约束。

（三）丰富现实社会关系的联结

马克思认为，人的本质，就其现实性而言，是一切社会关系的总和。

可以说，关系性是人的首要属性。人生的丰富程度在很大程度上就取决于个体关系的丰富程度。网络的出现，一方面前所未有地扩大了人的社会关系，但另一方面又在无形中也前所未有地缩小了人的社会交往。从前面数据可以看出，有一部分学生的社会交往已经从现实的社会生活中抽离出来，转为一种去现实化和肉身化的虚拟交往。当前，各种"宅"的生活方式在部分青少年中盛行，很多人愿意到网上与人交往也不愿意与现实的人互动。这就在很大上削弱了个人社会关系的丰富性，变成了一种单子化的个体。因此，教师要想帮助青少年学生走出网络这张潜网，做自己的主人，最重要的一点就是要尽可能地为他们接触现实社会提供更多的机会和平台。对于学校教育而言，要想让学生从网络世界走向现实世界，一个有效的方法就是将虚拟化的网络世界现实化，让学生清晰认识到网络世界与现实社会的内在对应关系，从而破除对网络的迷信。比如，教师可以将学生喜欢的某个游戏进行现实化的处理。即依据该游戏的规则，在现实中进行相应的设计。让学生参与这个现实的游戏之后，与其一起讨论由同样的游戏规则和环节所构成的两种网络和现实两种不同的游戏形态之间的异同点，从而帮助学生更好地了解网络和现实的不同。

综上所述，如果我们在为网络社会的到来欣喜若狂时，没有看到网络技术本身所具有的解放与控制的双重功能，我们就容易被其技术的客观性、工具化和个人化所迷惑，在不知不觉中变成"网络臣民"。这实际上需要我们在引导学生的网络生活时，应该重点放在提升其网络技术的意识形态批判能力，增强其在网络使用过程中的主体地位并通过网络虚拟世界现实化的方式丰富其现实社会关系。这样，我们才能更好地培养出网络世界的公民而不是臣民。

学校空间中公共权力与公民权利的冲突和制衡[*]

叶　飞^{**}

摘　要： 学校空间中存在着公共权力对公民权利的压制，公共权力的过度膨胀使得学生作为公民的管理参与权、话语权、课程权等公民权利遭受了侵害。学校公共权力的过度扩张和滥用形成了一种垂直化和非均衡化的权力结构，它导致学校管理者、普通教师与学生之间权力资源配置失去了平衡，破坏了学校空间的公共性和民主性，违背了学校教育的公共价值取向。为此，要想在学校空间中实现公民权利对公共权力的制衡，则需要构筑一种民主的学校生活和课堂生活，保障学生的公民权利的优先性，倡导学校领导者、教师和学生实现对学校公共事务的共同治理。通过这种共同协商和共同治理的公民关系的建构，学生的公民权利将得到更好的保障，而公共权力也将得到更为有效的监督和制衡。

关键词： 公共权力　公民权利　学校空间　公民教育

众所周知，公共权力与公民权利的均衡关系是公民与社会、公民与国家之间关系的核心议题。所谓公共权力，即是由社会公共部门所掌握的用以处理公共事务、维护公共秩序、增进公共利益的权力。公共权力的行使主体既可以是国家和政府，也可以是各类社会组织、公共机构或者公民团体等。① 而公民权利则是公民依法所享有的自由和权益。按照我国现行宪法的规定，它包括了公民的平等权、人身自由权、政治权、受教育权、宗教

---

* 本文为教育部人文社会科学研究青年基金项目"'治理'视域下的公民教育建构研究"（项目批准号：13YJC880097）；江苏高校协同创新计划：基础教育人才培养模式协同创新中心研究成果；南京师范大学道德教育研究所资助课题（批准号：DYS20130902）。

** 叶飞，南京师范大学道德教育研究所副教授，硕士生导师，教育学博士；研究方向为德育原理、教育基本理论。

① 何美然：《个体权利与公共权力的关系及其调适》，《前沿》2011年第10期。

信仰自由等基本权利。① 从本源的关系来看，公民权利是公共权力的来源和基础，而公共权力是公民权利的派生和保障。② 二者的和谐关系可以促进公民、社会和国家的良性互动。但是，从现实的角度来看，公共权力与公民权利时常会产生冲突和矛盾，尤其是当公共权力过度膨胀以致凌驾于公民权利之上时，双方的冲突和矛盾就在所难免。事实上，公共权力的过度膨胀所导致的公共权力与公民权利的冲突不仅出现在政治经济活动当中，同时也出现在教育活动当中。学校管理者和教师在某种意义上行使着学校空间中的公共权力，他们是公共权力的代表者和执行者；而学生作为公民则接受着公共权力的影响和控制，成为公共权力的接受者和支配对象。一旦学校空间中的公共权力过度扩张以至于被滥用，那么学生的公民权利就不可避免地被压制和消解。在这种情况下，学校空间中的公共权力与公民权利难免形成冲突乃至对抗的关系，这将阻碍学生对公民身份以及公民权利理念的认同，最终阻碍公民教育效果的达成。而要解决这种冲突关系，我们必须限制学校公共权力的滥用，保障学生的公民权利，形成公共权力的制衡机制，最终促进学校公共生活的有序发展。

一 学校公共空间："权力"对"权利"的压制

学校公共空间作为培养学生的公民品质的重要场所，主要包括学校层面上的组织管理空间以及班级层面上的课堂生活空间。学校空间所包含的公共权力与公民权利的关系直接影响着学生的公民身份认同，影响着公民教育的效果。因为，当学校空间中的"公共权力"压倒"公民权利"的时候，学生对于自身的公民权利以及公民身份将失去信心，公民教育也将因此而失效。在当前的学校生活空间中，学校和教师的公共权力行使往往是以追求教学效率和考试成绩为核心的，公共权力的运作"主要是自上而下贯彻上层意图，即领导者命令管理者、管理者监督教师、教师与教师之间相互竞争"③。因而，在这种垂直型的公共权力分布中，学校管理者和教师

---

① 丛日云：《中国公民读本》，天津教育出版社，2006，第86~88页。
② 王晓东：《刍论公民权利与公共权力的冲突和制衡》，《理论导刊》2011年第10期。
③ 孙联荣：《非行政性组织的创建——学校组织变革的实践探索》，《教育发展研究》2009年第8期。

占有了学校空间中的大部分的公共权力，而学生则在很大程度上失去了制约公共权力、参与公共权力的机会，其公民权利受到了公共权力的极大压制。显然，"这种自上而下的权力支配结构，不能满足'我—你'相互尊重的教育本质的需要"。① 在垂直型的公共权力结构中，公共权力的执行者或享有者获得了最大限度地支配和控制"无权者"（学生）的特权，而"无权者"（学生）由于其无法参与学校的公共权力，因此也就失去了其在学校空间中应享有的地位，因而也就无从对学校空间中公共权力的滥用起到监督和制衡的作用。这也就消解了学校教育中的"我与你"的相互尊重、相互依存、相互促进的公民交往关系，最终反而形成了学校空间中的支配和被支配、控制和被控制、灌输与被灌输的不平等的交往关系。

为了更好地考察和分析学校空间中的公共权力和公民权利的冲突状况，笔者曾采用分层抽样和整群抽样的方法做了一次统计调查分析，并运用社科统计软件 SPSS16.0 进行了数据统计分析。② 统计调查的部分结果如表1和表2所示。

表1　校领导、普通教师和学生是平等的公民，这与您接触到的实际情况是否相符合？

单位：人，%

类　别	频　数	百分比	有效百分比	累积百分比
完全符合	2	1.2	1.2	1.2
比较符合	49	28.5	28.5	29.7
说不清	11	6.4	6.4	36.0
基本不符合	68	39.5	39.5	75.6
完全不符合	42	24.4	24.4	100.0
总　计	172	100.0	100.0	——

① 邓淇：《中小学学校组织权力变革的趋势》，《当代教育科学》2008 年第 16 期。

② 笔者于 2012 年 3～6 月采用分层抽样和整群抽样的方法，在江苏省内苏南、苏北分别选择了四所中学和四所小学（平衡了重点学校和薄弱学校）展开问卷调查，问卷调查的对象主要是当地的中小学教师。之所以选择教师而没有选择学生作为调查对象，主要是因为教师对于公民教育和公民权利的自觉意识更强，并且教师常年工作于一线教学实践中，对于一线的教学实践有更深刻的体验。因此，笔者在江苏省内两大片区苏南和苏北分别选择了几所代表性的学校进行整群抽样，向教师发放问卷共计 190 份，回收问卷 172 份，回收率是90.5%。笔者采用社会科学软件 SPSS16.0 进行了统计分析，形成了统计结果。

如表 1 所示，在校领导、普通教师和学生是否具有平等的公民身份这个问题上，仅有 1.2% 的被调查对象认为在实际生活中校领导、普通教师和学生是平等的公民；有 39.5% 的被调查对象认为在实际生活中校领导、普通教师和学生是处于基本不平等的状态，难以共享平等的公民身份。另外，还有 24.4% 的教师认为实际生活中校领导、普通教师和学生是完全不平等的，他们根本不享有平等的公民身份。也即是说，约有 63.9% 的被调查对象认为校领导、普通教师和学生在学校生活中并非平等的公民，难以共享公民身份。在表 2 中，我们看到了同样的情况。

表 2　你所在学校的校领导、教师和学生所享有的公共管理权是否平等？

单位：人，%

类　别	频　数	百分比	有效百分比	累积百分比
完全平等	0	0	0	0
比较平等	37	21.5	21.5	21.5
说不清	17	9.9	9.9	31.4
基本不平等	77	44.8	44.8	76.2
完全不平等	41	23.8	23.8	100.0
总　计	172	100.0	100.0	—

根据表 2 所示，绝大多数的被调查对象（68.6%）认为在学校管理中，校领导、教师和学生所享有的公共管理权力是完全不平等或者基本不平等的；而仅有 21.5% 的被调查对象认为学校领导、教师和学生的公共管理权是比较平等的。此外，没有任何一个被调查对象认为校领导、教师和学生的公共管理权是完全平等的，这是令人震惊的。由此我们不难看出，在一线学校的教育现实中，学校空间中的公共权力高度集中于少数的学校领导和教师，而绝大多数的普通教师和学生则是学校管理中的无权者，他们不仅觉得自己是无权的，同时也对自己的这种无权状态表示不满意。显然，这种权力模式无疑难以形成公共权力的均衡分配，难以形成公民权利对公共权力的制衡作用。

相对于普通教师而言，学生所面临的权力压制甚至是更为严苛的。因为，学生不仅要面对来自学校管理者的压制，同时还要面对课堂生活中来自普通教师的压制。普通教师虽然在整个学校组织中处于公共权力关系的底层，但是在相对狭小的课堂生活空间中，普通教师又成为这个空间的"权力高层"，对处于"权力底层"的学生具有控制权和支配权。因而，对于学生而言，不论是在学校管理层面还是在班级课堂层面，他们都是真正意义上的"权力底层"。学校生活和班级生活构成了一个相对封闭和独立的空间，学生一天中的大部分时间是在教室中度过的，课间休息发生在教室周围狭小的区域。学生在课堂生活空间中成为无权的群体，"在空间布置上学生也没有发言权。怎么布置教室往往不是学生说了算，而是教师说了算，教室布置体现的是教师的偏好和意图，而不是学生的选择和偏好。"① 教师的讲台总是处于课堂空间的中心位置，而学生的课桌在讲台下方整齐地摆放，这提醒着课堂中的每一个学生，教师和讲台是整个课堂生活空间的中心，教师是课堂生活空间的主宰者，具有控制整个课堂的权力。在笔者所参观的小学课堂里，当学生想要上洗手间的时候，也必须向教师举手请示，经过教师允许后才能走出教室去上洗手间；而在课堂生活的所有环节中，学生几乎是安静地坐在讲台下方，双手平整地摆放在桌面，双脚并拢，不得随意行动或者发出声音；只有当教师提示学生可以回答问题时，学生才开始举起自己的手，等待教师点名，如果没有被点到名字则不能说话，否则就要受到教师的批评……在课堂生活中，这种严格的规范要求无疑渗透着无形的权力关系。在这种关系中学生是被控制、被约束、被管理的对象。学生作为"无权者"，失去了挑战教师权威的勇气，同时也意识到自身无力挑战教师。在教师与学生的不对等关系中，学生始终处于弱势的、被支配的地位。学生作为公民的平等权利、自由权利以及管理权利都受到了不对等的权力关系的束缚，接受着"权力"对"权利"的压制。显然，这种课堂生活并不是真正意义上的公民生活，它所培养的往往不是主体性、批判性与创造性的公民，而是被动的、消极的"接受者"与"顺从者"。

事实上，不仅课堂生活中存在着权力的等级分布，课程知识也渗透着这种不平等的权力关系。课程标准和课程知识作为一种官方的、法定的知识，其产生的程序并不是基于教育行政部门、学校、教师与学生之间的公共对话和公共协商，而往往是一种自上而下的制定和颁行。这种课程知识的产生过程潜存着一种强制性的权力关系。尤其是对于人文社会科学课程

① 高德胜：《道德教育的20个细节》，华东师范大学出版社，2007，第115页。

而言，强制性的权力关系只认同于一种价值体系和知识解释系统，对其他价值体系和知识解释系统进行强制清除，这也就形成了一种权力压迫。各科课程的教师在教学活动中往往都会感觉到来自课程标准和官方知识的压制性，在知识创新与课程创生方面举步维艰，虽然想有所作为，但是"不敢越雷池一步"。正如福柯所指出的，知识与权力有着一种显性的相互依存关系，知识总是被权力所宣布，而权力也在寻求知识的合法性庇护。这种知识－权力关系在稳定的、体现正义追求的社会秩序中，其弊端不易显现；但是一旦权力脱离社会正义的合法性约束，冲破正义的藩篱，它必将伤害社会与教育的公共性和正义性，必将侵犯学生作为公民的受教育权利、健康权利以及学习权利等。显然，在过度膨胀的公共权力面前，普通教师倾向于避开公共权力的锋芒寻求安静的港湾，他们宁愿"死守"课程标准和大纲，也不愿对其进行合理的、积极的创新。于是，教师也就如"车间生产线上固定分工的'技术工人'，只求能熟练地完成流水线上某个简单机械、千篇一律的动作，生产出合格的零部件就行。"① 教师成为技术工匠，也就意味着他（她）已然失去自身作为公民的主体性、反思性与批判性。当教师成为公共权力关系下的流水线工人，那么学生也难免成为权力控制的客体对象，成为课程知识的被动接受者。学生既无权对课程标准、课程知识提出异议，也无权对教师所宣讲的知识提出不同意见。在这种权力关系中，学生仅仅是掌握既定知识的学习者，而不是体现出反思性、主体性、创造性的公民。学生作为公民的基本权利，在公共权力的无限扩张中遭受了极大的忽略，甚至被公共权力所压迫、损害。因此，不论是教师还是学生，在课程知识的权力关系中都处于相对底端的位置，成为课程知识所潜藏的权力关系的服从者和顺从者，在很大程度上失去了公民权利和公民身份的自我认同。

总而言之，在学校空间的公共权力运作中，金字塔形的垂直权力关系导致了学生以及一部分的普通教师都成为"无权"群体，在学校生活以及课堂生活中面临着来自公共权力的巨大压迫，失去了自身的公民权利，从而也就丧失了公民身份认同。因此，我们可以看到，在学校组织的公共权

① 刘曙峰：《教师专业发展："从技术兴趣"到"解放兴趣"》，《教师教育研究》2005年第6期。

力体系中，不论是普通教师的公民权利，还是学生的公民权利，都面临着来自公共权力的极大挑战。学生作为公民的自由权利、表达权利、批判权利和自我发展的权利等在学校空间中依然没有得到足够的尊重，公民权利难以对公共权力形成有效的制衡。这进一步加重了公共权力对公民权利的压迫。最终，学校生活空间日益成为一个非民主的、反公民教育的生活空间，它极大地阻碍了学生的公民品质的健全发展。

二 "失衡"的权力机制与学校空间的公共性匮乏

如上文所述，学校生活空间中形成了一种垂直型、等级化和不均衡化的权力机制，它导致了学校管理者、教师与学生之间的不均衡权力分配，使得公共权力压制了学生（以及一部分普通教师）的公民权利。这种不均衡权力结构使得学校生活空间中的公共权力只是贯彻领导者的意愿，而非表达普通教师和学生的公民诉求。在此种情况下，公共权力和公民权利处于冲突与失衡的状态，即公共权力并非来源于公民权利，而是来源于自上而下的垂直权力体系，这极易造成公共权力的滥用，公民权利也难以制衡公共权力，反而在很大程度上被公共权力所压制。如此一来，学校生活空间的公共性和民主性在很大程度上被"解构"了，它难以承担起培养公共精神和公民品质的教育使命。学校生活空间日益成为一个垂直型、控制型的权力领域，极大地违背了公民教育的公共价值取向，制造了反公共性的学校生活，最终使得学校生活空间陷入公共性的匮乏状态。

首先，失衡的权力机制解构了学校组织制度的公共性，制造了学校制度的不正义。在公共权力的滥用中，一部分人的权力凌驾于另一部分人之上，这显然是不合理也不合法的。显然，在当前的学校生活空间中，仍然有大量的公共权力的制度设计，它给予了少部分人以绝大多数的公共权力，压制了学生以及普通教师的参与权利和监督权利，损害了他们作为公民的基本权利。在学校生活空间的管理决策中，往往不需要经由公民之间的协商、对话、讨论，而是由少数的学校领导者在公共权力的支持下、在公共利益的口号下对学生进行强制性的压制和灌输，这最终必然导致学校制度空间的公共价值的丧失。而随着学校制度空间的公共性的衰退，学校整体生活的公共性也面临着衰退的危机。因为，制度保障了人们的生活方式，同时制度本身也是一种生活方式，人们在制度中潜移默化地吸收和学习着某些价值观念，最终成为具有某种人格特征的人。不平等、不正义的制度不可能塑造出平等的公民人格，而只可能塑造出被动的、消极的私民或者顺民人格。可以说，学校公共权力的滥用以价值强迫和权力压制的方式剥夺了一部分人的公民权利，制造了反公共性的学校制度空间，它背离了学校组织的民主趋势，同时也背离了公民教育的基本取向。因而，学校公共权力的滥用事实上否定了学校组织的公共属性，它使得学校组织成为一个独断的空间，而不是一个公共的空间，最终导致了学校制度空间的公共性日益走向消弭。

其次，失衡的权力机制消解了学生的公民权利，压制了学生的主体性发展。失衡的权力机制使得公共权力对学生权利形成压制，不仅压制了学生的公民权，甚至可以说压制了学生作为人的基本权利，包括健康权、发展权和人格权。人权作为每个人都应该享有的权利，它是在道德权利、普遍权利和批判权利这三种意义上使用的。① 学生作为学校生活空间中的"人"，具有作为人的道德权利、普遍权利以及批判的权利。但是，学校公共权力的滥用却把学生抛向了一种无权的境地，甚至以公共权力的独享来威胁和剥夺学生作为主体人的权利。因而，学生在学校生活中只能做一个服从的、听话的、不敢批判反思的人。不仅如此，在这种权力失衡体系中，学生的公民权利也面临着被剥夺、被侵害的风险。学校公共权力的滥用，不是把学生当作一个公民主体和治理主体来看待，而是把学生作为一个被控制的客体对象来看待，这在无形中剥夺了学生的公民权利，同时也压制了学生对公民身份的认同。学生作为公民的话语权利、表达权利、抗议权利、申诉以及救济的权利，都在学校公共权力的压制下逐渐地丧失。因而，公民教育也就失去了公民权利的基础，它无法让学生作为权利主体来展开公民学习，也无法让学生以公民身份参与学校的公共生活和公共管理，从而最终失去了培养学生的公民权利理念和主体性意识的基础。

最后，失衡的权力体系制造了一种反公共性的学校生活，阻碍了学校空间的权力分享，阻碍了学生的公民品质的发展。学校生活空间成为少数权力主体控制下的扭曲的生活空间，它事实上在剥夺着学生的公民权利意

---

① 夏勇：《人权概念起源》，中国社会科学出版社，2007，第145~149页。

识，阻碍学生的公民人格和公共精神的发展。公民权利屈服于公共权力，而公共权力的滥用则把学校教育导向了科层体制和技术理性主义，以追求生产效率的最大化和利益最大化。这使得学校不再是培养公民品质的场所，而成为以流水线操作来生产"人力资源"（学生）的场所。这无疑是与当前学校教育的公共性改革的趋势相违背的。现代学校"应在训练和培养学生公民生活的习惯和能力上有所作为，即学校应成为学生过民主生活的最重要的场所"①。但是，公共权力的滥用使得学校生活空间体现出了强烈的独断性、等级性、控制性，越来越偏离于民主的、公共的价值轨道。对于学生的公民权利而言，由于其长期遭受着公共权力的压制，使得他们失去了参与学校公共生活的权利意识和主体意愿，他们逐渐成为科层体制、技术理性主义以及考试机器下的"牺牲品"。这样的权力机制无疑是一种反公共性的权力机制，它否定了权力共享的可能性，从而也就否定了学生的公民权利，使得学生无法在学校生活空间中成长为真正意义上的公民，最终也就阻碍了公民教育目标的实现。

三 学校空间的公共性建构：公民权利对公共权力的制衡

如前文所言，学校空间中的公共权力存在着滥用的风险，而要想实现公共权力的理性运用，避免公共权力对公民权利的无限压制，则必须通过保障公民权利来制衡公共权力，从而建构学校生活空间的公共价值导向。因此，学校教育必须维护和提升学生的公民权利，以公民权利来监督和制衡公共权力。政治哲学家约翰·洛克曾强调，"公共权力每增进一分，公民的自由与权利就减少一分"②。基于此，他提出了著名的"有限政府论"，旨在限制政府的公共权力，增进公民的自由权利。笔者认为，学校空间中的公共权力与公民权利并不必然形成如约翰·洛克所言的纯负向关系，公共权力植根于公民权利，如果公共权力能够自觉地接受公民权利的监督和制衡，并加以理性运用，那么它有可能增进公民权利。当然，学校空间中的公共权力与公民权利之间确实存在着冲突和紧张关系，需要通过有效的制

---

① 郑富兴：《学校公民道德教育的组织困境》，《教育研究与实验》2008 年第 3 期。
② 〔英〕约翰·洛克：《政府论》（下篇），瞿菊农、叶启芳译，商务印书馆，1997，第 89、123 页。

衡作用来保障两者之间的相互促进关系。基于当前中国的教育现实，我们有必要通过保障学生的公民权利来制止学校公共权力的膨胀和滥用。而要保障学生的公民权利，则必须倡导权利优先的教育理念，维护学生在学校空间中的公共管理权、话语权、课程权等公民权利，从而更好地构筑学校空间的公共领域属性，实现公民权利与公共权力之间的良性互动。

首先，从理念层面上看，学校教育要以权利优先为基础来培养负责任的公民，而不是让公民在公共权力的压制下背负过多的公民责任的负担，以促进公民敢于维护自身的公民权利，从而也敢于监督和制约公共权力。传统伦理和传统教育片面强调了个体对于群体、个体对于国家的责任与义务，而忽视了个体自身的自由权利，这导致了整个教育在公民权利与公民责任之间失衡。而一旦公民失去了权利意识，那么它也就很难对公共权力展开监督和制约。因此，当代教育在理念层面上应该摆脱传统教育模式中的负面因素，更好地培养现代社会所需要的独立人格、自由人格和权利人格。在公民的权利意识、自由意识不断觉醒的今天，教育有必要也有责任从"权利优先"的理念出发，西方思想尊重受教育者的公民基本权利，教会他们去认识自己所享有的公民权利，同时也教会他们认识与公民权利相对应的公民义务。因为，权利和义务本身就是一体两面的辩证关系。显然，在这样一个权利觉醒的时代，继续遮蔽人的权利诉求既是不正当的，也是不现实的，因为，"权利已经成为一个大众话题，权利语言已是一种日常语言"①。当代教育必须循着这条"权利觉醒"之路，与主流价值观不太符合，肯定公民权利的基础性和优先性，尊重和保障学生的基本权利，真正实现公民权利与公民责任的内在统一。通过对于公民权利的声张和维护，受教育者可以在保卫自身权利的同时，转而反思和制约公共权力，以使公共权力更加尊重个人权利，促进公民权利与公共权力之间的相互制衡和良性互动。

其次，学校空间要鼓励教师与学生共同分享公共管理权，避免使学生成为权力压制的客体对象。权力分享的理念要求打破学校空间中的公共管理权力的单一性，实现公共管理权力的多元共享。在这种权力共享的机制中，学校领导、普通教师与学生的关系不是冲突和对抗的关系，而是一种

---

① 余涌：《道德权利研究》，中央编译出版社，2001，第 1 页。

合作、对话和协商的公民伙伴关系。或者说，学校领导、普通教师与学生均是学校公共事务的治理者，治理的过程不是权力控制的过程，而是相互对话、共同协商以寻求道德共识或者管理共识的过程。"治理过程的基础不是控制，而是协调"①，通过治理主体之间的公民协商，学校领导、普通教师和学生之间形成多元共享的公民主体关系。因此，通过公共管理权力的分享，学校公共权力可以形成一种"扁平式的共享结构"，即学校将成为真正意义上的公民共同体，在共同体内部各公民主体之间共同分享着公共权力，展开着相互之间的协商对话，实现着对共同体的共同管理。这种扁平式的共享权力结构，"是为充分发挥全体师生员工的创造性能力而建立起来的柔性的、扁平化的、符合人性的、能持续发展的组织结构"②。在扁平式的共享权力结构中，没有站在权力顶端的单一权力主体，也没有长期"沉沦"于权力底部的无权群体（主要是学生和一部分普通教师）。学校公共权力不再是独占性的权力，而是学校空间中所有教师和学生共同分享的权力。这种共享权力结构是柔性的、网状的、互相沟通、联结的，它使教师和学生均成为共享网络中不可或缺的公民成员，共同行使着属于自己的公共管理权力，在相互协调和沟通中促进学校教育的发展。这种公共权力结构使得学校成为一个公共性的生活空间，使得普通教师与学生都能作为公民权利主体参与其中，发挥出更积极的公民主体性。

再次，教师与学生在课堂生活中应共享公民话语权，形成平等的公民交往关系。在学校生活空间中，课堂生活是其最为重要的组成部分。因此，要想实现公民权利对公共权力的制衡，就有必要把课堂生活空间构筑成一个共享公民话语权的交往生活空间，从而彰显学生的公民权利，保障公民权利免受公共权力的侵害。从话语权力的角度来分析，课堂几乎是一个微型的政治领域，在平静的表面下隐含着种种不为人所觉察的权力运作。这些权力关系并不全然是课堂或教室的产物，而毋宁说是社会渗透的结果。整个社会的公共权力的膨胀和扩张，也导致了教育领域中的公共权力的膨胀和扩张。公共权力成为学校生活和课堂生活的民主发展的障碍，教师与学生被束缚在不平等的权力体系之下，难以捍卫自身的公民权利。因此，

---

① 俞可平：《治理与善治》，社会科学文献出版社，2000，第4～5页。
② 任光升：《"人本化"的组织管理系统的构建》，《当代教育科学》2008年第8期。

要想以公民权利来制衡公共权力，则必须把课堂生活从这种不平等的权力关系中解放出来，在课堂生活中构筑一个真正平等的话语空间，让教师和学生在教室里、在课桌前展开平等的公民对话。而要真正赋予教师与学生以平等的话语权利，就要避免师生对话中"虚假的对话"、"僵化的对话"以及"无精神交流的对话"。虚假的对话不是一种真正尊重学生的公民主体性的对话，而仅仅是把对话当作完成某种教育任务或者考试任务的工具；僵化的对话只是塑造了一种"徒有其表"的对话模式（比如课堂中的一问一答），而没有真正把学生接纳为具有话语权利的公民；无精神交流的对话仅仅是技术理性的、工具主义的对话，对话过程中没有真正的精神沟通，教师与学生相互封闭精神世界，在心灵世界之外进行"不痛不痒"的对话。因此，要构筑课堂生活的公民话语权以及公民主体性，则必须反对上述三种虚假的、肤浅的对话方式，真正赋予教师与学生平等的话语权利，推动教师与学生进行真正意义上的公民对话和精神对话。在真正的对话关系中，教师与学生相互敞开心扉，把对方当作平等的公民。在这种对话中，没有权威者和无权者，没有控制者和被控制者，而只有两个拥有同等的话语权利的公民，这才能形成教师与学生之间的真实的心灵沟通。

最后，教师与学生应共享课程权，课程知识不再是公共权力压制公民权利的工具，而是真正成为公民共享的知识体系。在传统的教育理念中，对于教师而言，课程知识往往是国家与社会所强加的法定知识或官方知识，"教师作为知识内容的传递者和代言人，在社会和教育管理体系内部并没有什么权力"[1]。因此，课程知识也就成为外在的公共权力所强加的知识体系，它难以增强教师的参与热情和主体性，反而削弱了教师对于课程知识本身的创造兴趣。对于学生而言，他们更为直观的感受是课程知识是教师依托于学校公共权力而强加给自己的知识，课程知识体现着强烈的权威性和"正确答案"的色彩，而不是一种民主的、共享的知识。因此，传统的课程公共权力是阻碍而不是促进着教师与学生的主体性、创造性，它使得课程知识走向了非民主的权威性，课程知识因此而变得僵硬化、模式化和形式化。为了改变这种情况，学校教育显然必须对课程知识中的权力关系进行重新构筑。其一，反对课程权力的高度集中性，鼓励教师成为课程知识的

---

[1] 李海英：《课程权力：协商课程的一种追求》，《全球教育展望》2005 年第 9 期。

"实践反思者"，赋予教师反思课程知识、创新课程知识的权力，实现课程制定者与课程实施者之间的公共权力的共享。其二，鼓励学生成为课程知识的积极参与者和创造者，通过对学生的"赋权"来激发学生对于课程知识的兴趣，使学生真正成为课程的主人，成为课堂生活中的公民主体。在这种情况下，课程知识的权力就不再是由教师所独享，而是为教师与学生所共享。其三，通过在教师和学生之间建构一个协商、交往的公民空间，让教师与学生在这个空间中就课程知识展开充分的交往、对话和协商。教师不再固守法定知识的阈限而丧失知识创造的热情，学生也不再处于完全被动的、强制性的知识学习状态中，两者实现对课程知识和课程权力的共享。这种共享性的课程权力的建构将使课堂生活和课程知识成为教师与学生的公共生活的重要组成部分，促进教师与学生对公民权利以及公民身份的认同。

总之，在学校空间中实现公民权利对公共权力的制衡，需要构筑一种共享型的公共权力体系，通过权力分享来形成学校组织生活、课堂生活的公共性，使得学校生活空间真正成为一个民主的生活空间。在这个更加民主的学校生活空间中，学生的公民权利获得了优先性的地位，公共权力要以学生的公民权利为基础，接受学生的公民权利的监督和制衡。同时，教师和学生在学校空间中共同分享管理权、话语权以及课程权等，这将使得学校组织的公共权力成为一种扁平式的共享结构，由学校领导者、教师和学生共同分享。通过这种共享权力结构，教师与学生不再是冲突、对立的两个集团，而是成为学校空间中的平等公民。通过共同分享、共同协商和共同治理的公民伙伴关系，学校空间真正成为民主的公共领域，公民权利对于公共权力的监督和制衡也才真正获得了现实的可能性。

现代公民教育在我国义务教育阶段课程中的实现[*]

——基于相关学科的课程标准与指导纲要的分析

李敏　Murray Print[**]

摘　要：现代公民教育的首要目标是培养具有社会参与能力的下一代合格公民。当前，世界各国的公民教育主要有知识学习、技能学习、价值观学习三种学习模式，侧重关心民主法则及其实现过程、公民的价值观、公民的权利与义务等十大议题。通过分析品德课程［品德与生活（社会）和思想品德］、历史与社会、综合实践活动三类课程的政策文本，研究者发现公民教育在我国义务教育阶段已有广泛而深入的发展，虽然在有些方面还需要平衡和衔接，但难能可贵的是，我国已形成立体的课程依存与支撑结构。这种在正式课程间建立关联是我国实践公民教育的一次课程创新，它顺应了现代公民教育的未来发展趋势，并形成了独特的"课程群模式"，同时它也为我们当下的非正式课程发展提供公民教育方面的经验。

关键词：现代公民教育　义务教育课程　课程标准　指导纲要

伴随着"加强公民意识教育"在党的十七大报告和《国家中长期教育改革和发展规划纲要（2010~2020年)》中的相继提出，各种关于公民教育的认识正日益走进人们的视野，也在成为教育研究与实践的重要话题与领域。近百年来，在同处现代化发展进程中的世界各国，公民教育成为趋同

---

　　[*]　本文系国家社科基金 2012 年度教育学青年课题"媒介时代的公民教育：基于媒介批判的立场"（项目编号：CEA120119）阶段性研究成果。

　[**]　李敏，首都师范大学初等教育学院 & 儿童生命与道德教育研究中心副教授，教育学博士、博士后，研究方向为德育及儿童游戏；Murray Print，澳大利亚悉尼大学社会与教育工作系教授，博士，研究方向为比较公民教育。

的选择。① 与科技文明推动下的教育形式和内容相比,公民教育是社会的文明进步向教育建制提出的需求②,同时公民教育也是生命文明的表达③。新中国自成立以来,虽经历了不同社会发展时期,但公民教育一直以从松散到逐渐清晰的方式伴随着我的教育发展和课程改革进程④⑤⑥。我国在进入世纪之交的第八轮基础教育课程改革的进程后,公民教育在义务教育阶段以更清晰、明确、跨学科的方式集中出现在品德课程〔品德与生活(社会)、思想品德〕、历史与社会、综合实践活动三类课程之中。本文将把脉世界各国正在经历的现代公民教育,确认国际上实施公民教育相对稳定的参照系,然后采取文本分析法来解读我国三类课程的顶层政策文本(课程标准或指导纲要),通过抓取关键段落来收集认知集中、理念鲜明的信息⑦,期望以此梳理出公民教育在我国义务教育阶段课程序列中的实现形式与具体安排,找出共性与规律,为我们更好地理解公民教育以及与世界各国进行公民教育交流做出努力。

一 公民教育的现代发展及国外教育重心

(一) 现代社会公民教育发展的新动向

公民教育的研究与实践在西方有着悠久的历史和传统。虽然在中国历史上,我们也会看到一些文史资料中有公民一词出现,但当前世界各国对公民教育的关心和努力主要发端于工业革命后不断变化的社会生产和生活方式的需要。工业革命促生了新的社会形态,并将这种新社会形态下的制

---

① Torney - Purta, J. Lehman, R. Oswald, H. & Schulz, W. Citizenship and Education in Twenty - eight Countries: Civic Knowledge and Engagement at Age Fourteen (Amsterdam, International Association for the Evaluation of Educational Achievement). Paula Wagemaker Editorial Services, Christchurch, New Zealand. 2001.

② Print, M. Citizenship Education and Youth Participation in Democracy. *British uournal of Educational Studies*, 2007. 325 - 345.

③ 刘鑫淼:《中国"现代化"语境中的公民教育》,《浙江社会科学》2004 年第 6 期。

④ 郑航:《社会变迁中公民教育的演进——兼论我国学校公民教育的实施》,《清华大学教育研究》2000 年第 3 期。

⑤ 朱小蔓、冯秀军:《中国公民教育观发展脉络探析》,《教育研究》2006 年第 12 期。

⑥ 王文岚、黄甫全:《我国公民教育课程发展的回顾与展望》,《学术研究》2008 年第 11 期。

⑦ 涂端午:《教育政策文本分析及其应用》,《复旦教育论坛》2009 年第 5 期。

度建设需求和文化革新需要传递到学校教育中。工业革命繁荣了商品经济、资本社会以及民主制度，释放了人们对寻求个体自我的热情，在这基础上迅速传播的公民教育已不同于传统社会对公民和公民教育的理解。"通常，政府会将公民教育作为解决社会分工招致的问题以及形成特定价值的一种途径。然而具体的价值选择在不同社会背景下不尽相同，像诸如发展公益心、社会联结、企业家精神、可持续性发展、爱国主义、政治参与等理念都存在着不同。"① 公民教育必须是立足于本国社会发展和政治需要来推进的，"公民教育只能是造就积极的现代公民的教育"②。

在现代社会，公民教育的首要目标是培养具有社会参与能力的下一代合格公民。帕克认为，"21 世纪之始，公民教育的目的就是促进学生在民主意识和政治参与上获得发展。"③ 在广泛的实践领域，现代公民教育被认为是基于学校经历来为培养民主的公民资格和民主社会做准备。④⑤ 综观许多现代国家，我们发现有些国家的公民教育主要围绕政府、宪法、机构、法治、公民权利与责任等方面进行知识学习，而有些国家的公民教育则强调民主化进程、积极公民参与，以及公民社会中人与人的相处等行动取向的社会实践。

整体来看，国际社会的公民教育包括三种学习模式：①有关公民参与、民主社会、国家认同、政治传统、政府机构与体制、公民权利与义务、社会公平、法治等领域的知识学习模式。②有关获得积极公民身份、批判性反思、调查与合作等能力的技能学习模式。③有关形成社会公正、民主化进程、社会联结、跨文化理解以及生态可持续性等态度的价值观学习模式。以上三种公民教育的学习模式成为越来越多国家的共识，尤其是在英国、欧洲其他一些国家、美国，以及世界的其他一些国家。这三种学习模式为我们认识我国三类课程中的公民教育内容应当匹配何种学习模式提供了一

---

① Print，M. &Coleman，D. Towards Understanding of Social Capital and Citizenship Education. *Cambridge Journal of Education*，2003.

② 檀传宝：《论"公民"概念的特殊性与普适性——兼论公民教育概念的基本内涵》，《教育研究》2010 年第 5 期。

③ Parker，W. Toward Enlightened Political Engagement，W. STANLEY（Ed.）Critical Issues，in *Social Studies Research*（Greenwich，Information Age Press）. 2001. 99.

④ Centre for Civic Education National Standards for Civics and Government. California，Centre for Civic Education. 1994.

⑤ Civics Expert Group（CEG）Whereas the People … Civics and Citizenship Education. Canberra，Australian Government Printing Service. 1994.

种参考。

（二） 国际公民教育关注的十大议题

从对世界上现有的政策文件和课程的分析来看，很多主题都包括公民教育。典型的公民教育课程形成于 20 世纪 90 年代，它明显不同于以往的课程形式，包括上文介绍的对三个学习模式的研究。这在大多数西方民主国家中是特别凸显的（比如说英国、加拿大、美国、德国、澳大利亚、爱尔兰），在近代民主国家中越来越凸显（包括波兰、匈牙利、立陶宛、拉脱维亚），而在一些比较古老的民主国家中，公民教育的推行尚在努力当中（比如说法国、西班牙、意大利）。

在亚洲，公民教育通常以公民与道德教育的形式存在于学校课程中，课程带有较强的道德强制性（比如要成为一个好人，要成为负责任的公民），这种强制性是自古至今流传下来的，带有历史性，国家会参与课程的管理。与此同时，课程主要围绕着一系列非常明晰的价值观来进行，有些国家或地区带有宗教的色彩。

非洲的公民教育还不太完善，特别是在一些国家，在公民体系（的建立）上，政府机构彼此之间的相互制衡还比较弱，当地的教育水平也是最低的或者比较边缘化的。不过，南非是个特例，尽管南非也存在诸多挑战，国家发展也同样缓慢，但公民教育却开展得非常好。

综观世界上许多国家，在过去的几十年中，国家所有关键性的政策和课程文件①②会有大量内容与公民教育相关，各国关心的公民教育核心议题涉及以下十个方面。

- 民主的原则与过程
- 公民的价值观
- 公民的权利与义务

---

① Torney – Purta, J, Lehman, R, Oswald, H & Schulz, W. Citizenship and Education in Twenty – eight Countries: civic knowledge and engagement at age fourteen (Amsterdam, International Association for the Evaluation of Educational Achievement) ［M］. Paula Wagemaker Editorial Services, Christchurch, New Zealand. 2001.

② Civics Expert Group (CEG) Whereas the People … Civics and Citizenship Education ［S］. Canberra, Australian Government Printing Service. 1994.

- 公民围绕公共问题的积极参与
- 政府与机构
- 历史和宪法
- 法律体系、法治与司法独立的原则
- 生命、政治、经济、社会等方面的人权
- 国家认同
- 全球化与多样化的公民身份①

　　不难看出，以上十个公民教育方面的议题以人的公共生活为起点，关心人的政治素养、经济素养、法律素养等，这十大议题将成为我们评判我国三类课程政策文本中哪些是公民教育内容的标准。在现代国家的不断发展过程中，公民教育的直接角色实际上仍不太清晰。无论是直接开展公民教育的国家还是间接开展公民教育的国家，都会关注年轻一代的观念传承和行动引导，年轻一代均会被告知一些相关的知识、技能、价值观。

二　我国义务教育阶段相关课程政策文本中的公民教育

　　一直以来，我们在进行中外合作研究和对话时，公民教育的领域多与我国的正式德育课程对接，许多研究也因此主要局限在品德课程与国际公民教育思想的比较上②③。而事实上，在这一轮课程改革的推动下，我们有三类课程实际发挥着重要的公民教育的课程功能，它们分别是：①品德课程。小学1~2年级的品德与生活、小学3~6年级的品德与社会、初中7~9年级的思想品德课程。④ ②初中7~9年级的历史与社会课程。③覆盖小学和初中3~9年级的综合实践活动课程。新课程改革调整了传统的课程结构，整合

---

① Print，M. Education for Democratic Citizenship in the Twenty-first Century. Keynote Address, International Forum on Democratic Citizenship Education in the Asia-Pacific Region，Seoul，Korean Educational Development Institute. 2001.
② 黄崴、黄晓婷：《近十年公民教育研究的回顾与展望》，《清华大学教育研究》2009年第1期。
③ 翟楠：《德育政策中的公民教育：文本分析与政策建构》，《教育科学》2001年第5期。
④ 2016年，教育部将小学品德与生活（社会）课程与初中思想品德课程的名称统一为"道德与法治"。但由于课程标准依然未更名，本研究的载体是课程标准，因此在本文中，仍使用品德与生活（社会）、思想品德的课程标准的文本名称。

并新设了一些课程，着力体现课程的生活化、综合性与人文性。以上三类课程在此轮改革中均在课程性质、目标、内容、教学法、评价等方面有了重大变化，它们已在很多方面正在承担着公民教育的使命。

笔者将对三类课程的顶层政策文本——品德与生活（社会）、思想品德，历史与社会的课程标准以及综合实践活动的指导纲要①进行归纳和分析，梳理与公民教育高度相关的内容，揭示我国依托课程实施公民教育的状况。考量三类课程政策文本中公民教育内容的依据是前文呈现的十个议题（依次附编码值为（b-1）、（b-2）、（b-3）、（b-4）、（b-5）、（b-6）、（b-7）、（b-8）、（b-9）、（b-10））。前文提到的三种学习模式（附编码值为知识学习［a-1］，技能学习［a-2］，价值观学习［a-3］）也会根据侧重点不同与不同议题相匹配。这里，对每个议题所指向的内容做一具体化，同时将与不同议题相适宜的学习模式做一匹配（见表1）。

表1　公民教育关心的核心议题

序号	公民教育议题 （b-1 至 b-10）	内　　容	主要学习模式 ［a-1 至 a-3］
1	民主的原则与过程（b-1）	有关民主方面的知识	知识学习［a-1］
2	公民的价值观（b-2）	尊重、法治、和平、平等、自由、民主等价值观念	价值观学习［a-3］
3	公民的权利与义务（b-3）	基于公民身份的法律、人身自由、经济、政治、信仰、文化等权利与义务方面的知识	知识学习［a-1］
4	公民围绕公共问题的积极参与（b-4）	集会、选举、救助、志愿、环保等公共生活参与能力	技能学习［a-2］
5	政府与机构（b-5）	有关政府和机构的知识	知识学习［a-1］
6	历史和宪法（b-6）	有关国家和世界的历史与本国宪法的知识	知识学习［a-1］
7	法律体系、法治与司法独立的原则（b-7）	有关本国法律、法治方面的基本知识	知识学习［a-1］

① 本研究选择教育部颁布的品德与生活、品德与社会、思想品德，历史与社会的课程标准（2011年版），综合实践活动指导纲要（2007年版）为分析文本。

续表

序号	公民教育议题 （b-1 至 b-10）	内　容	主要学习模式 ［a-1 至 a-3］
8	生命、政治、经济、社会等方面的人权（b-8）	基于人类角色享有的生命、政治、经济、社会等方面权利的知识与价值观念	知识学习、价值观学习 ［a-1］［a-3］
9	国家认同（b-9）	爱国情感和民族认同等方面的知识和价值观念	知识学习、价值观学习 ［a-1］［a-3］
10	全球化与多样化的公民身份（b-10）	有关国际责任、跨文化理解、国际理解的知识和价值观念	知识学习、价值观学习 ［a-1］［a-3］

依据表 1 本文将基于课程性质、课程目标和课程内容的公民教育对三类课程的政策文本进行相关性分析。笔者将对政策文本中有关课程性质、课程目标、课程内容部分根据公民教育的核心议题、三类学习模式①进行编码和归类。具体规则为：①分析课程性质。呈现完整的每个科目的课程性质，我们可以从简短的文字上直接感知课程性质与公民教育的相关性。②分析课程目标。根据国际上公民教育的核心议题，逐条对课程标准做相应归类和标记。在对应学习模式的统计中，我们也可以看到国际社会通常会在这些不同的课程目标上所使用的学习模式，这对我国三类课程的教学提供了一种视野和参照。③分析课程内容。对政策文本中的课程内容进行分析时，笔者将采取以国际社会十个核心议题为参照系，再对我们的课程内容做关联统计和归类。在这部分，笔者也会对有关联的课程内容做学习模式归类标记。

（一）品德与生活、品德与社会、思想品德课程标准中的公民教育内容分析

在这一轮课程改革中，小学阶段的课程有了重大调整，将原有的历史、

---

① 表 1 是本研究进行政策文本分析的重要标准。本文在之后对课程标准或指导纲要进行分析时，主要参照表 1 对文本的内容归类和赋值。依照表 1，对相关公民教育议题的不同文本内容赋值（b-1）、（b-2）、（b-3）……对相关公民教育学习模式的不同文本内容赋值［a-1］、［a-2］、［a-3］……

社会和品德课程合而为一，成为一门新课程，1～2年级为品德与生活，3～6年级为品德与社会，课程性质也由过去的分科课程更改为综合课程。初中阶段的课程也进行了内部逻辑主线的调整，将思想品德课程由过去的学科知识主线更改为以生活中的个体成长为主线，围绕人的生活将道德、心理健康、法律、国情等方面的内容融合在一起，课程性质凸显分科课程的综合性。一直以来，品德类课程被国内学者和国际社会认为是我国公民教育的首要课程载体。

1. 品德类课程性质与目标分析

（1）品德与生活课程性质与目标

课程性质——"品德与生活课程（1～2年级）是一门以小学低年级儿童的生活为基础，以培养具有良好品德与行为习惯、乐于探究、热爱生活的儿童为目标的活动型综合课程。"从表述看，品德与生活的课程性质没有直接与公民教育相关。

课程目标——品德与生活的课程目标，共16条，其中有7条涉及公民教育。

表2　品德与生活课程目标中的公民教育内容

课程目标	公民教育议题 （b-1至b-10）	学习模式 [a-1至a-3]
爱亲敬长，爱集体、爱家乡、爱祖国	（b-2，b-9）	[a-1，a-3]
乐于参加劳动和有意义的活动	（b-4）	[a-2]
保护环境，爱惜资源	（b-3，b-4）	[a-1，a-2]
初步了解生活中的自然、社会常识	（b-8）	[a-1]
初步了解有关祖国的知识	（b-9）	[a-1]
初步体验与社区和社会生活相联系的学习过程	（b-4）	[a-2]
学习几种简单的调查研究方法并尝试应用	（b-4）	[a-2]

由此可以看到，品德与生活的课程目标关注：（b-2）公民的价值观，（b-3）公民的权利与义务，（b-4）公民围绕公共问题的积极参与，（b-8）生命、政治、经济、社会等方面的人权，（b-9）国家认同。而对于（b-1）民主法则及其实现过程，（b-5）政府与机构，（b-6）历史和宪法，（b-7）法律体系、法治与司法独立的原则，（b-10）全球化与多样化的公民身份没有直接涉及。在学习模式方面，品德与生活课程中有过半的课程目标适

合用技能学习［a－2］和价值观学习［a－3］模式，这也反映出这一轮课改在政策站位和表述上确实很好地贯彻了三维目标的理念。

（2）品德与社会课程性质和目标

课程性质——"品德与社会课程是在小学中高年级开设的一门以学生生活为基础、以学生良好品德形成核心、促进学生社会性发展的综合课程。"从表述看，品德与社会的课程性质把促进学生社会性发展作为课程属性之一，这与公民教育关注人的公共生活和社会生活相一致，由此可以做出判断，品德与社会课程有着更为丰富和全面的公民教育内容。

课程目标——在其总课程目标中，明确提出该门课程为培养公民品德奠定基础，具体课程目标共15条，其中有10条与公民教育直接相关。

表3　品德与社会课程目标中的公民教育内容

课程目标	公民教育议题 （b－1 至 b－10）	学习模式 ［a－1 至 a－3］
爱亲敬长，养成文明礼貌、诚实守信、友爱宽容、热爱集体、团结合作、有责任心的品质	（b－2）	［a－3］
初步形成规则意识和民主、法制观念，崇尚公平和公正	（b－1，b－7）	［a－1］
珍爱家乡，珍视祖国的历史与文化，具有中华民族的归属感和自豪感，尊重不同国家和民族的文化差异，初步形成开放的国际视野	（b－9，b－10）	［a－1，a－3］
具有关爱自然的情感，逐步形成保护生态环境的意识	（b－4）	［a－2］
学习从不同的角度观察社会事物和现象，对生活中遇到的道德问题做出正确的判断，尝试合理地、有创意地探究和解决生活中的问题，力所能及地参与社会公益活动	（b－4）	［a－2］
理解日常生活中的道德行为规范和文明礼貌，了解未成年人的基本权利和义务，懂得规则、法律对于保障每个人的权利和维护社会公共生活具有重要意义	（b－3，b－7）	［a－1］
初步了解生产、消费活动与人们生活的关系，知道科学技术对生产和生活的重要影响	（b－8）	［a－1，a－3］
知道一些基本的地理常识，初步理解人与自然、环境的相互依存关系，了解人类共同面临的人口、资源和环境等问题	（b－8）	［a－1，a－3］

续表

课程目标	公民教育议题 （b-1 至 b-10）	学习模式 ［a-1 至 a-3］
了解家乡的发展变化，了解一些我国历史常识，知道在历史发展过程中形成的中华民族优秀文化和革命传统，了解影响我国发展的重大历史事件和社会主义建设的伟大成就	（b-6，b-9）	［a-1，a-3］
初步了解影响世界历史发展的一些重要事件，知道不同环境下人们有不同的生活方式和风俗习惯，懂得不同民族、国家和地区之间相互尊重、和睦相处的重要意义	（b-10）	［a-1，a-3］

由此可以看到，品德与社会的课程目标关注：（b-1）民主法治及其实现过程，（b-2）公民的价值观，（b-3）公民的权利与义务，（b-4）公民围绕公共问题的积极参与，（b-6）历史和宪法，（b-7）法律体系、法治与司法独立的原则，（b-8）生命、政治、经济、社会等方面的人权，（b-9）国家认同，（b-10）全球化与多样化的公民身份。仅有（b-5）政府与机构没有直接涉及。在学习模式方面，我们看到绝大多数的课程标准适合采用知识学习［a-1］和价值观学习［a-3］的方式进行，这也与进入中高年级后的小学儿童不断增强逻辑思维能力[1]这一认知特点相吻合。

（3）思想品德课程性质与目标

课程性质——"思想品德课程是一门以初中学生生活为基础、以引导和促进初中学生思想品德发展为根本目的的综合性课程。"从表述看，初中思想品德的课程性质没有直接与公民教育相关。

课程目标——在其总课程目标中，明确提出该门课程为培养社会主义合格公民奠定基础。具体课程目标共17条，其中有12条与公民教育直接相关。难能可贵的是，初中思想品德课程标准的课程目标首次提到"公共精神"，这让公民教育成为初中品德课程的实然目标之一。[2]

---

[1]　王耕、叶忠根、林崇德：《小学生心理学》，浙江教育出版社，1993。
[2]　李敏、张志坤：《公共精神的新德育目标分析及其教学实现》，《课程·教材·教法》2017年第2期。

表 4 思想品德课程目标中的公民教育内容

课程目标	公民教育议题 （b-1至b-10）	学习模式 [a-1至a-3]
体会生态环境与人类生存的关系，爱护环境，形成勤俭节约、珍惜资源的意识	（b-3）	[a-1]
树立规则意识、法制观念，有公共精神，增强公民意识	（b-3，b-7）	[a-1]
热爱集体、热爱祖国、热爱人民、热爱社会主义，认同中华文化，继承革命传统，弘扬民族精神，有全球意识和国际视野，热爱和平	（b-9，b-10）	[a-1，a-3]
掌握爱护环境的基本方法，形成爱护环境的能力	（b-4）	[a-2]
逐步掌握交往与沟通的技能，学习参与社会公共生活的方法	（b-4）	[a-2]
学习搜集、处理、运用信息的方法，提高媒介素养，能够积极适应信息化社会	（b-4）	[a-2]
学会面对复杂的社会生活和多样的价值观念，以正确的价值观为标准，做出正确的道德判断和选择	（b-2）	[a-3]
学习运用法律维护自己、他人、国家和社会的合法权益	（b-4，b-8）	[a-1，a-2，a-3]
了解我与他人和集体关系的基本知识，认识处理我与他人和集体关系的基本社会规范与道德规范	（b-3）	[a-1]
理解人类生存与生态环境的相互依存关系，认识当今人类所面临的生态问题及其根源，掌握环境保护的基础知识	（b-2）	[a-3]
知道基本的法律知识，了解法律在个人、国家和社会生活中的基本作用和意义	（b-6，b-7）	[a-1]
知道我国的基本国情，初步了解当今世界发展的现状与趋势	（b-5，b-9，b-10）	[a-1，a-3]

由此可以看到，思想品德的课程目标关注：（b-2）公民的价值观，（b-3）公民的权利与义务，（b-4）公民围绕公共问题的积极参与，（b-5）政府

与机构，（b-6）历史和宪法，（b-7）法律体系、法治与司法独立的原则，（b-8）生命、政治、经济、社会等方面的人权，（b-9）国家认同，（b-10）全球化与多样化的公民身份。仅有（b-1）民主法则及其实现过程没有直接涉及。在学习模式方面，我们看到初中生的品德课程标准较均衡地根据不同议题分别使用到知识学习［a-1］、技能学习［a-2］和价值观学习［a-3］三种学习模式。

2. 品德类课程内容分析

在统计课程内容的条数时，每一条课程内容可能因为包含的信息点较多而出现不止一个公民教育议题编码，但在统计课程内容总条数时会避免重复计算。

（1）品德与生活课程内容分析

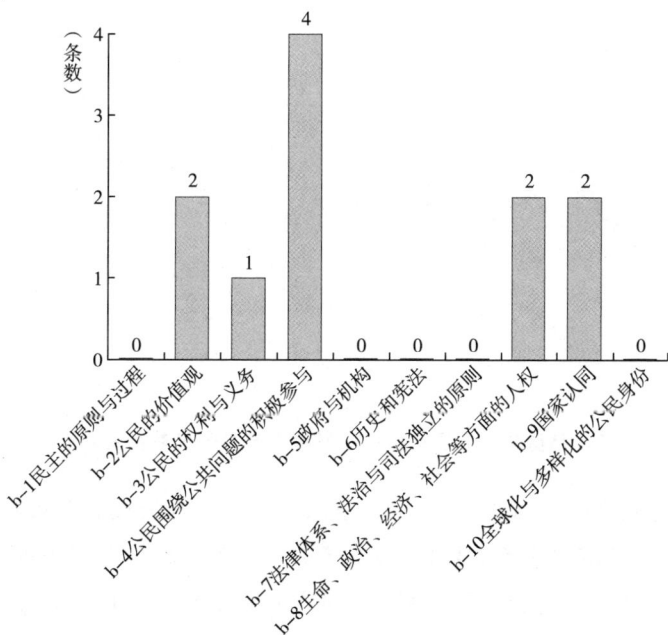

图1 品德与生活课程标准中课程内容与公民教育关联情况

品德与生活课程标准共包含43条课程内容，与公民教育议题直接相关的有10条（已减去1条重复）。主要涉及"（b-4）公民围绕公共问题的积极参与"（4条）、"（b-2）公民的价值观"（2条）、"（b-8）生命、政治、经济、社会等方面的人权"（2条）、"（b-9）国家认同"（2条）、

"（b-3）公民的权利与义务"（1条）（计算重复条数1条）。在学习模式方面，（b-3）以知识学习为主，（b-2）以价值观学习为主；（b-8）、（b-9）既有知识学习又有价值观学习；而所占比例最高的b-4期待以"技能学习"的方式进行，这也与品德与生活课程对自身课程提出了"以活动为教与学的基本形式"要求相吻合。

（2）品德与社会课程内容分析

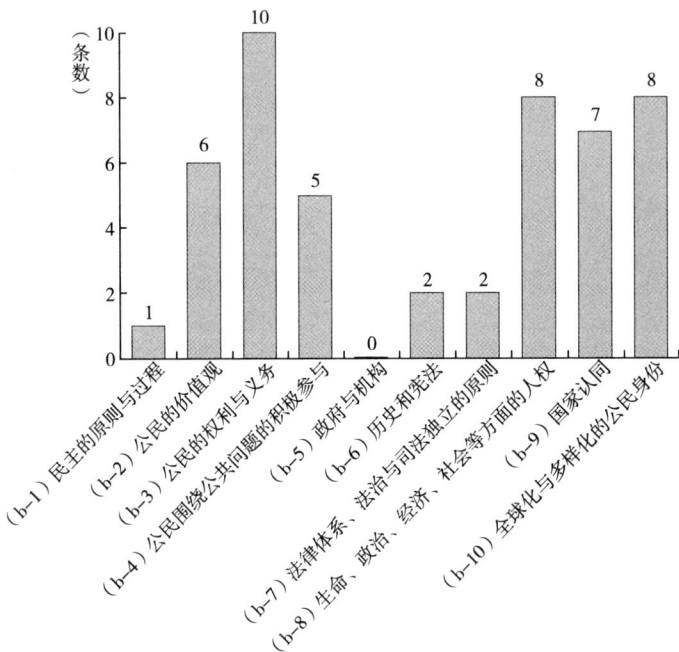

图2　品德与社会课程标准中课程内容与公民教育关联情况

品德与社会课程标准共包含52条课程内容，与公民教育议题直接相关的有43条（已减去5条重复）。覆盖了除"政府与机构"之外的九大议题。主要涉及"（b-3）公民的权利与义务"（10条）、"（b-8）生命、政治、经济、社会等方面的人权"（8条）、"（b-10）全球化与多样化的公民身份"（8条）、"（b-9）国家认同"（7条）、"（b-2）公民的价值观"（6条）、"（b-4）公民围绕公共问题的积极参与"（5条）、"（b-6）历史和宪法"（2条）、"（b-7）法律体系、法治与司法独立的原则"（2条）、"（b-1）民主的原则与过程"（计算重复条数5次）。从学习模式与议题的匹配来看，品德与社会课程有大量内容［（b-1）、（b-2）、（b-3）、（b-

6)、(b−7)、(b−8)、(b−9)、(b−10)] 涉及公民知识学习模式和公民价值观学习模式，而根据课程内容来看技能学习模式，其所占比重偏小。

（3）思想品德课程内容分析

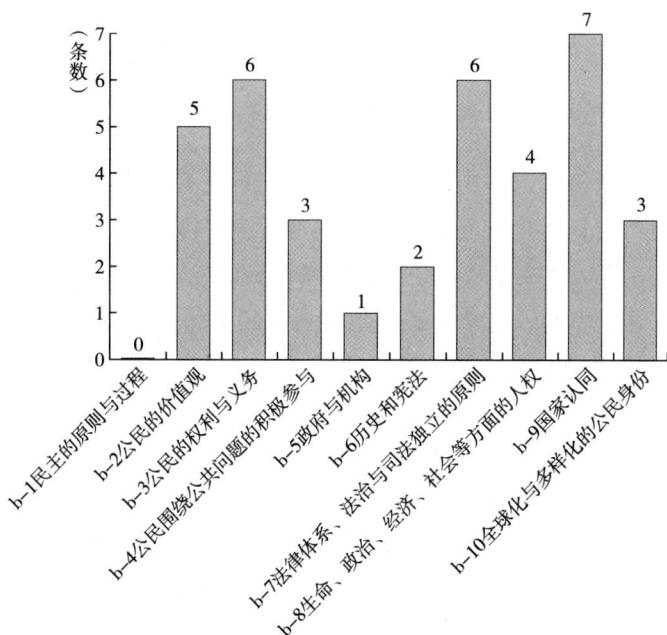

图3 思想品德课程标准中课程内容与公民教育关联情况

思想品德课程标准共包含54条课程内容，与公民教育议题直接相关的有35条（已减去2条重复）。覆盖了除"民主的原则与过程"之外的几人议题。主要涉及"（b−9）国家认同"（7条）、"（b−3）公民的权利与义务"（6条）、"（b−7）法律体系、法治与司法独立的原则"（6条）、"（b−2）公民的价值观"（5条）、"（b−8）生命、政治、经济、社会等方面的人权"（4条）、"（b−4）公民围绕公共问题的积极参与"（3条）、"（b−10）全球化与多样化的公民身份"（3条）、"（b−6）历史和宪法"（2条）、"（b−5）政府与机构"（1条）（计算重复条数2条）。从学习模式与议题的匹配来看，思想品德课程有大量内容［（b−2）、（b−3）、（b−4）、（b−5）、（b−6）、（b−7）、（b−8）、（b−9）、（b−10）] 涉及公民知识学习模式、公民技能学习模式和公民价值观学习模式，表明三类公民教育学习模式均有涉及，但整体上看，（b−4）这一公民教育议题对应的公民技能学习模式比重还是偏小。

除了以上对品德与生活（社会）、思想品德课程标准中的课程内容与十大议题的对照分析外，笔者还发现，品德类课程中的知识点多涉及社会生活、政治生活、经济生活、法律生活等领域的宏观概念或观点，不会触及相关领域的过细的专业知识。这也与这一轮课改中，品德课程注重启蒙和培养中小学生在生活中各类公民意识而非掌握专门的知识①这一理念相吻合。

（二）历史与社会课程标准中的公民教育内容分析

在这一轮新课程改革中，初中历史课程的变化颇为人们关注，它改变了过去只讲历史知识的传统，加强和突出了初中历史课程的人文性，并将课程变更为"历史与社会"。变化后的课程从课程性质到课程目标再到课程内容都有了重大调整，它旗帜鲜明地将自身定位为一门公民教育课程。

1. 历史与社会课程性质与目标分析

课程性质——"历史与社会是在义务教育阶段7～9年级以历史、人文地理和相关学科为载体，对学生进行公民教育的综合文科课程。"从表述看，历史与社会课程是义务教育阶段唯一一门直接将课程性质定位在"公民教育"上的课程。取决于这一课程性质，我国的历史与社会课程在原有的历史知识教育的基础上，增加了史实与人的发展、现代社会以及当代国情之间存在关联的内容。

课程目标——在其总课程目标中，明确提出该门课程旨在培养出中国特色社会主义事业的合格建设者和接班人。具体课程目标共14条，其中有12条与公民教育直接相关。

表5　历史与社会课程目标中的公民教育内容

课程目标	公民教育议题 （b-1 至 b-10）	学习模式 [a-1 至 a-3]
了解社会生活的丰富内涵以及参与社会生活的多种方式和途径，理解个体发展与社会进步的关系	（b-8）	[a-1, a-3]
了解人类面临的环境问题，理解人口、资源、环境与经济社会发展的关系，理解人与自然的和谐发展	（b-4）	[a-2]

① 朱小蔓：《思想品德：更加关注公民意识教育——〈义务教育思想品德课程标准（2011年版）〉》，《热点问题访谈》，《人民教育》2012年第6期。

续表

课程目标	公民教育议题 （b-1 至 b-10）	学习模式 [a-1 至 a-3]
了解中国历史和世界历史的基本脉络以及人类物质文明、精神文明、政治文明、生态文明发展的基本趋势，理解近现代中国革命、建设、改革的曲折历程	（b-6，b-9）	[a-1，a-3]
经历观察、体验、感悟的过程，逐步提高参与社会生活的能力	（b-4）	[a-2]
尝试多角度探究当前生活中的挑战与机遇，学会独立思考、提出疑问、进行反思，逐步提高自主选择与决断的能力	（b-4）	[a-2]
采用比较、分析、综合等方法，探究、解释历史和现实问题	（b-4，b-6）	[a-1，a-2]
运用辩证的、发展的观点认识历史进程，评估人们做了什么、能做什么、该做什么	（b-8）	[a-1，a-3]
认同社会主义核心价值观，逐步树立走中国特色社会主义道路的信念	（b-9）	[a-1，a-3]
逐步形成资源环境意识和社会责任感，确立可持续发展的理念	（b-3）	[a-1]
逐步增强国家认同感、归属感和自豪感	（b-9）	[a-1，a-3]
学会尊重文明多样性，欣赏不同民族和区域的人文特色	（b-10）	[a-1，a-3]
享受历史与社会相关问题探究的乐趣，形成积极进取的学习态度	（b-4）	[a-2]

由此可以看到，历史与社会的课程目标关注：（b-3）公民的权利与义务，（b-4）公民围绕公共问题的积极参与，（b-6）历史和宪法，（b-8）生命、政治、经济、社会等方面的人权，（b-9）国家认同，（b-10）全球化与多样化的公民身份。其他议题如（b-1）民主的原则与过程，（b-2）公民的价值观，（b-5）政府与机构，（b-7）法律体系、法治与司法独立的原则没有直接涉及。在学习模式方面，我们看到历史与社会课程标准较均衡地根

据不同议题分别使用到知识学习、技能学习和价值观学习三种学习模式。

2. 历史与社会课程内容分析

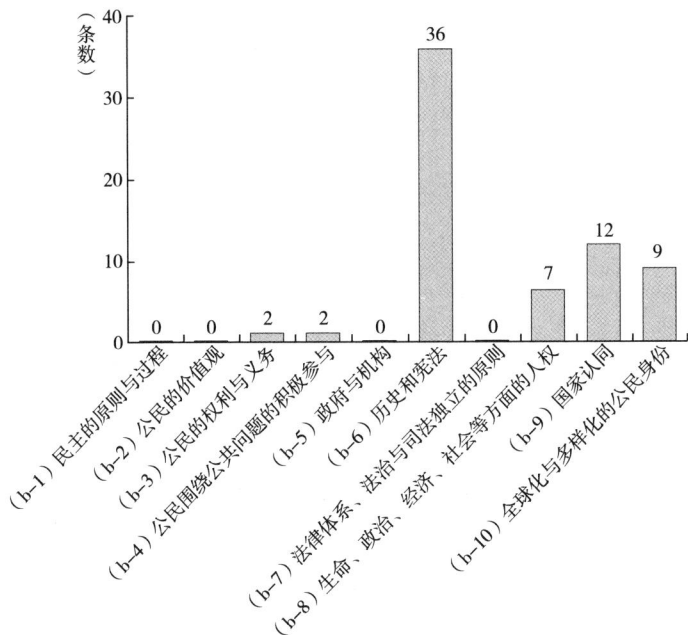

图4 历史与社会课程标准中课程内容与公民教育关联情况

历史与社会课程标准共包含84条课程内容，与公民教育议题直接相关的有66条（已减去2条重复）。覆盖了六大议题。主要集中在"历史和宪法"（36条）、"国家认同"（12条）、"全球化与多样化的公民身份"（9条）、"生命、政治、经济、社会等方面的人权"（7条），以及"公民的权利与义务"（2条）和"公民围绕公共问题的积极参与"（2条）（计算重复条数2条）。从学习模式与议题的匹配来看，历史与社会课程有一半的内容适合公民知识学习模式 [（b-3）、（b-6）、（b-8）、（b-9）、（b-10）]，其次是公民价值观学习模式 [（b-8）、（b-9）、（b-10）]，而技能学习模式根据课程内容的条数（b-4）来看，所占比重偏小。

（三）综合实践活动指导纲要中的公民教育内容分析

综合实践活动课程是新课程改革的创造之一。2007年教育部分学段公布了小学3～6年级和初中7～9年级综合实践活动指导纲要。综合实践活动课程有别于传统的分科课程，是国家规定的《九年制义务教育课程计划》所规定的一门必修活动类课程，要求面向全体中小学生开设。活动类课程以发现性学习为主要课程开展方式。在实际推行中，综合实践活动课程激活了学生的已有经验，让学生在活动中学会深度思考、解决成长中面临的各种问题。从公民教育的角度来看，综合实践活动课程要求以活动课的方式进行，无意间成为我国开展公民教育的一个颇具创意的特色，它将"技能学习"这一公民教育学习方式升格为一门课程的属性和形式。

1. 综合实践活动课程性质与目标分析

课程性质——"综合实践活动是基于学生的直接经验、密切联系学生自身生活和社会生活、体现对知识的综合运用的实践性课程。"从表述看，综合实践活动十分关注生活，尤其是学生的社会生活，而且注重对知识的综合运用。这与公民教育面向公共生活的理念是高度契合的。

课程目标分析——综合实践活动课程的总目标强调个人与社会之间的互动，着重推进学生对自然、社会和自我之内在联系的整体认识与体验，这正是培养一种公民参与的精神。3~6年级的具体课程目标共16条，其中有6条与公民教育直接相关。7~9年级的具体课程目标共14条，其中有8条与公民教育直接相关。

表6 3~6年级综合实践活动课程目标中的公民教育内容

课程目标	公民教育议题 （b-1至b-10）	学习模式 [a-1至a-3]
知道如何保护和改善自然环境，并身体力行	（b-3）	[a-1]
认识社会资源，并能有效运用	（b-8）	[a-1，a-3]
走入社会，熟悉并遵守社会行为规范	（b-3）	[a-1]
发展人际交往，养成合作品质，融入集体	（b-2）	[a-3]
力所能及地参与社区服务活动，体会参与社区服务的意义	（b-4）	[a-2]
亲身实践，学会使用一些最基本的工具和仪器	（b-4）	[a-2]

表7 7～9年级综合实践活动课程目标中的公民教育内容

课程目标	公民教育议题 （b‑1至b‑10）	学习模式 ［a‑1至a‑3］
关心自然环境，自主探究自然问题，具有环保意识	（b‑3）	［a‑1］
参与环境保护的活动，形成初步的环境保护能力	（b‑4）	［a‑2］
走入社会，增进对社会的了解与认识，理解个体与社会的关系	（b‑8）	［a‑1，a‑3］
关心社会现实，主动探究社会问题，积极参与社区活动，服务社会，发展社会实践能力	（b‑4）	［a‑2］
遵守社会行为规范，养成社会交往能力，学会与他人共同生活、工作	（b‑2，b‑3）	［a‑1，a‑3］
养成关心他人、关心社会，具有服务社会的意识和对社会负责的态度	（b‑2）	［a‑3］
掌握基本生活技能，学会适应社会生活，养成负责任的生活态度	（b‑2）	［a‑3］
开展问题探究，体验探究过程，了解与学习问题解决的基本研究方法，对感兴趣的自然问题、社会问题和自我问题进行深度探究	（b‑4）	［a‑2］

由此可以看到，综合实践活动的课程目标关注：（b‑2）公民的价值观，（b‑3）公民的权利与义务，（b‑4）公民围绕公共问题的积极参与，（b‑8）生命、政治、经济、社会等方面的人权。其他议题如（b‑1）民主法治及其实现过程，（b‑5）政府与机构，（b‑6）历史和宪法，（b‑7）法律体系、法治与司法独立的原则，（b‑9）国家认同，（b‑10）全球化与多样化的公民身份没有直接涉及。在学习模式方面，我们看到综合实践活动课程较均衡地根据不同议题分别使用到知识学习、技能学习和价值观学习三种学习模式。

2. 综合实践活动课程内容分析

由于国家在给予综合实践活动课程指导时只给出性质界定和方向建议，在课程内容上只有四大领域的活动建议——研究性学习、社区服务与社区实践、劳动与技术教育、信息技术教育。在这四个领域中，前三者都主张通过活动大力鼓励学生关注社会动态和问题，培养其参与社会生活的能力。因此，从综合实践活动课程的主要课程内容结构来看，它高度对应了国际公民教育实践的第四个议题——（b-4）公民围绕公共问题的积极参与。因此从这一点来看，综合实践活动课程的出现让我国的公民教育从平面的传统知识授受发展为有认知学习、有情感熏陶、有能力培养的立体结构。而在公民教育的学习模式上，与"公民围绕公共问题的积极参与"相匹配的学习模式是公民技能学习模式。这种学习模式也确实是我国综合实践活动课程最主要的学习方式。

此外，结合上文对该课程的课程目标分析发现，综合实践活动课程是将"公民价值观（b-2）"、"公民的权利与义务（b-3）"、"生命、政治、经济、社会等方面的人权（b-8）"等议题落实在研究性学习、社区服务与社区实践、劳动与技术教育这三类活动课程的设计与实施上。学生在这三类活动课程中，会主动参与价值观的辨析和思考，接触公民权利和义务问题，感受人在社会生活中多元的角色、丰富的需要和适合的立场。

三　我国义务教育阶段公民教育类课程的讨论与展望

通过分析我国义务教育阶段三类课程的政策文本可以直观地看到，公民教育大量、充分地活跃在我国中小学生的校园教育生活中，它早已不是研究者硬要拉扯上关系的边缘课程发展阶段，而是与公民教育有着大量直接相关内容的三类课程五门科目——品德与生活，品德与社会，思想品德，历史与社会，综合实践活动大量课程内容均来自公共生活，而我国的义务教育实质上已具有较为完备的公民教育课程基础。通过三类课程政策文本的分析与比较，我们可以直观感受到公民教育在我国义务教育阶段课程中的丰富状态。在现代公民教育的实践领域中，我们有方向、有立场、有行动，我们会在不断寻求课程完善的过程中获得更大发展。

（一）做出的创新：我国的公民教育类课程已形成动态的立体结构

通过前文对三类课程政策文本的分析，我们可看到一条清晰的规律——品德课程重视知识学习的同时更重视价值观学习，而且它有一些知识学习是有关价值观概念等知识点的学习；历史与社会课程的重心在于史实类的知识学习，它的价值观学习是基于史实开展的；综合实践活动课程的形态就更为凸显，它以技能学习模式为主，有关知识学习和价值观学习的部分也是在依托各类活动进行的技能学习过程中完成的。因此，我们可以欣喜地做出判断，我们用三类课程对应并践行了国际社会公民教育常见的三种学习模式（见图5）：①我国的品德课程和历史与社会这两类课程期待满足公民知识学习的需要；②综合实践活动课程期待满足公民技能学习的需要；③品德课程除了有知识学习的过程外，更多期待满足公民价值观形成的需要。在这一过程中，我们看到明晰和立体的公民教育影像。这三类课程之间由于各有学习模式的不同倾向性，而极可能形成优势互补的动态课程结构。对于公民教育的立场而言，三类课程构成了一个内循环良好的公民教育课程系统，它们形成了一个相互依存和支撑、颇具创新性的公民教育的"课程群模式"。

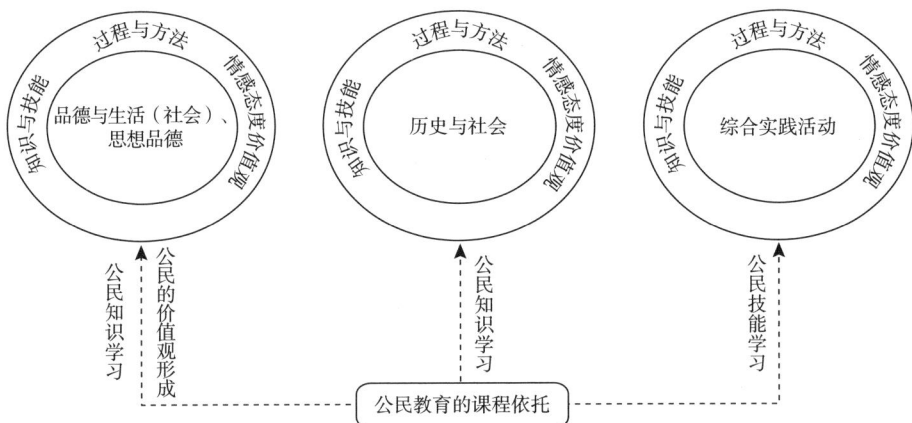

图5　我国公民教育在学校课程中的实现

　　当然，三类课程之间根据倾向性所做的区分只是相对的，我们只是从公民教育在知识学习、技能学习、价值观形成三个方面做了一个大致的归纳。因为新课程改革的三维目标要求所有课程必须内在地具有"知识与技能""过程与方法""情感态度价值观"三个方面内容，缺一不可。而三维目标的提法和内容组成也恰与公民教育的三种学习模式的理念相契合。所以，虽然大体上三类课程各有侧重，但从每类课程内部来看，它们均会在单门课程实施过程中兼顾知识、技能、价值观等方面的内容。我国这一极富创意的立体课程设置与实施经验将会给其他国家开展公民教育带来宝贵启示。

（二）存在的问题：三类课程内部和之间存在某些薄弱环节

在具体分析三类课程的性质、目标和内容时，笔者发现课程内部和课程之间虽然有着深深的依存关系，但也存在一些薄弱环节。

（1）课程性质同课程目标、课程内容之间的一致性有待提高。例如，品德类课程中，品德与生活、思想品德两门课程在表述课程性质时，仅定位在儿童的品德培养上，然而这两门课程的目标和内容又有着大量与公民教育直接相关的内容，关注儿童的社会化发展和政治素养启蒙，重视帮助儿童走入社会、适应并参与公共生活。鉴于此，品德类课程可以继续深化这轮课程改革所强调的综合性理念，在课程性质定位上也体现出综合化的特点——除了品德培养的目标和内容之外，也要把其他实际已经具有的目标和内容概括进来。

（2）部分公民教育的议题较少涉及。通过更为精准的课程内容分析，笔者发现，整体上十个公民教育议题在不同学段、不同课程间会依据年龄段特点和学科特点而有不同的侧重与分布，例如，在小学低年级有一些公民教育议题在我们整个的课程内容中较少涉及。比如，"民主的原则与过程"和"政府与机构"这两个议题，我们在三类课程中仅分别有一条课程内容涉及。针对这一点，笔者又查阅了高中课程政策文本，发现"民主法治及其实现过程"和"政府与机构"这两个议题在高中的政治课程中有较多涉及。从衔接性和启蒙性来看，我们有必要适当加大小学和初中课程中的相应内容。

（三）未来趋势：依托学校的公民教育将越来越具有突出优势

在世界各国，实现公民教育的途径广泛分布在社会各个领域中，换言之，儿童获得公民教育的途径丰富且多元。国际教育机构评估协会（The International Association for the Evaluation of Educational Achievement，IEA）从1994年开始对项目评估参与国执行严格规范的公民教育状况评估。经过多年的信息收集及项目实践，该协会提出一个公民教育与学习的模型（见图6）。①

---

① Torney‐Purta, J, Lehman, R, Oswald, H & Schulz, W. Citizenship and Education in Twenty‐eight Countries: civic knowledge and engagement at age fourteen（Amsterdam, International Association for the Evaluation of Educational Achievement）［M］. Paula Wagemaker Editorial Services, Christchurch, New Zealand. 2001.

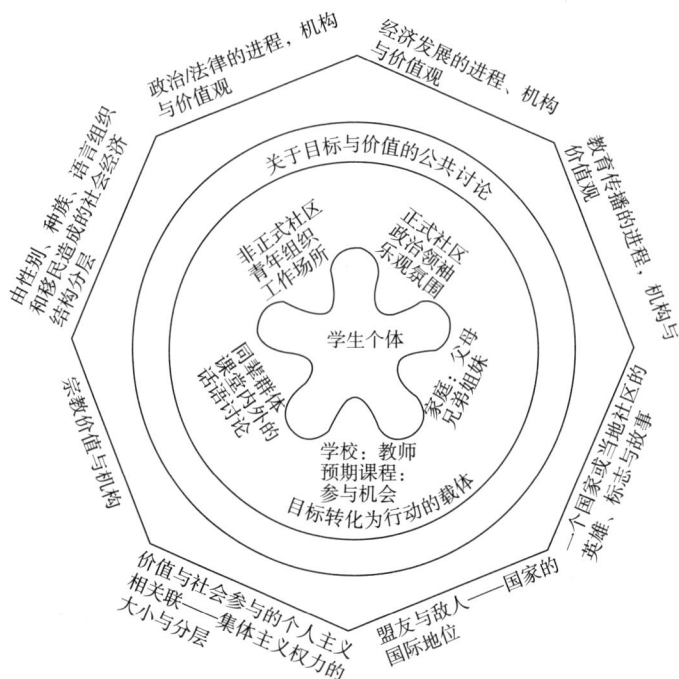

图6 公民教育与学习模型

资料来源：国际教育协会，2001。

在该模型中，学生处在公民教育的中心，有关社会的公共话语与实践将通过家庭、学校、同伴以及邻居来对学生产生影响。除了这些直接面对面的关系外，还有一些更广泛的社会影响会通过机构和大众媒介来传递。模型最外围，还归纳出政治、经济、社会、国际、价值观、宗教、社区、传播8个外部影响因素。

对于以上这些丰富而多元的公民教育实施途径，诸多研究表明，学校教育是最重要的公民教育途径，它提供了建立明智平衡的民主意识、政治常识、民主价值观与技能的最佳路径。[①] 学校在推行公民教育时，一般会采取正式课程与非正式课程两种路径（见图7）。

正式课程通常是指进入学校课程安排的科目，最重要的标识是正式课

[①] Print，M. Ornstrom，S. & Nielsen，H. Education for Democratic Processes in Schools and Classrooms. *European Journal of Education*. 2002. 193－210.

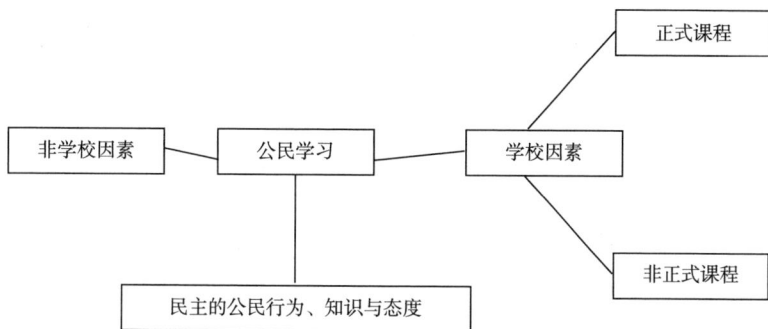

图 7　学校公民教育路径

程有事先规划的学习活动和学习目标。[①] 各国开设的公民教育正式课程拥有不同的称谓，如公民课、社会课、道德课等，还有许多国家是依托历史课、地理课来推进公民教育。除了这些正式课程，学校还有大量的非正式课程也在承担公民教育的任务。非正式课程包含了各科目课程之外的相关活动，包括诸如辩论、学生社团、学生选举、筹款等辅助活动以及诸如体育运动、俱乐部、乐队、社会活动等表现性活动两类。各国在推行公民教育方面的正式课程和非正式课程时，均有非常一致的发现：非正式课程更加有利于学生习得公民教育知识和养成积极参与公民教育活动的公民品质。[②]

本文分析的三类课程均属于正式课程，它们优势互补的状态表明我国在义务教育阶段推行公民教育取得很大成效。在非正式课程方面，我国是依托校本课程来实现的，具体由各学校来做领域选择、活动设计和自主评价，因此研究者很难从公民教育角度对我国的非正式课程做整体的评价和建议。不过，国际社会公民教育发展的趋势和经验给我们提供了非常重要的启示，我们可以将公民教育作为学校非正式课程的重要领域之一，以此有针对性地推进公民教育实践和相关研究。而我国义务教育阶段在公民教育相关正式课程上的创新也能为我们发展非正式课程提供丰富的本土经验。

[①]　Print, M & Coleman, D. Towards Understanding of Social Capital and Citizenship Education. *Cambridge Journal of Education*, 2003.

[②]　Youniss, J. McClelland, A. & Yates, M. What We Know about Engendering Civic Identity. *American Behavioural Scientist*, 1997（40）. 620－631.

理论探索

公民政治与德性伦理："进步儒学"述评

王苍龙[*]

摘　要：有关公民政治与儒家德性伦理之间的关系，新近出现的"进步儒学"的阐述让人眼前一亮。在倡导者安靖如看来，儒家学说要想在现代世界生存下去，需要依赖于德性－礼－政治三者保持动态和谐。首先，他借助牟宗三的"自我坎陷"说打通主体的儒家伦理性与现代政治性之间的关联。基于此，他把政治权威从"圣人"转移到"人民"，主张"天下权利"，强调用社会批判直面压迫。此外，进步儒学坚持一种有限主义的礼仪观，并在此基础上肯定国家在推动道德与公民教育方面扮演重要角色。

关键词：公民权利　自我坎陷　公民教育　政治权威

引　言

　　虽然有关儒学与公民身份的关系早已在儒家政治哲学领域引起广泛而持久的讨论[①]，但这一议题尚未进入公民身份研究者的视野。之所以产生这一情况，理由似乎不难理解：公民身份长期被视为一个"西方的""现代的"概念，而儒学在反传统意识形态下被长期不公正地放置在现代价值（如自由、民主、平等、公民权利等）的对立面。不过，这一简单二分的思

---

　[*]　王苍龙，英国爱丁堡大学社会学系博士研究生。

　[①]　对此议题，本文即将探讨的"进步儒学"的倡导者安靖如（Stephen C. Angle）在其最近被翻译成中文的著作《当代儒家政治哲学：进步儒学发凡》中有过全面梳理（2015，第17～29页），可供读者参考。他把当代儒学研究分成七个类别，每一类在处理德性伦理与公民政治方面都存在不同的取向和方法。

考范式正在被学界批判乃至放弃。① 一方面，儒学研究者自然不会接受这一"儒学 VS 现代价值"的预设，而是积极探索二者之间融通和连接的可能性。虽然有些儒家复古主义者走向了"贬西扬儒"的另一个极端（这与五四运动以来的"贬儒扬西"的极端恰好相反），但坚持儒学与现代价值（而非西方价值）相融的立场并未改变；另一方面，西方的公民身份研究在最近二十年出现了一个取向，即借后殖民主义（post-colonialism）对公民身份概念在历史建构中的"东方主义"（orientalism）进行反思、批判和解构②，这个取向直接挑战了西方或欧美公民身份范式的主宰性和中心性，推动了公民身份研究的"去欧美中心化"进程（decentering Euro-American），打开了在非欧美社会探索公民身份独特性和多样性的空间。在这个激进批判立场的启发下，中国的公民身份研究者得以回归中国本土的政治、社会与文化资源，探讨富有中国本土特色的公民身份实践形式与理论样态。③ 此外，在社会转型的层面，中国社会正处于激烈的个体化进程中④，这导致的直接结果是，个体意识、公民权利观念、自我认同等日益成为当代中国人的直接诉求。

在上述背景下，摆在我们面前的一个颇具现实意义的课题是：如何思考儒学（作为中国本土文化资源的核心）与公民政治身份（或更为具体的公民权利）的关系？本文所要考察的"进步儒学"（Progressive Confucianism）就是对此的一个新尝试。它的基本出发点是寻找儒学在当代世界获得持久生命力的途径。在"进步儒学"倡导者安靖如（Stephen C. Angle）看来，当今时代已经产生一些被广为接受的、进步的价值观和制度（如公民

---

① 在由第八届世界儒学大会（2017年9月举办于曲阜）颁布的"2015~2017儒学研究十大热点"中，中共中央办公厅、国务院办公厅印发《关于实施中华优秀传统文化传承发展工程的意见》被列为第一大热点，这被认为"复兴传统文化正式升格为执政党和中央政府的整体战略，一个世纪以来'反传统'倾向占据主流的局面就此终结"（山东大学儒学高等研究院"儒学热点"整理小组，2017）。与此同时，在社会、文化和教育领域，儒学传统也在迅速复兴（安靖如：《当代儒家政治哲学》，江西人民出版社，2015，第7~11页）。

② Isin, Engin. 2015. "Transforming Political Theory," in Engin Isin (eds.) *Citizenship after Orientalism: Transforming Political Theory*, pp. 1–13. London: Palgrave Macmillan.

③ 新近出版的著作可参考郭忠华主编《中国公民身份：历史发展与当代实践》，格致出版社，2014。Guo, Zhonghua and Sujian Guo (eds.). 2015. Theorizing Chinese Citizenship. New York: Lexington Books. 肖滨、郭忠华主编《公民身份研究》（第1卷），格致出版社，2015。肖滨、郭忠华主编《公民身份研究》（第2卷），格致出版社，2016。

④ 阎云翔：《中国社会的个体化》，上海译文出版社，2016。

权利、政治参与、法治、反压迫等）①，儒学唯有采用它们才能生存和发展。② 鉴于此，"进步儒学"致力于批判性地吸收儒学的价值，并把它与这些进步的政治价值相结合。在本文中，笔者将首先评述"进步儒学"的基本观点，尤其注意解读它如何处理儒家德性伦理与公民政治关系；在最后部分，笔者将对它提出一些批评。

一　自我坎陷：从伦理主体到政治主体

我们可以先从整体上了解"进步儒学"的基本架构，然后再深入具体议题中。总体而言，进步儒学坚持一种儒家德性 – 礼 – 政治模式（the shape of Confucian virtue – ritual – politics）。

伦理规范高度特殊，源于特定情景下一个人对所有相关价值平衡且有德性的认知。政治规范包括法律、民权以及人权。它们被编纂成公开法典和裁决依据，并由国家权力支持它们实施。礼的规范比伦理规范可法典化程度更高；礼的关键点之一是能为我们提供一种易于获得的"快速指南"（shorthand）。三种维度存在于一种动态张力（dynamic tension）之中，每一种维度都既支持又对抗着另两种维度。③

如何实现儒家伦理、礼和政治三要素的动态张力呢？具言之：①从儒家伦理到公民政治，二者之间的关联性是如何打通的？②古典儒家的礼仪规范是一套全方位渗透于政治与社会生活的体系，如果我们坚持它，那么嵌入政治规范和伦理规范的空间在哪里？如果不坚持它，又该如何损益它呢？在这一节和下一节里，笔者将论述"进步儒学"是如何应对上述第一个问题的，其中的关键概念是"自我坎陷"（self – restriction）。至于第二个问题，笔者将留在后面进行讨论。

"自我坎陷"说是由现代新儒家代表人物牟宗三先生提出的用以打通儒

① 安靖如：《当代儒家政治哲学》，江西人民出版社，2015，第 4 页。安靖如所谓的"进步"有两个含义：一方面，该词帮助描绘出针对个人和集体道德进步的儒家思想核心；另一方面，该词也代表一种作者所提倡的研究儒家政治哲学路径的特定标签。

② 在下文中，凡是引自《当代儒家政治哲学》的皆只标记页码。此外，本文写作还参考了该书的英文原版（Angle，2012），但所注页码皆为中译本。

③ 《当代儒家政治哲学》，第 227 页。

家伦理主体性与现代政治主体性之间关系的重要概念，也是进步儒学的立论根基。该学说的创造性在于，它打破了传统儒家把伦理与政治领域假定为一个连续统一体的设想，转而努力撬动二者之间的联系，把二者视为一种既相互独立又相互依存的关系。牟宗三反对任何依靠于自称拥有高度道德洞察力的个人领导的政治制度，认为这极可能导致政治被道德"吞没"（swallowed），即政治失去独立性和自主性，领导人所宣称的个人德性凌驾于政治体制之上，产生极权和专制。① 因此，牟宗三竭力论证，政治和法律要想获得充分保护，就必须独立于道德，而政治脱离道德的过程的关键环节就是他说的"自我坎陷"。

"自我坎陷"的基本含义是，以一个从根本上属于不同类别的其他事物对某一事物进行限制；② 其中，"坎陷"一词可以被理解为降低、限制或约束。牟宗三在认知、科学与政治三个语境中使用"自我坎陷"，但进步儒学主要参考的是政治语境。政治中的"自我坎陷"的一个关键是在道德理性的运用表现与观解理性的架构表现之间做出辨别。关于前者，牟宗三是指个人特殊的、根据具体情形而做出的道德判断，即他所说的作为儒家道德的核心价值。他认为这些判断来源于经过适当培养的道德主体，因此是主观的；同时，他也将此置于个人道德品性的层面。而另一方面，观解推理的架构表现则是指普遍的、客观规律或架构。③

基于此，牟宗三强调，"自我坎陷"是个体从道德意识/道德理性（ethical reasoning）与政治意识/观解理性（analytical reasoning）之间的一次分离，这分离过程不是直接达成，而是一个曲通的间接过程。

欲实现此价值（最高的或最大的道德价值），道德理性不能不自其作用表现，让开一步，而转为观解理性之架构表现。当人们内在于此架构表现中，遂见出政治有其独立的意义，自成一独立的境域，而暂时脱离了道德，似与道德不相干。④

---

① 《当代儒家政治哲学》，第 40~41 页。
② 参考牟宗三《现象与物自身》，台北：学生书局，1975，第 122 页。转引自安靖如《当代儒家政治哲学》，第 43 页。
③ 安靖如：《当代儒家政治哲学》，第 44 页。
④ 参考牟宗三《政道与治道》，台北：学生书局，1991，第 58~59 页。转引自安靖如《当代儒家政治哲学》，第 45 页。

由此可知，道德理性借助自身的运用表现（functional presentations）实现自我坎陷，进而产生一独立的观解理性之架构表现（structural presentations）。后者一方面已经具备不同于前者的特有性质，依照普遍的客观规律而非个人情感意志运行，即使圣人也无法逾越这些限制；但另一方面其目的仍然是实现人之最大道德价值。因此，已然相互独立的道德理性/道德意识/道德领域与观解理性/政治意识/政治领域在一个更大范围内却是相互关联的，后者被视为通向更完整的道德实践（"圣境"）的间接手段。[1] 总之，"自我坎陷"说可以被概括为三个基本论点：第一，儒家学者应以追求纯德（full virtue）为己任；第二，纯德必须在公众世界实现；第三，纯德的公众实现需要独立于德性诉求的客观架构。[2]

借助自我坎陷说，进步儒学在打通儒家伦理与民主政治的关系上迈出了实质性一步。在安靖如看来，自我坎陷背后的核心思想是在道德价值观与政治价值观之间提供一种"间接的联系"：政治价值观既植根于也独立于道德价值观，前者不再是一个只有赤裸裸的权力的领域，因为它持久地受制于后者；道德价值观虽然必须被限制于政治领域内，但最终也会从这种关系中受益。[3] 如此一来，这为进步儒学把个人的道德生活与政治生活的关系理解为既相互独立又相互关联奠定了基础。

二　公民政治：进步儒学中的再思

借由自我坎陷说搭建的有关伦理与政治的基本架构，进步儒学得以从个体层面的道德伦理维度走出，进入公共层面的政治法律维度。它试图着手处理如下三个关键议题，它们对于实现儒学与某些进步价值和制度的结合具有重要意义：民意和公民参与、天下权利与批判压迫。

（一）政治权威与公民权利

笔者在前文中提到，儒家历来有追求"圣王"（sage）治理的传统。"圣王"被认为是拥有至善个体道德的理想类型。不过，圣王是否具备天然

---

① 安靖如：《当代儒家政治哲学》，第 47 页。
② 《当代儒家政治哲学》，第 48 页。
③ 《当代儒家政治哲学》，第 55～56 页。

的政治权威而对民众施加统治呢？在传统儒家看来，这似乎是一个不言自明的问题，只是论证方式更复杂。虽然传统儒学追求圣王治理，但圣王不出，转而依赖君主（kings）统治。但儒家将"天"视为权威的源头，因而强调君主必须根据"天命"进行统治。基于此，儒家士君子从未放弃以天之命对"天子"皇权进行限制，勇于进谏，努力让自己成为治理主体。不过，进步儒学并不这么看——安靖如主张"应当将权威授予人民，而不是授予圣人"。①

他的论证方式是这样的。他首先揭示出《孟子》里隐含着一对关乎"民"与"天"的矛盾。孟子为天命理论寻找到一种新的合法性渠道，即把"民"作为天意表达的媒介，主张人民在彰显"天"能否接受所提议的统治者方面发挥了关键作用。②"天"仍然是权威的源头，而人民的作用，是评判政权统治好或坏，从而显示出政权统治是否具有合法权威性。③孟子的矛盾之处就在于对"民"的看法。一方面，他肯定所有人在本质上有"皆可以为尧舜"的道德潜质和普遍人格，但另一方面，他有时候又把"民"视为只会被动做出反应的大众，没有担当主体的能力。④接着，安靖如通过分析康晓光——当代中国大陆新儒学的一位代表人物——的儒学专制主义和精英权威主义，发现《孟子》隐含的矛盾在他的思想里得到了保留甚至加剧。⑤那么，如何解决这一矛盾呢？对此，安靖如提出，应该使"民众"本身而非政治精英成为权威的持有者。他给出两点理由：第一，围绕着少数精英实施的权威统治存在着忽略民意的问题；第二，民众中的每个人对"理"（coherence）保持某些敏感性。因此，他主张把权威从圣人（政治精英）转移到人民手中。但是，这里的"民"必须被重新定义，它应被理解为"包括了所有个人的集合，每个人都具有不同的视角和一定程度的能动性和判断力"。⑥

---

① 《当代儒家政治哲学》，第83页。
② 《当代儒家政治哲学》，第67页。需要说明的是，在安靖如看来，孟子并未否定"天"是政治权威的来源这一点，也就是说，人民并非政治权威的来源，而只是政治权威的表象和渠道。在这个意义上说，孟子并未提出人民主权的理论，也未提出民权的理论。
③ 《当代儒家政治哲学》，第68页。
④ 《当代儒家政治哲学》，第69页。
⑤ 《当代儒家政治哲学》，第72页。
⑥ 《当代儒家政治哲学》，第91页。

让人民拥有权威,这意味着什么呢? 在笔者看来,这意味着儒学从"民本说"向"民权说"的一次迈进。进步儒学所修正的"民"的定义是一个具有极强反思与行动能力的政治主体:他们有宣称公民政治权利的权力和动力,也有平等参与政治与社会事务的意愿和能力;他们有机会公开表达自己的意见,学习一些最低限度的支持性价值;他们可以采用多种形式参与到社会、政治与公共领域中,并且有能力建立一个没有人受到压迫的社会。① 那么,对权利的关注是否会导致人们为利益而竞争进而扭曲伦理呢? 对此安靖如认为,如果权利话语是建立在正当合理的自我关注的基础上,就不会出现这个问题。② 因此,进步儒学应该鼓励公民把法律和权利视为"第二诉求体系"(system of second resort),意思是,把追求公民权利视为鼓励德性、增进道德的手段。③ 而且,这样的"民"也要接受一定的限制。根据"自我坎陷"理论,个人应"根据客观过程和制度中包含的限制,对自己寻求这种善的过程进行制约",同时必须坚持"制度、法律和权利在重要方面应该独立于关于道德洞见的论证"。④

(二) 天下权利

对儒家政治权威概念和"民"之定义的修改,为进步儒学发展一种"天下权利"(the rights of all under heaven)提供了可能性。⑤ 进步儒学对"天下权利"的思考首先来自一位非儒家学者赵汀阳的启发,后者调用中国古代思想重构了一种崭新的"天下体系"。在这个作为未来理想而非既成现实的"天下体系"框架里,天下的三重含义——地理世界、心理世界和制度世界——将会统一,一个受到所有人普遍支持的世界政府将会建立。⑥ 在赵汀阳看来,虽然跨国家的世界组织(如联合国)已经出现,但它仍然只是一个各民族国家基于各自利益进行谈判的场所。⑦ 赵汀阳批评当前的政治哲学无法为构建一个真正的天下体系(一个"以天下为天下"的体系)做

① 《当代儒家政治哲学》,第91~94页。
② 《当代儒家政治哲学》,第239页。
③ 《当代儒家政治哲学》,第237页。
④ 《当代儒家政治哲学》,第88页。
⑤ 《当代儒家政治哲学》,第146页。
⑥ 《当代儒家政治哲学》,第131页。
⑦ 《当代儒家政治哲学》,第133页。

出贡献，因为它受困于民族—国家体系而无法自拔。于是，他转向中国古代哲学，发现它能表达一种真正的世界视角和天下概念。基于此，赵汀阳提出一种"再思中国"的方法论框架，该框架主张从世界本身的角度去看待、思考和讨论世界。①

进步儒学还借鉴了牟宗三对"天下"的讨论。在牟看来，"理"（coherence）的实现必须经由个体单位（unit）的实践而达成，不论个人、家庭、国家还是天下都可以显示为仁与理的个体单位。② 个体单位与天下的关系是一个双向实现的关系：一方面，我们不仅需要转向天下视野里的个体，推动不断兴起的个体向理发展；另一方面，在道德实践过程中，个体必然要经过家庭国家之肯定才能扩至于天下。简言之，牟宗三并不把"天下"理解为一个抽象概念，而是一个具体的普遍原则，一个由"国与国之间实际生活"构成的"个体单位"，而且，只有从较低层面的国家和家庭的相互作用中浮现出来时，"天下"的概念才有意义。③

此外，"天下体系"无法避免对人权问题的讨论，这也是进步儒学需要处理的议题。安靖如列举了处理儒家思想与人权关系的几种立场：①儒家思想从一开始就承认人权；②儒家思想与人权概念格格不入；③虽然儒家思想在历史上没有发展出人权理论，但二者是兼容的；④儒家思想可以支持目前的人权理论；⑤但当代儒学有必要调动资源发展一套属于自己的人权理论；⑥发展人权论的儒学转变为西方自由主义。④ 安靖如在此仍主要借鉴了牟宗三的思想，认为虽然牟宗三很少谈论人权，但他的"自我坎陷"观符合上述第四种立场。也就是说，牟宗三不仅承认宪法、法律和权利与儒家思想兼容，而且认为如果儒学希望实现自身目标（在公共世界里实现纯德），就需要这些客观的政治结构，并对它们进行概念与规范的创新以弥补自身的不足。⑤

在安靖如看来，赵汀阳与牟宗三对天下概念的讨论有一些相似之处，尤其是家庭、国家和天下都作为具体的"个体单位"时相互之间的类似关

---

① 《当代儒家政治哲学》，第 129～132 页。
② 《当代儒家政治哲学》，第 143 页。
③ 《当代儒家政治哲学》，第 144 页。
④ 《当代儒家政治哲学》，第 135 页。
⑤ 《当代儒家政治哲学》，第 141 页。

系。① 我们既要从赵汀阳那里借鉴"从世界的角度看待世界"的方法论，也要从牟宗三那里看到不同层次的"个体单位"之间的互动关系。更为重要的是，如果把"民"视为政治权威的持有者，那么我们应该肯定"民"在推动建立天下制度过程中的能动性。然而，毕竟不同的"民"看待世界的角度不一样，因此我们需要找一种方式，使对世界持不同态度立场（由于经济、文化或其他原因）的各集团参与到制定全球规范的过程中。他们一致同意的权利或法律将获得天下的授权，供天下使用。换句话说，从世界的角度看待世界，就是要求我们通过一种包容过程获得普遍的、世界的视角，而不是将一种单一视角普遍化。因此，更清楚地说，笔者认为，儒家关于天下权利的视角告诉我们，权利不会仅来自或直接来自现成的儒家价值。②

（三）社会批判与没有压迫的尊敬

进步儒学还主张把一种社会批判的精神和机制引入儒学，以便改造传统儒学的"保守性"。笔者认为这一点也是基于"自我坎陷"理论所引申出来的、对当代儒学发展提出的新课题。虽然儒学在传统上并不缺乏批判精神（如孟子、王阳明、黄宗羲等人的思想），但面对日益增多的新压迫形式，这显然不够。更何况，就儒学整体气质而言，它还是偏向于内省式的自我批评而非对外的社会与政治批评。因此，笔者认为儒家学者必须积极地关注他们自身所处的社会经济环境。一个特别令人忧虑的社会安排类型就是压迫，即一集团系统化地受到限制和贬低。因此，进步儒学必须抵抗压迫，尽管历史上儒家学者曾对诸多种类的压迫感到满足。③

安靖如首先分析了传统儒家为何容易忽视批判社会和反抗压迫，基本观点是：传统儒家道德教育的最终目标是培养可信赖的、稳定的、不以外界环境为转移的德性与人格，因此对外界环境（如政治体制、法律制度、社会条件等）有所忽略。④ 不过，虽然儒家强调个人自身的道德进步不依赖于环境与他人，但另一方面，它也认可——尽管不十分重视——运气（不

---

① 《当代儒家政治哲学》，第 145 页。
② 《当代儒家政治哲学》，第 146 ~ 147 页。
③ 《当代儒家政治哲学》，第 188 页。
④ 《当代儒家政治哲学》，第 191 ~ 192 页。

受人控制的偶然因素）对人的道德发展的作用。① 安靖如更进一步分析到，儒家之所以轻视道德运气，是因为没有看到"即使在一个治理良好的社会，也存在着一些结构性特征，系统性地压制着某些居民道德发展的可能性"，②比如对女性群体的长期而系统的压迫就是一个典型例子。儒家的问题是，不仅没有对这些压迫制度进行充分的批评，甚至转而去合法化这些压迫型的社会体系。笔者认为，原因在于：传统儒家并未充分理解压迫问题的本质，压迫恶果的核心是它在限制与削弱民众品格发展时采取的可预见、系统性方式。这是儒家必须更加认真对待的一种系统性的、坏的道德运气。③

鉴于此，进步儒学指出，儒家学者有责任识别和消除导致压迫的系统性原因。如何做到这一点呢？安靖如认为，对于儒家学者个人而言，可以把仁的德性与忧患意识相结合，培育一种自我激励的能力与认识压迫的能力，进而激励自己去从事社会批判。此外，儒家道德教育计划必须强调压迫的迹象与危害；儒家学者还应该留意政治与法律制度是否具有可能支持压迫的方面。④

尽管如此，安靖如强调，当代儒家学者也不应该抛弃全部形式的等级制度与尊敬。之所以这样说是因为，安靖如相信一些特定形式的等级制度与尊敬有其重要价值，因而也是儒学应该继续持有的。他给出了三点理由：第一，某些形式的等级制度与尊敬是人类社会中不可避免的；第二，从等级制度与尊敬方面理解人际关系在儒家著作中无处不在，以至于很难想象一个排斥等级制度的学说会被视为儒家思想；第三，等级制度与尊敬可以通过非压迫途径得以实现。⑤ 要实现一个没有压迫的等级制度与尊敬，在进步儒学看来，关键是把等级制度与尊敬应用于个体而非群体关系上，因为一切压迫都是建立在对群体的等级制度上。⑥ 不过，这个理解太简单化了，因为我们几乎无法把身份地位的等级制度与财富和权势上的差别区分开；

① 《当代儒家政治哲学》，第 201 ~ 203 页。
② 《当代儒家政治哲学》，第 206 页。
③ 《当代儒家政治哲学》，第 206 页。
④ 《当代儒家政治哲学》，第 212 页。
⑤ 《当代儒家政治哲学》，第 214 页。
⑥ 《当代儒家政治哲学》，第 217 页。

而且一旦以个人为基础的尊敬关系出现问题，对个人的压迫似乎也不可避免。基于此，进步儒学提出应该确定一些儒家应当鼓励的最低限度的支持性价值（supportive values），这些价值在任何时候都不能被侵犯，如对共同理想的承诺，重视对话、想象力与开放性，承认个人的局限性和容易犯错的本质等。① 事实上，这回到了牟宗三的思想路径上——为了与他的"自我坎陷"思想保持一致，牟宗三认为我们应当公开倡导的价值观是那些最低程度和最普遍方式的人道主义。②

三　有限主义的礼：国家与公民教育

如果说前述有关政治权威、天下权利与社会批判的论点都是在依循牟宗三自我坎陷说的基础上加入进步儒学的话，这部分所讨论的"礼"则是对牟宗三理论的一种补充，因为"礼"并未在牟宗三的理论那里占据重要位置。在安靖如看来，进步儒学应该为使礼发挥更多建设性作用创设条件，这意味着需要提供一个比牟宗三的理论更为广泛的空间。③ 在这个意义上，进步儒学超越了自我坎陷说所铺设的现代新儒学路径。不过，进步儒学并不接受最大主义的礼仪观（ritual maximalism）而只接受礼仪的有限主义（minimalism）。也就是说，它不夸大礼仪（ritual）或礼貌（civility）的整体性作用，认为它所发挥的作用截然不同于伦理和法，也不能替代后两者。因此，有限主义的礼仪观、伦理和法律/政治构成了笔者在前文所提到的进步儒学的三个支柱，它们作用不同但保持相互平衡。

安靖如认为，中国历史上关于礼仪存在两种观念，一个是最大主义观，一个是有限主义观，宋明以来的相关争论实际上都在这两者之间摇摆。所谓最大主义观，意思是"个人的自我修养与社会进步的所有内容都涵盖于正确制定的礼仪制度范围内"。④ 对此的经典表述是《论语》中的"克己复礼为仁"。但有限主义观则不同，它只肯定礼的有限作用，不认为它是关于价值观问题的一切；礼也不代表道德成就的巅峰，只是某种可以教化民众

---

① 《当代儒家政治哲学》，第 219 页。
② 《当代儒家政治哲学》，第 120 页。
③ 《当代儒家政治哲学》，第 152 页。
④ 《当代儒家政治哲学》，第 155 页。

的东西。在进步儒学看来，礼的最大主义观的问题在于忽略了礼仪应该根据具体情境和需要进行调整。由于礼仪的设定需要讲求"权变"，因此试图用纯粹的描述性方法制定一套普遍主义的、超越时空限制的规范标准是不合适的。而有限主义的礼仪观则不存在这个问题。对此，安靖如给出了四点理由。[1]

第一，由于礼是有限的，对民众只有适度的要求，因此，那些没有接受过高级道德培养的民众也可以获得。在这种礼仪观下，礼仪规范并非固定不变，而是可以被伦理价值所批评和超越的对象。

第二，有限主义的礼在一定程度上独立于由背景决定的伦理判断。这样说的意思是，礼仪具有一定的黏滞性（viscous），不容易改变，因为它表达了我们对共同价值观的承诺，起着构成和维持人之共同体的作用。

第三，当我们实践礼仪时，礼仪（ritual）会与礼节（propriety）的伦理德性充分结合。礼节是在给定情境下做出理想伦理反应的一个重要指标。它使我们愿意去关注应该采取行动的恰当方式（apt manner）而不只是关注行为的目的、类型或结果。在很多情况下，正是行动的恰当方式才被社会接受为礼仪。

第四，礼仪不同于法治，但可与法治兼容。近代中国的一个关键争论是礼仪/礼貌（civility）与权利/法律的关系。对于现代新儒家学者来说，他们对于礼仪的严格性和压制性心怀隐忧，担心如果没有法律与权利的保护，健康的政治争论可能会被礼仪逐渐"吞没"，整个社会也会有陷入顺从（submissiveness）的危险。[2] 因此，他们强调权利和法律对于维系一个正常民主社会的重要性——这可能是牟宗三不重视礼仪的原因。在进步儒学看来，虽然不能否认地位与等级的差别是许多礼仪的核心部分，[3] 但明确礼仪与法律之间的相互区别与彼此需要似乎更为重要。安靖如强调，有限主义礼仪观为礼仪/礼貌与法律/权利的兼容留出了空间，认为二者是在不同方面发挥不同功能，而这些功能可以相互补充，且没有哪一个处于绝对支配地位，因而也没有哪一个可以对对方产生"吞没"的威胁。

总之，在进步儒学看来，有限主义礼仪观提供了一个稳健的礼貌模式，

---

[1] 《当代儒家政治哲学》，第 183～184 页。
[2] 《当代儒家政治哲学》，第 181 页。
[3] 《当代儒家政治哲学》，第 174、231 页。

这种模式下的礼仪/礼貌是一种人人皆可获得的"可行的德性"（doable virtue）。并且，它还为兼容政治和法律提供了空间。值得注意的是，正是这一点为讨论国家支持的公民与伦理教育提供了基础。这个议题可以转化为这样一个问题：是否应该倡导使用政治资源去支持礼的实践呢？① 在当今文化多元主义的时代，这个问题显得尤为尖锐。对此，进步儒学持肯定态度。安靖如区分了历史上国家支持儒家之礼的两种主要实践，认为它们经改造后都可适用于当今时代：一种是直接方式，体现为大规模国家典礼形式与国家对孔庙的支持；一种是间接方式，即在国家主导的教育课程中纳入宣扬礼的儒家文本。② 进步儒学特别注重第二种方式，强调应该把新公共礼仪实践与国家支持的伦理教育相结合，支持国家倡导和教育某些共同的价值观（其中，儒家价值和儒家德性是核心）。在这一点上，进步儒学采纳了陈祖为（Joseph Chan）提出的"适度的完美主义"（moderate perfectionism）进路，③ 该进路仅仅支持最被广泛认同的共同价值观，且主张以非强制手段实现它们，因此并不会对个体自主之类的价值观构成威胁。进步儒学的"适度的完美主义"教育包括四个领域：第一，精选儒家楷模的传记和一些相关著作；第二，基本德性，如仁厚、内省、宽容等；第三，支持性价值观，如共同理想、对话等；第四，所选定公民礼仪的细节与实践。④

四　讨论

正如批评者质疑牟宗三自我坎陷说"不是真正的儒家"⑤ 一样，我们对进步儒学几乎可以提出一样的问题：它是儒家吗？这个质疑是有道理的，因为进步儒学的立论基础——也就是它对"伦理/德性/美德"与"政治/法律/权利"关系的阐述——正是基于对牟氏自我坎陷说的继承和阐扬上。当然，安靖如也很清楚牟氏对儒家礼仪的轻视是一个失误，因此纳入"礼仪/

---

① 《当代儒家政治哲学》，第 231 页。
② 《当代儒家政治哲学》，第 232 页。
③ 《当代儒家政治哲学》，第 233 页。参考 Chan, Joseph. 2000. "Legitimacy, Unanimity, and Perfectionism." *Philosophy and Public Affairs*, 29（01）: 5 - 42。
④ 《当代儒家政治哲学》，第 235 页。
⑤ 《当代儒家政治哲学》，第 50 页。

礼节/礼貌"维度，使之与伦理和政治构成三足鼎立之势。他对礼仪维度的处理非常谨慎，强调它只是一种有限主义的礼仪观，只培育最基础的"可行的德性"与支持性价值。然而问题在于，儒家似乎对最大主义的礼仪观更加情有独钟。可是，离开了最大主义的礼仪观还是"儒家"的礼仪观吗？而且，有限主义的礼仪观最终还是回到牟宗三的思路上，意即对公共道德教育进行严格限制，只倡导最低限度的共同价值观。① 这种处理方式的一个好处是使得进步儒学的礼仪观与自我坎陷说保持一致。就这一点而言，进步儒学的确对自我坎陷说做了进一步的发展。但是，这种处理方式仍然面临着如何处理国家权力与倡导最低限度的公民与伦理教育的难题：如何限制国家权力而使之只公开支持最基础性的德性伦理教育呢？如何防止政府与法律权力的过度干预？对于中国这样的由政党主导的国家与政府来说，如何处理政党的价值观念与（最低限度的）儒家价值观念的关系？这些问题，进步儒学没有给出更进一步的回应。

另一个关键难题涉及公民权利。进步儒学把政治权威从圣王转向了民众，这是一步很大的跳跃。虽然这一转化在儒家传统里找不到依据，但进步儒学依据自我坎陷说对此进行了创造性的发挥。公民权利是建立在公民的平等性基础之上。虽然进步儒学没有否认这一点，却有些自相矛盾。例如，安靖如虽然强调平等是重要的，但也承认某些形式的不平等也是需要的——如果可以用来保护其他更深层次的儒家价值；② 他虽然主张批判社会的压迫体系，但宣称不应该抛弃全部形式的等级制度与尊敬，因为无法想象一个排斥等级制度的学说会被视为儒家思想。③ 而且，进步儒学对公民政治的处理隐含着一种对个体公民的伦理要求，这种要求提醒公民应该把追求权利视为增进德性的手段。然而，这是一个人人可及的德性吗？这与有限主义礼仪观所倡导的"可行的德性"是否相互矛盾？再者，虽然进步儒学从章士钊与牟宗三有关法治与德治的辩论中汲取了经验，但由于把论证中心放到公民主体而非公民与政府的关系上，所以我们依然无法明确知道进步儒学中的公民个体究竟应该如何免受政府权力的压迫。

---

① 《当代儒家政治哲学》，第 120 页。
② 《当代儒家政治哲学》，第 92 页。
③ 《当代儒家政治哲学》，第 213 页。

中小学法治教育：政策与创新路径[*]

张 冉[**]

摘 要： 美国《法治教育法案》规定，法治教育是指"使非法律专业者获得与法律、法律程序、法律系统有关的知识和技能并领会其赖以建立的基本原则和价值的教育"。本文探究美国法治教育的源起、特点和成功经验，并结合我国有关政策要求，探讨我国青少年普法的创新之路；从资源平台建设、教育部门与司法部门间的合作、教学方法、教师培训四个方面，本文提出了改进我国青少年普法的具体建议。笔者主张，我国的青少年普法应从"线性相对静态模式"发展成为"螺旋形的动态模式"。

关键词： 普法教育 青少年普法 法治教育 依法治校 公民教育

2014 年 10 月，中国共产党第十八届中央委员会第四次全体会议通过了《中共中央关于全面推进依法治国若干重大问题的决定》指出"要推动全社会树立法治意识，深入开展法治宣传教育，把法治教育纳入国民教育体系和精神文明创建内容"。[①] 在我国，青少年普法一直都是普法教育的重中之重。《国家中长期教育改革和发展规划纲要（2010～2020 年）》就明确指

---

* 本文为 2010 年全国教育科学规划"十一五"项目（项目编号：CIA100165）系列研究成果之一。本文之前发表于《全球教育展望》2015 年第 9 期。张冉：《践行法治：美国中小学法治教育及对我国的启示》，《全球教育展望》2015 年第 9 期，第 76～85 页。

** 张冉，北京大学教育学院教育经济研究所副教授，研究方向为教育法学、比较教育法学等。

① 值得注意的是，《中共中央关于全面推进依法治国若干重大问题的决定》除了提出将法治教育"纳入国民教育体系"之外，还以"法治教育"代替了之前在普法政策文本中常见的"法制教育"。事实上，早在 20 世纪 90 年代，"依法治国"就取代了"以法治国"；在法学研究领域，"法治"是通行的用词。在未来普法教育的政策文本中，"法治教育"很可能代替"法制教育"。美国 Law - Related Education 的中文翻译也通常为"法治教育"。鉴于如上若干原因，本文除了在政策文本名称和政策引文中保留原文中"法制教育"的表述外，其余地方均使用学界和最新《决定》中通用的"法治教育"。

出，"开展普法教育，促进师生员工提高法律素质和公民意识，自觉知法守法，遵守公共生活秩序，做遵纪守法的楷模"。近两年，在中小学中推进法治教育，也是教育部工作的一项重点。2013 年，教育部颁布《关于进一步加强青少年学生法制教育的若干意见》和《教育部办公厅关于全面加强教师法制教育工作的通知》两个规范性文件，标志着我国的青少年普法工作进入一个新的推进期。本文介绍美国中小学法治教育的源起、特点和成功经验，并为我国正在推进的青少年普法工作提供建议。

一　法治教育在美国的源起与确立

在美国，法治教育一直是融于公民教育之中的。20 世纪后半叶，在一些法学教授、教育管理者和教师的推动下，法治教育开始获得相对独立的地位。在美国的法治教育发展历程中，不能不提伊西多尔·斯塔尔（Isidore Starr）的贡献。斯塔尔是美国法治教育发展中颇具传奇性的领袖人物。在 20 世纪 30 年代，他白天在中小学教社会科学，晚间攻读法学院课程，并以前者获得的报酬来补贴后者的费用。在此过程中，他对中小学教学产生强烈的兴趣。法学院毕业并取得律师资格后，他决定仍然留在中小学任教。在此后的几十年里，他将法律的内容和思维融入中小学教学中，并将法学教育中的案例教学引入中小学课堂。他积极倡导并推动在中小学进行法律教育，斯塔尔被称为"美国法治教育之父"。[①]

在斯塔尔等人的倡导下，民权法案（*Bill of Rights*）开始进入中小学的课堂，一些教师也对法治教育的内容和方法进行专门的研讨和交流。1962 年，美国民权自由教育基金会（Civil Liberty Educational Foundation）发布题为"关于在高中加强民权法案教学的计划"（A Program for Improving Bill of Rights Teaching in the High Schools）的报告，该报告对 1960 年代法治教育的发展产生了重要的影响。1963 年夏季，塔夫斯大学（Tufts University）的林肯法林中心（Lincoln Filene Center）组织了面向初中教师的独立宣言和民权法案教学工作坊。参加工作坊的教师上午接受这两部法律文件的知识性培

[①] Starr, I. The Law Studies Movement: A Memoir. *Peabody Journal of Education*, 1977, 55 (1), 6 - 11.

训，下午进行法治教育教学方法的研讨。同年，在加利福尼亚州，宪法权利基金会（Constitutional Rights Foundation）成立。在该基金会的努力下，加利福尼亚州教育委员会开始推动民权法案的教育活动。①

1971 年，美国律师协会成立青少年公民教育特殊委员会（Special Committee on Youth Education for Citizenship），标志着律协与教育部的合作关系开始形成，全国的青少年法治教育进入快速发展阶段。律师开始与教师合作设计和讲授法律课程，创造性地开发法治教育活动。到 1977 年，全国已经至少有 300 个这样的合作项目。②

1978 年，美国国会通过《法治教育法案》（*Law - Related Education Act of 1978*），赋予法治教育独立的身份。该法案将法治教育（law - related education）定义为"使非法律专业者获得与法律、法律程序、法律系统有关的知识和技能并领会其赖以建立的基本原则和价值的教育"③。美国联邦教育部在其规章中进一步规定，法治教育要帮助学生"在这个复杂和多变的社会中更加有效地与法律打交道。"④

相对于笼统的公民教育，独立的法治教育的意义主要有两点。其一，虽然美国绝大多数州一直要求在中小学中进行宪法和人权法案的教育，但是在教学方法上比较受限。法治教育引入案例分析、模拟法庭等情境性的教学设计和方法，提升教学的效果。其二，法治教育立足于学生生活，起到普法和帮助学生领会法律精神和原则的作用。法治教育重在培养学生法律思维能力，帮助学生更好地应对社会生活中的法律问题。⑤ 同时，法治教育对于提高学生的学习兴趣、预防青少年犯罪和促进社区参与都具有积极的作用。⑥

---

① Starr, I. The Law Studies Movement: A Memoir. *Peabody Journal of Education*, 1977, 55 (1), 6 - 11.

② Starr, I. The Law Studies Movement: A Memoir. *Peabody Journal of Education*, 1977, 55 (1), 6 - 11.

③ Leming, R. S. Essentials of Law-Related Education. ERIC Digest（ED390779）. http://www.ericdigests.org/1996 - 3/law.htm, 1995 October /2014 - 11 - 26.

④ What is Law-Related Education? http://www.lawrelatededucation.com/home.html, 2014 - 11 - 26.

⑤ Pereira, C. Law-Related Education in Elementary and Secondary Schools. Bloomington, IN: ERIC Clearinghouse for Social Studies/Social Science Education, 1998.

⑥ Pereira, C. Law-Related Education in Elementary and Secondary Schools. Bloomington, IN: ERIC Clearinghouse for Social Studies/Social Science Education, 1998.

在美国，成功的中小学法治教育项目具有如下五个特点：第一，在教学方法上，注重学生互动，提倡合作学习，广泛使用小组活动、角色扮演、模拟法庭等教学手段。第二，在教学内容上，教育学生知法守法与培养学生批判性思维相结合。第三，在教学资源上，广泛利用社会资源，动员律师、法官、警察、议员进校园，丰富法治教育的课堂教学。第四，在教学组织上，学校领导需要大力支持法治教育。第五，在人员配备和人员素质上，教师需要受到系统的法治教育培训。除此之外，有效的法治教育项目还需要一定的时间，并体现法治教育的系统性。[1]

二 我国青少年法治教育的政策演变

我国的普法教育始于1985年。1985年6月，全国法制宣传教育工作会议在北京召开，这是1949年以来我国第一次专门讨论法制宣传教育工作的全国性会议。1985年11月5日，中共中央、国务院发出通知，转发中宣部、司法部《关于向全体公民基本普及法律常识的五年规划》，全国普法的第一个五年计划（1986~1991）正式展开。[2] 1985年11月22日，六届全国人大常委会第十三次会议通过《全国人大常委会关于在公民中基本普及法律常识的决议》，这是我国普法运动的纲领性文件。按照该规定，我国普法的目的在于"使广大人民知法、守法，树立法制观念，学会运用法律武器，同一切违反宪法和法律的行为做斗争，保障公民合法的权利和利益，维护宪法和法律的实施。"从其文字表述上来讲，这与美国法治教育的差别并不明显。

全民普法是我国普法教育的鲜明特点，但青少年一直是普法教育的重点对象，甚至是"重中之重"。[3]《全国人大常委会关于在公民中基本普及法律常识的决议》（1985）明确了学校在青少年普法中的核心地位："学校是普及法律常识的重要阵地。大学、中学、小学以及其他各级各类学校，都

① Little, J. W. & Haley, F. Implementing Effective LRE Programs. Boulder, Colo.: ERIC Clearinghouse for Social Studies/Social Science Education, 1982.

② 《我国普法十四年备忘录》，http://www.china-judge.com/fzhm/fzhm136.htm, 2000-01-06/2015-05-10。

③ 《国务院关于"五五"普法工作情况的报告》，http://www.npc.gov.cn/wxzl/gongbao/2011-07/20/content_1665375.htm, 2011-04-20/2014-05-30。

要设置法制教育的课程，或者在有关课程中增加法制教育的内容，列入教学计划，并且把法制教育同道德品质教育、思想政治教育结合起来。"同年8月发布的《中共中央关于改革学校思想品德和政治理论课程教学的通知》提出，小学阶段的政治课要包括法律常识，初中阶段的政治课要"进行道德、民主和法制、纪律教育"，"树立遵守法律和纪律的观念"。1994年颁布的《中共中央关于进一步加强和改进学校德育工作若干意见》提出要"大力加强法制教育特别是宪法的教育"。1995年，国家教委、中央社会治安综合治理委员会办公室、司法部联合印发了关于学校法制教育的专门通知。这份题为《关于加强学校法制教育的意见》（以下简称《意见》）的通知明确指出，"学校法制教育的任务，是通过向学生传授必要的法律基本常识和基础理论知识，使学生对社会主义法律制度有初步的了解和认识，增强法律意识，自觉地遵纪守法。"该《意见》进一步对小学、中学和高校法治教育的目标和内容做出进一步规定。在教学组织上，《意见》也提出："要以课程教学为主要渠道，形成课内课外、校内校外紧密结合的学校法制教育的网络和体系。"在支持体系上，《意见》提出要建立校外辅导员队伍，加强教师培训，进行学校法治教育教材建设和教学参考资料建设。2002年，教育部、司法部、中央综治办、共青团中央联合发布《关于加强青少年学生法制教育工作的若干意见》，对在青少年中开展"四五"普法工作进行指导。2007年，中共中央宣传部、教育部、司法部和全国普及法律常识办公室印发《中小学法制教育指导纲要》，对在中小学中落实"五五"普法规划提出了要求。

2011年1月，全国人大常委会通过《全国人大常委会关于进一步加强法制宣传教育的决议》，开始了我国普法的第六个五年计划（2011~2015）。2013年6月，教育部、司法部、中央综治办、共青团中央和全国普法办联合发布《关于进一步加强青少年学生法制教育的若干意见》对小学、初中、高中和大学的普法教育分别提出了具体的要求，提出要加强包括青少年法治教育校外实践基地、青少年普法网、青少年法治教育基地在内的资源建设，并通过在中小学探索设立法治教育专职岗位等措施加强法治教育的队伍建设。《关于进一步加强青少年学生法制教育的若干意见》是近年来有关我国青少年普法工作最为系统的政策规定，是"六五"普法乃至今后青少年普法工作的重要指导。2015年，"六五"普法进入总结验收阶段，"七五"普法即将全面展开。

我国近年来青少年普法教育政策呈现出两个鲜明的特点。第一，强调法制宣传教育与法治实践相结合，对中小学而言，这意味着普法教育与依法治校相结合。第二，针对实践中存在的普法形式单一、呆板、普法参考资料不足等问题，近年来的普法政策提倡创新普法、增强法制宣传教育的针对性和实效性。对青少年普法而言，这意味着可以使用广播、电视、报刊、互联网和其他新媒体等多种载体，拓展法律宣传教育领域，并针对青少年的身心特点和接受能力，以准确、通俗、生动活泼、喜闻乐见的形式开展普法活动。也正是在这一背景下，教育部于2013年1月7日开通了青少年普法网。该网站集合图片、文字、视频、动画、课件、电子书、游戏学习、社区及管理系统等新媒体优势，旨在为中小学师生开展法制教育提供全方位的支持和帮助。[①] 本文接下来将结合美国法治教育的措施和经验，探讨我国青少年普法的创新路径、方式和方法。

三　我国青少年法治教育的创新之路：结合美国经验的探讨

（一）搭建教学资源平台，提高教学资源的丰富性、针对性、系统性和服务性

《关于进一步加强青少年学生法制教育的若干意见》（2013）提出，"鼓励和支持地方编写出版符合中小学学生认知特点和理解接受能力的法制教育课件、音像资料等法制教育教学资源，并积极创造条件免费提供给中小学校。加快建设好教育部全国青少年普法网。"该文件还进一步提出，要建立"青少年法制教育校外实践基地"和"青少年法制教育基地"。

就该政策的落实情况而言，青少年普法网已经积累一些法治教育的影视动漫资源、法治教学资料和电子书。目前该网站上汇集的资源还有些零散，数量有限，而且一些视频资源系公安系统制作的面向普通社会公众的警示信息（例如谨防信息诈骗），针对性不强。随着该网站面向全国中小学教师的法治教育课件资源征集活动的展开，网站上的资源会日渐丰富，也

---

① 《教育部开通全国青少年普法网》，http://www.moe.gov.cn/publicfiles/business/htmlfiles/moe/moe_627/201301/146500.html，2013-01-07/2014-04-15。

会更加符合中小学生的认知特点和理解接受能力。

在实现丰富性和针对性的基础上，该网站可借鉴美国教育法治经验，提升其系统性和服务性。在互联网大规模普及之前，《法治教育快讯》（*Update on Law – Related Education*）是美国法治教育领域的权威刊物，该刊注重为中小学教师提供全面的、可操作的教学资源和教学指导。例如，该刊 1993 年第 2 期就充分体现了这一特点。此期刊物中有 8 篇文章，均围绕"历史中的法律"这一主题。这些文章从如下三个侧面分别为中小学教师提供系统的帮助。

1. 内容讲解

该期刊物的开篇是"美国法治教育之父"伊西多尔·斯塔尔撰写的一篇《美国历史中的法律》的综述文章。[1] 在这篇文章中，斯塔尔从法律角度系统解读了美国历史，并且用一页的篇幅对其在撰写本文过程中所阅读的书籍进行了简单的分类介绍。从这个意义上来讲，这篇文章除了具有内容讲解的功能以外，也兼有下文提到的资料推荐的功能。除了斯塔尔的这篇全面综述的文章以外，该期刊物还刊登一篇文章，专门具体介绍美国历史中的宗教自由权利。[2]

2. 资料推荐

此期刊物中菲利斯·佛兰德（Phyllis Fernlund）的文章系统汇编、介绍和评价了在进行"美国历史中的法律"教学中可能用到的教学资料。如同该文在开篇中所说，如果我们不要将历史变成死记硬背的科目，那么我们就需要信息丰富的教学资料来开启学生的想象力和启发他们的批判性思考能力；法治教育一直强调和推崇的正是这样的主动学习。该文采用著作评述（annotated bibliography）的体例，介绍了与"美国历史中的法律"最直接相关的教学资料和多媒体资源，方便教师选择使用。值得注意的是，这些资料并非抽象的学术研究。它们或者是青少年可以直接阅读的读物，或者是教师可以利用的背景资料或相关教学活动汇编。作者还列出了相关资料库（国家档案、教育资料信息中心）的联系方法以及与此主题密切相关

---

[1] Starr, I. The Law in United States History: A Kaleidoscopic View. Update on Law-Related Education, 1993, 17 (2), 3.

[2] Bonventre, V. M. Religious Liberty as American History. Update on Law-Related Education, 1993, 17 (2), 41 – 46.

的期刊名称，供有需要的教师进一步研究和使用。①

3. 方法指导

此期刊物的 8 篇文章中，除了上文已经提到的 3 篇，其余 5 篇都是教学策略的介绍和研讨，这 5 篇同样紧密围绕着"美国历史中的法律"这一主题。其中，1 篇直接谈这一主题的教学策略②，3 篇分别讨论这一主题下某个子问题（人权法案③、平等保护④、残疾人权利立法演变⑤）的教学策略，1 篇介绍作者开发的一种集合研究、推理和举证的宪法原则教学方法。⑥ 这些教学策略细致到包括教学设计中每一个步骤的详细说明和解释、教学中使用的地图乃至发给学生的每份材料或活动说明的完整内容。

进入互联网时代以后，美国律师协会、联邦和州层面上有关法治教育的非政府组织的网站成为法治教育资源的主要来源。美国律师协会公共教育分会（American Bar Association for Public Education）设立"法治教育网络"（Law‑Related Education Network），⑦ 汇集提供给教师、公众和法律专业人士的相关资源。"老百姓的法律"（Street Law）是美国一个致力于普及法治、民主和人权理念的非政府组织，法治教育是其关注的一个重要议题。该组织的网站上设有法治教育资源图书馆，非常值得借鉴的是，该图书馆的检索非常方便。网页的左侧按资源类型（案例总结、课程方案、教学策略、模拟法庭资料等）、主题（刑法、合同、消费者保护、民权保护等）、适用人群（执法部门、法律专业人士、教师等）等分别设立选择项。⑧ 假设

---

① Fernlund, P. M. Curriculum Review: Law and U. S. History. Update on Law-Related Education, 1993, 17 (2), 23 – 27.

② Knapp, Peter. Strategies for Teaching Law in American History. Update on Law-Related Education, 1993, 17 (2), 17 – 22.

③ Zullo, E. Back to the Future of the Bill of Rights. Update on Law-Related Education, 1993, 17 (2), 13 – 16.

④ Miller, E. M. & Campbell, M. K. Prejudice, Hysteria and A Failure of Political Leadership [J]. Update on Law‑Related Education, 1993, 17 (2), 32 – 40.

⑤ Routier, W. J., Alvez, A. & Chinn, J. Disability Legislation and Civil Rights. Update on Law-Related Education, 1993, 17 (2), 47 – 53.

⑥ O'Donnell, T. J. C. E. R. T. (Constitutional Enrichment Through Research, Reasoning, and Testimony). Update on Law‑Related Education, 1993, 17 (2), 28 – 31.

⑦ American Bar Association Law-Related Education Network. http: //www. americanbar. org/groups/public_ education/resources/law_ related_ education_ network. html, /2014 – 11 – 26.

⑧ Street Law Resource Library. http: //www. streetlaw. org/en/resource_ library, /2015 – 07 – 25.

一名教师想要找关于民权保护的模拟法庭资料，只需在网页上点几下就能获得相应的资料，而无须大海捞针般查找。

我国教育部青少年普法网可以借鉴美国的上述经验，一方面征集和制作大量的针对青少年身心特点的普法教育资源，另一方面在这些资源的组织、呈现和检索上进行创新，提升其系统性和服务性，从而更好地为我国青少年普法工作服务。尤其需要注重教学设计，从内容、参考资料和教学方法上为相关普法主体服务，以充分发挥其青少年普法资源平台的作用。

（二）发展教育界与司法界的合作关系，建立青少年普法教育的社会支持网络

从本文第一部分可以看到，美国法治教育得以独立，离不开教育界和司法界的共同推动。美国律师协会的青少年公民教育特殊委员会在此过程中发挥了重要的作用。本文在资源平台部分中提到的《法治教育快讯》也是由该委员会创立的。2010 年，该委员会还通过决议，鼓励所有的律师将参与对学生的普法教育作为自己最基本的责任。[1] 在州的层面，一些州的律师协会设有法治教育专门委员会或部门，例如北卡罗来纳州[2]、南卡罗来纳州[3]和新罕布什尔州[4]。在州律师协会和法治教育倡导者的推动下，很多州还设有专门的法治教育非政府组织，例如得克萨斯州[5]、犹他州[6]、俄亥俄州[7]和佛罗里达州[8]。这些州层面上的组织不仅提供法治教育的丰富资源，而且直接组织和协调州内的法治教育活动。

在我国，2013 年教育部、司法部、中央综治办、共青团中央和全国普

---

[1] American Bar Association Standing Committee on Public Education. Recommendation. http://www.americanbar.org/content/dam/aba/images/public_education/2010_augustabapolicyresolutionandreportonlawyersresponsibilityforciviclearning.pdf, 2010 August /2014 – 05 – 10.

[2] Law-Related Education of the North Carolina Bar Association Foundation. http://lre.ncbar.org/about – us, /2014 – 11 – 26.

[3] The South Carolina Bar Law-Related Education. http://www.scbar.org/LawRelatedEducation.aspx, /2014 – 11 – 26.

[4] New Hampshire Bar Association Law-Related Education. http://www.nhbar.org/law – related – education, /2014 – 11 – 26.

[5] Law Focused Education Inc.. https://www.texaslre.org, /2014 – 11 – 26.

[6] Utah Law-Related Education. http://www.lawrelatededucation.org, /2014 – 11 – 26.

[7] Ohio Center for Law-Related Education. http://www.oclre.org, /2014 – 11 – 26.

[8] Florida Law-Related Education Association, Inc.. http://www.flrea.org, /2014 – 11 – 26.

法办联合发布的《关于进一步加强青少年学生法制教育的若干意见》提出，"要创造条件，为学校组织学生参观各类国家机关、观摩执法、司法活动提供便利"。该文件在"加强组织领导、完善工作机制"部分进一步明确要求，"各地要建立党委、政府统一领导，教育行政部门牵头，司法、综治、共青团等部门共同参与的青少年法制教育工作机制"。如果说教育部青少年普法网的成立为我国青少年普法工作提供更广阔的平台并注入一股新的推动力的话，那么建立教育部门与有关司法部门（包括法院、律协、公安等）的合作机制将成为我国青少年普法工作的长效保障。这种教育部门与司法部门的合作不应该是一时一事，而应是制度性的、常规的；这种合作的目的也不仅仅在于完成上面布置的普法任务，而应着眼于公民培养这一根本目标，切实地、长期地开展工作。中华全国律师协会和一些地方律协已成立未成年人保护专业委员会，在律师界和教育界之间搭起可能的桥梁，但是其主要的职能在于保护青少年的合法权益，在青少年法治教育教什么和如何教等问题上，其专业性还有待提高。在我国，也有必要调动社会各方主体，建立、拓宽和深化青少年法制教育工作机制。

（三）改革教学方法，改善学校治理方式，激发和调动学生的主体性

如本文第一部分所述，法治教育在美国得以独立，很大程度上就是因为其情境式的教学方法可以为公民教育注入新的活力。注重学生互动、提倡合作学习也是美国成功的法治教育项目的经验之一。2011年4月全国人大常委会通过的《关于进一步加强法制宣传教育的决议》也要求，"要根据青少年的身心特点和接受能力"来开展普法活动。在实践中，我国青少年普法教育要引入主动学习（active learning）和体验式学习（situated learning）的理念，尝试情景剧、微电影、角色扮演、模拟法庭等教学方法，充分发挥学生在学习中的主体性。

学校还需要改善治理方式，使学生在日常的学校生活中践行法治。《全国人大常委会关于进一步加强法制宣传教育的决议》（2011）指出，"要坚持法制宣传教育与法治实践相结合，善于运用典型案例剖析和群众关心的热点问题开展法制宣传教育，深入推进多种形式、多种层次的法治实践活动，用法治实践推动法制宣传教育、检验法制宣传教育的实效"。对中小学

而言，这意味着普法教育与依法治校相结合，或者说，在依法治校的过程中和环境下进行普法教育，以依法治校推动普法教育并检验普法教育的实效性。如同《教育部、司法部、中央综治办等关于进一步加强青少年学生法制教育的若干意见》（2013）所要求的，"让学生参与学校建章立制过程和社会公共事务，提高学生的公民意识和法律运用能力"。

更进一步来讲，学生的主体性不仅可以体现在学习法律和依法治校中，学生甚至可以超越其普法活动的客体身份，成为普法活动的主体。"法律六进"，即法律"进机关、进乡村、进社区、进学校、进企业、进单位"是我国"五五"普法阶段的一项创新。[①] 可以将青少年普法活动与学生的社区参与活动相结合，使学生成为社区普法和家庭普法的"宣传员"和"行动者"。

（四）加强法治教师队伍建设和教师培训，提高中小学校长和教师的法律素质

如前文所述，在美国成功法治教育项目中，教师一般受过系统的法治教育培训。教师的法治态度、法治知识、法治教育的方法与技能直接关系学校法治教育的成效。事实上，美国很多修读小学教育或中学教育专业的本科生都接受过教育伦理与教育法律的训练；在教育管理或者教育领导专业的证书项目、硕士项目和教育学博士项目中，教育法律也经常是必修课程。美国《学校领导标准》（2008 年修订）要求，学校管理者需要理解学校所处的法律环境，并能够考量和评价其决策可能带来的法律上和道德上的后果。[②] 很难想象，一个成功的中小学管理者不具备基本的法律知识和法律分析推理能力。教育法律是教育管理者在职培训（in - service training）的重要内容，上文提到的专门致力于法治教育的组织也会针对教师法律素质和教学能力设计一些活动。

在我国，《教育部、司法部、中央综治办等关于进一步加强青少年学生

---

① 《国务院关于"五五"普法工作情况的报告》，http：//www. npc. gov. cn/wxzl/gongbao/2011 - 07/20/content_ 1665375. htm，2011 - 04 - 20/2014 - 05 - 30。

② National Policy Board for Educational Administration. Educational Leadership Policy Standards：IS- LLC 2008. http：//www. ccsso. org/publications/details. cfm? PublicationID = 365，2008 April / 2015 - 06 - 19.

法制教育的若干意见》（2013）提出，"中小学要聘用 1~2 名法制教育专任或兼任教师"；在教师培训上，要将法治教育内容纳入"国培计划"，省级教育行政部门也要组织专门的法制课骨干教师、专任教师培训班，在其他各类教师培训中增加法治教育内容。《教育部办公厅关于全面加强教师法制教育工作的通知》（2013）进一步提出，"实施中小学教师全员法制培训，通过国家和地方分级培训的方式，争取用 3 年的时间，确保全体教师接受不同层次、不同形式的法制培训。中小学校长国家级培训和中小学教师国家级培训将法制内容列入培训课程，地方各级教育行政部门分级组织培训班，确保全部中小学校长和法制教育教师都能接受系统的法制培训"。该《通知》还提出，"在教师资格考试中进一步加强法律相关内容的考核"，"积极推进校长依法治校能力培训基地和法制教育教师培训基地建设，为教师法制培训提供支持和服务"。该《通知》明确要求，"中小学校要通过专题培训、法制报告会、研讨会等多种方式，确保每位教师每年接受不少于 10 课时的法制培训"。

如同对学生的普法活动要以灵活多样的形式激发其主体性一样，对校长和教师的法律培训也不能继续照本宣科。有效的教育法律培训重在帮助教育工作者理解法律的理念和逻辑。在此过程中，校长和教师也不再仅仅是法律知识的被动接受者，而成为法治实践的积极践行者和探索者。[1] 因此，传统的法条解读式法治培训亟须变革。对于将要在全国大规模展开的教育法治培训，笔者提出如下建议：第一，在教学内容上，变法条解读为案例研讨，在具体的案例情境中帮助校长和教师理解法律背后的理念和原则，并培养其运用法律知识和法律推理分析和解决工作中实际问题的能力，从源头上预防违法行为和避免法律争议的产生；第二，对于法治教师，还需要有针对性地进行法律教学方法的培训和交流；第三，在培训设计和培训方法上，增强培训的互动性、启发性和反思性，调动校长和教师自主探究和反思的主动性和积极性，可借鉴参与式培训的一些理念和方法；[2] 第四，在支持体系上，可借鉴经济合作与发展组织（OECD）有关教育管理者培训的经验，在有限的集中培训时间之外，为校长和法治教育教师提供长

---

[1] Bull, B. L. & McCarthy, M. M. Reflections on the Knowledge Base in Law and Ethics for Educational Leaders. *Educational Administration Quarterly*, 1995, 31（4），613-631.

[2] 陈向明：《在参与中学习与行动——参与式方法培训指南》，教育科学出版社，2003。

期的辅导（mentoring）和咨询服务，并搭建受训人员之间的同伴交流和同伴支持体系。①②

四　结语：践行法治

对青少年进行普法教育的实质是促进其法律社会化（legal socialization）。美国著名心理学家 Tapp 和科恩伯格（Kohlberg）的研究发现，有效的法律社会化需要从个人与环境的建构过程着手。③ 从这一视角出发，青少年法治教育的逻辑不再是传统的"线性相对静态模式"：通过帮助今日的青少年"知法""懂法"，从而培养出明日"守法""用法"的公民。这一传统模式背后隐含了两个假设：法律是一系列静态的知识，是传授的对象；知识和行动在时空上是相对分离的。与此不同，本文在知识论和认识论上的假设是：法律不仅仅是一套知识体系，更是一种思维和实践的方法；学习法律与践行法治在本质上是统一的。因此，笔者建议，采用情境式、参与式的方式对学生和教师进行法治教育，并将普法活动与依法治校相结合，使师生在实践中践行法治；为了使法治教育更加"接地气"、更好地与实践相结合，笔者还建议，为法治教育搭建丰富、系统、方便使用的资源平台，并通过发展教育界和司法界之间的合作，为法治教育提供更好的实践机会。本文所倡导的法治教育可以被称为"螺旋形的动态模式"。它基于西方心理学研究发现，同时也与中国传统文化中的"知行合一"理念具有高度的契合。法治教育与法治实践形成相互缠绕的螺旋形结构。在"依法治校"这一小场域和"依法治国"这一大场域中，法治教育与法治实践同时动态展开，交互作用。在法治实践中进行法治教育，以法治教育促进法治实践，同时以法治实践来检验法治教育的效果。这一动态互动的过程是公民缔造的过程，也将进一步促进"依法治校"和"依法治国"。

---

① Mitgang, L. The Making of the Principal: Five Lessons in Leadership Training. New York: Wallace Foundation, 2012.

② OECD. Improving School Leadership (Vol. 1): Policy and Practice. Paris: OECD Publishing, 2008.

③ Tapp, June L. & Kohlberg, Lawrence. Developing Senses of Law and Legal Justice. *Journal of Social Issues*, 1971, 27 (2), 65 – 91.

国际视角

保障抑或限制：美国中小学生言论自由权的两难*

程红艳　郭　竞**

摘　要：学生自由权利与学校管理权力始终处于相互依存却又相互制约的紧张状态。通过对美国联邦各级法院关于中小学生言论自由判例的梳理，笔者发现法院对中小学生言论自由权的司法实践经历了从否认到支持，从支持到审慎回退的过程。美国中小学生言论自由的边界随着学生的年龄、言论发生的地点、言论对学校的影响、言论的学校关联性、言论内容的性质而发生变化。其背后的指导思想是通过运用自由主义与功利主义原则，在学校权威与学生权利之间寻求合理的平衡。

关键词：言论自由　美国中小学生　学生权利　学校权力

教育活动中存在着诸多二律背反现象，其中自由与控制之间的矛盾是最为首要的。学生自由权利与学校管理权力始终处于相互依存却又此消彼长、相互制约的紧张胶着状态。一方面，中小学生多属于未成年人，学校对学生的管理权保证了必要的社会秩序，确保学校传递知识、技能、主流价值观的有效性；另一方面，言论自由对发展学生个性和促进社会进步具有重要作用。这一矛盾也体现在美国法院对于涉及中小学生言论自由案例的判定：一方面，美国法院支持学校享有管理学生的权威，支持学校限制学生言论自由的行为，但另一方面法院承认学生也是"准公民"，宪法赋予学生的权利不应该"被关在校门之外"。无疑，美国联邦各级法院在保障或是限制中小学生言论自由权方面所做的实践探索，对于解决教育中这一重

---

　　* 华中师范大学中央高校基本科研业务费资助项目（项目编号：CCNU15Z02006）。

　** 程红艳，博士，华中师范大学教育学院教授，博士生导师，华中师范大学道德教育研究所副所长，研究方向为基础教育变革与道德教育；郭竞，福建商业高等专科学校教务处研究实习员。

要的两难问题具有启发作用。

一 从否认到支持：20 世纪美国中小学生言论自由

言论自由权是指个体在现实空间或虚拟空间按照个人意愿表达思想和见解的权利，以及与思想表达相伴随的行为权，如出版权、结社权、集会权等。1791 年，美国宪法修正案第一条把言论自由列为首要的公民权，美国大法官涂谷·马歇尔认为："宪法第一修正案不仅服务政治的需求，并且服务人类需要自我表达的灵魂之需求。"言论自由权在学校中涉及范围很广，不仅关涉学生表达思想与个性的尺度，还关涉学生外显的行为表达方式，小至着装、发型、文身等细节问题，大至发放传单、请愿等政治行为，还包括保持沉默、抗拒的"不言论的自由"。

19 世纪 80 ~ 90 年代，美国学校教育的进步主义运动成为公立学校中小学生言论自由的历史起点。进步主义思想强调儿童自由与儿童中心，强调教育要激发儿童的社会兴趣，但此阶段对于儿童自由的认识或是在哲学的理想层面，或是将以儿童为中心作为组织教学内容和方法的原则，儿童被看作教学活动的主体，尚未转化为现实的言论自由权利主体。20 世纪美国中小学生言论自由权发展历史可分为三个阶段。

20 世纪 60 年代之前为第一阶段，学生自由权不被认可，"学生言论自由的案件几乎不能提交法院审判"。[①] 法院一般不干涉校方自治自由，公立学校被认为是"代理父母"，宪法权利是否延伸至学生还未明确。1859 ~ 1966 年的一百余年中只有一个判决（*Murphy v. Board of Directors*）保护了学生言论自由但其并非重视学生言论自由权，而是出于对公正司法的尊敬。[②] 此阶段学生有不言论的自由，West Virginia v. Barnette 案[③]中，来自耶和华见证人教派的学生因教义规定拒绝向国旗行礼及宣誓效忠，被学校开除。最高法院开创了一个先例，即判定学校做法违反了学生的言论自由权，爱国主义

---

① Haynes et al.，（2003）. The First Amendment in Schools. Alexandria，VA：Association for Supervision & Curriculum Development.

② John E. Nichols，The Pre – Tinker History of Freedom Of Student Press and Speech，*Journalism & Mass Communication Quarterly*，December 1979 Vol. 56.

③ West Virginia State Board of Education v. Barnette，319 U. S. 624（1943）.

不能依赖于仪式强迫，学校不能强迫学生对国旗行礼或宣誓效忠。①

20 世纪 60 ~ 70 年代为第二阶段，此阶段民权运动风起云涌，社会思潮激进，美国司法实践中开始认可并支持学生的言论自由权。Tinker 案②是美国学生言论自由历史上的里程碑，引出了一个最常被引用的高院标准：学生可以发出个人的政治性表达，学校只能限制实质性干扰教育过程或侵害别人权利的言论。Tinker 案前，学生要证明自己的言论受到保护，而这之后，学校需要证明管制言论的合理，这就把举证的负担转移到了学校；学校必须证明禁止学生的言论不是因为不喜欢、不认同学生言论的内容，而是因为学生的言论在事实上会对教育活动产生比较大的干扰破坏作用。大法官 Abe Fortas 的多数意见让人印象深刻，"……无可争论的是不管是学生，还是老师的宪法言论和表达自由权，都不能被拒绝在校门之外"。

20 世纪 70 年代末到 90 年代为第三阶段，权利运动退潮，这一阶段"法院压倒性地支持学校，学生的大部分宪法第一修正案权利被留在了校门之外"③，学校对于学生的管理权和指导权逐渐加强。笔者翻阅自 Tinker 案至 1999 年相关联邦案例后发现，绝大部分判决没有采用由 Fortas 法官代表的多数意见，而是采用了 Tinker 案中的异议者大法官布莱克的看法——"是学校而不是法院，能够决定什么样的纪律适合它们的学生；应该限制学生把教室变为政治平台"。④ 这一阶段出现了两个高院标准，即 Fraser 标准和 Hazelwood 标准。Fraser⑤ 标准：学校可以在教室或学校集会上禁止和限制学生淫秽色情的、不文明的、粗俗的言论，因其损害了"学校教育的根本使命"；Hazelwood⑥ 标准：只要学校当局的行动出于正当的教育考量，就能在学校赞助的或与课程相关的活动中对学生言论的风格或内容进行控制。

---

① 这一点到了 21 世纪也变化不大，法院基本支持学生不言论的自由。如 Sherman v. Twp. High Sch. Dist. 214 案；Frazier v. Alexandre 案；Holloman v. Harland 案；Circle School v. Pappert 案。

② Tinker V. Des Moines Independent School District, 393 U. S. 506 (1969).

③ Erwin Chemerinsky, Students Do Leave Their First Amendment Rights at Schoolhouse Gates: What's Left of Tinker? Drake L. Rev. 527. 1999 - 2000.

④ Lovell v. Poway Unified Sch. Dist., 90 F. 3d 367, 374 (9th Cir. 1995).

⑤ Bethel Sch. Dist. v. Fraser 478 U. S. at 687 (1986).

⑥ Hazelwood School District et al. v. Kuhlmeier et al., 484 U. S. at 262 - 266 (1988).

二 从支持到审慎回退：21 世纪学生言论自由权

21 世纪以来，学生言论自由权的发展比较复杂，总体的趋势是法院处理学生言论自由案件时更加审慎。在联邦最高法院层面，2002 年的 Morse 案①确立了最高法院第四个标准：当学生言论合理地被认为是在学校或与学校相关的活动中促进非法药物的使用时，学校可以对该言论进行限制。这意味着学校对于学生言论自由权的限制范围扩展到校外活动。本文着重研究了 2000～2011 年 77 个②已经公开发表的美国联邦下级法院判例。

（一）两种力量之博弈

低级法院对最高法院判例的解读和应用重申了高院标准的杆标作用，无论是对学生言论的限制，还是对学生言论的保护，高院标准都提供了一个基本参照。统计的 77 个案例中用 Tinker 标准作为下级法院判决首选依据的为 45 个，占比近六成，其次是 Hazelwood 标准，为 18 个。学生胜诉判决中绝大部分是依照 Tinker 标准，而 Fraser 和 Hazelwood 标准基本用来限制学生言论。即便如此，法律的完善是一个不断自我修正和更新的过程，新情况的出现需要新的法律和判例来应对，除了依据 Tinker 等四个判例标准限制学生言论外，学校仍然能根据其他原则限制学生言论，如"时间－地点－方式"（time－place－manner）、"真实危险"（True Threats）等。

对 77 个下级法院案例的判决结果进行统计，可以发现学校胜诉数 53 个，学生胜诉数 24 个。数据显示法院总体上倾向于支持学校，或力图不干预学校内部事务，从法院的判决理由中也可看出他们对待学生言论自由的

---

① Morse v. Frederick，551 U. S. 393 at 2622－2623.（2007）.
② 77 个案例以下面四篇博士论文为参考或索引，下文中相关数据依照：I. Erica R. Salkin, A Foundation for the Future：Creating a System of Public Student Free Speech and Expression, University of Wisconsin－Madison，2012. II. Jose Luis Araux，Student Speech—the First Amendment and Qualified Immunity Under 42U. S. C. §1983：Conduct Implications for School Administrators. University of La Verne，California. 2013III. R. Chace Ramey. The School Official's Ability to Limit Student First Amendment Freedom：Exploring the Boundaries of Student Speech and Expression in School as Defined by the United States Federal Courts，The University of Iowa，2009。

审慎态度，试图在学生言论自由和学校秩序中保持平衡。十二年来学生、学校的胜诉数都表现出波浪起伏式的变化，从"降－升－降－升"的起伏变化中可以感受到确实存在两股力量的博弈，一种观点认为"不能将学校的控制权交付给学生"，另一种观点坚持"不要将公民权利关在校门之外"①。十二年的数据并不能表示实质性规律，但这种变化是符合 Russo② 的研究结果的，即最高法院存在很大的意识形态分歧。

（二）中小学生言论自由被腐蚀

自 Tinker 案以来最高法院为限制学生言论提供了三个标准，即 Fraser 判例标准、Hazelwood 判例标准和 Morse 判例标准，其中 Hazelwood 判例标准赋予学校对学生言论自由更大的控制权，以至于一些州考虑是否要单独立法以保障学生言论自由。赞成单独立法者认为 Hazelwood 标准是在开倒车，因为 Tinker 标准已经适当地规定是否审查学生言论；反对单独立法者则认为该案只是对与课程相关和学校赞助的刊物加以限制，依旧保护其他形式的学生出版物，断定其会造成学校独裁实在是杞人忧天。所幸的是，很多州通过了"反黑慈伍德法令"（Anti - Hazelwood Statutes），赋予了学生超过 Hazelwood 标准的言论表达自由权。

尽管如此，随着20世纪90年代以来保守主义的回潮，强调秩序和传统保守主义势力逐渐强大，学校指导学生言行的权威再次逐渐确立。高院认为，宪法赋予学生的自由权，并不像它赋予成年人的自由权那样广泛，因此成年人在其他场合享有的言论自由权，并不能自然而然地转化为学生在学校中享有的言论自由权。一种普遍的观点认为："学校管理者和教师的第一义务是教育和训练年轻人……不树立规矩、维持秩序，教师没有办法教育学生。"教师要为自我管理的社会培养有责任感的参与者。SuSan Balter - Reitz 认为："学生的言论自由权自廷克案以来就被慢慢腐蚀。到四十年后的今天，美国

① 程红艳、郭竞等：《中小学生言论自由权：基于美国的判例解析》，《中小学管理》2014 年第 2 期。
② Charles J. Russo, Supreme Court Update: the Free Speech Rights of Students in the United States Post Morse v. Frederick, Education and the Law, HYPERLINK "http://www. tandfonline. com/loi/cetl20? open = 19" \l "vol _ 19" Volume 19, HYPERLINK " http://www. tandfonline. com/toc/cetl20/19/3 - 4" Issue 3 - 4, 2007.

学生远不如六十年代学生拥有的言论自由。"① Kozlowski 在分析 K-12 学校中近四十年里各级法院在对学生言论自由的代表性判例后断定："学生的言论自由权利变得比之前学者们承认的更脆弱。"②

三 法院判决过程中的权衡因素分析

美国宪法第一修正案赋予学生的言论自由权是毋庸置疑、不容挑战的，但是法院做出的判决也不能妨碍学校在控制学生行为以保持"对学习有利氛围"方面所具备的权威性。法官会参考法律条文和判例，但综合考虑每一个具体案例中的各项因素，包括学生的年龄、言论发生的地点、言论的学校关联性、言论引发的后果、言论内容的性质等因素对言论自由造成的结果进行全面的考量，根据其实际结果利弊来决定是限制还是支持。

（一）学生年龄：年龄越大，限制越小

从 Tinker 案以来，法院就承认学校环境的特殊性，学生的年龄和成熟水平在享有宪法权利的程度上也是要考虑的因素，Fraser 案法官正是考虑到了听众学生的年龄才做出学校胜诉的判决。下级法院对小学生的言论限制力度比对高中生大，可以比较 Walz 案③、Heinkel 案④和 Raker 案⑤，这三个案例案情相似，法院根据学生的年龄作了不同的处理，听众学生的年龄越大，判别是非的能力越强，就给予学生演讲者以更大的言论自由尺度。⑥ 一些"年龄敏感性"话题，如性问题、药品和酒精问题等，受到此规则的约束。另外，言论自由对于不同年龄学生具有不同的价值。小学生主要是接受社会规则，其对于社会争议发表个人见解的能力是比较欠缺的，言论自由的价值不甚高；而高中生则被认为有能力在"思想的自由市场"中进行

---

① SuSan Balter - Reitz. Lock Down Behind the Schoolhouse Gate: Student Speech from Tinker to Morse. Free Speech Yearbook 44. 2009, 41 - 53.

② Dan V. Kozlowski. Toothless Tinker: The Continued Erosion of Student Speech Rights. *Journalism & Mass Communication Quarterly*, Vol. 88, 2011.

③ Walz v. Egg Harbor Township Brd. Of Educ. , 342F. 3d 271 （3rd Cir. 2003）.

④ Heinkel v. Sch. Brd. , 194F. Apex. 604 （11th Cir. 2006）.

⑤ Raker v. Fredrick County Pub. Sch. 470F. Supp. 2d 634 （W. D. VA2007）.

⑥ 类似的还有 Heinkel v. Sch. Brd. 案。

判断、甄别、选择与表达，因此对高中生言论自由的保护被认为具有更大的社会价值和教育价值。相应地高中生享有更多的言论自由。其中，*Walker – Serrano v. Leonard* 案值得一提。

Walker – Serrano v. Leonard[①] 案

小学生 Amanda Walker – Serrano 写了一个请愿书，"我们三年级的小孩不想去马戏团，因为他们伤害动物。我们想要一个更好的郊游"，反对学校组织的 4 月 7 日马戏团郊游。2 月 4 日，Amanda 在课间休息的时候把她的请愿书给学生们看，有超过 30 个学生签名。2 月 5 日，Amanda 在课堂默读和独立学习时，一些学生围着她。老师让学生散开，并让 Amanda 把请愿书收起来，她并没有受到学校的其他惩罚。次日，Amanda 将请愿书带到了操场，因有学生摔倒流血，值班教师害怕 Amanda 手中的铅笔给学生带来意外伤害，就让 Amanda "扔掉它"。Amanda 认为，值班老师是让自己扔掉请愿书。回家后，她告诉母亲学校不允许她发放请愿书，母亲与校长及学校董事会总监进行了交涉。4 月 6 日，Amanda 得到学校同意能在教室外给同学散发宣传材料。4 月 7 日，三年级学生如期参观了马戏团，Amanda 和妈妈在马戏团抗议残忍对待动物。Amanda 的妈妈认为学校限制了女儿发放请愿书的言论自由权，将督学、校长和相关老师都告上法庭。

法院认为学校没有因为他们不同意原告表达的观点而试图管制原告的言论，学校也没有禁止学生的言论自由权，校长及相关老师免责。Amanda 是小学生，更需要学校的指导，如果其是中学生，判决结果或许会截然不同。

（二）言论发生的地点：校内限制大，校外限制小

学生言论发生在校内还是校外、室内（包括教室、礼堂等）还是室外，都影响着学生言论自由度。

Fraser 案中法院考虑到了言论的地点——一个有三百多名初中生聚会的

---

① Walker – Serrano v. Leonard，325 F. 3d 412（3rd Cir. 2003）.

讲台，*Hazelwood* 案也与言论发生的地点（校内）有很大关联。校园里，学生在封闭场所如教室、食堂等地的言论自由度要小于非封闭场所如走廊、过道、停车场等，*M. A. L. v. Stephen Kinsland* 案①中法院支持学校只允许学生在走廊公告牌上贴材料，只能中午在学校咖啡厅发放材料的做法。② *Caudilo v. Lubbock Indep. Sch. Dist.* 案③中，法院支持学校的做法，认为有些形式的表达在某些特定的环境（学校）不合适，同样的表达在另外的环境下可以是受保护言论。④

一般来说，学校对校外的学生言论给予最大程度的自由。如 *Porter v. Ascension Parish Sch. Bd.* 案⑤中，Porter 画了一幅学校被武装分子和坦克攻击摧毁的素描，放在家中被哥哥无意中带到了学校。法院认为学生的画是在校外完成的，只给家人看过，并且保存起来而非有意被带到学校，构不成"真实威胁"，所以有言论自由。⑥ 但并不是所有的校外言论不受限制，如果校外言论对教育过程产生了实质性干扰，学校就可以行使限制权力，如 *D. J. M. V. Hannibal Pub. School Dist.* 案⑦中，高中生 D. J. M 因为感情纠葛而心情低沉，给同学 C. M. 发即时信息说要弄把枪，杀死五个看不顺眼的同学之后再自杀，C. M. 报告给学校校长，D. J. M 被警察拘禁，并被开除了一学年。在上诉中，D. J. M 认为自己的言论是在校外，且是与同学在线私聊，应该受言论自由保护。而法院则认为，D. J. M 的即时信息包含着暴力及歧视言论，涉及在校学生的人身安全，并使得家长和学生向学校当局表达了对校园安全的担忧，学校需要花费大量的时间处理这些问题，因此触犯了 Tinker 限制言论标准。⑧

（三）言论的学校关联：关联越大，限制越大

什么是学校关联性呢？简单来说，即听众可以合理地认为该言论是经

---

① M. A. L. v. Stephen Kinsland，543 F. 3d 841（6th Cir. 2008）.
② 类似的还有 Walker - Serrano v. Leonard 案、Walz v. Egg Harbor Township Brd. Of Educ. 案。
③ Caudilo v. Lubbock Indep. Sch. Dist. , 311 F. Supp. 2d 550（N. D. Tex. , 2004）.
④ 类似的有 Bar - Navon v. Sch. Bd. Of Erevard County、U. S. Dist. 案、Riehm v. Engelking 案。
⑤ Porter v. Ascension Parish Sch. Bd. , 393 F. 3d 608（5th Cir. 2004）.
⑥ 类似的有 Layshock v. Hermitage Sch. Dist. 案、J. C. V. Beverly Hills Dist. 案、Evans. V. Bayer 案、Killion v. Franklin Regional Sch. Dist. 案。
⑦ D. J. M. V. Hannibal Pub. School Dist. , 647 F. 3d 754（8th Cir. 2011）.
⑧ 类似的有 Doninger v. Niehoff 案、J. S. v. Blue Mountain Sch. Dist. 案、Wisniewski v. Brd. Of Educ. Of the Weedsport Central Sch. Dist. 案。

过学校同意或代表学校。比如说在校办报纸杂志上、大型集体活动上的学生发言都属此列；另外，学校关联性也要考察活动是否由学校和教师组织发起的，是否与学校的教育教学活动密切相关，如作文或课程论文中的学生言论会受到更多的限制，因其与课程学习直接相关。言论的学校关联性越大，所受限制也就越大。

Fraser 案中，法院判断听众可以合理地认为该学生的言论是经过学校同意的，所以学校为了与该生含有性暗示的言论撇清关系而对其进行惩罚。*Fraser* 案确立了对"课程相关和学校赞助"活动中的言论自由可以进行限制的原则。所谓"课程相关"活动是指由教师负责指导监督，且其目的旨在传授知识和技能的活动。"课程相关和学校赞助"可以包括很多内容，超越了学校报纸和课堂教学活动，延伸到学生作业、游行乐队、毕业典礼、集会、选举、学校墙壁等。公立学校与私立学校学生的自由权利状况不同，"公立学校不应该是集权主义的领地"，其行为必须接受是否合宪的审查；而私立学校却通过与家长缔结契约而被赋予对学生言行更加严格的控制权。

由于美国地方分权的特色，各州对待学生言论自由权的尺度宽严不一。一个科罗拉多州的学校可以在学校赞助的报纸、广播等平台上对学生表达的观点进行限制和审查，但密歇根州的学校却没有这个权力。一般来说，虽然州有权力通过法律和规章赋予学生比最高法院或联邦宪法规定的更大的自由权，但是不被允许对学生自由施加比最高法院或联邦宪法对学生自由限制的更大限制。

（四）言论引发的后果：后果越严重，限制越大

Tinker 标准是以后果来判定学校是否侵犯学生言论自由权，即是否"重大和实质地干扰教育过程"和是否"侵犯了他人的权利"（如隐私权）。但什么是"重大和实质地干扰"？因为实际情形的复杂性，最高法院只能提供一个大致框架，所幸的是，法院不断地对这个框架进行更详细的解读和诠释。法院认为："如果学生言论会导致学生成绩下降、缺勤率激增或其他学校病态症状……那么学校可以禁止该言论"①；*Corales v. Bennett* 案②中法院

---

① 类似案例有 *Cox v. Warwick Valley S. D.* 案、*Lowery v. Euverard* 案、*Pinard v. Clatskanie Sch. Dist. 6J* 案。

② Corales v. Bennett, 567 F. 3d 554 (9th Cir. 2009).

支持学校，因为言论自由导致了上百名学生旷课去参加反对制定移民法的游行；J. C. V. Beverly Hills Dist. 案①，法院认为"学校只需要处理一个苦恼的家长和不愿上课的学生"，学生的言论所造成的实质影响太小了，没达到 Tinker 管制学生言论的标准，因此可以允许学生的言论自由。② 虽然法院没有具体解释和定义什么是"实质性干扰"，但是可以从法院的判决思路中找到与之相关的几个因素：第一，言论发生的地点和受众的年龄；第二，受众的多少，言论影响的人数越多，构成实质性干扰越大，就越应该被限制；第三，表达的方式，写日记总是会比在报纸上、互联网上、同学群中传播的影响小；第四，表达者的动机，是有意引发冲突骚乱，还是无意为之其判决结果不同。Doe v. The Pulaski County Special Sch. Dist. 案 和 Porter v. Ascension Parish Sch. Bd. 案，法院根据学生的动机（有意或无意）做出了不同的判决。

另外，"重大和实质地干扰"可能是一种还没有发生的危险，即"真实的威胁"（true threat）。2002 年，在 Doe v. Pulaski Cnty. Special Sch. Dist 案中，一个男孩用恶毒的笔触在一封信里咒骂他的前女友是"荡妇"，并想要"杀死她"，该男生被校方开除。法院认为校方的处置没有违反学生的言论自由权，因为学生的信包含着"真实的威胁"。所谓"真实的威胁"要满足两个条件：其一，"所有听到某言论的理性人会认为该言论包含着伤害他人的企图"；其二，该言论还要被传播出去，传播给其试图伤害的对象或第三方。在上述 D. J. M. V. Hannibal Pub. School Dist. 案中，高中生 D. J. M. 将企图枪杀同学的念头告诉了第三方——同学 C. M.，满足上述"真实威胁"的两个条件，因此法院判校方的处分是正当合理的，即便高中生 D. J. M. 申辩这些言论算不得真，只是"一时感情受挫后的胡言乱语"。

从一些判例来看，对于"重大和实质干扰教育过程"的解释日趋泛化，标准更加宽松化。在 Lowery v. Euverard 案中，高中生 Lowery 在同学中征集签名，试图将他们不喜欢的首席体育教练 Euverard 替换下去。法院没有支持学生的行为，而是认为体育活动不是课内活动，而属于少数人参加的具有某种特权性质的课外活动，在此活动中教练的指导作用对于球队胜败至

---

① J. C. V. Beverly Hills Dist.，711 F. Supp. 2d 1094（C. D. Ca. 2010）.

② 类似的有 T. C. v. Valley Cent. Sch. Dist. 案。

关重要，因此听从教练的指导是最重要的。学生的征集签名活动会导致教练声望受损，面临辞退危险，对于学校的体育活动和教练的个人职业生涯都产生了实质性的干扰影响。可以想象的是，在 Tinker 时代学生换掉野蛮教练的行为可能会被支持，但是在 21 世纪学生服从权威被认为更重要，至少对于运动员学生而言理应如此。

（五）言论内容的性质：价值越大，保护越大

一般来说，法官不能基于言论的内容来审查和限制言论自由，但法律明文规定的对言论自由的内容限制除外，同时也支持合乎法律规定的校纪校规对于学生言行的限制。在学校中，学生的暴力言论、淫秽言论、宣传帮派的言论、歧视言论等违法言论都被禁止。当然，对于"不能基于言论内容限制言论自由"这条原则在实施时也有争议。比如联邦密歇根地区法院认为，对学生与"课程相关和学校赞助"活动有关的言论进行审查时应"观点中立"；而第十巡回法院认为，没必要"观点中立"，因为"教育者就是唤醒儿童接受文化价值观和促进与文明社会秩序所共有的价值观相容的行为"，不应该允许与主流价值观不相符合的言论。

从内容上看，法院一般支持学生的政治性言论，此处的政治性言论是指对公共利益的关心（public concern），不仅包括学生表达对政治问题和社会政策等公共问题的态度，还包括学生出于公共关怀而批评学校政策和抨击学校公共人物的言论，以及在学校及周边参加游行、集会、竞选等活动。Tinker 案本质上就是对学生政治性言论的保护，在下级法院的判决中，只要是涉及学生的政治性表达，多半以 Tinker 标准来衡量。Bowler v. Town of Hudson 案①中，法院认为保守派学生宣传海报上的网站内所含视频不大可能实质性干扰学校的运转，应受到保护。② 政治性言论自由受到保护，使得学生不用担心批评学校政策而遭受打击报复。但是，并不是所有的政治性言论受保护，诽谤、粗俗的言论不受法律保护。Smith v. Mount Pleasant

---

① Bowler v. Town of Hudson，514 F. Supp. 2d 168（D. Mass. 2007）.
② 类似的有 Saxe v. State College Area Sch. Dist. 案、T. A. v. McSwain Union Elem. Sch. Dist. 案、Lowry v. Watson Chapel S. D. 案、Guiles v. Marineau 案、Barber v. Dearborn Pub. Sch. 案、Sypnieswski v. Warren Hills Reg'l Bd. Of Educ. 案、Castorina v. Madison County School Boarad 案。

Pub. Sch. 案中①，法院认为学生表达了对两个学校行政人员性取向和婚姻不忠的质疑，该学生的夸夸其谈已经引起在午餐时间中坐在他身边的同学的抱怨，法院支持学校惩罚午饭时间在食堂做即兴演讲、用粗俗言语批评学校管理效率和政策的学生。在 Posthumus v. Mona Shores S. D 案②中，法院支持学校惩罚骂校长和教务长脏话的学生。值得注意的是，针对学校公共人物，如校长、学监、学区董事会成员、学生会主席等人行为所发表的主观评论，不同于诽谤，受法律保护。即便学生言论有失实之处，只要发言者不是基于明显的恶意，其言论自由也是受法律保护的。③ 可见，针对学校公共人物的言论较之于针对普通教师的言论，拥有更多的自由度。

学校不能干涉学生个人的信仰表达自由，但基于政教分离原则，法院支持学校对学生宣传和歌颂某种宗教言论的适度限制，如不允许学生在毕业典礼的发言④、舞会的节目⑤、教室中学生作品的流通⑥等中传播宗教信息。Phillipa et al. v. Oxford Separate Municipal Sch. Dist. 案⑦中，法院支持学校撤掉学生的海报（上有"圣母圣子图"并含有"他（上帝）选择了 Mary，你也应该"的文字）；Bannon v. Sch. Dist. Of Palm Beach County 案⑧中，法院支持学校要求学生抹去在学校内墙上绘制的宗教画的做法。⑨

宣传毒品言论在 Morse 案中已经有明确的说明，Boroff v. Van Wert City Board of Education 案⑩中，法院支持学校对穿着印有支持毒品的音乐家衬衣的学生采取限制措施（该案发生在 Morse 标准之前，当时用的是 Fraser 标准）。

随着校园枪击案的频繁发生，美国学校和法院对学生的暴力言论实行

① Smith v. Mount Pleasant Pub. Sch. ，285F. Supp. 2d 987 （E. D. Mich. 2003）.
② Posthumus v. Mona Shores S. D. ，380 F. Supp. 2d 891 （W. D. Mich. 2005）.
③ 毛锐、范文：《论学生表达自由的内涵及其表现形式》，《比较教育研究》2007 年第 8 期。
④ 类似的有 Corder v. Lewis Palmer Sch. Dist. No. 38 案、Laasonde，Nicholas v. Pleasnton Sch. Dist. 案、Cole v. Oroville Union High 案。
⑤ 类似的有 Nurre v. Whitehead 案、Ashby v. Isle of Wight County Sch. Bd. 案、Walz v. Egg Harbor Township Brd. Of Educ. 案。
⑥ 类似的有 Curry v. City of Saginaw 案、Pounds v. Katy Indep. Sch. Dist. 案。
⑦ Phillipa et al. v. Oxford Separate Municipal Sch. Dist. ，314 F. Supp. 2d 643 （N. D. Miss2003）.
⑧ Bannon v. Sch. Dist. Of Palm Beach County，387 F. 3d 1208 （11th Cir. 2004）.
⑨ 类似的有 Fleming，et al. v. Jefferson County District 案、C. H. v. Oliva 案。
⑩ Boroff v. Van Wert City Board of Education，220 F. 3d 465 （6th Cir. 2000）.

"零容忍"政策，如 S. G. V. Sayreville Bd. Of Educ. 案①中，一个幼儿园的孩子在跟同伴玩警察强盗游戏时说，"我会开枪打死你"，便被停学三天。② 帮派势力渗入学校也是近些年美国学校面临的一大问题，所以学校对于学生与帮派有关的言论是严格限制的，在 Brown v. Cabell County Bd. Of Educ. 案③中，法院支持学校对手上印有帮派标记的学生实施惩罚。

涉及歧视他人种族、民族、性别、性取向的言论一般会受到限制。种族问题在校园中经常引起冲突，所以美国对含有种族歧视的，甚至对完全个人性的表达进行了比较严格的限制，B. W. A. v. Farmington R7 Sch. Dist. 案④，穿着印有美国内战南方联邦旗衣服的学生被禁止进入校园，在美国历史中，联邦旗是奴隶制和种族主义的象征。⑤ Harper v. Poway Unified Sch. Dist. 案⑥中，法院认为学生穿着印有"感到羞耻吧，我们学校同意上帝所谴责的""同性恋可耻（《罗马书》，1：27）"字样的 T 恤构成歧视。⑦ 值得注意的是，在 Nuxoll v. Indian Prairie School, Sch. Dist. 案中，法院支持学生穿着印有"要高兴，不要同性"的衬衣，认为这并没有针对某个特定的学生，是可以允许的。学生公开自己的性取向的言论自由也受法院保护，如 Henkle v. Gregory 案⑧。

四　在自由主义与功利主义之间寻求平衡

通过上文的分析，大致可以看出美国法律一方面试图保护学生的言论

---

① S. G. V. Sayreville Bd. Of Educ. , 333 F. 3d 417 (3rd Cir. 2003) .

② 类似的还有 Miller v. Penn Manor Sch. Dist. 案、Newsom v. Albermarle County Sch. Brd. 案、Cuff v. Valley Central S. D. 案、Lavine v. Blaine Sch. Dist. 案、DeFabio v. Hampton Union Free Sch. Dist. 案、Johnson v. New Brighton Area School District 案、Ponce v. Socorro Indep. Sch. Dist. 案、Boim v. Fulton County School District 案、D. F. v. Syosset Central S. D. 案、Demers v. Leonminster Sch. Dep't. 案、Doe v. The Pulaski County Special Sch. Dist. 案。

③ Brown v. Cabell County Bd. Of Educ. , 605 F. Supp. 2d 788 (S. D. W. Va. 2009) .

④ B. W. A. v. Farmington R7 Sch. Dist. , 554F. 3d 734 (8th Cir. 2009) .

⑤ 类似的有 Barr v. Lafon 案、Denno v. Volusia School Board 案、West v. Derby Unified Sch. Dist. 案。

⑥ Harper v. Poway Unified Sch. Dist. , 445 F. 3d 1166 (9th Cir. 2006) .

⑦ 类似的有 Gillman v. Sch. Bd. For Homes County 案。下级法院之间对高院判例也可能出现不同的解读。

⑧ Henkle v. Gregory, 150 F. Supp. 2d 1067 (D. NV, 2001) .

自由权，尤其是政治性言论的自由权，使学生的思想自由与个性发展不受政府及学校权威无理的干涉；另一方面，则严格禁止学生宣传暴力、歧视、毒品、仇恨、淫秽等不良信息。在处理学生言论自由权时，其基本指导思想是自由主义原则优先，辅之以功利主义原则，依靠法官的自由裁量在两者之间达至巧妙的平衡。

自由主义原则优先。哈耶克明确指出，"自由是指这样一种状态，一个人不受制于另一人或另一些人因专断意志而产生的强制状态；自由意味着始终存在着一个人按其自己的决定和计划行事的可能性"。① 现代以来，表达思想与个性的言论自由权利被认为是一项至关重要的自然权利，表达自由被认为促进了个性发展之保障、真理之产生与传播、社会共识之达成，防止"多数人的暴虐"。正如弥尔顿所指出的："虽然各种学说流派可以随便在大地上传播，然而真理却已经亲自上阵，我们如果怀疑它的力量而实行许可制和查禁制，那就是伤害了她。让她与谬误交手吧。谁又看见过真理在放胆地交手时吃过败仗呢？她的驳斥就是最好的和最可靠的压制"。② 另外，表达自由也被认为具有一种符合人性、尊重人的自尊与自主性的一种本体性价值，具有重要的促进个人发展的教育价值。

功利主义原则为辅。自由原则的使用不得不考虑具体的社会情境及其后果，学生的言论自由考虑学校的特殊环境。运用自由原则的直接后果决定了言论是否被允许，功利原则则考虑"最大多数人的最大幸福"，如果言论自由损害了他人的自由、严重破坏学校纪律和秩序、损害了多数人的利益则不会被法院及学校容忍。值得注意的是，出于功利原则的考虑，近年来学校的权威被不断地强化。法院明确表态：学校与政府的权力来源及运作方式不同。美国政府是民主机构，民主机构的权力结构是自下而上的，依赖于人民的授权；但是，与之相反，学校不是一个民主机构，学校的权威是自上而下的，学校的权力不依赖于学生的授权或同意。对学校权威的威胁，就是对公立学校教育使命的威胁。在这种思想指导下，学生的言论自由权实际上变得越来越有限了。

"关于第一修正案的一个突出事实是：最高法院从来没有发展出一套综合

① 〔英〕弗里德利希·冯·哈耶克：《自由秩序原理》，邓正来译，生活·读书·新知三联书店，1997。
② 〔英〕弥尔顿：《论出版自由》，商务印书馆，1989，第46页。

的理论来说明宪法保障的真正含义，以及该怎样运用到具体的案例中……但是它在选定一个前后一致的方法上，或者说把各种各样的信条整合到一个逻辑一致的整体这个问题上，完全失败了。"① 言论自由从来就是一个复杂的问题，个人自由和他人权利的冲突，个人权利和学校权力的冲突让我们很难划出一条是非分明的言论界限。学生言论自由的边界受社会制度、文化传统等因素的制约，在不同国家表现出不同的特征。但是，他山之石，可以攻玉。毋庸置疑的是，中国学生权利意识在日益觉醒，中国教育变革中将不得不重视并理性地对待这股力量。

---

① Thomas Emerson. The System of Freedom of Expression ［M］, Random House, Incorporated, 1970, 16.

青少年公民参与之能力赋权

——英国参与式公民教育模式分析

林 可*

摘 要: 本文从权利视角出发解析公民参与的理论基础,并将"权利-义务"取向与"能力"取向的公民参与概念相联系,阐述参与权、参与能力与公民教育的关系,总结出由"参与能力"保障"参与权利"的基本观点,并着重分析包含这一理念的英国公民教育模式。研究发现英国公民教育的课程政策、课程教学、社区活动以及教师培训都始终贯彻促进公民参与的理念,致力于营造校园和社区的参与文化,从而保证学生的参与权利,即为了实现公民参与权的"参与式公民教育"。研究也分析了这种公民教育方式所遭遇的困境和难题,进而探讨英国经验对于中国公民教育改革的启示。

关键词: 公民参与 参与权 儿童权利 公民教育

"公民参与"(civic participation)是现代公共生活中的重要议题,也是公民学习与实践民主、自由、平等、公正等核心价值的重要途径。在政治、社会、法律等领域,公民参与不仅被视作公民的基本权利和责任,也经常被认为是民主制度的标志和实现途径之一[1]。在教育领域,许多国家将促进青少年公民参与设定为公民教育的一项"基本目标"、"关键要素"或"核心内容",致力于倡导和帮助青少年广泛地融入社会公共生活,培养"认真

* 林可,博士,毕业于英国伦敦大学学院教育研究院(UCL Institute of Education),北京师范大学教育学部讲师,北京师范大学公民与道德教育研究中心专职研究员,研究方向为教育基本理论、德育与公民教育、媒介素养教育。

① Heater, D. (1999). *What is Citizenship?* Cambridge: Polity Press.

关心和积极参与公共事务的现代公民"① （Hedtke，2013；Isin，2002；Council of Europe，2010）。

在世界范围内，英国公民教育的传统深厚，自 20 世纪中叶至今逐渐形成了——国家政策主导、学校课程推动、社区支持配合的三位一体的教育模式。"公民参与"在英国公民教育体系中备受重视：从 1998 年的《克里克报告》开始，"公民参与"就被确定为公民教育的三个目标维度之一（QCA，1998）。此后英国于 1999 年发布、2002 年正式推行至今的"公民教育国家课程"也将"培养学生的参与能力和负责任的行为"列为课程目标之一 （DfEE & QCA，1999）。除了国家政策层面的明确规定，学校也致力于促进公民参与：提倡在校园生活中尊重学生的参与权利 （right to participation），强调学生参与校园和社区公共生活的责任 （responsibility for participation），特别注重通过丰富的校内外活动培养学生的参与能力 （capability of participation）。因此，探索英国公民教育的经验，有助于我们理解公民参与如何借助公民教育得以实现和拓展，公民参与如何从"未来的权利/责任"转变为"当下的权利/责任"。

本文首先从公民权利的视角出发，解析公民参与权的理论基础，并将权利取向与能力取向相联系，阐述参与权、参与能力与公民教育的关系。之后介绍英国的公民教育在课程政策、学校教学、社区活动以及教师培训中所贯彻的公民参与理念、营造校园和社区的参与文化，从而保证学生参与权利的做法，即为了实现公民参与权的"参与式公民教育"（participatory citizenship education）。同时也分析这种公民教育方式所遭遇的困境和难题，进而探讨英国经验对于中国公民教育改革的启示。

一　公民参与权概念：从权利、美德到能力、素养

（一）古典时期的公民参与权：有限的权利与美德

谈及公民参与，最早可以追溯至古希腊和古罗马时期。雅典的民主制

---

① Isin, E. F., & Turner, B. S. （Eds.）. （2002）. *Handbook of Citizenship Studies*. London：Sage. Council of Europe. （2010）. Council of Europe Charter on Education for Democratic Citizenship and Human Rights Education. Strasbourg：Council of Europe.

度允许全体公民直接参与城邦的政治生活，通过定期举行公民大会进行议事、投票、选举，共同决定城邦事务。古希腊政治学家亚里士多德曾经论述，城邦生活中的公共领域远比私人领域更重要，真正的公民是那些参与城邦统治的人。他认为，公民参与是一种美德，如果不参与到公共生活之中，没有人能够实现自我德性的完善（Aristotle，1984）。① 然而古典时期的公民参与是由公民身份决定的，而非与普遍的公民权利相联系。古希腊只有拥有财产和具备理性能力的成年男子和古罗马的贵族才能成为公民，而那些没有公民身份的人（未成年人、女性、移民、奴隶等）无法享有参与权利②，不具备参与公共生活和决策的资格③。

尽管古典时期的公民参与权具有选择性和排他性，但是这种公民权利是与城邦整体利益相联系、以构建共同的善为目的的。因此，公民参与既是权利也是责任，具有双重性，这一古典传统为近现代西方公民社会的发展提供了理论基础和理想模型。

（二）近代西方的公民参与：不断拓展的权利与美德

从 17 世纪开始，英国、美国和法国相继进行资产阶级革命，新兴资产阶级为了在经济、政治和文化等领域取得地位，从而彻底摆脱宗教、贵族和殖民者的统治，他们致力于争取个人权利与自由，恢复个人价值和尊严，获得合法公民身份，建立更为民主、平等、正义的社会制度。特别是启蒙运动之后，"自由平等""天赋人权""社会契约"等观念日渐深入人心，普通人对于自身的认识不再是被动臣服于强权统治的臣民，而是能够挑战其统治者，并在自己的国家相应地享有权利和履行义务的公民。这一时期，公民参与权的概念得以发展，主要来源于两种思潮：自由主义（liberalism）与公民共和主义（civic republicanism）。

---

① Aristotle．（［350BC］1984）．The Politics（translated and with an introduction，notes，and glossary by Carnes Lord）．Chicago：The University of Chicago Press.
② Crick，B．（2000）．A Subject at Last！In B. Crick（Ed.），*Essays on Citizenship*．London：Continuum，p. 4.
③ Crick，B．（2000）．A Subject at Last！In B. Crick（Ed.），*Essays on Citizenship*．London：Continuum，pp. 4 – 6.

1. 自由主义视角

自由主义理论将个人权利置于最高地位，认为大多数权利依附于每一个人的自由，只有个人自由免受国家和社会的干涉，个人权利方能得以保障。因此，公民参与国家社会事务的最终目的是保护个体自由和个人权利（Janoski，2002）。

英国哲学家约翰·洛克（John Locke）是反对君权神授、主张自然权利的先驱（Locke，［1690］1967）。他在《政府论（下篇）》中指出："人人天生自由、平等和独立"①；人们需要保护自己的权利，如"生命、健康、自由和财产权"② 等，也要尊重他人的同等权利；"为了约束所有的人不侵犯他人的权利、不互相伤害"，人们"应该共同订立社会契约"，"应该联合成为国家，并置身于政府的统治之下"③。虽然结成共同体的公民可以参与制定法律（契约的一种形式），但在洛克看来，如果政府不具有保护公民财产的权力或者共同体中的每一个成员不能承担相应的义务，那么这个契约和参与权就毫无意义。

英国的另一位自由主义思想家约翰·斯图尔特·密尔（John Stuart Mill）是公民参与的坚决拥护者。一方面，他和洛克一样认为公民参与能够保障自由：由于每个人"对于他自己的身和心乃是最高主权者"，只有本人最清楚自己的利益所在，公民坚持自由的言论表达，才能避免个体权利受到家长制作风（paternalism）和专制制度的干预（Mill，［1859］2008）④。另一方面，密尔认为公民参与是民主的基础：全面参与公共生活不仅能够扩大公民对于社会生活的认识、增强责任感、行使其权利，而且能够让整个社会受益于公民参与过程中所积累的集体智慧和专门技能⑤，即便该过程中可能出现错误或决策失误，甚至付出代价，也应该给予公民在错误中学习交流的机会。因而密尔也非常提倡通过公民教育项目来培养参与精神。不过，

---

① Locke, J. (［1690］2005). *Two Treatises of Government.* Cambridge：Cambridge University Press, pp. 8 - 9.

② Locke, J. (［1690］2005). *Two Treatises of Government.* Cambridge：Cambridge University Press, p. 46.

③ Locke, J. (2005). Two Treatises of Government. Cambridge University Press. pp. 46 - 58.

④ Mill, J. S. (［1859］2008). On Liberty. In J. Gray (Ed.), *On Liberty and Other Essays.* Oxford：Oxford University Press, pp. 18 - 20.

⑤ Mill, J. S. (［1859］2008). On Liberty. In J. Gray (Ed.), *On Liberty and Other Essays.* Oxford：Oxford University Press, pp. 20 - 51.

密尔心目中完美的制度是代议制民主（representative democracy），即全体公民或大部分公民定期选出的代表行使权利①，在此过程中，公民的参与权主要与发言权、投票选举权和被选举权，以及被选为代表后参加政府行政管理的权利相联系（Miller，2000；Mill，［1861］2008）。

自由主义关于公民权利最具影响力的论述，当数托马斯·汉弗莱·马歇尔（Thomas Humphrey Marshall）的三种权利论。他将不同类型的权利划分为三个维度：民事权利②（civil rights）、政治权利（political rights）、社会权利（social rights），每个维度由一系列必需的权利组成，它们之间彼此关联，亦有重叠部分（见表1）。在其经典著作《公民身份与社会阶级》中，马歇尔回顾了英国公民权利的发展历史：从18世纪在法律上确立民事权利，到19世纪扩大政治权利，再到20世纪增加社会权利。他还特别强调，权利复兴的历程也得益于公共基础教育的发展（Marshall，1950）。然而，马歇尔的权利分类未涉及公民参与权的概念，尽管他支持公民参与发表意见、参与订立契约、参与政府管理、参与社会生活，公民参与权看似与每一类权利都息息相关，但对于公民参与权的定位，包括马歇尔在内的自由权利倡导者并没有给出明确答案，似乎参与权只是为了保护个体的其他权利免受国家、政府侵害而存在。

表1　马歇尔的三种公民权利类型③

权利类型	核心要素	内容举例
民事权利	个人自由	人身自由权，言论、思想和信仰自由权，拥有财产和订立有效契约的权利，司法权（right to justice）
政治权利	政治参与	成为某个政治实体的成员或选举者、参与政府权力运作的权利，即选举权
社会权利	经济福利	获得经济利益和保护财产安全的权利，分享社会资产的权利，享有文明生活的权利

① Mill, J. S. （［1861］2008）Considerations on Representative Government. In J. Gray（Ed.），*On Liberty and Other Essays.* Oxford：Oxford University Press, pp. 238 – 244.

② 在以往中文译作中，马歇尔提出的第一类权利 civil rights 通常被译为"公民权利"，笔者认为不妥。结合具体语境来看，此处主要是指受法律保护的民事权益，这类权利连同政治权利、社会权利，都属于公民权利的范畴。因此，本文将其译为"民事权利"。

③ Marshall, T. H.（1950）. *Citizenship and Social Class：And Other Essays.* Cambridge：Cambridge University Press.

2. 公民共和主义视角

权利可以分为"被动权利"（passive rights）和"主动权利"（active rights），前者可以解释为豁免权，即被赋予的、免于受他者控制或干预的权利；而后者与优先权和权力相关，个体是否拥有权利取决于他们的行动（Wenar，2011；Lyons，1970）。从这个定义来看，自由主义的"公民参与权"更多呈现出被动特征，这一特征经常受到公民共和主义的批评——认为自由主义模式下缺乏有意义的参与，因为公民过分看重私人领域、忠于个人自由，除非与自身利益相关，否则很难完全投入政治事务和社会决策①（McCowan，2013；Janoski，2002；Crick，2010）。而公民共和主义倾向于将公民参与视为一种主动权利，提倡"参与式民主"（participatory democracy）。作为共和国家的公民，有权利且有不可推卸的义务参与政策制定和许多日常社会事务，而不仅仅只是定期参加选举。

法国启蒙运动先驱让·雅克·卢梭（Jean - Jacques Rousseau）是公民共和主义理论的代表人物。他吸收了意大利文艺复兴哲学家马基雅维利（Niccolò Machiavelli）的共和政体构想和英国哲学家霍布斯（Thomas Hobbes）的社会契约理论，主张人们按照个人与集体所达成的规约结合成共和国或政治体，而公民就是国家主权的享有者和参与者②。国家作为一个共同体，既应保护个人的人身财产，也应维护公共利益和道德。个人利益在很多情况下是相互对立的，个人权利也是可以让渡的；但个人利益中一致的那部分结合成了公共利益，代表公共利益的人民主权是不可转让的。因此，只有每个公民享有平等的政治参与权利，重要的公共事务经由公民沟通和协商来决定，才能保证决定是遵从公共意志的，而不是随意的、只

---

① Janoski, T. , & Gran, B. （2002）. Political citizenship: Foundations of Rights. In E. F. Isin & B. S. Turner （Eds. ）, *The Handbook of Citizenship Studies* （pp. 13 – 52）. London: SAGE. McCowan, T. , & Unterhalter, E. （2013）. Education, Citizenship and Deliberative Democracy: Sen's Capability Perspective. In R. Hedtke & T. Zimenkova （Eds. ）, *Education for Civic and Political Participation: A Critical Approach* （pp. 135 – 154）. New York: Routledge.

② 卢梭的社会契约论思想深受英国哲学家托马斯·霍布斯（Thomas Hobbes）的影响。因霍布斯的社会契约思想更多讨论自然状态（战争状态）中的公民与国家的关系，推崇国家主权至上；而本文论述主要基于卢梭所关注的社会改造状态（社会制度改进与改革状态），除了考虑国家公民，还考虑社会共同体中的公民。故此处以选取卢梭观点为代表。

照顾众意（多数人意志）的。也只有每个公民履行参与义务①，才能建立起一个符合公共利益的民主共和国（Rousseau，［1762］1973）。

启蒙时代之后，从19世纪到20世纪早期，整个西方世界争取"参与权"的运动此起彼伏。英国政治社会学家伯纳德·克里克爵士（Sir Bernard Crick）将其视为实践中的公民共和主义，他说："人们不断争取选举权利、社会权利，不仅要成为法律意义上的公民，而且要争当拥有政治权利的公民。我将这些诉求都归结为公民共和主义。"②（Crick，2010：21）但是克里克对这种形式的公民共和主义持怀疑态度，他认为，在这些运动取得胜利之后并没有真正实现积极参与，加之"消费时代"来临人们的注意力转向新一轮的资本积累、垄断和竞争，包括英国在内的很多国家只是进入一种现代自由主义（morden liberalism）的状态——"人们通过参与政治运动获得了参与权，却倒退回只满足于个人经济权利。他们很愉快地享受着国家对个体人身财产安全所给予的保护，并且自娱自乐着……但是各项调查显示，他们其实对当前的社会契约和新的非政治合约并不满意"③（Crick，2010：20～21）。言下之意，即如何激励公民持续参与公共事务、承担社会责任，成为20世纪之后公民权利讨论更为关心的议题，也成为克里克爵士为英国公民教育理论奠基时提出的核心问题之一。

以英国学者昆廷·斯金纳（Quentin Skinner）为代表的当代共和主义理论者在考虑"公民参与权"的时候，把目光投回古典时期自治共和国的基石——"公民美德"（civic-virtue）和"公共精神"（public-spiritedness），进而提出公民应当"自觉捍卫共同体不受侵犯与奴役"、"自觉服务于公共利益"以及"全心全意投入公共服务"④，这些参与精神是最重要的公民美

① Rousseau, J. - J. (［1762］1973). *The Social Contract and Discourses* (Translation ［from the French］ and introduction by G. D. H. Cole). London: Dent. pp. 27 - 28.

② Crick, B. (2010). Civic Republicanism and Citizenship: the Challenge for Today. In B. Crick & A. Lockyer (Eds.), *Active Citizenship: What Could it Achieve and How?* (pp. 16 - 25). Edinburgh: Edinburgh University Press, p. 21.

③ Crick, B. (2010). Civic Republicanism and Citizenship: the Challenge for Today. In B. Crick & A. Lockyer (Eds.), *Active Citizenship: What Could it Achieve and How?* (pp. 16 - 25). Edinburgh: Edinburgh University Pres, pp. 21 - 22.

④ Skinner, Q. (1991). The Republican Ideal of Political Liberty. In G. Bock, Q. Skinner & M. Viroli (Eds.), *Machiavelli and Republicanism* (pp. 293 - 309). Cambridge: Cambridge University Press.

德（Skinner，1991）。然而，斯金纳也遇到了与克里克相同的困惑，即没有人能够一如既往地保持参与的兴趣和公民美德——

> 我们总是不情愿地培养那些使我们能够更好地服务于公共利益的品质。相反，我们更容易变得腐化（corrupt）……腐化意味着我们忘记了或者没能领会那些与我们休戚相关的、我们应该牢记的东西：如果我们希望在政治社会中尽可能地享有自由，那么我们就有充分的理由首先做品德高尚的公民，把公共利益置于个人利益或集团利益之上（pp. 303 - 304）。

即便面对人类社会种种日趋"腐化"的现实，斯金纳仍然坚持"反腐"，他尖锐地批评道：腐化本身就是理性的失败，即没有意识到人类最深刻的自由取决于美德的生活和投身公共服务的生活。表面上看，放弃有效的政治参与和美德培养也是一种自由选择的权利，然而就在我们欢呼自由扩大的同时，却也不自觉地发出了"堕落万岁"（long live our own ruin）的呼喊[1]。斯金纳反对自由主义以消极权利为王牌的论调，极力主张积极权利和公共责任，甚至明确提出"除非将义务置于权利之上，否则权利本身也会遭到破坏"（pp. 308 - 309）。从这个意义上看，公民参与权可以表述为一种积极权利、一种基本义务和一种公民美德，公民参与的培养和教育亦可视为有益于公共福祉和避免人类非理性腐化的事业。

基于上述两种视角关于公民参与权的讨论中，自由主义和公民共和主义的区分有时并不明显，因为二者都承认公民参与权是公民的一项基本权利，有效的参与能够限制专制权力、保护个人和共同体自由。它们争论的焦点主要在于：第一，公民参与权究竟是消极权利取向，还是积极权利取向（或义务取向）？第二，公民参与权是否应作为一种美德从而传授给每一个公民[2]？也有人认为，对参与精神和公民美德的强调是公民共和主义区别

---

① Skinner, Q. (1991). The Republican Ideal of Political Liberty. In G. Bock, Q. Skinner & M. Viroli (Eds.), *Machiavelli and Republicanism*. Cambridge: Cambridge University Press, pp. 308 - 309.

② Heater, D. (1999). *What is Citizenship*? Cambridge: Polity Press. Pettit, P. (1997). *Republicanism: A Theory of Freedom and Government*. Oxford: Clarendon. Oldfield, A. (1990). *Citizenship and Community*. London: Routledge.

于自由主义的最明显要素（Heater，1999；Pettit，1997；Oldfield，1990）。
两派观点对于英国的公民教育都有着极大的影响，后文将会具体论述。

（三）当代公民参与权：第三类视角和《世界人权宣言》

自由主义与共和主义关于公民权的辩论至今仍在继续。进入20世纪之
后，参与民主理论、女权主义理论、多元文化主义等更多流派加入这场论
战，使我们对公民参与权的概念有了更加多元的理解。以下列举一些具有
代表性的人物及其观点。

参与民主理论强调民主制度的核心要素是参与，没有广泛而平等的公民
参与，无法缔造真正的民主国家和制度。卡罗·佩特曼（Carole Pateman）提
醒人们平等的参与也具有教育意义，公民有机会亲身融入国家、地方、社区、
学校乃至家庭等不同层面的公共事务，接触不同层级、不同方式的民主程序
和决策，这一过程本身就可以强化公民的参与权利意识并提升他们的参与能
力①（Pateman，1970；Schlozman，1999）。当汉娜·阿伦特（Hannah
Arendt）和尤尔根·哈贝马斯（Jürgen Habermas）的"公共场域"（public
realm 或 public sphere）②理念被广为传播之后，公民参与的范围和方式都发
生了改变。介于国家权力机关和私人生活领域之间的公共场域，为公民提供
了一个沟通对话、参政议政的新空间。它可以是政治辩论的场所，也可以是
报纸、杂志、广播、电视等媒体，或是其他允许公共对话的地方；公共场域
对全体公民开放，公民可以自由、自愿进入，参与政治和社会公共事务讨论
（Habermas，1974；Arendt，［1958］1998；Habermas，1996）。阿伦特和哈贝
马斯都指出公共场域的政治属性，并为政治参与添加了新的注解。阿伦特
（［1958］1998）说："政治不是暴力的领域，而是说服的领域，所有公民关注
的中心就是彼此间互相进行交谈……思想的重要性有时次于话语，但话语和
行动是同等重要的。"③ 哈贝马斯（1996）在传统的"大写的政治"（如

---

① Pateman，C.（1970）. *Participation and Democratic Theory*. Cambridge：Cambridge University Press.

② Habermas，J.（［1962］1989）. *The Structural Transformation of the Public Sphere*. Cambridge，MA：MIT Press.

③ Arendt，H.（［1958］1998）. *The Human Condition*. Chicago：University of Chicago Press，pp. 26 – 27.

投票、选举、游行示威等）基础上丰富了政治一词的含义：政治还存在
于公众关心的"科技与文化、宗教与艺术、女性与种族、健康、社会福
利、环境政策等问题"之中（pp. 373 - 374），只要与公共利益相关的
问题都应纳入公民参与政治协商讨论的范围，即"小写的政治"①。因
此，对于公民参与权而言，言论自由、出版自由的权利与投票选举的权利
同等重要。

女权运动和国际移民潮的兴起，女性、移民以及不同文化人群的权利
愈发受关注。从女性主义和多元文化理论的视角来看，一方面，女性、移
民、残障人士等弱势群体应该拥有与普通公民一样的平等参与权利；另一
方面，不得不考虑种种先天的不平等现象：性别、语言文化、种族、宗教
等天然差异导致面对同等的权利时，人们享有权利和承担义务的程度其实
并不相同② ［Unterhalter，1999；Kymlicka，1992；Kymlicka，1995；United
Nations（UN），1989］。譬如说，那些获得了公民身份的外来移民虽然在法
律上享有与本国原住居民相同的选举权，但由于受语言能力和文化背景的
制约，他们有可能不理解选举的内容和规则，而导致手中的选票作废；在
公共辩论中，移民虽然有机会发出声音，但他们的意见被倾听和采纳的可
能性也许始终不如强势群体。面对类似的困境，玛莎·努尔鲍斯（Martha
Nussbaum）将公民参与视为一种需要持续发展和培养的可行能力，在她提
出的 10 项人类基础能力之一的"环境掌控力"就包含了对政治环境的掌控
能力③。因此，教育应当有所作为，使公民"能够有效参与那些与个人生活
息息相关的政治选择，能够拥有政治参与、保护言论、结社自由的权利"
（Nussbaum，2000；Nussbaum，2003）。

几个世纪以来人们关于公民参与权的论辩，使得这项权利最终成为联
合国 1984 年通过的《世界人权宣言》（以下简称《宣言》）规定的人人享有

---

① Habermas，J.（［1992］1996）. *Between Facts and Norms：Contributions to a discourse theory of
law and democracy*（Translation by William Rehg）. Cambridge：Polity Press，pp. 373 - 374.

② Unterhalter，E.（1999）. Citizenship Difference and Education：Reflections Inspired by the South
African Transition. In P. Werbner & N. Yuval - Davis（Eds.），*Women，Citizenship and Difference*
（pp. 100 - 117）. London：Zed. Kymlicka，W.（1995）*Multicultural Citizenship：A Liberal
Theory of Minority Rights.* Oxford：Clarendon Press.

③ Nussbaum，M. C.（2000）. *Women and Human Development.* Cambridge：Cambridge University
Press，p. 80.

的一项基本权利［United Nations（UN），1948］。这份由150多个国家共同签署的《宣言》在操作层面上细化了公民参与权的范畴①，包括：第一，思想、良心、宗教自由的权利（第18条）；第二，言论自由的权利（第19条）；第三，集会和结社自由的权利（第20条）；第四，政治参与权利（选举代表、直接参与本国公务、投票的权利）（第21条）；第五，工作并领取报酬以及参加工会的权利（第23条）；第六，参加社会文化生活、享受艺术和科技进步的权利（第27条）。分类来看，公民的参与权涉及法律规定的基本民事权利、政治权利和社会权利三个不同维度。至此，理论家和实践者为这一概念的历史沿革、内涵和外延描绘了一幅比较清晰的脉络图。

二　儿童的公民参与权

20世纪之前，绝大多数针对公民参与权的争论和争取，仅限于成年人的范围。"儿童的公民参与权"②几乎是一个不存在的概念，一方面因为从成年人的视角看来，儿童身心尚未成熟，缺乏社会经验，并不充分具备参与公共生活所需的知识和技能；另一方面，也因为常见的参与方式（如投票选举）有着严格的年龄限制，儿童没有资格参与，相应的权利义务也很难明确。尽管早期的思想家（如洛克和卢梭）曾提及为了培养儿童的理性思维习惯，也为了尊重他们的自然天性，应鼓励儿童独立思考、在家庭里发表意见③（Locke，［1695］1989；Rousseau，［1762］2007），然而这只是家庭生活的一种可能，无关社会生活中的权利。很长时期以来，人们都有一种共识：儿童需要被照顾、保护和教导，童年的本质是服从家长和教师、按部就班地学习、发展锻炼个人身心素质，所谓的儿童参与也须经成人界

---

① United Nations.（1948）. The Universal Declaration of Human Rights. Retrieved from United Nations website：http：//www. un. org/en/universal – declaration – human – rights/index. html
② 此处"儿童"是指联合国《儿童权利公约》界定的"18岁以下任何人"，包括：婴幼儿和青少年。
③ Locke，J.（［1695］1989）. *Some Thoughts Concerning Education*. Oxford：Clarendon. Rousseau，J. – J.（［1762］2007）. *Emile，Or，On Education*. Sioux Falls：NuVision Publications.

定和允许①（Minow，1987；Morrow，1999；Alderson，1999）。所以，当时的儿童只被视作"未来的公民"，而非"真正的公民"，"谈论儿童的权利简直是在开玩笑"②（Minow，[1869] 1987）。

从埃格兰泰恩·杰布（Eglantyne Jebb）1919 年在伦敦创立"救助儿童会"（Save the Children）③ 开始，儿童的权利才逐步受到关注。杰布女士不仅致力于为儿童提供生存必需的物质资源，她还极力倡导儿童身心正常发展、享有幸福生活的权利，1923 年由她牵头起草的《儿童权利宪章》成为之后多部儿童权利相关国际文件④的最初蓝本。同一时期，关于儿童公民身份的认识也发生了转折性的变化，"儿童不是明天的公民，而是今天的公民。他们有权利受到重视、照顾和尊重。我们应该允许儿童成长为他们自己所希望的样子，而不是我们希望的样子"（Korczak，[1929] 2009）。此后，儿童权利所涉及的范围日渐扩大，1989 年联合国发布《儿童权利公约》（以下简称《公约》）⑤，从三个维度规定了儿童（18 岁以下任何人）的基本权利：生存（Provision）、保护（Protection）和参与（Participation），即三个"P"；除了为儿童提供生存和发展必需的物质资源（如食物、医疗、教育等），保护照料儿童使其身心健康、免受伤害，还应该允许儿童参与意见表达并拥有知情权、参与不同层面的社会活动等⑥（UN，1989；Verhellen，2000）。直到此时，儿童作为公民的参与权才被列为国际法律文书规定的权利。这是一个里程碑式的开端，和其他权利一样，儿童参与权的落实需要家庭、学校、政府、民间机构以及全社会的共同合作，也促使教育工作者重新思考和定位儿童（或青少年）的公民参与行为。一系列问题有待进一步探索：什么是儿

----

① Alderson, P. (1999). Human Rights and Democracy in Schools Do They Mean More Than Picking Up Litter and Not Killing Whales: *The International Journal of Children's Rights*, 7, 185 – 205.

② Minow, M. (1987). Interpreting Rights: An Essay for Robert Cover. Yale Law Journal, 96, 1860 – 1915, p. 1869.

③ "救助儿童会"创立的初衷是救助在第一次世界大战和俄国革命期间饱受痛苦的儿童，改善他们的生活。

④ 包括：1924 年国际联盟通过的《日内瓦儿童权利宣言》1959 年联合国大会通过的《儿童权利宣言》和 1989 年联合国大会通过的《儿童权利公约》。

⑤ 《儿童权利公约》由 1989 年 11 月 20 日第 44 届联合国大会第 25 号决议通过，1990 年 9 月 2 日生效。截止到 2010 年已有 193 个缔约国。相比前文提及的《世界人权宣言》，这份《公约》对缔约国具有更强的约束力。

⑥ United Nations. (1989). Convention on the Rights of the Child. New York: United Nations.

童的参与权，儿童为什么有权参与，如何保障儿童参与等等。

（一）哪些参与权利？——基于《儿童权利公约》的分析

《儿童权利公约》由 1989 年 11 月 20 日第 44 届联合国大会第 25 号决议通过，1990 年 9 月 2 日生效。该《公约》旨在保护儿童权益，为世界各国儿童创建良好的成长环境。它是迄今全世界宣传和保护儿童权利最全面的、最为广泛认可的人权条约及法律文书，截止到 2010 年已有 193 个缔约国。相比前文提及的《世界人权宣言》，《公约》对缔约国具有更强的约束力。

《公约》详细阐述了儿童参与权的基本内容（见表 2），可以简单归纳为以下五个方面。

第一，保有主见、发表意见的权利（第 12 条）；

第二，言论自由、出版自由的权利（第 13 条）；

第三，思想、信仰和宗教自由的权利（第 14 条）；

第四，结社自由及和平集会自由的权利（第 15 条）；

第五，享有休息和闲暇、从事适宜的游戏和娱乐活动、自由参加文化生活和艺术活动的权利（第 31 条）。

表 2　《儿童权利公约》规定的"儿童参与权"

第 12 条

1. 缔约国应确保有主见能力的儿童有权对影响其本人的一切事项自由发表自己的意见，对儿童的意见应按照其年龄和成熟程度给予适当的看待。

2. 为此目的，儿童特别应有机会在影响儿童的任何司法和行政诉讼中，以符合国家法律的诉讼规则的方式，直接或通过代表或适当机构陈述意见。

第 13 条

1. 儿童应有自由发表言论的权利；此项权利应包括通过口头、书面或印刷、艺术形式或儿童所选择的任何其他媒介，寻求、接受和传递各种信息和思想的自由，而不论国界。

2. 此项权利的行使可受某些限制约束，但这些限制仅限于法律所规定并为以下目的所必需：

（a）尊重他人的权利和名誉；或

（b）保护国家安全或公共秩序或公共卫生或道德。

第 14 条

1. 缔约国应尊重儿童享有思想、信仰和宗教自由的权利。

2. 缔约国应尊重父母并于适用时尊重法定监护人以下的权利和义务：以符合儿童不同阶段接受能力的方式指导儿童行使其权利。

3. 表明个人宗教或信仰的自由，仅受法律所规定并为保护公共安全、秩序、卫生或道德或他人之基本权利和自由所必需的这类限制约束。

续表

第 15 条

1. 缔约国确认儿童享有结社自由及和平集会自由的权利。

2. 对此项权利的行使不得加以限制，除非符合法律所规定并在民主社会中为国家安全或公共安全、公共秩序、保护公共卫生或道德或保护他人的权利和自由所必需。

……

第 31 条

1. 缔约国确认儿童有权享有休息和闲暇，从事与儿童年龄相宜的游戏和娱乐活动，以及自由参加文化生活和艺术活动。

2. 缔约国应尊重并促进儿童充分参加文化和艺术生活的权利，并应鼓励提供从事文化、艺术、娱乐和休闲活动的适当和均等的机会。

资料来源：《儿童权利公约》中文版（联合国，1989）。

这些条款可以帮助我们正确理解和对待儿童的公民参与权。

第一，它们明确了儿童的公民身份，儿童与成人公民一样拥有法定的权利。对比《世界人权宣言》来看，儿童除了暂时不能参加政治选举和工作外，其他的参与权与成年人几乎一致。

第二，它们扩展了儿童"参与权"的范围，既包含经济与社会权利相关的参与文娱休闲活动的权利，也涉及与政治权利相关的言论、宗教、结社和集会的自由等。

第三，它们适用于每个儿童，凡缔约国 18 岁以下的公民，包括青少年和婴幼儿，都享有同等的权利，"即便还不会说话的婴儿也有权通过玩耍、肢体语言、面部表情、画图等方式参与意见表达，描述他所处的环境和感受"[①]（Lansdown，2010）。

第四，在承认权利平等的前提下，《儿童权利公约》也注意到不同年龄阶段的儿童的参与方式有所不同，因此提出应依据儿童的年龄、成熟程度和具体活动的差异来对待儿童的参与权。

第五，强调成人的角色、责任不可忽略，儿童的参与权需要成年人尊重，也需要成年人支持、为其创造机会，更需要成年人指导，特别是在思想、信仰和宗教自由的权利领域。

第六，强调在与儿童相关的法律和行政程序中应当特别听取儿童的意

[①] Lansdown，G.（2010）. The Realisation of Children's Participation Rights：Critical Reflection. In B. Percy – Smith & N. Thomas（Eds.），*A Handbook of Children and Young People's Participation：Perspectives from Theory and Practice*（pp. 9 – 23）. Oxen：Routledge.

见，尽可能保证政治决策符合儿童意志、有利于儿童身心健康。

（二）为何有权参与？——"儿童中心"与"民主生活"的理念

儿童是当下的公民，而不是即将成为公民的人（Osler，2010）。儿童被赋予公民身份，进而获得公民参与的权利，这一历史性的进步主要归功于两种理念在社会中的普及，一是"儿童中心论"，二是"民主生活论"。

1. 儿童中心论

儿童中心论随着近代西方教育理念和方式的变迁而发展起来。最早可以追溯到卢梭时代，卢梭反对将儿童视为成人的附属物，主张发现儿童的自然天性、顺应儿童的自然发展（Rousseau，〔1762〕2007）。美国教育哲学家约翰·杜威（John Dewey）赞同卢梭"教育即自然发展"的观点，主张相信和尊重儿童的天赋能力。有人担心儿童身心尚软弱，仍需依靠成人，但杜威认为"这种未成熟状态就是指一种积极的势力或能力——向前生长的力量"；有人质疑儿童的社会能力，但是，杜威的观察表明"儿童富有头等社交能力"，他们善于"引起别人的合作注意"，"具有灵活敏感的能力，对他们周围的人的态度和行为，都同情地产生感应"[1]（Dewey，〔1916〕2002）。因此，如果将儿童视为生活和教育的主体，而非受保护的客体，那么他们应当拥有思想言论自由、知情决议等权利，方能发挥其天赋能力、自己决定自己的生活。

儿童中心论现在已成为儿童权利保护者的一个有力依据，他们主张从儿童的视角出发，理解和尊重儿童的权利，这主要基于以下四个原因：第一，儿童看待自己权利的方式与成人不同，孩子们认为重要的事情往往容易被成人忽视；第二，儿童拥有"权利"观念有助于儿童构思和实现权利，并确保以最大限度保护他们的尊严；第三，儿童视角以"人"的方式来尊重儿童，这不仅适用于作为个体的儿童，也适用于作为社会群体的儿童；不仅要倾听单个孩子的声音，也要重视一群孩子的意见；第四，探知儿童视角，有利于帮助儿童在法律和政治领域的社会化。尽管儿童自身可能尚未意识到他们的权利，但是通过不断询问他们如何看待自身权利，将会促

---

[1] 〔美〕杜威：《民主主义与教育》，王承绪译，人民教育出版社，2001，第50～51页。

进儿童对权利的理解和对民主价值的认同，将来某一天当他们成为法律和政策制定者的时候，他们也会用同样的方式征求意见，宽容异见① （Morrow，1999；Melton，1992；Morrow，1999）。为了使儿童的视角、儿童的声音不被忽视，儿童的参与权成为传递他们的需求与意见的一项积极权利，它与"生存发展的权利"和"受保护照料的权利"紧密关联，互为支撑。

2. 民主生活论

狭义的公民参与主要集中在传统的、严肃的政治领域，表现为民主制度必需的一系列程序或方法，例如投票选举等。而《公约》规定的儿童参与权所涉及的范围更广，这在很大程度上得益于民主内涵的扩充。对于民主的理解，并不仅限于一种政治制度，或是实现某种社会理想的方法，而应上升到一种共同生活的状态，即生活本身。回顾杜威关于民主的经典论述，对于儿童而言，民主作为一种生活方式的意义或许远远大于其他：

> 民主不仅是一种政府的形式，它首先是一种联合生活的方式，是一种共同交流经验的方式。人们参与一种有共同利益的事，每个人必须使自己的行动参照别人的行动，必须考虑别人的行动，使自己的行动有意义和有方向，这样的人在空间上大量地扩大范围，就等于打破阶级、种族和国家之间的屏障，这些屏障过去使人们看不到他们活动的全部意义。②

在杜威看来，儿童在家庭、学校、社区中，都需要不断学习与他人联合生活和共同交流经验，最好的学习方式就是融入公共生活，在实践中学习——倾听他人、发表意见、组织活动、影响决策等，这些参与方式也是最为真实可见的民主。因此，生活在群体之中的儿童拥有的参与权是一种积极的、建构性的权利。一方面，为了避免自由受到忽视和侵犯，儿童有权发出声音并要求成人和同龄人聆听自己的想法，表达利益诉求，有权参

① Morrow, V. (1999) 'We are People Too': Children's and Young People's Perspectives on Children's Rights and Decision - making in England. *The International Journal of Children's Rights*, 7.

② 〔美〕杜威：《民主主义与教育》，王承绪译，人民教育出版社，2001，第97页。

与塑造自己的生活，而非一味地被塑造与被安排；另一方面，儿童作为共同体的成员，有权利参与共同体活动，为营造美好的共同生活贡献一己之力，并从中学习民主的知识、技能和价值观，以便成人之后能够为民主社会付诸可持续的、负责任的行为[1]（Percy-Smith，2010）。简言之，儿童有权享有、有权建构共同体的民主生活。

学校公民教育开始提倡"青少年参与权"，得益于民主生活论的广泛传播。从前的学校是社会民主的孵化器，为学生将来参与社会民主生活做准备；而今天的学校是社会民主的试验场，应该为学生提供真实的参与机会。因为学校生活即是社会生活的缩影：学校成员的家庭、社会、文化和宗教背景大不相同，学生的学习诉求、家长的教育期望以及教师的教育理念日趋多元，教师、学生、家长以及社区之间的关系错综复杂，既有共同追求，亦有分歧矛盾……学生作为学校生活的主体，只有让他们亲身体验和探索如何相互理解、相互尊重、求同存异，如何照顾各方利益、共同进步，才能真正学会学校与社会民主生活所需的能力。

（三）怎样保障权利？——参与式公民教育

理解了"何为儿童的公民参与权""儿童为何有权参与"之后，接下来的问题即是"如何保障儿童的权利"。尽管这是一项综合系统工程——有赖于法律机构、政府、学校、家庭以及社会公益组织等多方面力量的合作，但如果我们将儿童视为参与自身权利保护的"能动者"（agents），那么问题的核心则在于：如何帮助儿童成为能动者？

一种可能的答案是：教育可以培养积极参与的能动者。2002年联合国人类发展报告明确指出教育能够促进公民的民主参与能力，增加他们影响政策的机会，从而保护他们在政治、经济和社会领域的各项权利[2]（United Nations Development Programme［UNDP］，2002）。欧洲各国近年来提倡"参与式公民教育"（participatory citizenship education），旨在通过学校教育提升

---

[1] Percy-Smith，B.，& Thomas，N.（Eds.）.（2010）. *A Handbook of Children and Young People's Participation：Perspectives from Theory and Practice.* Oxon：Routledge.

[2] United Nations Development Programme［UNDP］.（2002）. *Human Development Report：Deepening democracy in a fragmented world.* New York：Oxford University Press.

儿童的参与意识和能力，并鼓励儿童参与社会和政治事务，学习成为积极公民[1]（Hedtke，2013）。这也是教育领域为了保障儿童参与权利的一种探索。"参与式公民教育"应围绕儿童权利教育的三个维度展开："受教育的权利"（rights to education）、"教育过程中的权利"（rights in education），以及"通过教育彰显的权利"[2]（rights through education）（Verhellen，2000）。首先，确保每个儿童都有权接受教育，特别是以促进儿童参与为目标的公民教育。只有教育才能使儿童认识自己的参与权利，而只有被认识到的权利才能成为真正的权利。其次，充分尊重儿童在教育过程中的参与权利，例如：与教师协商课程内容的权利，在课堂上发表意见的权利，以及参与班级管理的权利等。营造民主参与的学校氛围，有助于培养学生的参与意识和习惯。再次，鼓励儿童将他们在学校中习得的有关公民参与的知识概念、态度体验和行为模式应用到更广泛的社会生活中，在可能的范围内影响社会政治事务，成年之后能够持续行使公民参与权利。

1. 教育内容

从教育内容来看，由于参与权是融合了权利、义务与能力三种取向的一种积极权利，三者密切联系相互制约，想实现权利不仅需要认识了解权利，还需要践行与权利相关的义务，更需要相应的能力来维护权利和履行义务。因此，理想的"参与式公民教育"应当包含三个层次的内容：传授关于参与权的知识，培养参与意识，提升参与能力。在不同的教育理论与实践中，其内容的优先与侧重点可能有所不同（见表3），例如：奥德丽·奥斯勒（Audrey Osler）与休·斯塔基（Hugh Starkey）强调公民教育首先应该承认儿童参与权，并给予儿童参与学校生活的机会，卡西·霍尔顿（Cathie Holden）与尼克·克拉夫（Nick Clough）提出以传递参与价值为核心的教育内容，而威尔斯·辛格顿（Wells Singleton）则认为任何参与式教育都应注重培养7种参与能力。

---

[1] Hedtke, R. , & Zimenkova, T. （Eds. ）. （2013）. *Education for Civic and Political Participation: A Critical Approach*. New York: Routledge.

[2] Verhellen, E. （2000）. *Children's Rights and Education. In A. Osler （Ed. ）, Citizenship and Democracy in Schools: Diversity, Identity, Equality*. Stoke - on - Trent: Trentham.

表 3　参与式公民教育内容举例

知识	<ul><li>认识《儿童权利公约》规定的参与权</li><li>认识公民的其他政治权利与社会权利</li><li>比较个人行为与集体行为的意义，认识二者的价值，以及相互关系</li><li>认识民主制度，以及个人在民主制度中的作用</li><li>了解时事和具有争议的问题，探索社会问题背后的原因，例如：环境问题</li><li>理解历史事件，以及历史与现在或未来的关系</li></ul>
意识价值	理解与"公民参与"相关的价值，如：<ul><li>公平：权利平等、人格平等、参与机会均等</li><li>尊重：尊重他人观点和文化，杜绝歧视</li><li>宽容：宽容异见和失误</li><li>民主：照顾多数，也须考虑少数</li><li>责任：服务社区，参与即承担责任与后果</li></ul>
行为能力	<ul><li>获取和利用信息</li><li>评估形势：批判性思考、讨论、评估问题</li><li>参与决策：负责任地做出决定或影响决定</li><li>反思判断：评价反思决策和参与行为</li><li>交流沟通：表达需求，多方面协商</li><li>协同合作</li><li>促进共同利益</li></ul>

资料来源：Singleton, H. W. (1981). Participatory Citizenship Education. *Theory into Practice*, 20 (3), 206 – 209. Holden, C., & Clough, N. (Eds.). (1998). *Children as Citizens*：*Education for Participation*. London：Jessica Kingsley. Osler, A., & Starkey, H. (2010). *Teachers and human rights education*. Stoke – on – Trent：Trentham。

Osler, 2010；Singleton, 1981；Holden, 1998。

2. 教育方式

从教育方式来看，"参与式公民教育"允许多种多样的尝试：既包含传授知识、传递价值的专门课程——通常由公民教育、道德教育或宗教教育课程来承担，又提倡跨学科、跨学校和跨文化的合作，并且格外注重学生的亲身体验与实践——给予学生在学校中表达观点和需求的机会，并让他们感觉自己受到重视，鼓励学生参与班级或学校管理委员会，学习民主管理与决策的技能（Osler, 2010）。

不同目的和层次的教育，其教育方式也会有所差别，譬如：由国家主导的教育注重强化公民的国家认同感，因而鼓励学生关心国家事务，积极参加政府组织的活动；以实现社区共同体福利为目标的教育，则鼓励学生关心社群（班级、学校、居住社区、城市等）事务，参加社团活动、志愿活动和慈善活动等，这种"服务学习"（service-learning）是最常见的教育方式；以实现移民的权利为目标的教育，则鼓励学生参与那些为少数群体争取利益的活动，而不参与甚至抵制主流群体的活动，因为有时候"不参与"也可能是一种更为激进的参与态度和方式（Zimenkova，2013）。

3. 教育评价

从教育评价来看，"参与式公民教育"注重过程性评价和多重结果，而非单一的评价标准。在多元化的评价标准中，罗杰·哈特（Roger Hart）提出的"儿童参与八级阶梯"得到了较为广泛的应用（见表4），根据儿童在教育和社会活动中的实际参与程度处于哪一级阶梯，来评判公民教育的效果以及儿童的参与素养处于何种水平。[①]

表 4　哈特的"儿童参与八级阶梯"

阶梯级数	阶梯名称	参与内容与形式
第 8 级	孩子发起、与成人共同决定的参与（Child – initiated, shared decisions with adults）	儿童提出活动设想，设计和实施活动。并邀请成人参加，邀请成人与他们共同做决定
第 7 级	孩子发起并主导的参与（Child – initiated and directed）	儿童提出活动的最初设想，全权决定如何实施。成人很少参加和干预
第 6 级	成人发起、与孩子共同决定的参与（Adult – initiated, shared decisions with children）	成人提出活动的最初设想，由儿童设计和实施活动的每一个步骤；不仅慎重考虑儿童的意见，而且鼓励他们参与最终决定
第 5 级	咨询型的知情参与（Consulted and informe）	成人在充分咨询和征求儿童意见的基础上，设计并安排活动。儿童完全理解活动的目标、过程，知道自己的意见和行为在活动中的作用很重要
第 4 级	指定型的知情参与（Assigned but informed）	成人设计并安排活动，儿童以自愿的方式参加。儿童理解活动的目标、意义和过程，知道活动主办人（方）是谁，以及自己为何参与。成人尊重儿童的看法

① Gearon, L., & Brown, M. (2010). Active Participation in Citizenship. In L. Gearon, J. Hayward & H. Starkey (Eds.), Learning to Teach Citizenship in the Secondary School: A Companion to School Experience. London: Routledge.

续表

阶梯级数	阶梯名称	参与内容与形式
第3级	象征型参与（Tokenism）	儿童发表对某些问题的看法，但他们很少、或几乎不能按照自己的真实意愿表达观点
第2级	奖励型参与（Decoration）	儿童参与少量活动，例如：唱歌，跳舞或穿着带有活动标识的T恤衫，但他们并不真正理解这些活动的用意
第1级	操控型参与（Manipulation）	儿童模仿成人的话语和行为，但并不理解；或者，成人询问儿童的意见，并将这些意见运用于教育教学活动，但并不告诉儿童他们的意见如何影响了成人的决定

在教育实践中，从低到高每一级阶梯的具体含义和实例如下（Gearon，2010）：

第1级：儿童模仿成人的话语和行为，但并不理解；或者成人询问儿童的意见，并将这些意见运用于教育教学活动，但并不告诉儿童他们的意见如何影响了成人的决定。

第2级：儿童参与少量活动，例如：唱歌，跳舞或穿着带有活动标识的T恤衫，但他们并不真正理解这些活动的用意。

第3级：要求儿童发表对某些问题的看法，但他们很少或几乎不能按照自己的真实意愿表达观点。

第4级：成人设计并安排活动，儿童以自愿的方式参加。儿童理解活动的目标、意义和过程，知道活动主办人（方）是谁，以及自己为何参与，成人尊重儿童的看法。

第5级：成人在充分咨询和征求儿童意见的基础上，设计并安排活动。儿童完全理解活动的目标、过程，知道自己的意见和行为在活动中的作用很重要。

第6级：成人提出活动的最初设想，由儿童设计和实施活动的每一个步骤，不仅慎重考虑儿童的意见，而且鼓励他们参与最终决定。

第7级：儿童提出活动的最初设想，全权决定如何实施，成人很少参加和干预。

第 8 级：儿童提出活动设想，设计和实施活动，并邀请成人参加，邀请成人与他们共同做决定。

哈特认为儿童的公民参与需要成人的指导和帮助，在教育初始阶段由于儿童年龄尚幼，心智尚未成熟，或是缺乏相关知识经验，因此活动主要由成人设计和控制，儿童并没有实质性的参与机会，处于这个阶段的教育只是注重"表象的参与"（1～3级阶梯）。随着儿童的年龄和经验增长，教育者若能给他们提供更多的参与机会，他们所习得的相关知识和技能也会逐渐提升，也就拥有越来越多的参与教育和社会生活的可能性，即"可能的参与"（4～6级阶梯）。最后理想的状态是：儿童不仅拥有完整的参与权，能够得心应手地设计活动、解决问题、做出决策，还成长为组织者和领导者，带动成人的参与，这时便实现了"真正参与"（7～8级阶梯）。

当然，哈特的阶梯评价体系也受到一些批评和质疑，认为它过于重视以活动为中心的参与式公民教育，对于其他教育方式的评估适用性不强；过于重视行为评价，较少涉及参与知识和价值的评价；虽然注意到儿童参与在年龄和经验上的差异，却忽略了在性别、性格、文化等方面的差异。因此，如何评价儿童的公民参与素养以及参与式公民教育，还有待继续探索。

三 个案分析：英国的参与式公民教育

英国是世界上最早开展公民教育的国家之一，也是最早将公民教育纳入国家法定课程的国家。在提倡尊重"儿童的公民参与权"和探索"促进公民参与的教育"方面，英国也有颇为丰富的经验。本章选取英国（英格兰）的公民教育模式为个案，将其作为"参与式公民教育"的典型代表，继续探讨公民参与权与公民教育的关系。

（一）课程政策：公民参与是教育的目标之一

1. "公民参与"被纳入国家课程目标

首先，英国关于公民教育的各项政策都将非常强调"儿童（青少年学生）的公民参与"，并提出多项通过教育促进公民参与的具体举措。

英国当代公民教育国家课程（Citizenship National Curriculum）体系的建立，通常以 1998 年克里克爵士带领的公民教育咨询委员会发布的《克里克报告》为标志。这份报告详细论证了将公民教育纳入国家课程计划的必要性和可行性，从"社会与道德责任感"、"社区参与"和"政治素养"三个维度来解读公民权（Citizenship）概念，并认为这也是公民教育的三个核心维度。由此可见，"公民参与"在最初的政策文本中就被置于醒目地位。另外，上述《报告》多次提及国家课程应当允许和促进公民参与，并且列举了不同的参与范畴及其教育策略，如校内参与和校外参与，正式参与和非正式参与等；跨学科讨论、小型辩论、选举和投票，志愿服务、社区服务学习、学生意见咨询等①（QCA，1998）。

2. 课程大纲中有关"公民参与"的教育内容

在《克里克报告》的基础上，"教育与就业部"（Department for Education and Employment）和"资格与课程局"（Qualification and Curriculum Authority）于 1999 年联合发布了《公民教育：英格兰国家课程（中学阶段）》② 课程大纲，明确指出英格兰公民教育的三项目标③（DfEE & QCA，1999：6）：

- 传授知识和培养理解能力，使青少年学生成为知情而有教养的公民（informed citizen）；
- 培养探究与交流能力；
- 培养参与能力和负责任的行为。

这三项目标分别包含与"公民参与"相关的教育内容，例如④（DfEE

---

① QCA. (1998). *Education for Citizenship and the Teaching of Democracy in Schools* (*The Crick Report*). London：Qualification and Curriculum Authority.

② 英国从 2002 年开始在英格兰的中小学全面推行公民教育国家课程，该课程在中学阶段（Key Stage 3 - 4，学生年龄 11 ~ 16 岁）被设为法定的必修基础课，因此这份课程指南对中学阶段的公民教育更具针对性。另有小学阶段（Key Stage 1 - 2，学生年龄 5 ~ 11 岁）和中学之后阶段（Post 16，学生年龄 16 ~ 19 岁）的课程指南，但这两阶段不具有法定性质。

③ DfEE，& QCA. (1999). *Citizenship：The National Curriculum for England* (*Key Stages* 3 - 4). London：Department for Education and Employment & Qualification and Curriculum Authority, p. 6.

④ DfEE，& QCA. (1999). *Citizenship：The National Curriculum for England* (*Key Stages* 3 - 4). London：Department for Education and Employment & Qualification and Curriculum Authority, pp. 14 - 16.

& QCA，1999：14~16）：

"知情而有教养的公民"意味着学生应该了解参与权利以及参与的范畴：理解英国公民身份认同的多样性，不同国家、地区、宗教和民族的公民应相互尊重；认识公民参与的多种层次和方式——中央和地方政府管理机制、公共服务机制、英国的议会制度和其他国家的政治体制、选举和投票、社区服务、国内和国际志愿组织等；理解公平地解决矛盾冲突的重要性；洞悉媒体在社会中的作用；认同世界是一个共同体，并认识到英联邦国家、欧盟与联合国在世界共同体中的角色。

"探究和交流能力"意味着学生应该学会与他人沟通互动：在收集和分析信息的基础上，思考和参与讨论政治、精神、道德、社会和文化等层面的广泛议题；训练口头和书面表达、证明自己的观点并为其辩护；参与小组或班级探究讨论，参加辩论。在此过程中，不断提升倾听、讨论、辩驳、合作、妥协等能力。

"参与能力和负责任的行为"则要求学生经过深思熟虑和探究反思之后做出理性决定，付诸积极有效的参与行为，从而帮助他们的学校、邻里、社区和更广泛的世界。为此，应学习考虑他人的经验感受，尝试换位思考，理解、表达和解释别人的观点，并给予这些观点批判性的评价；参加协商讨论、负责任地参与学校和社区的活动；反思参与的过程。

1999年课程大纲更多关注学生在学校及其周边情境中的参与行为和能力，此前的《克里克报告》曾指出这种形式的公民参与和参与式教育非常重要，但它们仅限于"民事参与"和"社会参与"，并未触及公民参与最核心的内容——"政治参与"，这也是定义"积极公民"的重要指标。政治参与并非只与成年生活相关，公民政治参与素养恰恰需要从小培养（QCA，1998）。因此，2007年修订的课程大纲特别增加了"公民政治参与"的教育内容。例如：让学生学习和实践那些能够影响民主决策和选举的行为，积极参与政治意见表达和投票，不仅限于影响地方和国家，甚至在更广的范围内产生影响；学习如何发展和争取多种权利，在英国获得言论自由、表达自由、结社自由和选举自由；了解世界共同体面临的挑战，理解国际争端与冲突，开展关于不平等、可持续、世界资源分配等问题的辩论。为了让学生拥有亲身体验，公民教育不应仅限于学校围墙内，还应在社区和社会的真实情境中开展。① 可见，2007 年国家课程大纲明确回应了克里克"培养积极公民"的教育理念。

3. 促进儿童"公民参与"的专项教育政策

2004 年为了进一步提升青少年学生的公民参与程度，教育与技能部（Department for Education and Skills）颁布了一份具有课程指南与课程标准双重性质的文件——《共同合作：让儿童和青少年表达意见》，专门强调"教育决策和教育过程中，应当遵循《儿童权利公约》、依照英国法律保障学生的参与权②，充分征询学生意见，提供机会让学生提升参与能力，开辟多种参与途径等"，并针对这些目标，为地方教育局、教育管理部门和学校提供一系列原则和建议（DfES，2004）。

第一，绘制一幅清晰可见的工作路线图，保证儿童和青少年的参与：首席教育行政官员、教育管理机构和校长应公开承诺和实践这项工作，并让每一个人都理解；说明可能发生的事情，例如：制定社区战略发展计划时，公开组织的需求和预算；说明学生的期望，例如：关于学校发展的政策，地方教育局需要征询学生的意见和喜好。

第二，重视儿童和青少年的参与：尊重和信任所有儿童和青少年；为他们提供适当的、及时的、相关的信息；管理他们的期望，让他们知道，基于实践、法律和政治等原因，其参与不得越界；给所有儿童和青少年提供明确和及时的反馈，而不仅面向那些直接参与者；庆祝他们的参与所取得的成就，并强调他们的行为给周边带来的变化。

第三，儿童和青少年有平等的参与机会：应当确保没有任何人因为种族、宗教、文化、残疾、年龄、种族、性别、语言或他们居住的地区等理由被拒绝参与；在决定他们如何参与的时候，应考虑到他们的年龄、成熟程度和理解能力的差异；寻找方法，激励那些缺乏信心、动力和表达比较困难的孩子参与；为"困难群体"（"hard-to-reach"groups）和有障碍的群体提供特殊支持，以确保这部分孩子的参与；让所有参与者知道并将保

---

① QCA. (2007). *Citizenship*：*Programme of Study for Key Stage* 4 *and Attainment Target*. London：Qualification and Curriculum Authority，p. 32 - 36.

② 英国 2002 年教育法（*Education Act* 2002）第 176 条规定：地方教育局、教育管理部门或学校有义务经常向学生征询意见，因为它们所做的决定（或活动）有可能对学生产生影响。详细法律条文参见 http://www.legislation.gov.uk/ukpga/2002/32/section/176。

密和尊重隐私的原则贯穿于整个参与决策的过程。

第四，持续评估和反思儿童与青少年参与：评价他们的实际参与在多大程度上实现了预先设定的理念与成功标准；（成人）和他们一起反思从参与中学习到的经验教训。

第五，设立质量标准：制定和遵守有关儿童和青少年参与的质量标准和规范行为；将儿童保护问题纳入质量标准；依照法律，遵守信息和数据保密原则。

4. "公民参与"在教育政策中的变化

尽管"公民参与"在国家课程目标中始终占据一席之地，但是随着十几年间教育政策的迂回变化，公民教育作为国家课程的地位屡受挑战，有关公民参与的教育内容也经常变更。2013 年前后，英国掀起了新一轮关于是否继续在国家课程框架下推行公民教育的讨论，并再次酝酿取消中学阶段公民教育课程的"法定地位（statutory）"（Department for Education，2013）。2013 年 2 月教育部发布新修订的公民教育课程大纲，其中有关"公民参与"的内容大幅减少，侧重知识和理解，行为和能力层面的内容仅保留了"社区志愿服务"一项。与 1999 年和 2007 年的大纲相比，这份大纲对于教育促进学生公民参与的要求趋于保守。然而，经过一系列意见征询与论辩，英国教育部再次对 2 月的大纲进行修改，于 2013 年 9 月发布最新修订的《公民教育（中学阶段）：英格兰国家课程》，宣布"在国家课程体系中保留公民科，恢复中学阶段公民教育的法定地位"；再次提及"积极公民"的培养目标，重申参与式公民教育不仅限于"志愿服务"，还应包含学生在学校和社区中真实的民主参与行为、批判性思考、政治辩论等内容（DfE，2013；Democratic Life，2013）。

公民参与在英国公民教育国家课程中的比重变化，说明不同时期教育政策对于公民参与的理解和重视程度不同，也表现了不同层次的公民参与被政策接纳的难度差异：政治参与比社会参与更难，校外参与比校内参与更难，参与的行为能力比参与的知识意识更难。而这些更难推行的内容、更难获得的素养恰恰是英国公民教育的最初理想，也是定义"积极公民"的重要指标（Crick，2010）。

（二）学习模式：非正式学习与经验学习为主导

英国公民教育没有统一的教材，学校在课程设置与课外活动开发等方面拥有更多自主权。学校教育涉及公民参与的内容十分广泛、形式多样，采用课程、学校文化和社区活动三者相融合的方式帮助学生学习。其中后两者所占的比重更大，更强调学生融入与体验。因而英国参与式公民教育多以非正式学习（informal learning）和经验学习（experiential learning）的模式为主导。

1. 学校课程

在英国中小学里，传递"公民参与"知识与价值的课程有三种常见形式。

第一，专门的公民课（Citizenship）：教师围绕特定主题授课，每周至少1次，每次30~45分钟。例如：指导学生学习讨论《儿童权利公约》、英国儿童法和其他文献中与儿童参与权有关的内容。

第二，跨学科课程：教师和学生就某一主题在不同的学科课堂上展开讨论，或者组织一堂专门的跨学科讨论课。例如：讨论少数族裔学生的参与、女性参与权、信仰与宗教自由等主题，往往需要融合不同的历史、社会和文化背景来考虑；经常进行跨学科合作的科目包括：地理、历史、宗教教育和PSHEE课程①（个人、社会、健康与经济教育课）。

第三，校本课程：学校根据需要和自身特色开发专题课程，经常与课外实践活动相联系。例如：有的学校专门开设"实践反思课"，要求学生在课堂上分享自己参与不同类型的志愿活动、社会活动和政治活动的经历，师生共同讨论和分析每次实践参与的收获与不足。

课堂学习有利于学生深入理解相关知识，专门的实践反思也有利于经验总结和能力提升。然而，许多学生并不认为课堂学习是一种行之有效的参与式公民教育。一方面，很多专题性的课程缺乏连贯性，学生很难形成关于公民参与的完整图式；另一方面，课堂情境与实践存在一定距离（时间、空间、文化距离），讨论难免沦为纸上谈兵，"与其说是一门课，更像一个社团；大家只是坐在那里，互相谈论自己曾经参与过什么活动，做过什么事情"（Thomas，2009：120）。

---

① PSHEE课程的英文全称是"Personal, Social, Health and Economic Education"，是一门着重讨论个人与社会生活的专门课程；在小学阶段，通常只有PSHE（Personal, Social and Health Education），即较少谈及经济生活的相关内容。

英国教育标准办公室（Ofsted）在最近一份针对 126 所学校的公民教育调查报告中指出：优秀的公民课应当保证学生获得全面的知识和持续的理解能力。以"政治参与"这一主题为例，教学内容包括：了解各级各类政府（从地方政府部门到国际政府机构）如何工作；理解议会民主制的本质、运行机制及其公民教育的功能；理解民主的相关概念，进而理解代议制度、日常生活中政府的职责；理解议员的角色、选举人和媒体的重要性；学生开展专题研究，了解地方和中央政府的工作机制等等。案例 1 展示了一堂成功的 8 年级公民课①，结合了教师知识引导、学生调查研究和课堂角色扮演等多种方式，学习和模拟政治参与。

案例1　"议员的角色"

教师在白板上写下一连串有关"议员的角色"的问题。通过让学生回答这些问题，教师对学生的课前知识储备水平有了基本的评估。

之后，老师向学生推荐一些网站和视频，涉及多方面的背景知识，例如：议会的历史、为什么选举议会成员时需要进行无记名投票等，建议学生利用课余时间学习。

接下来，学生进行议员角色扮演活动，模拟英国国会下议院的辩论，辩论题目为"应该取消所有 10 年级以下学生的家庭作业"。教师介绍关键知识点——提出一项法案的基本程序和内阁成员的角色分工。学生分为"支持"和"反对"的两个阵营，包含若干个小组，由学生专门扮演教育大臣、影子教育大臣（Shadow Education Secretary）、首相、内政大臣（Home Secretary）和其他议员，根据课前所做的问题研究和材料准备，站在自己所扮演角色的立场上阐述观点，练习赞成和反对辩护、代议、沟通等技能。通过模拟辩论，学生们基本了解和掌握了议会程序。

资料来源：Ofsted，2013。

2. 学校文化

英国许多中小学致力于营造具有互动性、参与性的学校文化，通过开

---

① Ofsted.（2013）. Citizenship Consolidated? A survey of citizenship in schools between 2009 and 2012. London：Office for Standards in Education.

展多种形式的活动，鼓励学生参与学校管理，融入学校民主生活。这些活动的主题通常从学生关心和感兴趣的事情出发，讨论和探索与学生日常生活息息相关的问题解决之道，从中锻炼学生的参与和做决定的能力。

第一，学生理事会：选举代表组成不同级别的学生理事会，让学生直接或间接地参与学校和地方公共事务的讨论、管理和决策。例如：班级理事会（class councils）由全班学生选举产生，负责提出和考虑班级、年级和学校范围内存在的问题，在班内寻求解决途径，或是向学校反映。学校理事会（school councils）包含每个年级选举产生的学生代表，他们定期集中讨论学校事务，为学校整体发展提出建议，也能独立处理一些学生事务。截至 2008 年底，英格兰学校基本拥有自己的学生理事会，有效地促进了校园民主氛围的形成。① 地方理事会（young people councils at the local level），学生代表通过地方性的青少年论坛与地方议员定期会面，向议员反映学生群体的意见，不仅要陈述他们自己的立场，也要表达相反立场的观点。这种形式有助于学生代表熟悉理事会工作流程，并确保在社区事务的决策过程中优先考虑青少年的需求。

第二，"圆圈时间"（Circle Time）：是英国中小学广泛采用的一种公共话题讨论模式，在小学低年级的学生活动中最为常见。学生通常围坐成一个圆圈，在教师的提示下理解将要讨论的问题，按照大家预先协商的规则每个人轮流发表意见。活动要求学生在聆听他人发言的时候，仔细专注，先不要做出任何评论和判断，以确保每个人都有机会完整阐述自己的经历和看法。圆圈时间能够有效帮助学生学习倾听和尊重、改善相互关系，促进个体经验反思以及建构群体归属感。②

第三，同伴互助：许多学校都认为学生之间的互动互助也是一种重要的公民参与，因而鼓励学生在学校或社区范围内组织成立互助小组，既有同年级组，也有跨年级组。这些小组结构相对松散、人数不定，针对不同的目的开展活动。例如："同伴倾听"（peer - listening）为学生们在课余时

---

① Keating, A., Kerr, D., Lopes, J., Featherstone, G., & Benton, T. (2009). Embedding Citizenship Education in Secondary Schools in England (2002 – 08): Citizenship Education Longitudinal Study Seventh Annual Report. London: DCSF.

② DfES. (2004). *Working Together: Giving Children and Young People A Say.* Nottingham: Department for Education and Skills Publications.

间提供相互倾诉和共同解决问题的机会。"同伴支持"（peer – support）是类似于"导生制"的互动学习形式，由高年级的学生直接辅导低年级学生，有时是阅读写作等方面的学业辅导，有时则是类似于宗教"教牧关怀"（pastoral care）的情感聆听、沟通与开导。值得一提的是，担任"导生"的学生不一定都是那些学业表现优秀的学生；那些所谓的学业困难和日常行为不端的"问题学生"同样有资格承担辅导工作，而恰恰通过与低年级孩子的互动，他们巩固了知识，增加了自信，意识到一项任务有始有终的重要性，逐渐建立起对人对事的责任感，进而使自身的学业和社会交往也取得了很大的进步（DfES，2004）。"同伴调解"（peer-mediation）主要致力于防止和调解校园冲突，如发生在学生之间的谩骂、霸凌、争吵和打架等事件。一些学校会对调解小组的成员进行培训，训练他们说服和沟通的技巧，让他们有能力帮助那些卷入冲突的学生理解其行为造成的伤害，提出对冲突双方都相对公平的调解方法，防止冲突升级。同伴调解小组作为中立的第三方，对于帮助学生群体解决矛盾、遏制校园霸凌事件颇有贡献[1]。

第四，有计划的意见征询：当一些学生提出了特定的问题及解决方案，学校有必要为此针对全体学生进行有计划的意见征询，例如：调查、填写问卷或召开咨询会等，尽量考虑每一个学生的利益和观点。

学校对于学生而言是最重要的公共生活场域，如果学生在学校里能得到良好的公民参与训练，拥有实践经验，他们就会知道哪些参与方式可行、可取，有效、有益，从而更有可能在成人之后的社会生活中付诸理性、善意而智慧的参与。即便是那些不愿直接参与学校活动的学生，也能从学校整体的民主参与氛围之中发现自己的声音有人倾听，自己的意见得到重视，自己并未被忽略和边缘化，从而获得社群归属感，逐渐做出积极反应。案例 2 展示了一所小学的学生独立组织召开学校理事会会议的一个片段。[2] 案例 3 则讲述了一所中学的学生如何开展同伴互助项目帮助弱势群体融入学校生活。[3]

---

[1] Stacey, H. (1996). Mediation into Schools Does Go: An outline of the mediation process and how it can be used to promote positive relationships and effective conflict resolution in schools. *Pastoral Care in Education*, 14 (2).

[2] Ofsted. (2013). *Citizenship Consolidated? A survey of citizenship in schools between* 2009 *and* 2012. London: Office for Standards in Education.

[3] Ofsted. (2009). *Citizenship Established? Citizenship in schools* 2006/09. Manchester: Office for Standards in Education.

案例2　学生主导的学校理事会

学校理事会的会议在大厅召开，以便所有的学生能听到有关上次会议的反馈，并有机会发表评论和意见。校长作为唯一一位参加会议的教职工，在一旁安静观察，只有当两名学生领导向他提问时才发表一些意见。这两名学生站在大厅前方，拿着麦克风主持会议，熟练地一一阐述同学们提出的问题。在会议中，学生们讨论与学校生活息息相关的问题并商讨如何解决，表现出较高的责任分担和自主管理的水平。

集会结束之后，我们（研究者）对理事会成员进行了访谈，发现他们清楚地知道学校理事会存在的意义，而且理解为什么所有学生的意见对于学校如此重要，他们也表达了想要通过努力构建一个与众不同的学校共同体的想法。

资料来源：Ofsted, 2013。

案例3　"友谊角"的故事

我们学校（圣托马斯莫尔罗马天主教学校）的规模比较小，以数学、计算机和应用知识的学习为主要特色。同时，我们很重视学生的公民参与，确保学习困难和残障的学生拥有自我表现的机会，其他学生有机会挑战现有的理念，积极影响学校生活并引领公民活动。

学生们成立了一个工作小组，附属于学校的"残障人士平等计划工作组"（disability equality scheme working party，以下简称 DES 工作组）。小组成员不仅包括那些在学习、社交、情感和行为等方面遇到困难的学生，也包括身体残疾、患有自闭症，以及天赋异禀的学生，还有一些自身没有上述问题却愿意帮助他人的学生。小组选举两名代表，定期向 DES 工作组汇报，其中一名代表也是学校理事会的成员。

小组成员意识到融合（inclusion）的重要性，他们一同讨论被孤立被排斥的感觉，发现"友谊板凳"（friendship bench）这种互助活动有利于学生缓解孤独抑郁、度过那段不合群的艰难时光，尤其对于那些刚入学一时无法融入学校社群的学生而言特别有效。这个小组在学校里属于相对弱势的群体，他们将这种难以融合的感受推己及人，提出建立"友谊角"和"友谊板凳"的计划，进而帮助其他学生渡过难关。

学校理事会的代表得知了这一计划，与小组成员开展合作，讨论制定在校园里建造"友谊角"的方案。这个小组也自此更名为"友谊小组"。小组决定这个区域将由学生和导师共同管理，管理者需要接受一系列培训。这一方案最终获得了英国教育部"社会与情感学习"（Social and emotional aspects of learning）项目提供的 2000 英镑资助。

之后，友谊小组发起了一个马赛克拼砖设计竞赛，面向全校学生征集"友谊角"的设计方案。每个年级选出一个优秀作品，每个作品获得友谊小组提供的 25 英镑奖励。这些获奖创意最终被应用于建造马赛克拼砖风格的"友谊角"。

基于彼此的信任和帮助，学生们成功地改善了弱势群体的地位，更深刻地感受和理解如何使学校成为一个更加包容的社区。

资料来源：Ofsted, 2009。

3. 社区活动

走出学校，走进社区，也是英国公民教育一直遵循的理念。英国的学校与社区的联系十分紧密，社区是一个更加广阔的参与式课堂。一方面，学生和学校作为社区的一分子，经常开展和参与改善社区生活的活动；另一方面，社会组织（例如政府、非政府组织、研究机构、慈善机构）也会开发一系列项目，吸引学生参与，为学生学习公民参与提供更加丰富的机会和资源。这些活动项目通常都由学校、社会组织和青少年学生自行设计和实施，充分发挥了他们主动性和创造性，活动大致可以归纳为三种类型。[1]

第一，网络参与：鼓励和指导学生利用多媒体和网络信息技术，搜索信息，了解时事和社区动态；利用各类公民教育组织的网站资源（见表5），了解和参与社区活动；访问学校和社区的网络论坛、社交媒体等空间，关注和讨论公共事务；参与线上公民活动，如投票、请愿、辩论、给议员发邮件等；学习和实践网络礼节，如文明发言、分享之前先质疑、谨慎转发、注明内容来源、尊重他人隐私、抵制网络暴力等等。由于互联网本身已经形成一个新

---

[1] Gearon, L., Hayward, J., & Starkey, H. (2010). *Learning to Teach Citizenship in the Secondary School: A Companion to School Experience* (2nd ed.). London: Routledge.

型社区，与学生生活的真实社区连成一体，因而作为"数字化时代"（digital generation）的学生，更有兴趣也更有能力通过这种新媒体学习公民参与。

第二，参观访问：学校定期组织学生参观议会，与地方议员会面交流，观看真实的议会辩论，旨在让学生理解英国议会制度和民主精神；参观地方企业，了解各行各业的工作内容，理解英国的市场体系和经济制度，为学生今后确定择业就业的意向奠定基础；参观新闻出版机构，与媒体工作者交流，了解媒体和出版工作流程，进一步理解言论和出版自由；参观博物馆、艺术画廊、科技馆等，了解自己所在社区、国家以及整个人类的历史、文化与未来，参加这些场馆专门为学生设计的各类"工作坊"（Workshop），例如：认识古希腊、古埃及的服饰与文字，欣赏中国山水画与印度植物画展览，寻访英国画家、文学家的足迹，寻找辨认社区里的动植物，参观社区环保节能小发明、社区生活摄影等等；参观自己所在社区之外的学校和社区，时常互访，了解不同的种族、宗教、文化背景的人们，从而理解和考虑多元文化社会的融合途径……这类参访活动蕴含丰富的教育意义，对于公民参与而言，只有学生深入接触和了解他们生活其间的社区、国家和世界，才会产生热爱的感情，才能树立责任意识，也才能主动自愿地投身改善社区生活、促进国家社会民主、维护人类文化遗产等积极的公民活动。

第三，社区志愿服务和慈善活动：英国社会拥有比较深厚的志愿服务和慈善活动的传统，这也是英国公民教育最提倡的公民参与活动的原因。年龄较小的孩子（6~10岁）通常在父母和教师的陪伴下做一些简单的志愿者工作，如在食品银行①帮忙包装分类食物，在敬老院陪老人画画、制作手工艺品；稍大一些的孩子（10~15岁）被允许在成人的建议下独立参加活动，如参加社区清洁打扫，帮助宠物收容站照顾小动物，指导低年级的孩子学习娱乐；等到学生们更加成熟（15岁以上），他们就可以完全根据自己的意愿自由选择志愿慈善活动，例如流浪汉之家、非营利性环保机构、募集捐款、大型慈善活动等。② 学校、社区和家长都非常支持此类活动，认为这是帮助孩子融入社区生活最为直接有效的方式，从中能够培养孩子乐于

① 一种慈善机构，将社区里的学校、公司、教会或个人捐赠的食物，转赠给低收入、遇到危机的人群。

② CSV Community Partners.（2013）. Kids and Volunteering. Accessed on：12th October, 2013 < http://www.csvcommunitypartners.org.uk/kids－and－volunteering.html >.

分享、奉献、关爱、负责、合作等公民美德。

可见，参与式公民教育在社区活动的层面尤为重视青少年亲身参与经验学习，致力于促进青少年与社区融合（community involvement），为社区和社会的发展做出积极贡献，这也正是英国公民教育的最高目标之一。而这一目标的实现不能仅仅依靠学校和学生，也需要整个社会的支持。英国有许多民间公民教育组织，充分发挥了连接学校与社会的桥梁作用，它们不仅为学校编写公民课的教材、设计公民教育活动方案、提供公民教育的教师培训项目，也利用自身的资源和人际网络，开展多种活动（见表5），为青少年创设更广泛的参与机会。民间组织的加入，也有利于青少年以更加多元的方式理解和参与公共生活，让他们感觉公民社会离自己并不遥远。

表 5 英国公民教育民间组织及其网站资源举例

名称及其网站	目标与特色	设计开展的公民参与活动
"公民基金会" The Citizenship Foundation < www. citizenshipfoundation. org. uk >	独立的公民教育慈善机构，致力于帮助个体融入民主社会，创设公平、包容、有凝聚力的社会。为学生和教师提供信息、研究资源、培训项目等	● 英国青少年模拟法庭 ● 青少年议会竞赛 ● 批判性思考教育 ● 中学生政治素养教育
"英国学校理事会" School Councils UK < www. schoolcouncils. org >	帮助青少年拥有更大的话语权，影响他们的学校生活和更广泛的社会生活。致力于经验学习，为学生和教师能够充分发挥班级/学校理事会的作用，提供培训与支持	● "改善学校理事会"培训项目（针对学生与教师） ● 反校园霸凌课程 ● 节能环保产品网上商店 ● "学生的声音"研究课题
"社区服务志愿者" Community Service Volunteers（CSV） < www. csv. org. uk >	致力于志愿服务与学习的慈善机构，为青少年和成人提供志愿服务机会、相关技能培训、帮助他们建立信心、积累工作经验和社会阅历等	● 英国历史文化遗产保护夏令营（16～25岁） ● 空当年（gap year）志愿者行动（18岁以上）

续表

名称及其网站	目标与特色	设计开展的公民参与活动
"公民教育协会" Association for Citizenship Teaching（ACT） < www. teachingcitizenship. org. uk >	公民教育学科专业联盟，由克里克爵士牵头创建的慈善机构，致力于为教师和其他从事公民教育的人士提供信息、资源，创设经验交流平台	公民教育教师专业发展培训系列课程： ● 政治素养 ● 倾听学生的声音 ● 争议性话题的教学 ● 社区融合 ● 全球公民 ● 信息技术在公民教育中的应用 ● 志愿活动、社区合作伙伴 ● 博物馆教育

（三）教师培养：尊重与鼓励学生参与

除了政策、课程、学校与社区的支持外，儿童和青少年的公民参与，还有赖于教师的鼓励与帮助。在英国的教师培养和评价体系中，将尊重与鼓励学生参与视为教师从业标准之一，并将它阐述为一系列具体的指标，指导教师如何理解和实践。以英格兰政府《教师从业标准》为例，其中多项规定涉及尊重与鼓励学生参与，例如：与儿童和青少年进行有效沟通；创设目标明确和安全的学习环境，让学生有机会参与学校情境之外的学习；教学应当关注和适应不同学生，特别照顾那些有特殊需求的学生，包括身心有疾病或障碍的、语言有困难的以及能力超群的学生等（Teachers Development Agency ［TDA］，2007；DfE，2012）。这份《标准》适用于所有学科的教师，这就意味着不仅是公民科的教师需要关注学生的参与权和参与能力，其他学科的教师也应共同努力为学生营造民主参与的校园文化。

除此之外，对于从事公民科教学的教师而言，一些民间组织也为教师如何激发和确保学生参与提供了许多培训课程和切实可行的建议，例如：当教师在组织学生讨论富有争议性的政治社会话题的时候，应该引导学生遵循以下规则[①]：

---

① Oxfam. （2006）. *Teaching Controversial Issues*. Oxford：Oxfam Development Education Programme. Accessed on：6th February，2012. < http：//www. oxfam. org. uk/ ~ /media/Files/Education/Teacher% 20Support/Free% 20Guides/teaching_ controversial_ issues. ashx >.

- 每次只让一个学生发言，（教师和学生）不要打断他
- 对他人的观点表示尊重
- 挑战观点但不要质疑发表观点的人
- 适用恰当的教学语言，不要带有种族和性别偏见
- 允许每一个学生表达观点，并确保每个人都能被倾听与尊重
- 引导学生提供有力证据为其观点辩护

四 参与式公民教育的经验与困境

从以上分析和案例中不难发现，英国针对参与式公民教育进行了较为全面细致的探索和尝试，涉及政策、课程、学生、教师和社区等多重层面。笔者认为，值得借鉴的经验包括两方面，第一，重视学校的"训练场"和"竞技场"作用，将学校生活视为社会生活的准备或是真实的社会生活。在学校中营造参与文化，提供参与机会，有利于提升青少年公民的参与能力，这是因为学校环境中本身就混杂了冲突、妥协、不公正等多种元素，学生每一次成功处理这些问题，他们对于民主参与的认识就更进了一步，而且学习广泛的社会经验远远比单纯提升学业成绩更为重要。[①] 第二，学校与社区紧密联系，社区及其社会组织为青少年"公民参与"提供丰富的资源和机会、广阔的社会背景以及更大的自由度和原创可能性，而且公民所生活的社会政治环境的发展，对于公民参与的影响力往往大于学校教育的努力。[②]

总体来说，英国模式对于激发学生的公共生活兴趣、提升他们的政治和社会参与度卓有成效。2010 年的一项调查发现，18～25 岁的公民中有49% 的人参与了 2010 年英国大选，这与 2005 年数据（37%）相比，参与率显著提升，当年处于这一年龄阶段的人群恰好是英国公民教育纳入国家课

---

① McCowan, T., & Unterhalter, E. (2013). Education, Citizenship and Deliberative Democracy: Sen's Capability Perspective. In R. Hedtke & T. Zimenkova (Eds.), *Education for Civic and Political Participation: A Critical Approach* (pp. 135–154). New York: Routledge, p. 153.

② McCowan, T., & Unterhalter, E. (2013). Education, Citizenship and Deliberative Democracy: Sen's Capability Perspective. In R. Hedtke & T. Zimenkova (Eds.), *Education for Civic and Political Participation: A Critical Approach*. New York: Routledge, p. 146

程以来，第一批接受教育的学生。① 这说明在一定程度上，学校中关于公民参与权、公民参与意识和能力的教育对儿童成年之后的生活产生了积极的影响。然而，这种积极参与的趋势并没有表现出稳定增长，不同抽样的调查结果差距较大；青少年在其他领域的社会参与也不尽如人意，这项调查同时发现他们对于社会公平持有较为强烈的愿望，但是他们的社区融入程度、政治效能感和信任度普遍较低，并且参与态度时常波动。②

因此，也有必要指出英国参与式教育遇到的一些困难。首先，从公民教育政策十几年间的摇摆变化来看，"公民参与"在英国恐怕仍然是一项具有争议的教育内容，这是因为它与政治密切相关，其核心就是政治参与，而政治本身的复杂性往往影响教育政策对"公民参与"的重视程度，比如会因不同的政党上台修订教育政策、社会中不同价值观和意识形态的影响而发生变化。其次，"公民参与"的课程内容仍然趋于保守，较多讨论公民参与的民事和社会维度，较少涉及政治维度；注重知识的传授、价值的传递，而对技能的探索和训练不足。尽管大部分教师和学生意识到"公民参与""政治参与"很重要，但在将其转化为可教学的内容之时仍存在困难，无奈只能加大经济、理财、福利等方面的参与内容比重。正如马基雅维利所说："一个真正的公民应该具有参与公共事务的勇气、毅力和胆识，但是如果没有政治技能和知识，这些美德将一无是处"。③ 再次，社区活动试图"去政治化"，相比游行示威和种族冲突这类激进的政治运动而言，英国更加推崇温和的社区改善活动，这种平稳的渐进式参与和改革方式无疑值得学习，但一味回避也并非良策。因为孩子们在现实生活中不可避免地经常接触政治活动，尤其是那些具有争议性的话题，如宗教、种族、全球化等。如果孩子们在这个领域的社区活动中缺席，那么他们很有可能在遇到极端问题时不知所措甚至做出非理性的判断和行为。因此，社区更应该培养

---

① Keating, A., Kerr, D., Benton, T., Mundy, E., & Lopes, J. (2010). *Citizenship Education in England 2001 - 2010: Young people's practices and prospects for the future.* London: DfE.

② Keating, A., Green, A., & Janmaat, G. (2015). *Young Adults and Politics Today: disengaged and disaffected or engaged and enraged?: The latest findings from the Citizenship Education Longitudinal Study (CELS):* IOE EPrints.

③ Keating, A., Green, A., & Janmaat, G. (2015). *Young Adults and Politics Today: disengaged and disaffected or engaged and enraged?: The latest findings from the Citizenship Education Longitudinal Study (CELS):* IOE EPrints, p. 19.

"批判性的公民"（the critical citizen），这样的公民在充分认识到制度缺陷、政治危机、社会问题之后，反而能够更加谨慎、合理地利用他们的参与权，进而提出问题解决之道，成为"有见识而谨慎参与的公民"（The knowledgeable but distanced citizen）（Hedtke，2013）。

小　结

本章主要探讨公民参与和公民教育。从梳理公民参与权的概念开始，介绍了在西方，特别是在英国颇有影响力的几个理论流派，归纳它们的核心观点，对于公民参与的理解可以划分为权利、责任以及能力三个方面。随后从理论层面考察《儿童权利公约》与公民参与的关系，追溯公民参与为何成为一项重要的教育内容，讨论参与式公民教育应当如何开展，并以英国为个案，介绍了英国如何从课程政策、学习模式和教师培养方面保障青少年公民的参与权利、培养参与责任、提升参与能力等。

尽管青少年的公民参与在英国不乏成功案例，但仍然存在青少年的参与权利难以保障，需求意见不受重视，公民参与活动流于形式，青少年日渐降低的选举关注度，投票率和政治满意度，政治冷漠以及责任感缺乏等诸多问题，这迫使教育研究者和实践者重新思考公民参与权与教育的关系，探索和发展公民教育，从而吸引青少年积极融入学校和社会民主生活，共同寻求问题解决之道。英国的经验十分值得研究和借鉴，但对于中国的教育者而言，如果不充分考虑两国的政治文化差异，就试图对公民教育模式妄加比较或是依葫芦画瓢进行课程改革，这种做法无疑非常危险。①

---

① Jerome，L.（2012）. *England's Citizenship Education Experiment：State，School and Student Perspective. London*：Bloomsbury.

亚洲公民教育：文化、价值与政治[*]

甘国臻　李　惠[**]

摘　要： 在亚洲，民主制度虽逐渐被接受，但民主的价值观念却没有广泛盛行。传统价值与民主价值并存于亚洲社会，并在其内部表现出巨大的差异。这种独特的社会文化背景致使我们无法采用单一的视角去考察亚洲公民教育在学校的实施。本文基于这样的前提，对影响亚洲公民教育的两大要素——文化价值与政权类型进行了理论分析。通过对当前亚洲公民教育研究的追述，本文指出，在亚洲，传统的文化价值继续对公民教育起着重要作用，甚至在一些自由主义民主政权下仍是如此。同时，权威政体的存在意味着不同类型的意识形态也影响不同国家建构公民教育来为非民主的目标服务。因此，笔者根本无法对亚洲公民教育进行一个总结性的论述。反之，必须以多样化的视角从历史、文化背景去考察亚洲各国不同公民教育课程的发展过程。

关键词： 公民教育　文化　价值　政权类型

一　前言

　　培养青少年成为公民，是所有民族国家的一个重要目标。通过对欧洲十六国公民教育的研究，科瑞总结道："社会政治结构的变化会对公民教育

---

　　[*]　本文原载于 Wolfgang Sander（2014），《政治教育手册》（*Handbuch Politische Bildung*）. Wochen Schau Verlag. pp. 599 - 608。

　　[**]　甘国臻（Kerry J. Kennedy），香港教育大学教授，主要研究方向为公民教育、课程与教学；李惠，广州大学教育学院讲师，主要研究方向为公民与道德教育。

产生深远的影响。"① 欧洲是这样，亚洲亦如此。在亚洲，民主制度起步较晚。在一些司法管辖区，它还处于发展阶段；而在另一些领域，它依旧是一种遥远的理想，甚至还没有进入政治议程当中。因此，任何对亚洲公民教育的研究，必须首先认识到单一的视角无法全面地考察公民教育在学校的实施。

对亚洲公民教育的研究必须注意到以下两个独特的背景：第一，自由民主虽然已经被亚洲社会接纳，但是作为一种政治价值观念却没有得到全面的诠释。在最近的一项研究中，甘国臻教授对泰国学生评价道："（他们）表现得很传统……所生活的环境明显地影响到他们。做一个传统和民主的人，这两者之间并不存在冲突。对于泰国学生来说，这两种价值观念是可以并列存在的"。② 最重要的是，亚洲由于民主的发展虽然出现了一些新的价值观念，但旧的价值体系并没有就此简单地消失。例如，甘国臻教授的研究显示，泰国学生具有一种非常传统的价值观念：对长者的服从。这种价值观念是保持社会和谐的需要，也是强有力的政府积极实现民主时所需要的。泰国的这种情况并非独一无二。在北亚，无论民主或权威的政府，儒家思想依然是影响日常生活的重要价值体系。③ 例如，印度尼西亚拥有世界上最多的伊斯兰人口，其宗教信仰与发展的公民价值同等程度地影响社会。④ 换句话说，在亚洲存在多元的价值体系，且继续影响着个体的私人与公共生活。因此，民主的价值观念并不总是去压制那些传统的价值观念。相反，在公共领域，当要解决公民问题时，这些传统的价值观念会与民主价值观念竞争。

① Kerr, D. (1999). Citizenship Education: An International Comparison. From: p://fachportal - paedagogik. de/rd. html/720751/http://www. inca. org. uk/pdf/citizenship_ no_ intro. pdf, p. 4.

② Kennedy, K. J. (2011). Thai Students' Citizenship Identity: Preliminary Results from the International Civic and Citizenship Education Study. Paper presented at the International Conference on Educational Research, Khon Kaen University, Thailand, 9 – 10 September.

③ Lee. W. O. (2004). Emerging Concepts of Citizenship in the Asia Context, in Lee, W. O., David, L. G., Kennedy, K. J, & Fairbrother, G. P. (Eds.) *Citizenship Education in Asia and the Pacific: Concepts and Issues*. Hong Kong and Amsterdam: Comparative Education Research Centre and Kluwer Academic Publishers.

④ Mary Fearnley - Sander, Isnarmi Muis & Nurhizrah Gistituati. (2004). Muslim Views of Citizenship in Indonesia during democratization, in Lee, W. O., David. L. G., Kenney, K. J. & Fairbrother, G. P. (2004). Citizenship Education in Asia and the Pacific: Concepts and Issues. Hong Kong: Kluwer Academic Publishers, pp. 37 – 56.

第二，亚洲公民教育的研究还必须注意到亚洲本身的多元性而非单一性。[1] 在经济发展、文化与宗教信仰方面，亚洲在其内部都表现出惊人的差异性。这种差异性预示着我们根本无法简单地回答公民教育这一复杂的问题。文化背景会影响公民教育所传递的价值，而在一个区域内文化背景的多样性意味着公民教育所传达的信息绝对不可能是单一的。例如，最近一项关于东亚和南亚学生的研究表明，面对传统价值（对家庭和长者的服从、选举决定与保持社会和谐的需要之间的关系）他们表现出很大的差异性。这种差异性延续到价值体系上会产生对公民角色和责任的不同期望。[2] 因此，可以说，在亚洲没有一个发展公民价值的共同基础。

以下的分析将讨论两个核心的问题，并确认对亚洲公民教育有重要影响的要素。本文的分析包括：综述公民教育的跨国研究来确认亚洲公民教育背后的价值；分析跨不同政体的公民教育。

二 文化价值对亚洲公民教育的影响

21 世纪亚洲公民教育成为学术研究的重点。当前关于亚洲公民教育的研究，学者采用两种不同的思路：一种是西方自由主义或共和主义的公民框架。在这类研究中，其中一些专门关注亚洲地区的公民教育[3][4]，而另一些则研究亚洲内外的公民教育问题。[5][6] 这类研究假定亚洲民主的发展和世

---

[1] Kennedy, K. J. & Lee, J. K. C. (2010). *The Changing Role of Schools in Asian Societies—schools for the Knowledge Society*. London：Routledge.

[2] Kennedy, K. J. (2011). Thai students' Citizenship Identity：Preliminary Results from the International Civic and Citizenship Education Study. Paper presented at the International Conference on Educational Research, Khon Kaen University, Thailand, 9 – 10 September.

[3] Cogan, J., Morris, P. & Print, M. (2002). *Civic Education in the Asia – Pacific Region：Case Studies across Six Societies*. New York：Routledge Falmer.

[4] Grossman, D. (2010). Talking about Pedagogy：Classroom Discourse and Citizenship Education, in Kenney, K. J., Lee, W. O. & David L. G. (Eds). *Citizenship Pedagogies in Asia and the Pacific. Hong Kong Dortrecht：Comparative Education Research Centre, the University of Hong Kong and Springer*, pp. 15 – 33.

[5] Cogan, J., & Derricott, R. (2000). Citizenship for the 21st Century：An International Perspective on Education. London：Kogan Page.

[6] Lee, W. O. & Fouts, J. (2005). *Education for Social Citizenship：Perceptions of Teachers in the USA, Australia, England, Russia and China*. Hong Kong：Hong Kong University Press.

界其他地方是简单的相似的。另一种却采用不同的视角，这类研究在承认西方公民理论的前提下，试图用本土化的视角来考察和建构亚洲公民教育。亚洲公民教育的研究必须认识到本土化与西方化公民视角之间的张力。下文将具体讨论这种存在的张力。

20世纪90年代，伴随着"亚洲价值"之争，亚洲本土化的公民观念受到重视。① "亚洲价值"可以被理解为一种政治建构，它力图去应对全球化以及那似乎无法阻止的西方价值的入侵。因此，其强调对家庭与社区的支持而非个体，对集体的奉献而非个体物质主义，对权威的尊重与服从，甚至可以说是根据"文化"价值来调和对人权的支持。这些不同的观点被甘国臻教授作了全面的总结。② 这场争论，一方面致使政治学家讨论亚洲版的民主——"软权威主义"③；另一方面也导致彻底地杜绝了对那种更少宽容和更少开放的亚洲政治形势的需求。④ 这是一种比较极端的争论，但是它却开启了一个重要的议题—— 是否存在一个独特的亚洲公民与公民教育观念？

针对这个问题，李荣安、考斯曼、甘国臻及方睿明集中了来自亚洲学者的十四份研究报告，从历史、政策及实证研究的角度对亚洲公民观念进行了概念性的分析。⑤ 甘国臻和方睿明评述了这些研究成果并总结出亚洲国家公民教育的六个共同主题。其中两个主题与本研究特别相关：

> 一是亚洲国家现代化的多样性为公民教育的发展提供了一个丰富背景；二是公民教育更多地以道德价值和个体价值为特征而不是公民与公共价值。

"现代性的多样性"由宗教和哲学观（儒家思想、伊斯兰教、佛教和印

---

① Mendes, E. (1995). Asian Values and Human rights: Letting the Tigers Free. From: http://histheory.tripod.com/ASIAN_VALUES_1.html.

② Kennedy. K. J. (2004). Searching for Citizenship Values in An Uncertain Global Environment, in Lee, W. O., Grossman, D. L., Kennedy, K. J. & Fairbrother, G. P. (2004). *Citizenship Education in Asia and the Pacific: Concepts and Issues.* Hong Kong: Kluwer Academic Publishers, pp. 9 – 24.

③ Fukuyama, F. (1995). The Primacy of Culture. *Journal of Democracy*, 6 (1), pp. 7 – 14.

④ Sen. A. (1997). Human rights and Asian Values: What Lee Kuan Yew and Li Peng don't understand about Asia. *The New Republic*, 217 (2 – 3), 33 – 40.

⑤ Lee, W. O., Grossman, D. L., Kennedy, K. J. & Fairbrother, G. P. (2004). *Citizenship Education in Asia and the Pacific: Concepts and Issues.* Hong Kong: Kluwer Academic Publishers.

度教）组成，其区别于民主的争论。甘国臻及方睿明指出："非西方的地区可以很好地采用西方的政治制度，但其价值却是本土的。这些本土的价值源于那些成长于具体历史背景的不同的现代性。"① 但同时，孝顺、尊重长者与宗教的惯例也被公民高度认可。李荣安教授进一步认为，"对于亚洲公民来说，谁来统治，如何统治并不重要，重要的是他们可以过自己的生活、维持自己的关系及追求自我（提升心灵）"②。民主的争论虽存在于亚洲，但它们并不被看得那么重要，而且在这一区域它们的确不是唯一影响日常生活的争论。

上文所提到的第二个特征——关注道德价值与个体价值而非公民与公共价值，的确会影响公民教育。在西方现代公民教育的出现是与其独特的世俗化历史一致的，以确保公民对国家的支持。在教会和国家分离的背景下，通过公民教育来发展与国家相关的世俗价值是非常重要的，但是，在亚洲发展世俗价值的动力根本不存在。相反，强调道德行为重要性的传统价值却被嫁接到新的民主价值上。因此，在亚洲常见的就是把公民教育的学校课程设计为"公民与道德教育"。有学者指出，在中国大陆"改革开放之后，公民教育得到了调整，从单一地重视意识形态转变为强调道德质量。如此来支持经济的现代化，并让中国普通百姓认可新的经济现实。如今的公民教育强调教授一系列维持社会秩序的道德价值"③。中国内地公民与道德教育的方式与香港地区、新加坡不同，但这三个华人社会的一个共同之处就是强调公民的道德素质。

其实，不仅仅是儒家社会才强调道德教育的重要性。马来西亚（有道德教育课程）和印度尼西亚（建国五原则道德教育课程）都主张在道德教

① Kennedy, K. J. & Fairbrother. G. P. (2004). *Asian Perspectives on Civic Education in Review: Postcolonial Constructions or Pre-colonial Values?* In Lee, W. O., Grossman, D. L., Kennedy, K. J. & Fairbrother, G. P. (2004). *Citizenship Education in Asia and the Pacific: Concepts and Issues.* Hong Kong: Kluwer Academic Publishers, p. 289.

② Lee. W. O. (2004). Emerging Concepts of Citizenship in the Asia Context, in Lee, W. O., David, L. G., Kennedy, K. J. & Fairbrother, G. P. (Eds.) *Citizenship Education in Asia and the Pacific: Concepts and Issues.* Hong Kong and Amsterdam: Comparative Education Research Centre and Kluwer Academic Publishers, p. 31.

③ Pan, S. Y. (2016). Multileveled Citizenship Education in Beijing in A global age: Liberation with Limitation, in Kennedy, K. J., Fairbrother, G. P. & Zhao, Z. Z. *Citizenship education in China: Preparing Citizens for the "Chinese Century".* New York: Routledge.

育课程中传授伊斯兰的道德价值。在巴基斯坦，"国家课程大纲明确地显示公民教育课程的主导主题是伊斯兰的意识形态"①。在泰国，"教育部要求所有小学生应该学习佛教伦理，并且应该被培养得擅长他们的传统"②。宗教与文化价值对公民教育的真正意义就是在不同的亚洲背景下都希望未来的公民是一个拥有合适个体美德的"好人"。当然在儒家背景下，这些"好人"是由"好"的领袖所领导的。当然，这种观念没有偏离亚里士多德和柏拉图的公民观很远，但是它却与以权利为基础强调个体权利而非美德的观念相差甚远。如帕克和斯尹指出的，在这种背景下"个体对自己的需要与权利的关注永远是在个体的社会责任与集体福利之后的"③。因此，在亚洲以发展个体美德为基础的公民教育完全区别于以个体权利为基础的西方公民教育。

当然，文化不是静止的，价值也是随时间变化的。帕克和斯尹在分析韩国传统价值时说道："人口统计学的统计偏差分析显示，年长的一代被取代以及社会经济的现代化致使韩国的儒家传统减少。"国际公民教育的研究成果也趋向于支持这一观点，因为相比于印度尼西亚和泰国的学生，韩国学生对儒家价值支持较少。但是，这再次表明地区的多样性——我们无法用单一的视角简单地总结文化与价值以及它们对公民教育的影响。李荣安教授是正确的，当论及"文化事件"时他就断言："不同的方法、不同的背景会产生不同的结果。对亚洲文化和价值的理解必须在其成长环境之下。历史条件产生了它们，社会和政治影响并不断塑造着它们。"④

---

① Ahmad, I. (2008). The Anatomy of An Islamic Model: Citizenship Education in Pakistan, in Grossman, D. L., Lee, W. O. & Kennedy. K. J. (Eds.). *Citizenship Curriculum in Asia and the Pacific* (97 - 109). Hong Kong and Dordrecht: Comparative Education Research Centre & Springer, p. 104.

② Sirikanchana, P. (1998). Buddhism and Education, The Thai Experience, In Baidyanath Saraswati. (Ed.). *The Cultural Dimensions of Education*. New Delhi: Indira Gandhi National Centre for the Arts, p. 8.

③ Park, C. M. & Shin, D. C. (2004). Do Asian Values Deter Popular Support for Democracy? The Case of South Korea. Asian Barometer Working Paper Series, No. 26, p. 21.

④ Lee. W. O. (2004). Emerging Concepts of Citizenship in the Asia context, in Lee, W. O., David, L. G., Kennedy, K. J. & Fairbrother, G. P. (Eds.) *Citizenship Education in Asia and the Pacific: Concepts and Issues*. Hong Kong and Amsterdam: Comparative Education Research Centre and Kluwer Academic Publishers.

三 政体类型、政治与公民教育

以上的论述已经强调文化价值，这一直是学术界研究的焦点。文化价值的确对公民教育有很重要的影响。不论是具体的学校道德教育课程，还是为整个课程的价值灌输提供一个文化视角。但是这些存在于政治体系中的文化价值无法被总括为民主政体所必需的所有价值。在经济学人信息部的民主指标中，85%的国家是"不完全的民主"、"半民主政体"或"权威政体"①。因此在权威国家，如缅甸、越南、老挝和文莱，可以假设公民教育不单单受文化价值的影响而采取独特的形式。但是，与地区的多样性一致，我们不能假定权威政体在这一区域内采取统一的形式。

沙拉特综述了东南亚权威政体的分析框架，总结出权威政体存在的最好解释就是强有力的政党控制着国家机构（如媒体、政府部门、警察、安全部队、议会等）。② 同时，例如对军队的控制、发展个人崇拜（与个人崇拜不等同）等因素在权威政体下也很重要。可能最有效的权威政体结合了所有的特点——通过政党领袖来培植个人与其民众在公民社会中的联系，从而来努力实现以党专政。很容易就找到这样的例子：柬埔寨的人民党、缅甸的军队、菲律宾以及印度尼西亚的个人崇拜。但是他的分析忽略了一种不同类型的权威政体。例如在文莱，在单一宗教框架内由君主实施统治，政党和国家没有太大关系，最重要的是国家和宗教之间的关系。因此，在亚洲，权威政体本身具有不同的形式，而这将对公民教育产生重要的影响。

但是，不管亚洲权威政体有多少种不同的形式，他们具有一个共同的特征：国家机构被一个政党、个体或军队所控制。不存在分权、多元以及鼓励大众参与政府决策。在权威政体下，只存在有限的一点自由（例如在经济和文化发展方面）。这点自由的程度根本无法动摇政体的统治。很明显，这意味着权威政体下的公民教育是支持其政体的。例如，文莱采用一种整合的伊斯兰宗教教育，它的目标是"培养一个和谐的人，从伊斯兰宗

---

① Economist Intelligence Unit.（2011）. Democracy Index 2011, Democracy under Stress. From: https://www.eiu.com/public/topical_ report. aspx? campaignid = DemocracyIndex2011.

② Slater, D.（2006）. The Architecture of Authoritarianism – Southeast Asia and the Regeneration of Democratization Theory. *Taiwan Journal of Democracy*, 2（2）, 1 – 22.

教的角度，这种类型的教育建立在伊斯兰的价值观和《启示录》的基础上（可兰经）"①。而在越南，"通识教育的目标是培养学生全面地发展必备的品德、身体健康、美学价值、灵活性与创造性，形成越南人的社会主义品格，培养公民行为和责任，为未来的进一步的学习、工作、参与保卫与建设祖国做好准备"②。关于柬埔寨，谭认为成功的政权，包括残忍的波尔布特政权，都试图去塑造公民的道德和价值观，使他们与其独特的意识形态保持一致，而这一切是与民主政权不同的。她进一步解释了在当下，西式公民教育由于缺乏一个现代的政治文化以及传统价值与西方原则相矛盾而在柬埔寨摇摇欲坠。③

四　结论

大多数亚洲国家，公民教育在学校课程中占有非常重要的地位。但是，在亚洲区域内，公民教育所采取的形式、要实现的目标以及实施背景有很大的差异。在亚洲，甚至在一些自由主义民主政权下，传统文化价值仍然是公民教育的重要影响因素。同时，权威政体的存在意味着不同类型的意识形态也影响国家建构公民教育来为非民主的目标服务。从本质上讲，无法对亚洲公民教育进行一个总结性的论述。相反，多样化的论述使我们必须去了解其历史、文化背景，从而可以理解不同国家如何通过课程的发展来建构公民教育。

---

① Lubis, M., Mustapha, R., & Lampoh, A. (2009). Integrated Islamic Education in Brunei Darussalam: Philosophical Issues and Challenges. *Journal of Islamic and Arabic Education*, 1 (2), pp. 51 – 60.
② UNESCO – IBE. (2010). *World Data on Education – Vietam.* Retrieved on 11 February 2013. http://www.ibe.unesco.org/fileadmin/user_upload/Publications/WDE/2010/pdfversions/Viet_Nam.pdf.
③ Tan, C. (2008). Two Views of Education: Promoting Civic and Moral Values in Cambodia Schools. *International Journal of Educational Development*, 28 (5), pp. 560 – 570.

域外来风

文化差异与共同价值：对东西方"好公民"概念的批判性审视

金玟江（Mingkang Kim）著　陈国清译　林　可　檀传宝审校[*]

引　言

2010年3月，冒着暴风雪，我和丈夫离开了我们在韩国的家，搭乘飞机去澳大利亚。我们的航班延误了，因为飞机必须清雪之后才可以起飞。不过，最终我们降落在悉尼时，迎接我们的是一个阳光明媚的秋日。我来到悉尼大学，被任命为人类发展与教育领域的讲师。在那个时候，这一迁移对我来说是个相当大的挑战。我离开了那熟悉的韩国文化，这个文化自我出生就伴随我，并支撑着我在首尔大学获得助理教授职位。而在这次文化迁徙中，我迁移到一个新的国家，接触到新的文化——澳大利亚文化，在这里我需要用英语而不是韩语任教。

我仍然清楚地记得当时的兴奋之情，也记得在一个新文化环境中任职的那种不安。然而，回首过去，最大的挑战不是适应文化冲击，而是建立一个新的家，并处理澳大利亚那似乎无穷无尽的官僚事务。当然，我得益于有个英国丈夫帮我处理一些当地特色的事务，我也努力确保学生听懂我的英语，但文化心理学家所谓的东西方文化截然两分的观念，并没有出现。我的感觉和那些从东方移居西方的人不太一样。当然，我注意到做事方式和日常生活规范上的差异，但不是突出的、轮廓分明的文化差异。所以我在想，我轻松地从韩国过渡到澳大利亚，这是近年来全球化拉平东西方文化差异的结

---

* 金玟江（Mingkang Kim），悉尼大学社会与教育工作系高级讲师，博士，研究方向为公民与道德教育。

果，还是文化差异被高估了？实际上，东西方之间会不会共享很多东西——包括共享价值？如果是这样，他们会不会有一个共同的起源？如果有共享的价值，东西方在成为"好公民"上，是否意味着什么方面会不会有许多相似点——也许植根于共同的人性？

当我试图回答这些问题时，我必然要回顾我自身的经历。毕竟我是在一个单一的并且很大程度上是儒家的、宗法制的韩国环境中长大并接受教育，后来才搬到"西方"多元文化的澳大利亚去生活的。不管是主动或被动，我都强烈地意识到我身上的民族和文化遗产，同时我也记得我接受的教育，我进入学校，并一直读到大学。在将之与澳大利亚的民族和文化环境进行比较时，我能看到二者之间的差异和相似。但当我转到我自己的心理学学科时，我发现文化心理学者，如理查德·尼斯贝特（Richard Nisbett），他们坚持在东西方之间有一个明确的划分。[1]更普遍地来说，我发现在主流心理学中有一种持续的分歧：一些学者将重点放在文化差异上，其他人则强调普遍共性。

然而，这种分歧并不局限于心理学领域。比如，一方面我们普遍地认可多元文化的差异性，有的人强调文化价值的相对性；另一方面，联合国以及国际社会的律师们讨论"儿童权利"的普遍性，并且不断鼓励我们去拥抱一个一体化的全球化世界观念。玛丽·米奇利（Mary Midgley）注意到"人权"概念是新近才加入我们的道德词汇表的，她也承认国际上对人权的理解过程经历一些变化。但是她说，任何地方的任何人似乎都"大致地理解何谓人权被侵犯"。[2]人权观念能够被如此广泛而迅速地接受，似乎说明存在一些共同的道德基础："总有一些事情，无论在哪里都不应被强加予任何人；面对这些事情（人们觉得）每一个旁观者都能够并且应该抗议"。[2]所以，这样看来共享价值似乎是存在的，并非每件事情都指向文化差异。

道德教育工作者和公民教育工作者常常试图在"文化差异/普遍共性"的二元框架内把握"好公民"的概念。这将我带回了前文的问题："好公民"的观念以及某些评论者所谓的"公民道德"，是广泛适用于全世界各国、各地区的普遍原则，还是说他们具有高度的文化特异性？或者，如果我们拒绝这种二元分析框架，我们将如何重新理解文化差异与共同价值之间的关系呢？这些问题是本章的主要关注焦点。我们首先简略地考察"东西方之间存在清晰的文化区分"这种理念；从这个视角出发，不同形式的

"好公民"和"公民道德"是被区域性地定义的，是建立在区域化的文化规范和实践基础之上的。接着我们对这个立场加以评论，并考虑劳伦斯·科尔伯格（Lawrence Kohlberg）的"普遍主义"观点。同时本章也转向一个更为全盘性的发展路径，它以动态系统理论（Dynamic Systems Theory, or DST）和大脑生物学为基础。

一 东西方"两种本体论"和"两种好人"典范？

理查德·尼斯贝特（Richard Nisbett）的畅销书《思想地理：亚洲人和西方人如何不同地思考》提供了一个关于东西方分歧的清楚的例子。尼斯贝特提出："数千年来，东亚和西方已经形成不同的思维系统，包括知觉、对世界本质的假设、思考过程。"[1] 这个断言所涵盖的范围不能不给人留下深刻印象（如果不是感到惊讶的话）；将东亚和他所谓的西方区分开是可能的，因为他相信这两个地区在各自的认识论和本体论方面都有足够的同质性，可以有一个清楚的区分。例如他说东亚人更具整体性，而西方人更具分析性。[3] 好了，这看起来符合另一个观察，即西方哲学常常被认为主要是分析性的；与此同时，东方哲学则更具引导性，它与为一个和谐的社会提供规范相关联。[4] 不管怎么样，我认为在哲学中这仅仅是一个粗略的区分；它并不支持尼斯贝特所主张的存在两个关于知觉、思想和本体论的各自同质世界的说法。此外，所谓东亚人是更为整体性而较少分析性的思想者的说法，并不符合经合组织关于东方人持续地在数学和科学项目上比西方人得分更高的说法，如中国人、韩国人、新加坡人。因此，尼斯贝特等人的观点有待勘正。

当尼斯贝特与其同事声称反对"认知程序的统一性假设"，认为其"深刻地植根于心理学传统"时，其中的错误就明显了。换句话说，东西方之分的想法起源于心理学中"普遍主义者与文化主义者"的对峙。尼斯贝特及其同事说，当心理学家采取普遍主义立场，并且"尝试着进行'分类'、'归纳推理'、'逻辑推理'或者'归因过程'时，通常他们并没意识到他们的数据仅仅适用于当地，适用于欧洲文化传统中成长起来的人"。[5] 这可能是真的，但尼斯贝特及其同事忽略了一点：文化主义者的路径也无法免于批评，它的基础也许彻头彻尾仅仅只是适用于本地的陈词滥调。大卫·莫什曼（David Moshman）已经观察到，文化主义者框架的一个关键问题，

"是它倾向于将文化解释成由完全统一的规范和价值观念组成的、同质的整体"。[6]相反，莫什曼强调，"在文化内部的个体以及社会情景之间的差异，要大过文化之间的差异"。[7]他进而补充道："单个的文化可能并不如它们呈现给外部观察者的那般统一；它们之间的差异没有深刻到要把正义的普遍原则排除在外"。[7]简而言之，尽管亚洲人在思考社会时有很多相似之处（尽管常常是表面的相似），但东亚一点也不像一个同质的文化，"西方"——尼斯贝特及其同事似乎用这个词来指美国，也不是同质的。

与所有其他的二分法一样，尼斯贝特的二分法的一个主要问题，是把对立的观点呈现为"二择一"——一个人要么必须选择普遍性，要么必须选择文化多样性。然而，我们需要"第三条道路"，它能将普遍主义和文化多样性结合起来，对东西方内部及二者之间的共同和差异做出解释，但不是以二分法的形式。对我来说，"普遍主义者"相对"文化主义者"的二分是建立在一系列错误之上的，而非仅仅基于相信二分的有效性这个错误。当然，我认为这仅仅反映了继承自西方十七八世纪启蒙运动以来的诸多二分法或二元论，它与现代科学的发端及勒内·笛卡尔的机械二元论哲学有关。这种二元论遗产的一个主要后果是对文化很大程度上是静止的、同质化的看法，并由此延伸到何谓做一个有道德的人的看法，仿佛在东西方之间有着关于"好公民"（the good and virtuous citizen，良善公民）的固定的不同模板。

本论文的要点是，任何试图在东西方二分的基础上定义"好公民"或"公民道德"的尝试，都将受到抵制。这可能有点夸大其词。由文化主义者阵营提供的陈词滥调里，可能确有一些真知灼见，然而它们也只是老生常谈而已。他们不重视文化内部的个体差异，也不重视文化自身的动态和千变万化的性质，而这在当前经济和跨文化全球化的时代，这样的情况越来越多。本文将提供基于动态系统方法的第三条道路，而非设置"文化差异"与"共同特征"作为对立的两极，并在东西方划分之上去寻找何为"好公民"的答案。这个理论框架在主流心理学和社会理论中越来越深入人心，尽管在教育领域它还鲜为人知。它关于人之发展的探索将会给出一个关于文化和有道德的公民的有些"凌乱"的、非线性的、变化的概念。这种方法也扩大了争论，将对人或"自我"（包括道德的或良善的自我）的发展的、神经生物学的影响也包括在内了。这些视角都终将带我们超越二分法和划分的习惯，而走向文化多元主义以及对共同价值的承认。现在，通过把动态系统理论引入讨论，我们将以之来反对道德教育在 20 世纪下半叶产生巨大的影响。

二　动态和变化环境中的"好公民"（The Virtuous Citizen）

我在 2009 年与我的丈夫德里克·桑基（Derek Sankey）合写了一篇关于《道德发展的动态系统方法》的论文，作为劳伦斯·科尔伯格的道德发展论点之外的一种可能选择。[8]那篇论文的主要目的是论证在科尔伯格及新科尔伯格研究的半个世纪之后，是时候采用一种新的发展范例了。论文是写来回应《道德教育杂志》2008 年 9 月出版的一期纪念科尔伯格博士学位论文发表五十周年的特刊的。无论如何，该特刊的目的不仅仅是要回顾过去，更应是展望道德教育的未来。在论文中我们认为，特刊中的文章，统统都未能给未来提供路线图，尽管很多人已经提出重要的议题，有些人干脆表明科尔伯格传统是"陈旧的"，[9]需要替代品。

我们认为科尔伯格论文的一个主要弱点是，他坚持道德发展阶段的普遍性：他认为每个地方的所有人要经过道德发展的恒定阶段，向前、向上地朝着一个既定的终点前进——道德发展的后习俗水平。虽然写那篇论文时，我仍然在韩国环境中工作，当时对我来说——现在也一样——道德发展恒定阶段的概念，充其量是道德发展的一个粗略的、线性的近似值。同样，任何想要定义何谓有道德的或良善的自我的尝试，都不得不承认文化差异和共同价值这二者。关于道德发展阶段理论的局限性，我们当时注意到：

> 如果有人用一种特定方式进行研究，问特定种类的问题，以一种特定的算法将各个群组的答案进行统计学上的编码，他很可能发现科尔伯格描述过的进步的、阶段式的模式。这是一种"水平放大"（level of magnification）。因为尽管发展显得有序进行，但完善性的终点在哪儿却是事先知道的。动态的方法将表明，在另一种"水平放大"中，道德发展会呈现出凌乱、不可预测的、有个体差异、情境敏感以及自组织性的结果。[10]

科尔伯格的阶段理论不一定是错的，关键在于因为其使用了一种特定的运算法，所以这一道德发展阶段的结论建立在一种特定水平的放大（level of magnification）之上。"水平放大"出现，你当然会发现不同的景象了。换句话说，如果研究是在科尔伯格的假设框架的引导下进行，那么结果必然与模型一致。莫什曼也得出了差不多的结论，但他发现这种一致"并不能说明科尔伯格的理论提供了对道德发展的正确、全面的解释"。[11] 我们进而发现，对科尔伯格理论的反思使得一个关于"证据"的重大议题凸显出来，而这在教育中常常是被忽视的，比如在所谓的以证据为基础的评估方法中。证据并不与必然或"证明"同义。有半个世纪的研究证据支持科尔伯格的道德发展恒定阶段，尽管它可能是不对的，或者如我们所说的，它在一个相当低水平的放大量（level of magnification）上运转。这是哲学家们称为"证据对理论的不充分决定性"之一例[12]，意思是为任何给定的理论而累积起来的证据，也可能与许多其他实际的或可能的理论相一致。支持科尔伯格的那些研究证据也同样是依赖于组平均的研究方法，这种方法在社会科学中司空见惯，但被动态理论者们所质疑。[13]

当我们增大道德发展的放大量，采用一个动态系统理论（或者复杂理论）的视角，我们发现它显得"凌乱、不可预测、有个体差异、情境敏感以及自组织性的结果"。如果道德发展的这幅动态的、流动的图景接近于真相的话，当它被应用于个人行为的解释时，它也是可信的。而这也意味着任何想要定义或说明好公民或好公民的尝试，都需要考虑变化的语境。在这个说明中，道德或德性自我的图景是一个始终潜滋暗长的图景，它总是回应着此时此刻的社会、文化和环境因素。确实存在稳定性，但不会有科尔伯格等道德发展理论家所倡导的恒定阶段。因此科尔伯格的普遍发展阶段的主张在跨文化应用时，就会遭到严重打击。世界上每个个体的发展和行动路线都是不同的。

确实，那就是我们从组平均方法转到一种由分层线性模型分析（HLM）提供的个体发展轨迹分析时所发现的东西。在那篇论文中，我们汇报了对雪子·梅达（Yukiko Maeda）的纵向"确定问题测验"（DIT）数据所做的一个分析。[8] 在一个低水平的放大（low - level of magnification）上，以参与者的道德推理得分和多年正规教育为基础，对小组水平的轨迹进行的回归分析，已经产生一个预期稳定的、进步的发展跃进。小组的平均结果很好地符合了科尔伯格的模型。然而，在一个高水平的放大（high - level of magnification）上，当个体而非小组轨迹被加以分析时，他们展现出了相当大的偏离平均振荡指标的起伏，有时高于最佳拟合曲线，有时低于最佳拟合曲线。在后习俗推理中道德偏好的波动幅度，为动态理论者宣称的人类道德内在的"情境敏感性"和"稳定性与非稳定性"提供了一个极好的例子。

三　超越文化相对主义，走向文化多元主义

科尔伯格对普遍性的坚定辩护，使他的理论由于缺乏"文化、情境背景和历史……以及对道德成熟的普遍性的辩护不充分"而广受诟病。[14]虽然有这些批评，但科尔伯格的普遍主义中有一种非常重要的力量是本论文中需要考虑的。他的作品和他的普遍主义的驱动力在于对文化相对论的有力拒绝。这种拒绝的背景是第二次世界大战和纳粹大屠杀。科尔伯格反对文化相对论者的观点：并不存在一个在两种不同的道德中进行选择的办法，它们只是代表"你的真理和我的真理"，其中一个并不比另一个更好。如果那是真的，则纳粹真理将免受批评；它只是纳粹的真理而已。正如丹尼尔·拉普斯利（Daniel Lapsley）所解释的："科尔伯格为纳粹大屠杀的恐惧深深地不安。确实，他将自己的理论视作对'纳粹思潮'和对'主流社会科学体系（如行为主义，精神分析）'的回应。前者直接鼓励屠杀犹太人，而后者无法为对抗种族灭绝的意识形态提供任何资源。"[15]

科尔伯格也反对将道德简单视为文化和社会建构的产物。如拉普斯利所提到的，[16]"一些人类学家[17]和心理学家[18]认为，比方说，一个正当的道德判断是与一个人所在的社会群体的规范相一致的，或者，所谓恰当的道德行为就是特定社会认为值得被积极强化的任何行为"。[19]科尔伯格是在寻找批评文化相对主义的道德基石。不管怎样，现有的广泛共识是，科尔伯格的普遍主义者声明是以伊曼努尔·康德的伦理学理论为基础的，[20]而这带来了严重的问题。理查德·伯恩斯坦争辩说，在康德对道德的追问背后存在着"一个引人注目的要么/要么（Either/Or）。要么存在一条普遍客观的道德律令，要么道德概念是无根基的、无意义的"。[21]此外，拉普斯利注意到"康德的伦理学理论简单地假设了一个'道德律令的通俗理论'，认为我们的本性本质上是二元的"。[22]康德的伦理学理论也在高高在上的人类理性和他认为无价值的、动物的激情之间建立了一个二分法；该观点随后被查尔斯·达尔文对人类起源的解释所挑战。[23]

尽管有科尔伯格的努力，有众多其他哲学家数个世纪为道德寻找坚实

的基础，现在人们越来越清楚，不会有绝对普遍的、客观的道德律令这般东西存在。马克·约翰逊甚至还表示"如果我们思考和行动时仿佛掌握了一种产生绝对规则、决策程序的律令，并以为依靠它就可以在任何情境中分辨普遍的、绝对的是非对错；那么，它在道德上是不负责任的"。[24]我们要避免构筑普遍而客观的道德律令概念，并将其作为好公民或公民道德观念的基础，与此同时，本文也希望避免有时伴随着多元文化论而产生的相对主义的陷阱。[25]科尔伯格很可能未能发现他寻找的普遍的道德基石，但在抵抗政治或意识形态极端主义时，他的努力就像在回应纳粹主义时那样重要。我们不得不以某种方法打破这种二分法的束缚——这种文化的或普遍的"这个或那个"（Either…Or…）之分，以及为了理解道德实践去"寻找在道德上可辩护且具有文化敏感性（culturally sensitive）的基础"。[26]无论怎样，文化敏感性（culturally sensitive）不应该以拒绝普遍共享的诸多价值为代价。这样，"文化多元论就不应该被理解为导致了无论是哲学还是教育的'普遍性'维度的破产"。[27]简单来说，我们既要承认文化差异，也要承认共同价值。

为了追求这个立场，本文逐渐倾向一种将道德视为"文化多元"而非"文化相对"的观点。本文主张"文化敏感性"（culturally sensitive），并承认价值系统的多元化，但不否认一些价值可能比另一些价值更好的可能性。这样一来，它就包含了联合国和众多国际律师的坚定信念，即普遍人权是可能的。因此，对反人道罪的控告也是有可能的，无论它们出现在什么样的文化语境中。不管怎样，我主张有可能对不同的社会实践和规范进行评估，并不是基于一个普遍的、客观的道德律令的概念，而是基于进化得来的共同的人性、共同的生物学和神经生物学遗传。它也与由动态系统理论所提供的对道德的动态的、变迁的和高度语境化的解释相一致。确实，作为一个提出好公民和公民道德概念的发展科学家，我一定会被问及：人究竟意味着什么？哪些过程塑造了"我们之所是"和"我们之所成"？根据系统理论，过程根本上是一种发生，因为有机体不断地进行自我组织来回应大量的社会和环境影响。这些外在影响持续不断地通过加强与修整神经元间的联系，来影响着我们受社会、环境影响的具身（embodied）的大脑，从神经生物学层面的描述来说，是这些连接——其中一些连接比其他的连接稳定——导致了我们的所想和所信。然而，在诉诸我们共同的进化遗传和神经生物学时，我首先需要解释的是，这篇论文并不是要和进化心理学结盟。

四　避免进化心理学的陷阱

社会和环境因素影响着我们之所是和我们之所成，比如做一个好公民，不过这些影响总是不可避免地基于既有的生物性。对科尔伯格的普遍主义的一个最近的攻击来自所谓的进化心理学。这种心理学路径是建立在这样的观念之上：认为我们"只能通过将现代心智看作生物进化的产物才能够理解它"，[28]并且这种现代心智是"由诸多的精神模块组成的"。[29]教育领域的人可能在这种精神模块的观念和霍华德·加德纳（Howard Gardner）的多元智能之间找到相似之处，但不同于加德纳对文化因素的影响持开放态度，进化心理学的模块是"在出生之初就硬连线（hard‐wired）到心灵中，并且普遍地存在于所有人之中的"；[30]注意，这里又一次诉诸普遍主义。这些模块又被认为是"内容丰富"的，意思是它们不仅提供解决我们问题的规则——包括道德问题，它们也提供了达成目的的智力资源。

进化心理学在道德上的一个最近的、流行的使用，是乔纳森·海特（Jonathan Haidt）的《正义心灵》，他将自己定位为多元论者，批判长期以来的道德心理学传统，认为这种传统狭隘地关心他称之为"伤害与公平"[31]或"自治伦理"[32]的西方观念。他声称他正试图包容除了那些"西方的、有教养的、工业化的、富有的以及民主的（WEIRD）[33]"文化之外的道德关怀，[34]并提供一种比伤害和公平议题更宽广的对道德的解释。海特将他对道德的解释称为"道德基础理论"，它假设心灵中有五个进化模块，分别是关心、公平、忠诚、权威和尊严。与进化心理学相符合的是，这些模块内容丰富，并且在所有文化中是共通的。然而，海特想与那些认为模块是"硬连线"（hard‐wired）的、是心灵中"不可改变的"蓝图的说法保持距离，并诉诸加里·马库斯关于模块是"预连线（prewired）的——灵活且受制于变化"的说法。它们仍然是可塑的，并且"在童年时期得到修订，产生出我们在各类文化中看到的道德的多样性"。[35]因此可以推测，海特将会声称他所谓心灵中的五个模块为良善公民提供了普遍的进化基础，尽管它们在跨文化的发展中有地域差异。

尽管海特试图规避进化心理学内在的基因决定论，但这样做是难以令人信服的。不管"硬连线"（hard‐wired）还是"预连线"（prewired），海特都仍然是在为基因预定程序辩护。他自己承认，他的模块是"内嵌"于心灵之中，是"先于经验被组织好的"。[36]他试图规避严格的普遍主义的尝试也无济于事，因为尽管他承认文化差异，但他仍然在为"普遍的认知模块"辩护，"我们的文化在普遍的认知模块之上建立起了道德模型"。[37]而且，尽管他声称他试图包容，不同于西方的道德关怀，但他的五个进化模块却有着强烈的"西方"味道。例如，我们要将孔子的孝道观念或者孟子的四端（仁、义、礼、智）放在海特五个进化模块的哪个部分呢？

这一观察引出了一个更为根本的问题，即有可能以某种方式确定一系列核心道德价值的信念。这个信念有着很长的历史。苏格拉底有一张价值清单，包含五种核心价值：智慧、勇敢、节制、虔诚、正义。当亚里士多德提出"中道"——避免过度而采取中间立场时，他详细阐述了苏格拉底提到的节制。佛教徒则谈论"四梵住"（四种清净无染的心）：慈、悲、喜、舍。[38]在教育领域，1991 年在加拿大启动的"美德教育项目（the Virtues Project）"有一个包含了 52 项德性的清单。[39]这些井喷式的德性条目据说能构成"我们生活的意义和目标"。人们可能会好奇为什么要止于 52 项？我们可以拥有 100 项甚至更多此类的关键德性吗？简而言之，针对任何此类清单的问题，包括海特提出的模块清单，都是在问为何这些项目才是基础的德性，而非其他的？正如苏勒尔和丘奇兰德所说，海特的理论忽视了"同样好的候选基础，以及在基础内容方面团体间存在差异的可能性"。[40]此外他们总结到，海特的理论"作为对道德的一种科学解释是不充分的"。[41]"没有来自分子生物学、神经系统科学或进化生物学的事实被整合起来支持他的主张……"[42]当我们赞成这些批评时，我认为所有此类清单的核心问题都在于一个错误的观念，即认为道德（和道德教育）有可能奠基于某些评论者所谓的"美德袋"——"一袋随意挑选出来的品格特征"。[43]

五 好公民和我们共同的生物学、神经生物学遗传

如果不能在一个普遍的或文化相对的"美德袋"中找到好公民的基础，那么有可能确定另外一种关于道德的替代性解释吗？这种解释既要包含文化差异，又要建立在共享的生物学和神经生物学遗传的基础上，并有来自分子生物学、神经系统科学和进化生物学的证据支持。这恰好是帕特里

夏·丘奇兰德（Patricia Churchland）在她 2011 年的书《大脑相信》里已经尝试过的。其核心的观念是"一种由隔离的疼痛和陪伴的愉悦所确保、由复杂的神经元回路和神经化学物质所管理的'依恋'（attachment），构成了道德的神经平台"。[44]

通过聚焦于"依恋"，丘奇兰德把我们的注意力带回了维持有机体生存的大脑和中枢神经系统（CNS）。在此语境下，"依恋"机制意指"倾向于扩大对别人的关心，想要和他们在一起，以及因分离而痛苦"，[45]所谓的"体内平衡"中的基础角色。凭借这个程序，有机体的内部环境得以持续地受到指导和管制，将自身维持在生存的参数范围之内。没有维持自我关怀的系统，我们根本不能存活，这是生物学的前提。如同丘奇兰德所解释的："在最基础的意义上，关怀是神经系统的一项基本功能。大脑被组织起来去寻找幸福并规避不幸"。[46]根据这个命题，当生物性的自我关怀首先扩展到依赖他人的婴儿，进而扩展到成人，再到亲戚，再到氏族，最后到群体的其他成员时，道德也就发展了。这种从自我向群体内其他成员的外向运动，导致了"在情绪、内分泌、压力和奖惩体系方面的进化调整……"。[47]除了允许从关怀自己向着关怀别人移动的高度复杂的神经连接之外，一种名为催产素的强有力的缩氨酸也扮演了核心角色，它牵涉形成信任的关系、提升对他人的容忍度。丘奇兰德的论点建立在这个进化的、复杂的神经生物学基础之上：

> ……我们人类称之为伦理或道德的东西，是一个由环环相扣的大脑过程所塑造的四维的社会行为图式：（1）关心（起因于与亲戚和朋友的联结，以及对他们幸福的关心），（2）对他人的心理状态的识别（起因于预测他人行为所能带来的好处），（3）社会语境中的问题解决（比如，我们应该怎样分配稀缺物品，怎样解决土地纠纷；我们应该如何惩处异端分子），以及（4）学习社会实践（通过积极的和消极的强化、模仿、试错以及各种各样的调节和类推）。[48]

道德是一种"自然现象——由自然选择的力量所驱使，植根于神经生物学，被当地社会生态所塑造，被文化发展所修订"。[49]这些一概而论的观点都不可避免地会遇到强烈的反对，这种反对来自那些拒绝对道德根源进行任何类型的自然主义解释的人。例如，很多主流哲学家相信在"实然"

（what is）和"应然"（what ought to be）之间必须有一条明晰的界线：实然是一切自然主义的描述，应然则是他们所谓的特定道德领域。作为一名发展心理学家，我只能说我发现这很古怪。我不能理解一个人如何可以忽视生物和神经生物的过程，这些过程允许我们去关心和感觉，去思考、学习和解决问题——包括伦理学中我们应该做什么的问题，包括道德上的两难处境。如果大脑不是在思考、感觉和解决问题等等，那么什么东西在做这些事情？并且，如果大脑确实是我们如何决定"应当何为"的源头，怎么能因为它是一种自然主义的解释，而将它预先排除掉呢？

从本文的角度来看，自然主义的路径提供了一种包容"本地生态"和"文化发展"的方式，同时也为解释共同价值的起源提供了一个坚实的基础：源于人类共同的大脑运作过程，源于我们共同的人性。重要的是，在拥抱本地生态和文化发展时，丘奇兰德的命题提供了一个基础，使得不同立场的评估得以进行，由此避免了相对主义的陷阱。例如在评估一条法规是好是坏时——如我们所知，科尔伯格特别重视这件事。丘奇兰德说：

> ……植根于人类本性的特有的情感和激情，是植根于童年时期获得的社会习惯。评估的过程发掘了记忆，利用了解决问题的能力。理性并不创造价值，但它在价值之中塑造自身，并将它们带往新的方向。[50]

在前文，我们已经提到，根据动态系统理论，人类发展（包括道德发展）在每个地方都始终是被同样动态的、复杂的、自然发生的自组织自然程序所驱动，并且始终是高度情境依赖的。丘奇兰德的论文很大程度上与这个理论框架相一致，尽管她并没有完全采用"自然选择论"的主要方法。相比之下，动态系统的方法强调，作为自组织和反馈回路的结果，"自发秩序"有可能出现。斯图亚特·考夫曼（Stuart Kauffman）主张，"生物体大多数规则可能根本不是选择的结果，而是自组织系统的自发排序结果"。[51]这样一来，伴随着自然选择，自发秩序就在进化的过程中扮演了一个主要角色——如果不是主导角色的话。然而他又提到："在超过一个世纪的时间里，绝大多数生物学家都相信'选择'是生物秩序的唯一来源，'选择'是负责打造形式的唯一'工匠'。但如果'选择'从其中进行挑选的那些形式，是由复杂性法则所产生的话，那么'选择'就始终有一个侍女。"[52]考夫曼关于进化中自发秩序的概念带着我们超越了严格的选择论者对进化的解释，走进了一种动态系统的解释。在这种解释里，新的形式的出现无须预先编程，也无须事先考虑动物的适应性。不过，无论新的形式是否能延续，长期来看，它们都与适应性有关。

我自己的观点是：人类以及某些其他生物的道德意识是高度复杂的大脑的凸显特征，[53] 是有着自发秩序的新的大脑的创造。不过它是以我早先称为“道德偏好”的东西为基础的。[54] 早在有机体开始照顾后代之前很久，非常原始的益生菌细胞就能够区分营养物和毒素并在必要的时候采取规避行为了。这在进化之中得以保留，因此所有的动物能分辨食物的气味和捕猎者的气味。确实，如果没有这种能力，就没有有机体能够存活。所以正如我在别处说的，“做出基本的价值判断是这个世界最自然不过的事情”。[55] 对价值的天生偏好的相当新近的证据可以在研究成果中找到，有研究成果显示，早在 3 个月大的时候，婴儿就能够区分亲社会和反社会的态度，并且表现出对亲社会的显著偏好。[56] 然而，我需要立即强调的是，在主张价值偏好或价值偏见概念时，并不一定隐含基因决定论，所要求的不过是某些“类似于简单有机物甚至没有神经系统的动物所呈现出来的帷幔（valances）或倾向”。[57] 根据这些作者的观点，它也并不假设有任何其他类型的“机器中的幽灵”，或者如果这样假设，他们会说“它是生命本身的幽灵，因为类似的偏见甚至在单细胞中都已有显现”。[58]

六　结论

本章的开始，我是问好公民以及对公民道德的支持，是一个广泛适用于世界各国和地区的普遍原则，还是说它们具有高度的文化特异性？我注意到这个问题是一种个人兴趣，因为我是在一个被称为“东方的”文化中长大，但搬到一个“西方的”文化中生活和工作。不过，我并没有体验到很强的从东到西的转换感，更不必说有任何接近于文化冲突的东西。所以我有理由质疑东西方之分的概念以及与之相随的所谓好公民和公民德性具有高度的文化特异性的主张。可是，我也不认为这些价值概念是完全普适的，我们生活在一个多元的世界。人类这个物种的历史包括了一段不同的民族在地理上相互孤立的漫长时期，在这段时期里，不同的传统、习惯、风俗和叙事都得到发展——包括不同的价值观念和道德规范。这些事实对于任何周游过世界的人都是显而易见的。

随着近年所发生的全球化，也许无须惊讶我们现在已经意识到这些文化差异，而且那可能也是为什么我们能够享受差异文化中的旅行，甚至居住在别的文化环境中而不会感觉到文化冲突。不过在本章中，我探索的是一种更有说服力的解释，即它超越了全球化的发生这种解释。我的观点是，那种支持文化差异与普遍共性之二分以及东西方之分的心态，是误入歧途的，因此也应该被拒斥。我们需要重新理解文化差异与共同价值之间的关系。

在这个讨论过程中我已经试着表明，我为什么认为关于文化差异的主张常常是夸大的。我没有看到好公民的固定模板——无论东方的还是西方的，也没有看到美德袋，我没有看到好公民的毫不含糊的定义——在特定文化中或者普遍地。此外，差异并不局限于文化；它也在文化中的每个个体的层面运行。而且诉诸每个人并不就是一种"西方的个人主义的声明"，它是建立在这样的观察之上：虽然我们的大脑有着共同的解剖学和神经生物学过程，但在神经元的连接方面，没有两个大脑是一样的，包括同卵双胞胎也是如此。对那种想要通过诉诸美德袋或者诉诸某些道德领袖的说教来定义好公民的企图，也可以有同样的说法——它常常被高估了。在某些想要促成一个循规蹈矩的社会的政治人物的推动下，孔子在中国再度流行开来，这无疑会导致某些评论者认为这提供了"东方的典范"。历史上，它确实曾经是一个典范，但是，举例来讲，孔子"孝道"概念的局限性，很早就被与他相近时代的韩非子（约公元前 280 年—公元前 233 年）批评，无疑也被其他许多学者批评过。它带来了社会的稳定，但是是以什么为代价呢？而且，如果一个人知道他的一家之主是一个品行不端的恶棍，那么他还能对这个一家之主怀有多少尊敬呢？我的观点是，即使可以声称东方的大多数人从孔子那里寻求他们的道德皈依，但这个地区仍然有并且始终有很多人是不这样想的，包括我本人。我的经验恰恰是：儒家学说在社会层面和个体层面都可能是非常压抑的。

我也注意到二分心态的一个主要后果是对文化——以及引申开来，对成为一个有道德的人意味着什么——的很大程度上静止的、单一化的看法。然而，动态、系统的观点暗示了一个对文化和道德公民的变动的概念：始终潜滋暗长，总是回应着此时此刻的社会、文化和环境因素。所以从个体层面看，我们始终在变化生成的过程中，同样，文化也始终在转向更大或更小的范围。试图抓住任何特定文化的真髓，就好比是试图用一张静态的照片去抓住一场足球比赛的动态。在那一刻，你拥有了你的照片，而比赛继续进行。文化和社会有时迅速地前进，在这段变化的时期，我们发现我们时常需要重新定义我们自己，此外，还需要重新定义与我们相关的文化。所以，回头看看过去，甚至看看现在，可能会为我们提供方向和稳定感，但作为在我们日渐全球化的世界中的群体的一员，作为公民，如同赫拉克利特在两千多年前所说的，一切都处于不断变化之中。

最终，我们发现了人性中共同价值的基础，发现了人类大脑在演化过程中发展出核心价值的方式——道德就是在这个基础上多种多样地被建构出来的。这样一来，人类价值的发展就既不是超自然的，也不是超文化的。相反，根据丘奇兰德的自然选择论观点，它是将最自然的自我关怀的需求向外扩展到其他人的结果，首先扩展到下一代，然后到配偶，最终扩展到更大群体。不过，我们自己的观点并非这全部的故事。我看到有"价值偏好"贯穿于自然世界，这是一种辨别利益或伤害、更好或更糟的能力，它甚至在最原始的原核细菌细胞那里也都存在。换句话说，作为人类在文化内部或跨文化地建设成熟的道德系统的基础，价值和在选择中实践价值的能力并非人类需要去发现或在社会中建构的某种东西。毋宁说，所有价值——包括构成好公民的那些价值，它们最终要建基于生命本身的构造之中。

参考文献

［1］ Nisbett, R. （2003）. The Geography of Thought: How Asians and Westerners Think Differently. New York: Free Press.

［2］ Midgley, M. （2006）. Science and Poetry. New York: Routledge. p. 217.

［3］ Sankey, D. （2008）. Education and the Philosophy of Mind and Brain. In Tan, C. （Ed.）, Philosophical Reflections for Educators （1st ed., pp. 133 - 142）, Singapore: Cengage Learning.

［4］ Sankey, D. （2008）. Education and the Philosophy of Mind and Brain. In Tan, C. （Ed.）, Philosophical Reflections for Educators （1st ed., pp. 133 - 142）, Singapore: Cengage Learning.

［5］ Nisbett, R., Peng, K., Choi, I. & Norenzayan, A. （2001）. Culture and Systems of

Thought: Holistic vs. Analytic Cognition. Psychological Review, 108, 305.

［6］ Moshman, D. (2005) . Adolescent Psychological Development: Rationality, Morality and Identity (2nd edition) . Mahwah, NJ: Lawrence Erlbaum. 65.

［7］ Moshman, D. (2011) . Adolescent psychological development: Rationality, morality and identity (3rd edition) . New York: Psychology Press. 100.

［8］ Kim, M. & Sankey, D. (2009) . Towards A Dynamic Systems Approach to Moral Development and Moral Education: A Response to the JME Special Issue, September 2008, *Journal of Moral Education*, 38 (3), 283 – 298.

［9］ Lapsley, D. & Hill, P. (2008) On Dual Processing and Heuristic Approaches to Moral Cognition, *Journal of Moral Education*, 37 (3), 314.

［10］ Kim, M. & Sankey, D. (2009) . Towards A Dynamic Systems Approach to Moral Development and Moral Education: A Response to the JME Special Issue, September 2008, *Journal of Moral Education*, 38 (3), 288.

［11］ Moshman, D. (2011) . Adolescent Psychological Development: Rationality, Morality and Identity (3rd edition) . New York: Psychology Press. p. 75.

［12］ Quine, W. V. O. & Ullian, J. S. (1970) . The Web of Belief. New York: Random House.

［13］ Fogel, A., Greenspan, S., King, B., Lickliter, R., Reygadas, P., Shanker, S. & Toren, C. (2008) . A Dynamic Systems Approach to the Life Sciences. In A. Fogel, B. J. King & S. G. Shanker (Eds.), Human Development in the Twenty – First Century: Visionary Ideas from Systems Scientists (pp. 235 – 253) . Cambridge: Cambridge University Press.

［14］ Henry, S. (2001) . What happens when we use Kohlberg?: His troubling functionalism and the potential of pragmatism in moral education. Educational Theory. 51 (3), 268.

［15］ Lapsley, D. (1996) . Moral Psychology. Boulder, Colorado: Westview Press, 41.

［16］ Lapsley, D. (1996) . Moral Psychology. Boulder, Colorado: Westview Press, 42

［17］ Herskovitz, M. J. (1995) . Cultural Anthropology. New York: Knopf.

［18］ Berkowitz, L. (1964) . Development of Motives and Values in A Child. New York: Basic Books.

［19］ Skinner, B. F. (1971) . Beyond Freedom and Dignity. NY: Knopf.

［20］ Kant, I. (1993/1785) . Grounding for the Metaphysics of Morals, 3rd ed. Trans. J. W. Ellington. Indianapolis: Hackett.

［21］ Bernstein, R. J. (1983) . Beyond Objectivism and Relativism: Science, Hermeneutics, and Praxis. Oxford: Basil Blackwell, 13.

［22］Lapsley, D. （1996）. Moral Psychology. Boulder, Colorado：Westview Press, 204.

［23］Darwin, C. （1998/1871）. The Descent of Man and Selection in Relation to Sex. Amherst, NY：Prometheus Books.

［24］Johnson, M. （1993）. Moral Imagination：Implications of Cognitive Science for Ethics. Chicago：University of Chicago Press, 5.

［25］Siegel, H. （1999）. Multiculturalism and the Possibility of Transcultural Educational and Philosophical Ideals. Philosophy, 74 （3）, 387 – 409.

［26］Miller, J. G. （2006）. Insights into Moral Development from Cultural Psychology. In M. Killen & J. G. Smetana （Eds. ）, Handbook of Moral Development （pp. 375 – 398）. Mahwah, NJ：Erlbaum, 382.

［27］Siegel, H. （1999）. Multiculturalism and the Possibility of Transcultural Educational and Philosophical Ideals. *Philosophy*, 74 （3）, 387.

［28］Mithen, S. （1998）. The Prehistory of the Mind. London：Phoenix, 42.

［29］Mithen, S. （1998）. The Prehistory of the Mind. London：Phoenix, 43.

［30］Mithen, S. （1998）. The Prehistory of the Mind. London：Phoenix, 43.

［31］Haidt, J. （2012）. The Righteous Mind：Why Good People are Divided by Politics and Religion. New York, NY：Pantheon, 98.

［32］Haidt, J. （2012）. The Righteous Mind：Why Good People are Divided by Politics and Religion. New York, NY：Pantheon, 110.

［33］这个单词是由“西方的（western）、有教养的（educated）、工业化的（industrialised）、富有的（rich）和民主（democratic）”这五个单词的首字母合成的。weird 本义为“怪异的，不可思议的”。可见海特等人对 WEIRD 所代表的西方观念持质疑态度。——译者注

［34］Henrich, J., Heine, S., and Norenzayan, A. （2010）. The Weirdest People in the World? Behavioral and Brain Sciences, 33, 61 – 83.

［35］Haidt, J. （2012）. The Righteous Mind：Why Good People are Divided by Politics and Religion. New York, NY：Pantheon, 131.

［36］Haidt, J. （2012）. The Righteous Mind：Why Good People are Divided by Politics and Religion. New York, NY：Pantheon, 131.

［37］Haidt, J. （2012）. The Righteous Mind：Why Good People are Divided by Politics and Religion. New York, NY：Pantheon, 124.

［38］“the Four Noble Truths”一般译为“四圣谛”，但是这里译成了更准确的“四梵住”。原因是后面的“loving - kindness, compassion, appreciative joy and equanimity”实指佛教中的“四梵住”或“四无量心”——慈、悲、喜、舍，而非我们一

般说的佛教"四圣谛"：苦、集、灭、道。——译者注

[39] The Virtues Project (2014). Retrieved on September 30, 2014, http://www. virtuesproject. com/virtuesdef. html.

[40] Churchland, P. (2011). Braintrust：What Neuroscience Tells Us about Morality. Princeton：Princeton University Press, 2103.

[41] Churchland, P. (2011). Braintrust：What Neuroscience Tells Us about Morality. Princeton：Princeton University Press, 2103.

[42] Churchland, P. (2011). Braintrust：What Neuroscience Tells Us about Morality. Princeton：Princeton University Press, 114.

[43] Lapsley, D. (1996). Moral Psychology. Boulder, Colorado：Westview Press, 207.

[44] Churchland, P. (2011). Braintrust：What Neuroscience Tells Us about Morality. Princeton：Princeton University Press, 16.

[45] Churchland, P. (2011). Braintrust：What Neuroscience Tells Us about Morality. Princeton：Princeton University Press, 16.

[46] Churchland, P. (2011). Braintrust：What Neuroscience Tells Us about Morality. Princeton：Princeton University Press, 30.

[47] Churchland, P. (2011). Braintrust：What Neuroscience Tells Us about Morality. Princeton：Princeton University Press, 30.

[48] Churchland, P. (2011). Braintrust：What Neuroscience Tells Us about Morality. Princeton：Princeton University Press, 9.

[49] Churchland, P. (2011). Braintrust：What Neuroscience Tells Us about Morality. Princeton：Princeton University Press, 191.

[50] Churchland, P. (2011). Braintrust：What neuroscience tells us about morality. Princeton：Princeton University Press, 166.

[51] Kauffman, S. (1995). At Home in the Universe：The Search for Laws of Self – organisation and Complexity. Oxford：Oxford University Press, 25.

[52] Kauffman, S. (1995). At Home in the Universe：The Search for Laws of Self – organisation and Complexity. Oxford：Oxford University Press, 8.

[53] De Waal, F. (2009). The Age of Empathy：Nature's Lessons for A Kinder Society. New York：Harmony Books.

[54] Kim, M. & Sankey, D. (2009). Towards A Dynamic Systems Approach to Moral Development and Moral Education：A Response to the JME Special Issue, September 2008, *Journal of Moral Education*, 38 (3), 293.

[55] Kim, M. & Sankey, D. (2009). Towards A Dynamic Systems Approach to Moral De-

velopment and Moral Education: A Response to the JME Special Issue, September 2008, *Journal of Moral Education*, 38 (3), 294.

[56] Hamlin, J. K. , Wynn, K. & Bloom, P. (2010) . Three – month – olds Show A Negativity Bias in Their Social Evaluations. *Developmental Science*, 13 (6), 923 – 929.

[57] Thelen, E. & Smith, L. (1994) . A Dynamic Systems Approach to the Development of Cognition and Action. Cambridge, MA: MIT Press. p. 315.

[58] Thelen, E. & Smith, L. (1994) . A Dynamic Systems Approach to the Development of Cognition and Action. Cambridge, MA: MIT Press. 316.

何谓21世纪"好"公民：课程的视角

默里·普云特（Murray Print）著[*]　叶王蓓 译　檀传宝 审校

* 默里·普云特（Murray Print），博士，教授，悉尼大学教育学院教育学学科负责人。

　　学校教育的主要功能就是公民身份构建。正如约翰·杜威，这位著名的美国教育哲学家曾经指出的：学校的关键任务是对下一代进行公民教育。自那时起，这一观点就广受认同。在20世纪，大部分国家的教育实践只是延循了这一观点：在教育系统中培养服从的、民族主义的未来公民。然而，进入21世纪以来，全球化给各国政府带来了挑战。许多政府都要面对更质疑、不信任、不积极的公民。而这些挑战，还将随着年轻一代的成长进一步加剧。当然，政府、学者和政策制定者都已经意识到，培养积极公民是保证政治稳定和国家繁荣的关键。也许，21世纪需要重新思考一个更合适的好公民定义。

　　在澳大利亚，州（state）、领地（territory）、联邦的教育部（自2014年起称"教育委员会"，即 the Education Council）联合发布的三个《宣言》（三个得到一致认同的、有关关键教育目标的声明）就强调、突出了教育政策和有关项目的主要努力方向。其中，《墨尔本宣言》（MCEETYA，2008）就是最近在制定、引导教育政策实践方面对各地区均有最大影响力的教育文件。这一得到澳大利亚所有政府（联邦和地方政府）[①]一致认可的文件，给澳大利亚的学校教育提出了两个关键目标，分别是：目标一，澳大利亚教育追求平等和卓越；目标二，澳大利亚所有年轻人应该成为成功的学习者，并成为自信、有创意；积极、知情的公民。

　　"积极、知情"的公民到底是什么含义？它是《墨尔本宣言》的基石，而这一宣言本身，已成为新澳大利亚国家课程建设的基础。"积极、知情"的公民等同于"好公民"吗？《澳大利亚国家课程：公民学与公民身份》在强调积极、知情、参与的公民的过程中，实际上已经提出这个问题：所谓"好公民"到底意味着什么？

与许多国家一样，澳大利亚的最新课程发展关注公民教育，并以更整合、综合的方式涵括了好公民的理念，扩展了公民身份概念的外延。本章拟结合新课程，特别是《澳大利亚国家课程：公民学与公民身份》的最新发展，来界定好公民概念的可能含义，以及探讨如何通过新课程将这一概念传导给全澳大利亚的学生。因此，本章特别关切以下两个问题：

一是在澳大利亚，21 世纪好公民的含义是什么？

二是在澳大利亚的学校教育中，如何通过国家课程培养好公民？

在回应这些问题的过程中，本章通过分析当前的研究，提炼出回答：在一个联系日渐紧密（政治上却各自独立）的世界中，好公民的内涵有哪些关键层面。本章也将讨论好公民的定义在学校课程中可能是什么样的，以及澳大利亚的国家课程是如何强调和培养这样的公民的。

一　21 世纪澳大利亚 "好公民"

在澳大利亚，什么是"好公民"？很清楚，这是一个规范性的问题，负载了很强的价值观，备受争议，且受环境影响。有无数的方式可以给这一概念下定义。现有"好公民"定义很多，多得以至于无法达成一致意见。例如：一项英国的研究分析了年轻人自己理解的好公民概念，他们强调负责任行为：遵守法律、关心社区、积极参与社区活动，给议会成员写信。[1]（美国的）品德教育（Character Education）也常被看作培养好公民的一种途径，他们致力于培养有道德、行为习惯良好、社会乐于接受的人。[2]一些研究甚至提出，企业公民也是好公民的组成部分。罗素·戴顿，一位美国政治学家，指出好公民是一个积极参与政治、社区活动的人，有别于传统观念强调义务的公民。[3]在分析欧洲好公民标准的时候，丹特斯等人指出，好公民意味着守法、团结、批判、慎重。[4]由此可知，给好公民下一个统一的定义非常困难。

进一步讲，在 21 世纪，什么是好公民？这个定义需要有别于以往好公民的定义和实践，如 20 世纪早期强调民族主义、爱国主义的公民。[5] 近年来好公民的含义，本质上需要更全球化，更超越国家的边界，并与人权等普世价值紧密相关。当然正如 21 世纪所展示的，通过旅行、生意、移民等方式，人与人之间的联系日渐紧密，这正是我们现代生活的特征，且必然会改变我们对公民概念的理解。

为回答本文提出的第一个问题（在澳大利亚，21 世纪好公民的意涵是什么？），无疑应参考澳大利亚青少年教育目标——《墨尔本宣言》。它既基于以往宣言，[6][7] 又被更广泛地接受和认同，也是澳大利亚运用最广泛的学校教育政策文件，还是国家课程建设的重要理论基础。总之《墨尔本宣言》是一个解释教育目标的重要政策文本，通过赢得全国认同，形塑了澳大利亚的国家课程。

在《墨尔本宣言》的目标二部分，表述十分清楚：澳大利亚青少年应该成为积极和知情的公民，恪守民主、平等、公正等国家核心价值，参与澳大利亚的公民生活，且成为负责任的全球、本土公民。"知情的公民"，意味着学生将掌握合适的知识和技能。"积极公民"，则是知情公民的延伸，不仅包括知情公民所须掌握的知识、技能，还需要包括其他一些价值和行为。培养积极且知情的公民，需要帮助学生形成对澳大利亚社会、文化、语言和宗教多样性的欣赏，且理解澳大利亚政府体系、历史、文化，认同民主、平等、公正等国家价值，且参与澳大利亚公民生活，致力于公共善的维护，特别是支持自然和社会环境的可持续发展，且成为负责任的全球和本土公民。

正如《墨尔本宣言》目标二所陈述的，培养积极、知情的公民意味着学生应当：

- 在行为上体现道德与正直；
- 欣赏澳大利亚社会、文化、语言和宗教多样性，并且理解澳大利亚政治体制、历史与文化；
- 理解、尊重土著文化的价值，有一定的认知、技能，理解能力，能促进澳大利亚土著与非土著之间的和谐相处，并从中获益；
- 认同民主、平等、公正等国家核心价值，且参与澳大利亚的公民生活；

- 具备与不同文化（特别是亚洲国家和文化）交流和联系的能力；
- 致力于公共善的维护，特别致力于自然/社会环境可持续发展；
- 成为负责任的全球、本土公民（p. 9）。

具体说，这些《墨尔本宣言》的内容，如何与培育学生成为"好公民"相关联？

二 "积极的公民"

在引导澳大利亚国家课程"公民学与公民身份"形成的《课程建构》①这一文件中，"积极公民"是指："深入、知情地参与地方、州、国家、区域和全球等不同社会维度的公民与政治活动"。针对这一目标，学校课程所讨论的积极公民主要指学生在学校、社区中的公民身份，由此帮助学生最终成为成年公民。

"积极公民"与个人和集体的参与行为相关，特别强调参与不同情境（如学校、社区、市民组织）之中，获得技能发展，目标明确地开展行为的能力。[6]公民身份可以被视为一个连续体，包括通过个人行为体现出的非常积极的要素，也包括该行为体现出的非常消极的要素。[7]"积极要素"指公民对公民政治环境的参与，特别是社区政治活动的参与（包括联系政治家、在媒体上表达观点、参与游行等）。而"消极要素"指价值观念而非行为，如国家认同、爱国主义和环境保护意识等。

霍斯金和玛斯彻尼提供了一个独特的方式来解释积极公民概念。[8]最初，他们认为积极公民是一系列基于特定价值观的参与行为。之后，在测量积极公民的研究中，他们提出如下定义："参与到市民社会社区/政治生活，并有如下特征：互相尊重、非暴力、符合人权与民主原则。"并辨别出了积极公民的四个层面：政治生活、公民社会、社区生活和价值观。他们

---

① Shape Paper（课程建构文件），即 The shape of the Australian Curriculum：Civics and Citizenship，2012，《澳大利亚国家课程建构：公民学和公民身份》文件，是本文作者 Murray Print 为澳大利亚课程评估报告机构所写、指导"公民学和公民身份"课程具体开发的文件。——编者注

进一步结合现有数据来形成如下指标体系，在欧洲国家测量公民"积极"的程度：

代议民主：政治活动较保守的参与形式，局限于"投票、政党相关的活动、联系选举出来的政治代表与政府官员"（p. 466）。

抗争和社会变革：是公民社会生活的一个层面，指"促使政府负责的政治行动"。常常指非传统的政治参与，包含如政治抗议、游行、抵制等活动。参与公民社会组织像环境组织、人权组织等，都属于这一层面。

社区生活：是公民社会行为的第二个层面，特指社区而非政治活动。这个层面关注社区团结、参与社区活动。包括给宗教、文化、社会组织捐款，志愿者服务，或参与这些组织的活动。

民主价值：强调"参与的价值（特别是能积极改进所采取行动质量的价值)"以及"一个立体的指标体系，来衡量民主、人权和非歧视等价值"。

结合澳大利亚学校学生生活的实际情况，如果学生参与政治、社区活动，就可以被视为"积极公民"。考虑到学校条件有限，上述活动可以包括：社区服务、慈善募捐、参与学生议会、通过社交媒体发表意见、参与政治讨论等。然而，正如许多文献所讨论到的，[6][8] 目前在定义积极公民方面学界并无统一的意见，因此理解这个概念仍然需要一定的弹性。

三 "知情的公民"

成为一位"知情的公民"，意味着学生在学校环境中通过学习《澳大利亚国家课程：公民学和公民身份》，能意识到与公民身份相关的议题及其背景。正如澳大利亚课程、评估与报告机构所注意到的："有效公民参与要求对相关公民生活的过程和机构的知识及议题有一定认识与理解。""知情公民"概念与国家评估项目所考察的学生在"公民学和公民身份"课程学习中所获得的学业成就也有直接的关联。

"知情公民"的可能定义是：拥有能够让我们理解社区及政治生活的议题或具体情况，且能让我们做出合适判断的充分、可靠的知识。至于什么

是 "充分、可靠的知识"，是需要我们持续推敲的问题，而这会给我们制定学生在校学习的指引带来巨大困难。

所以，按照逻辑，下一个要问的就是 "什么样的知识" 以及 "谁的知识"？国家评估项目就是一个回应这些问题的有效指引。该项目旨在了解学生在特定教育领域的表现，是否反映国家教育目标和《墨尔本宣言》的要求。2013 年《国家评估项目：公民学和公民身份》报告指出："学业表现评估和汇报专责小组注意到：需要开发 '公民学和公民身份' 课程的学业表现指标，并设计评估该领域关键学业表现的基本框架。这一成果汇总于《公民学和公民身份教育关键表现测量》。"[9] 该测量报告提出的建议，也得到了国家教育表现监督小组的认可，即可以测量 "公民学和公民身份" 教育两个方面的关键表现：一个侧重公民知识、理解力，另一个则侧重公民参与技能和公民价值。这一测量将应用到小学和初中，为六年级和十年级的公民教育设计全国性学业成就评估，包括：评估公民知识、理解力；评估公民参与的技能和价值观，以及公民参与的程度。

《澳大利亚国家课程：公民学和公民身份》清楚规定了正规课程包括或不包括哪些知识。下文将解读新课程，介绍包含了哪些知识类型和学习过程。这些课程决策反映课程开发者设计 21 世纪面对全澳大利亚学生的课程的意图。

在澳大利亚，"好公民" 和 "积极、知情的公民" 密切相关。形成对比的是，中国的现代化，要求进一步提倡公民教育，其首要任务是实现人的现代化，并以此来促进国家政治与社会的发展。同时中国可能需要关切以下议题：在全球化和 21 世纪这双重背景下，什么是好公民或者什么是有道德的公民？在澳大利亚，一个好公民，如《墨尔本宣言》和《澳大利亚国家课程：公民学和公民身份》所指出的，可以被定义为一个积极、知情的公民。这样的公民拥有政体、法律体系、社会方面的知识，能积极参与到政治与公民活动之中。这些概念将结合新课程进一步探讨。

四　"好公民" 与澳大利亚的国家课程

公民学和公民身份课程，立足于民主，且试图最大限度培养知情的、积极的、参与的公民，反过来维护民主。[10][11][12][13] 这样的公民在很多方面都很积极，如对政府或其他权威持有批判态度。唯有教育青少年成为积极、知情的公民，才有机会应对未来的危机。

最近开发的《澳大利亚国家课程：公民学和公民身份》，就提供了一个培养积极、知情公民的机会。该课程是澳大利亚国家课程的一个部分，是联邦政府的一个最新教育举措。在政治因素引发的对整个国家课程进行审查评估的背景下，《澳大利亚国家课程：公民学和公民身份》，已被联邦教育委员会以及澳大利亚所有州和领地的教育部会议通过。在此之前，尽管所有的州、领地政府支持该课程的开发，并同意进行适当调整，在各地区的学校开设该科目，但当时课程方案并未在教育委员会通过。这是由于联邦政府坚持要检查整个澳大利亚的国家课程，以回应社会上对课程的两个尖锐批评。随后，澳大利亚课程评估报告机构发布了《澳大利亚国家课程：公民学和公民身份》，让学校和教育系统自行决定如何使用。

这一政治因素引发的课程审查，在 2014 年上半年开始，提出了许多改进意见。[14]大多数情况下，联邦政府都会用礼貌、适当的方式忽视一些意见的存在，[15]就像联邦政府以往面对公众针对其教育项目的许多激烈抗争所做的一样。但这一次最关键的改进建议却包括：减少六年级课程内容，与家长建立更好的关系，协调交叉课程重点的落实，以及让教师能更容易地实施这些课程，等等。经过修订的课程已经大变模样，以回应政治争论。

《澳大利亚国家课程：公民学和公民身份》在培养积极、知情的公民过程中到底扮演什么角色？如前文所述，在其关键目标表达上，《澳大利亚国家课程：公民学和公民身份》凸显了许多在学校中培养积极、知情的公民的要素。当然，公民学和公民身份教育本身也可以得到不同的解读。[16][10][11][17][18][19]如果民主公民教育的有关课程清楚表明其培养能有效参与民主实践的、积极知情公民的教育目标，则这一课程的特质就能够纳入学生的课程学习，以回应 21 世纪提出的要求。

《澳大利亚国家课程：公民学和公民身份》的哪些成分有助于培养学生成为积极、知情的公民？《澳大利亚国家课程：公民学和公民身份》凸显了三个关键部分：①理念和目标；②内容：知识、技能、价值；③课程组织。澳大利亚课程评估报告机构和州、领地教育当局已经商定，常见的课程要素如教学方法及教学评估，交由学校和一线老师来自由处理。因此，本章重点分析上述三个课程的基本要素。

五 "公民学和公民身份" 课程的理念和目标

《澳大利亚国家课程：公民学和公民身份》的设计理念，就是给澳大利亚青少年提供在澳大利亚民主体制和日渐全球化的世界中，成为积极、知情的公民必不可少的学习经历。这在澳大利亚青少年教育目标——《墨尔本宣言》中已经清楚陈述过。《墨尔本宣言》广受认同，被视为指引澳大利亚教育的方向、指导澳大利亚课程的纲领。《澳大利亚国家课程：公民学和公民身份》则专注于培养年轻人所必要的知识、理解力、技能、价值观、态度，以便让他们在本地、全国、全球范围内参与公民生活。为了达到这些总体教育目标，课程设计了以下具体目标。

目标

该课程明确的目标就是培养积极、知情，能有效参与民主生活的公民。具体说，《澳大利亚国家课程：公民学和公民身份》意在帮助学生形成：

- 在澳大利亚这个充满活力、多元文化、多种信仰的民主国家，终身参与和认同公民生活；
- 知道、理解、欣赏澳大利亚民主制度、法律体系所体现的价值观、原则、机制和实践，以及公民在澳大利亚政治与社会生活中的角色；
- 技能：包括提出问题和研究问题的能力，分析、综合和解读，解决问题和决策，沟通和反思能力等，以促进对当代公民和公民身份的思考，负责任地参与澳大利亚民主实践；
- 在地方、地区和全球层面参与本国公民生活的能力和态度（第3页）。

当然，这些是培养澳大利亚年轻人成为好公民的一般目标。民主本身不可能是一个平静的过程。本质上，它允许不同的声音，要求公民在捍卫民主制度的过程中充满活力地面对政治、经济和社会压力。

《澳大利亚国家课程：公民学和公民身份》的课程目标如何能有助于培养好公民？通过鼓励和促进年轻人成为积极知情的公民，该课程目标旨在从两个方面培养年轻人。首先，促使年轻人 "积极、知情"，比如掌握澳大利亚政体知识，知道积极参与政治、公民生活的意义等。正如《澳大利亚国家课程建构：公民学和公民身份》文件（以下简称《建构》，Shape Paper，2012）所指出的：要"形成知识、理解力和技能，促进学生掌握在社区、国家、地区、全球层面充分积极参与公民生活的态度、价值观、心理倾向"。《建构》还进一步表明该课程将"发展学生有关澳大利亚自由、代议制民主、法治体系、公民生活、民主传统等方面的认知和理解力"。[16]

其次，将"知情、积极参与的公民"与一系列支撑我们对自由民主的理解的核心价值观相结合。《建构》特别强调，澳大利亚国家课程"公民学和公民身份"需要"发展一个批判的视角，欣赏国家和全球层面的公民身份和责任，包括以知情的方式采取行动的能力，批判性反思支撑澳大利亚自由民主体制的价值观、原则"。[16]通过确立这个指导性的理念和目标，该课程努力寻求为年轻人提供成为积极、知情公民，并最终成为好公民的受教育机会。

六　课程结构

课程应该如何组织，以达到上述培养积极、知情的好公民目标和理念？《澳大利亚国家课程：公民学和公民身份》提出了一个在中小学实行多年的课程结构，包括如下三个方面：知识、技能、态度价值观，来培养积极、知情的公民。

知识

什么样的"公民学和公民身份"的课程知识能够帮助年轻人变成好公民？典型的公民学和公民身份教育主要基于一个关于政体，法律和公民权的知识体系来型塑知情的、参与的公民。[10][16]在澳大利亚，学生需要了解本国政体来采取有效行动，特定的知识将帮助他们通过理解政体、多元文化、法律体系、和平变革进程、法治、社会融合、权利和责任、公共利益、国家和欧洲认同、全球议题等，采取知情的行动。

《澳大利亚国家课程：公民学和公民身份》将提供哪些知识，帮助学生成为知情、负责任公民？该课程确认以下重要领域：

（1）政体、政府的关键机构、运作机制，支撑自由代议民主的原则、概念、价值观。

（2）法律体系的关键要素，司法过程，包括法律的目的、宪法原则、法律上的权利与责任和依法治国。

（3）公民权利与责任，包括人权、反对权、批评和沟通，个人、群体和政府如何影响公民辩论和公民参与。

（4）作为一个复杂、多元的社会，由多维度公民身份的人构成的现代国家，以及主流群体在影响公民生活，发展公民认同方面的重要作用。

上述知识将帮助澳大利亚学生成为知情的公民。这样的知识基础也将帮助知情的学生在将来成为积极的公民。但是，如果割裂理解的话，知识本身在培养一个积极、知情的公民方面价值有限，因为积极公民的培养还需要和技能、价值观的学习结合起来。正是知识与技能、价值观的结合，才能促进今天的学生成长为明天知情、积极的公民。

技能

什么样的"公民学和公民身份"技能有助于澳大利亚年轻人成为积极、知情的好公民？典型的"公民学和公民身份"课程包括许多成为积极参与公民的技能。[11][16][19] 从课程中我们可以获得哪些具体技能，以帮助澳大利亚学生理解本国政体、民主等从而成为一个积极公民？典型的公民技能包括：影响变革、提出问题、分析和解读、解决问题、沟通、社会融合和冲突解决、使用媒体、参与选举和公民参与。

《澳大利亚国家课程：公民学和公民身份》将提供哪些技能，来培养学生积极参与以成为参与的公民？为了培养知情的公民，该课程确认了以下重要技能：

（1）提问和研究能力：形成探究技能，包括调查分析、使用研究技能分析文献、搜集数据、质疑现状、准备报告和批评现有研究。

（2）分析综合能力：使之能够理解信息，促进对情况、决策的理解，坚持或反对某些立场，能区分观点中的事实和立场，能整合研究数据、理解且能处理两难情况。

（3）合作解决问题能力：做出决策、掌握团队工作技能来处理一些议题，比如通过合作和跨文化能力解决问题和冲突。

（4）解读和沟通能力：这一能力非常关键，有助解读政治政策和区分隐藏其中的特权，批评媒体信息，分析其中的利益和价值。

精通和掌握这些源自《澳大利亚国家课程：公民学和公民身份》的技能应该能够为学生成为21世纪积极公民奠定良好基础。在学校教育的情景中，这些技能可以通过口头与书面表达、批判性阅读、辩论、写作与倾听、同情心与社会技巧的应用、传统及新兴社交媒体（脸书、推特等）的使用，以及作为社会建构与交流工具的互联网等形式予以增强。

态度价值观

教育价值观在培养积极、知情的好公民过程中当然非常重要。[11][13][22][24] "公民学和公民身份"课程强调直接和间接的价值学习，承认价值在培养参与好公民中的重要性。[11][19][21] 不过，公民教育课程中什么样的价值教育能帮助培养澳大利亚年轻人参与政治？总体说来，《澳大利亚国家课程：公民学和公民身份》鼓励形成公民的认同感，特别是不局限于国家层面的认同，如澳洲公民，全球公民，当然也包括国家认同；尊重且支持公共善、人权、平等［包括多元文化］；建立对政治机构的信任和积极的公民参与。澳大利亚的一些研究指出，通过价值教育帮助学生形成公民参与、政治信任以及积极、知情地参与他们社区活动的价值观非常必要。[7][22][23]

《澳大利亚国家课程：公民学和公民身份》中致力于形成积极、知情的好公民的价值观，可以被分为两种。首先是作为议会代议民主基础的自由、民主价值，比如：言论自由、民有政府、法治、平等和有效的代表、责任、平等、行政问责和公共善等。

其次，这个好公民呈现的价值观和公民行为相关，包括礼貌、公民责任、人权、关怀和激情、尊重他人、平等、社会公正、言论自由、诚实、尊重他人的权利、负责、包容、可持续、和平、致力于公共善。

好公民的价值观需要转化为相应的行为。同时好公民的品质（disposition），是指倾向以积极、知情的公民的方式采取行为，包括倾向于在公民价值观与态度的引领下积极参与政治社团、社区志愿活动、市民社会、社会改进实践等可能的公民活动。

为了成为积极、知情的公民，澳大利亚学生需要掌握《澳大利亚国家课程：公民学和公民身份》所提出的价值观，并结合具体实际加以调整。如此一来，学生们就能建立成为好公民所需的重要价值观的基础，并为成为适合本国政治社会环境的积极、知情的公民奠定基础。

七　课程组织

《澳大利亚国家课程：公民学和公民身份》在课程结构上将学校公民教育课程划分为彼此相关的两部分：公民学和公民身份的认知与理解；公民学和公民身份技能。通过这两部分，积极、知情公民的要素都得到了明确的界定，并且在学校好公民教育实践中得以应用。例如，在公民学和公民身份的认知与理解这一部分的三个关键领域之一，就是 "公民身份、多样性、身份认同"，大部分内容与公民相关。相同的，《澳大利亚国家课程：公民学和公民身份》也明确了一系列有助于培养知情、积极公民的技能：提问和研究，分析、综合和解读，问题解决和决策，沟通和反思。这些技能可以用于许多公民相关的议题。

课程顺序安排

《澳大利亚国家课程：公民学和公民身份》被安排在 3～10 年级实施。如何使得课程的顺序安排能有助于好公民的培养？这就需要结合学生的年龄实际安排课程内容。诸如世界互联、全球污染、公民认同、政治权力、理解法制体系、气候变化等课题，应当按照一定的顺序，适时地介绍给学生。《澳大利亚国家课程：公民学和公民身份》提供课程指引，也对老师和学校教什么、何时教提出了建议。

每年级的《澳大利亚国家课程：公民学和公民身份》都有一个 "内容描述"（content description），用以描述知识、理解和技能目标，阐述对于教师如何教以及学生如何学的期望，但不包括教学方法的描述。内容描述可以保证学习有序，并避免不必要的重复。当然，每个年级学习的概念或技能在此后的学习中也会得到螺旋式的强化和延伸。

同样，每年级也都提供针对 "内容描述" 的 "详细说明"（content elaboration），以向老师进行必要的延伸解释，有助提升教学效率，即提供 "有关内容的解释及示例，以协助教师形成对内容描述的一致理解，但是这并不一定企图解释那些所有学生需要掌握的复杂知识点"。内容描述的"详细说明"能进一步澄清"好公民"概念是如何在《澳大利亚国家课程：公民学和公民身份》内容中得到强调和体现的。

为了展示"内容描述"和"详细说明"这两者之间的关系，以及《澳大利亚国家课程：公民学和公民身份》在培养好公民方面的具体努力，本文在此列举小学五年级、中学八年级的两个例子。到目前为止，《澳大利亚国家课程：公民学和公民身份》在中学最后两年并不开设。

五年级，接近小学义务教育的最后年级，学生年龄大约为11岁。下述一份摘自《澳大利亚国家课程：公民学和公民身份》的课程描述将展示其如何培养好公民。先是适合五年级的课程"内容描述"，接着是"详细说明"："内容描述"为什么人们需要通过合作来实现目标，人们应当如何表达共同信仰和价值观并付诸实践。

"详细说明"针对上述内容描述向教师延伸并举例解释：

- 讨论人们如何以及为何愿意在社区做志愿活动，比如，农村地区的消防服务、急救服务和公益青年组织；
- 通过社交媒体来分享、讨论观点，关于人们如何能在当地、区域、全球层面一起合作，如形成可持续社区；
- 了解原住民/托雷斯海峡岛民机构及其提供的服务。

与此相关的公民学和公民身份技能阐述的例子包括提问和研究：

- 提出与公民学和公民身份相关的问题（如"谁""什么""为何""如何""假如"）；
- 分析、综合、解读；
- 辨别媒体的偏见，如年龄、性别、种族等；
- 对时事形成判断，能使用多种来源的材料。

另一个例子来自八年级，学生大约为13岁。这个阶段培育好公民的教学内容和技能聚焦于身份认同和多元文化。

"内容描述"在澳大利亚这个多元文化社会中，如何形成国家认同。

"详细说明"向教师详细说明如下：

- 回顾个人经历，来探讨个人与国家认同之间的关系，以及它如何影响对澳大利亚社会的归属感；
- 讨论澳大利亚民族多元的程度。

问题解决技能方面的"详细说明"：

- 充分了解不同的认知角度；
- 在协调不同意见的时候，能认识到自己和他人观点背后的假设；
- 以文化包容的行为方式参与班级讨论与班级会议。

除了对所有课程内容进行"内容描述"和"详细说明"外，所有澳大利亚国家课程包括八个"通识能力"教育要求、三个"交叉课程重点"（Cross - curricular priorities）设计。在"通识能力"中，有两个关键能力有助于培养积极、知情的公民：伦理理解力和跨文化理解力。《澳大利亚国家课程：公民学和公民身份》这样描述："伦理理解力让学生形成强烈的个人与社会的道德，帮助他们管理环境、冲突、不确定性并帮助他们意识到自己的道德和行为对他人的影响。"而跨文化理解力"是让学生了解且参与多元文化，认识文化的异同，与他人建立联系并培养互相尊重的素养"。[20]

与此相似，三个"交叉课程重点"都强调直接与培养积极、知情的公民相关。其中，"可持续发展"这一"交叉课程重点"领域与培养积极、知情的公民尤为相关。澳大利亚国家课程指出"可持续发展教育能够帮助个人和社区反思理解及融入世界的方式"。[20]

总之，在回答本章的第二个问题，即在澳大利亚的学校教育中，如何通过国家课程培养好公民这一问题上，上述国家课程的内容，以及有关内容的总体描述、认知与技能目标的详细说明等，都已经充分展现：《澳大利亚国家课程：公民学和公民身份》特别致力于培育积极、知情的公民。就像上文五年级和八年级例子所展示的，课程针对不同年级特意设计了不同的具体内容。同时这些内容也通过其他国家课程对培育"通识能力"和落实"交叉课程重点"的要求得到了进一步强化。

八　总结

总而言之，在澳大利亚，给"好公民"下定义的一个较好方式就是：考虑被广泛认知和接受的《墨尔本宣言》所提倡的那样一种公民人格，即"积极、知情的公民"。成为该《宣言》倡导培育积极的、知情的公民，意味着"好公民"应当具有这样一些素质和行为，诸如在行动上表现出道德上的正直，对多元性的欣赏，对民主、平等、公正等国家核心价值的恪守，并参与澳大利亚的公民生活，致力于对包括自然和社会文化方面的可持续发展在内的公共善的促进，等等。这些"好公民"的诸多维度，都在培育积极、知情公民的课程——《澳大利亚国家课程：公民学和公民身份》中得到了一再的体现。

参考文献

［1］ Rowe, N., Sainsbury, M., Benton, T. & Kerr, D. (2012). What is a Good Citizen? The Views of Young People Over Time. Slough, England：NFER.

［2］ Arthur, J. (2003). Education with Character. New York：NY：Routledge Falmer.

［3］ Dalton, R. (2009). The Good Citizen：How A Younger Generation is Reshaping American Politics. Washington D. C.：CQ Press.

［4］ Denters, b., Gabriel, O. & Torcal, M. (2007). Norms of Good Citizenship. In Van Deth, J. Montero, & A. Westholm (eds.), Citizenship and Involvement in European Democracies. London, England：Routledge.

［5］ Nelson, J. & Kerr, D. (2006). Active Citizenship in INCA Countries：Definitions, Policies, Practices and Outcomes (Final Report). London, England：QCA.

［6］ Print, M. (2009b). Civic Education and Political Education of Young People. Minorities Studies, 1, 63 – 83.

［7］ Hoskins, B. & Mascherini, M. (2009). Measuring Active Citizenship through the Development of A Composite Indicator. Social Indicators Research, 90 (3), 459 – 488.

［8］ Print, M. & Hughes, J. (2001). Key Performance Measures in Civics and Citizenship Education. Canberra, Australia：Report to the Ministerial Council or Education, Training and Youth Affairs (MCETYA).

[9] Civics Expert Group (CEG). & Macintyre, S. (Chair). (1994). Whereas the people ⋯ Civics and Citizenship Education. Canberra, Australian Government Printing Service.

[10] Crick, B. (Chair). (1998). Education for Citizenship and the Teaching of Democracy in Schools. London, England: Qualifications and Curriculum Authority.

[11] Ministerial Council for Education, Employment, Training and Youth Affair (MCEETYA). (2008). Melbourne Declaration on Educational Goals for Young Australians. Melbourne, Australian: MCEETYA.

[12] Print, M. & Lange, D. (2013). Civic Education and Competences for Engaging Citizens in Democracies. Rotterdam, The Netherlands: Sense Publishers.

[13] Australian Government. (2014). Review of Australian Curriculum: Final Report. Canberra, Australian Government.

[14] Department of Education. (2014). Review of Australian Curriculum—Initial Australian Government Response. Canberra, Australia: Australian government.

[15] Australian Curriculum, Assessment and Reporting Authority. (2012). The Shape of the Australian Curriculum. Sydney, Australian: ACARA.

[16] Niemi, R. & Junn, J. (1998). Civic Education: What Make Students Learn. New Haven, CT: Yale University Press.

[17] Shultz, W., Ainley, J., Fraillon, J., Kerr, D. & Losito, B. (2010). ICCS 2009 International Report: Civic Knowledge, Attitudes, and Engagement among Lower-secondary Students in 38 Countries. Amsterdam, The Netherlands: IEA.

[18] Torney-Purta, J., Schwille, J. & Amadeo, J. (1999). Civic Education across Countries: Twenty-four Case Studies from the IEA Civic Education Project. Amsterdam, The Netherlands: International Association for the Evaluation of Educational Achievement.

[19] Australian Curriculum, Assessment and Reporting Authority. (2014). The Australian Curriculum: Civics and Citizenship. Sydney, Australia: ACARA.

[20] Australian Curriculum, Assessment and Reporting Authority. (2012). The Shape of the Australian Curriculum: Civics and Citizenship. Sydney, Australia: ACARA.

[21] Print, M. (2009a). Teaching Political and Social Values. In L. Saha & G. Dworkin (eds.), International Handbook of Research on Teachers and Teaching (pp. 1001 – 1014). New York, NY: Springer.

[22] Saha, L. & Print, M. (2010). Schools, Student Elections and Political Engagement: The Cradle of Democracy? *International Journal of Education Research*, 49 (1), 22 – 32.

[23] Rowe, N., Sainsbury, M., Benton, T. & Kerr, D. (2012). What is A Good Citizen? The Views of Young People Over Time. Slough, England: NFER.

调查报告

中学生权利意识与权利意识教育调查报告

北京师范大学公民与道德教育研究中心*

前言　调查概况

在北京师范大学教育学部"985"项目的资助下，课题组从 2012 年开始，开展了以公民教育为主题的调查研究，旨在通过年度实地调研的方式，在兼顾公民教育一般情况的基础上，分年度对公民教育中的若干重点议题进行专题研究。2012 年，课题组顺利进行了有关学生国家认同及其教育现状的调查，本年度（2013 年）公民教育调研的重点是中学生权利意识及权利意识教育现状。

一　调查目的和内容

（一）调查目的

2013 年度调查的重点在于中学生权利意识，并兼顾中学生权利意识教育的一般情况。课题组希望通过实地调研，对当前中学生的权利意识以及权利意识教育有一个基本的了解，为相关政策的制定提供数据支撑。

（二）调查内容

本调查主要包括两大部分：一是中学生权利意识的基本情况；二是中学生权利意识教育状况。

1. 权利意识的基本情况

本部分的调查重点是中学生权利意识状况。在调查的过程中，课题组

---

*　主要作者：刘争先、曾妮、蒋佳、丁魏、梁伟红、曾水兵、潘小春、孔祥渊、李乃涛、郭冰。

将权利分为基本人权、政治权利、社会权利以及受教育权四个部分，并从这四个部分对中学生权利意识进行了调查。在题目设计上，本调查就中学生对特定时事热点的关注与解读，以及影响中学生权利意识的家庭、社会、环境因素进行了摸底，以了解其基本状况。

需要说明的是：由于涉及的领域太宽，又有加强针对性等特殊需要，所以本研究采取的方法是在各领域选择若干重点进行调查，在研究内容设计上没有特别考虑逻辑上的面面俱到。

2. 权利意识教育一般情况

本部分主要围绕着中学生权利意识教育途径及影响因素展开，具体而言，主要分为三个方面，分别是：课程、学校管理以及教师的权利义务意识。

二　抽样设计

（一）抽样技术

为了使选取的样本更加具有代表性，抽样更加科学合理，经本课题组反复研究、讨论，最后决定采取 PPS（Probability Proportionate to Size Sampling）抽样技术。

PPS 抽样技术就是将总体按一种准确的标准划分出容量不等的具有相同标志的单位，在总体中按不同比率分配样本量进行抽样。它是一种使用辅助信息，从而使每个单位均有按其规模大小成比例的被抽中概率的一种抽样方式。在多阶段抽样中，尤其是二阶段抽样中，初级抽样单位被抽中的概率取决于其初级抽样单位的规模，初级抽样单位规模越大，被抽中的机会就越大，初级抽样单位规模越小，被抽中的概率就越小。PPS 抽样的主要优点是使用辅助信息从而减少了抽样误差，进而使抽样获得的样本更具有代表性。

中国人民大学、香港科技大学社会科学部与国务院发展研究中心联合进行的"全国综合社会调查"（CGSS），自 2003 年以来连续进行了 4 次全国范围的抽样调查，由于采取了 PPS 抽样方法，在样本量只有 5000～10000 份，调查对象的抽取是基于全国 13 亿总人口，最终调查对象的各种基本指标（年龄、性别、教育程度、政治面貌、户籍等）与全国人口普查数据非常接近，具有较高的代表性和可信度。

综合考虑取样的科学性以及研究经费、人员等条件的限制，本调查的样本总量设计为 5000 份。

（二）抽样设计和抽样框

抽样设计为多阶段分层抽样。

1. 地区抽样

（1）将全国按经济发展程度划分为东、中、西部三大区域，确定在每个区域选择两个省份。其中东部为北京和浙江，中部为吉林和江西，西部为甘肃和广西。

（2）在各区域中抽取样本城市（抽取省会城市和一般地级市作为样本市）。

（3）在样本市抽取样本区与样本县。

（4）在样本区与样本县抽取样本学校。

2. 学校抽样

（1）根据市区、县乡中学的在读中学生人数比例，确定相应的学生样本个数。

（2）市区、县乡的学生样本总量依据学生在各类学校（示范与一般）的就读人数比例，确定不同学校的样本数。

3. 学生抽样

（1）中学以二年级学生（初二、高二）为调查对象。

（2）在样本学校中对学生进行整群随机抽样，即随机抽取一个班级的学生作为调查样本。

（三）调查的具体方法

本调查的调查方式是派调查员到 6 个样本省份进行实地调查。实地问卷调查和访谈调查的时间是：2013 年 5 月 9 日~23 日，为期 14 天。

调查员由北京师范大学公民与道德教育研究中心的部分教师和在读研究生担任。调查员共 18 名，其中教师 3 名，博士研究生 2 名，硕士研究生 13 名。问卷调查和访谈调查均由调查员在现场组织实施。

本调查采用的具体方法是：问卷法、访谈法、观察法。

1. 回收问卷数量

为避免少数学生在班级问卷调查时被排除在外，本调查实际发放问卷为 5200 份，回收 5180 份。

问卷共计 77 个变量，缺失值达到 30% 定义为无效问卷。回收问卷里剔除无效问卷 203 份，有效回收问卷为 4977 份。

2. 访谈学生和教师的情况

调查员在每个样本省份的四种类型的学校（城市高中、乡镇高中、城市初中、乡镇初中）分别进行了访谈调查。访谈的学生和教师为随机抽取，访谈全部进行了录音。

本调查一共随机访谈学生 57 名，教师 41 名（见表 1）。

表 1　访谈对象分布情况

省　份	学生访谈人数	教师访谈人数
北　京	3	2
浙　江	9	7
吉　林	15	14
江　西	10	6
甘　肃	12	7
广　西	8	5
总　计	57	41

三　调查工作进程

本调查于 2013 年 2 月中旬开始启动，于 2013 年 8 月 15 日完成，为期 6 个月。主要分为以下阶段：

第一阶段：问卷设计与预调查（2013 年 2 月 13 日至 5 月 3 日）

本阶段的主要工作是：

1. 查阅资料、进行问卷和访谈提纲设计。

2. 进行预调查（在北京地区进行），对预调查问卷进行统计分析，在此基础上修改问卷。

3. 征求专家、一线教师对问卷及访谈提纲设计的意见，并根据他们的建议进行修改。

4. 问卷定稿；印刷装订。

第二阶段：抽样设计，设定抽样框（2013 年 3 月 19 日至 4 月 20 日，时间与第一阶段有部分重合）

本阶段的主要工作是查阅相关文献，例如，中华人民共和国国家统计局编《2011 中国统计年鉴》和《2011 中国教育年鉴》，了解全国在读中学生总数，从而确定本次调查的样本量。在此基础上，根据我国经济社会发展状况，确定本次调查的样本省、市、区、县。再根据初、高中学生的比例等确定学生样本比例。

抽样设计为多阶层分段抽样。

第三阶段：实地问卷调查和访谈调查（2013 年 6 月 9 ~ 24 日）

本阶段的主要工作是：

1. 培训调查人员。调查员全部由北京师范大学硕士、博士生担任。

2. 问卷调查：根据抽样原则，在样本学校发放、回收问卷。

3. 访谈调查：由调查员进行个案访谈与集体访谈。

第四阶段：数据处理、撰写研究报告（2013 年 6 月 25 日至 8 月 15 日）

本阶段的主要工作是：

1. 对回收的问卷进行编码、查错、录入、统计、分析。

2. 撰写研究报告，首先由各部分撰写人写出初稿，然后课题组成员进行讨论，在此基础上进行修改。

四　调查结果统计分析

（一）调查问卷的整理与统计分析

1. 对回收的问卷进行整理，剔除无效问卷。

2. 对调查数据进行编码、登录。同时，招募录入人员。课题组在北京师范大学教育学部的学生中招募了 15 名硕士研究生做问卷录入员。

3. 培训录入人员，进行数据录入。

在录入数据之前，课题组对问卷录入人员进行了培训。所有数据在 Excel 表格里进行数据录入。

数据录入时间为期 10 天。

4. 数据核查。录入工作结束后，课题组对录入的数据进行了三次核查，及时发现录入差错，以保证录入数据的准确性。经过数据核查之后，有效问卷 4977 份，错误率控制在 0.1‰（1/10000）以内。

5. 统计分析。问卷调查的数据采用 SPSS 16.0 社会科学统计软件包对数据进行统计分析。主要统计分析项目及方法是：频数分布分析、多维频数分布分析。

开放题进行了定性分析。调查问卷的第六题为开放题，课题组把被调查学生填写的全部文字做了录入整理。字数共计 118625。

（二）访谈录音资料的整理和分析

在录入数据的同时，课题组也对访谈录音进行了整理，整理出访谈录音文字资料 230087 字。

本调查开放题的文字资料与访谈录音的文字资料总计近 35 万字。

此外，本调查的文字资料还包括调查员写的调查总结。实地调查结束之后，分赴各样本省份实地调查的调查员都撰写了调查总结。

五　调查对象基本情况

（一）学段构成

本次调查初中生占总数的 67.1%，高中生为 32.9%。这是根据国家统计局公布的全国在读中学生的数据按比例进行的抽样，与目前初中生、高中生的比例基本一致（见表 2）。

表 2　学段

单位：人，%

类　别	频　数	百分比	有效百分比
初　中	3323	66.8	67.1
高　中	1628	32.7	32.9
合　计	4951	99.5	100.0
缺　失	26	0.5	
总　计	4977	100.0	

(二) 性别构成

本次调查被抽样的男、女生比例分别是 49.6% 和 50.4%，男女比例较为接近（见表 3）。

表 3 性别

单位：人, %

类 别	频 数	百分比	有效百分比
男	2464	49.5	49.6
女	2500	50.2	50.4
合 计	4964	99.7	100.0
缺 失	13	0.3	
总 计	4977	100.0	

(三) 学生家庭所在地

在本地调查中，家庭所在地为乡（镇）的学生比例最多，为 45.4%，其次是城市的学生，为 41.4%，家庭所在地为县城的学生人数比例为 13.2%（见表 4）。

表 4 家庭所在地

单位：人, %

类 别	频 数	百分比	有效百分比
城 市	2007	40.3	41.4
县 城	642	12.9	13.2
乡（镇）村	2202	44.2	45.4
合 计	4851	97.5	100.0
缺 失	126	2.5	
总 计	4977	100.0	

(四) 学生父母亲职业

在调查问卷中，我们依据当前的职业分类标准，将职业分为 21 种（加上其他一项，共有 22 个选项）供学生选择（见表 5、表 6）。

表5　父亲职业

单位：人，%

类　别	频　数	百分比	有效百分比
党政机关干部	170	3.4	3.5
工商企业管理人员	145	2.9	2.9
事业单位管理人员	397	8.0	8.1
公司老板/股东	136	2.7	2.8
科研技术人员	58	1.2	1.2
文艺体育工作者	8	0.2	0.2
律师	6	0.1	0.1
医务工作者	63	1.3	1.3
教育工作者	127	2.6	2.6
新闻出版人员	13	0.3	0.3
自由职业者	697	14.0	14.2
个体经营者	785	15.8	15.9
工业/运输业生产者	323	6.5	6.6
商业/服务业从业者	180	3.6	3.7
军人/警察	56	1.1	1.1
农业生产人员	695	14.0	14.1
离退休人员	21	0.4	0.4
家庭主妇	9	0.2	0.2
外地务工人员	454	9.1	9.2
下岗/失业人员	80	1.6	1.6
无业人员	201	4.0	4.1
其他	299	6.0	6.1
合　计	4923	98.9	100.0
缺　失	54	1.1	
总　计	4977	100.0	

表6 母亲职业

单位：人，%

类 别	频 数	百分比	有效百分比
党政机关干部	82	1.6	1.7
工商企业管理人员	117	2.4	2.4
事业单位管理人员	299	6.0	6.1
公司老板/股东	35	0.7	0.7
科研技术人员	28	0.6	0.6
文艺体育工作者	4	0.1	0.1
律师	5	0.1	0.1
医务工作者	104	2.1	2.1
教育工作者	156	3.1	3.2
新闻出版人员	5	0.1	0.1
自由职业者	549	11.0	11.2
个体经营者	648	13.0	13.2
工业/运输业生产者	143	2.9	2.9
商业/服务业从业者	336	6.8	6.8
军人/警察	7	0.1	0.1
农业生产人员	614	12.3	12.5
离退休人员	17	0.3	0.3
家庭主妇	954	19.2	19.4
外地务工人员	245	4.9	5.0
下岗/失业人员	89	1.8	1.8
无业人员	299	6.0	6.1
其他	187	3.8	3.8
合 计	4923	98.9	100.0
缺 失	54	1.1	
总 计	4977	100.0	

（五）学生父母的文化程度

调查数据显示，调查学生当中，父亲文化程度为初中的人数比例最多，为38.4%，其次是高中，为23.5%（见表7）。

表7 父亲文化程度

单位：人，%

类别	频数	百分比	有效百分比
没上过学	101	2.0	2.0
小学	960	19.3	19.4
初中	1900	38.2	38.4
高中（中专、中技）	1160	23.3	23.5
大学（高职、大专、本科）	707	14.2	14.3
研究生（硕士、博士）	116	2.3	2.3
合　计	4944	99.3	100.0
缺　失	33	0.7	
总　计	4977	100.0	

学生母亲文化程度比父亲文化程度整体偏低。母亲文化程度为小学的人数比例超过总数的四分之一（25.8%）（见表8）。

表8 母亲文化程度

单位：人，%

类别	频数	百分比	有效百分比
没上过学	355	7.1	7.2
小学	1275	25.6	25.8
初中	1734	34.8	35.1
高中（中专、中技）	935	18.8	18.9
大学（高职、大专、本科）	568	11.4	11.5
研究生（硕士、博士）	80	1.6	1.6
合　计	4947	99.4	100.0
缺　失	30	0.6	
总　计	4977	100.0	

（六）学生家庭生活水平

鉴于家庭经济收入的地区差异以及学生对家庭收入的了解情况，本调查对学生家庭经济背景的调查采用的是相对性的指标，即根据学生家庭收入与所在地的经济情况的比较，将学生家庭经济水平分为最高、较高、中等、较低和很低五个档次（由于调查中家庭经济水平是由学生自己填写，代表学生对自己家庭经济状况的判断）。在本次调查中，家庭生活水平在当地处于中等的学生人数比例最高，为75.6%，其次是较低，为12.1%（见表9）。

表9 学生家庭生活水平

单位：人，%

类　别	频　数	百分比	有效百分比
很　低	152	3.1	3.1
较　低	599	12.0	12.1
一　般	3746	75.3	75.6
较　高	429	8.6	8.7
很　高	30	0.6	0.6
合　计	4956	99.6	100.0
缺　失	21	0.4	
总　计	4977	100.0	

六　对本报告相关数据的说明

（一）数据采用的百分比

本研究报告中对问卷调查的所有数据分析采用的百分比是有效百分比，即用总人数减去某一题人数的缺失值，也就是用选项回答的人数除以实际上答题的人数得出，做法是：选项回答的人数÷（总人数－缺失值）×100% = 有效百分比。

（二）多维频数对比分析的内容

本研究报告对某些数据进行了列联表（多维频数）相关分析。相关分析的项目是：性别、学段、城乡（家庭所在地）、家庭阶层背景（父母亲职业和学历）等四个方面。

第一章　中学生的人权意识

中学生享有一个人的全部权利。从人权角度来考虑中学生的权利，主要探讨的是儿童权利。严格地说，绝大部分中学生是儿童或未成年人。根据《世界人权宣言》和《儿童权利公约》，儿童享有一个人的全部权利。《儿童权利公约》规定，儿童是指"18 岁以下的任何人，除非对其适用之法律规定成年年龄低于 18 岁"。但在我国，儿童的概念较为模糊。我国法律体系中与之对应的概念是"未成年人"。根据《中华人民共和国未成年人保护法》的规定，未成年人是指未满 18 周岁的公民。因此，在本报告中，儿童与未成年人为同一含义，均指 18 岁以下的人。

《儿童权利公约》第 3 条规定，"关于儿童的一切行动……均应以儿童的最大利益为一种首要考虑。"《儿童权利公约》规定的儿童权利多达几十种，但其最基本权利可以概括为三种：生存权、受保护权和发展权。《中华人民共和国未成年人保护法》规定，我国未成年人享有生存权、受保护权、发展权及参与权等权利。鉴于本报告将中学生①作为公民而享有的政治权利和作为受教育者所享有的受教育权单独研究，在此部分，参与权将被视为发展权的一部分予以考察。具体而言，生存权是指人能够正常生存的权利；受保护权是从作为未成年人的中学生的角度出发，确保他们不会因为自己是未成年人而受到伤害的权利；儿童的发展权意味着，"儿童拥有充分发展其全部体能和智能，保障其健康成长的各种权利"，②"每个儿童均有权享有足以促进其生理、心理、精神、道德和社会发展的生活水平"。③

一 对人权的基本认识

人权建立在对每个人的尊严及其价值尊重的基础上；人权是普遍的，平等而无差别地适用于所有人，在具体落实中，人权是不可剥夺的。因此，我们从尊严不可侵犯、人权平等、人权不可剥夺这三个维度来考察中学生对人权的基本认识。

（一）基本情况分析

调查数据显示，所调查中学生对人权的基本认识较高。通过赋值统计分析发现，在总分 5 分的人权认同程度中，所调查学生在尊严平等、平等对

---

① 中学生大多数是未成年人，本报告将中学生视为未成年人而加以审视。
② 南京大学法学院《人权法学》教材编写组：《人权法学》，科学出版社，2005，第 297 页。
③ 《儿童权利公约》第 27 条。

待以及罪犯游街三个问题上所表现出来的人权认同程度分别为 4.72 分、4.67 分和 4.29 分,平均得分为 4.56 分。从尊严问题到游街问题,得分由 4.72 分降至 4.29 分,在一定程度上反映出越是抽象的人权观念,学生的认同程度越高,具体情境下的人权观念,学生的认同程度则相对较低。

表 1 - 1 对人权的基本认识整体情况

单位:人,分

类 别	人 数	平均值	标准差
每个人的尊严都不可侵犯	4914	4.72	0.693
每个人都应该受到平等的对待	4872	4.67	0.747
(逆向)罪犯可以被游街示众	4881	4.29	1.078
对人权的基本认识的平均得分	4841	4.56	0.582
有效值	4841		

值得关注的是,在罪犯游街问题上,所调查学生的得分较低,且 SD = 1.078,与其他题目相比,数据离散程度较高。从频数分析可见,所调查学生中有 82.5% 反对"罪犯可以被游街示众"("非常反对"的不足六成),尚有 8.5% 赞同罪犯游街示众,另外 9.0% 则对此表示不确定。

表 1 - 2 罪犯可以被游街示众

单位:人,%

类 别	频 数	百分比	有效百分比
非常反对	2893	58.1	59.3
比较反对	1134	22.8	23.2
说不清	437	8.8	9.0
比较赞同	202	4.1	4.1
非常赞同	215	4.3	4.4
合 计	4881	98.1	100.0
缺 失	96	1.9	—
总 计	4977	100.0	—

访谈中发现,所调查的中学生大多认为,人应该是生来平等的,但现实情况较为复杂,有不平等的现象。当抽象谈论人人生而平等的问题时,他们大多持赞同态度,而在问及社会现实或生活问题时,他们又说出了种

种不平等的现象，表达自己的"不满"甚至"愤怒"。被访谈的学生提及了诸如贫富之间不平等、家庭背景导致的不平等、残疾人与健全人之间的不平等、老板与员工的不平等甚至辈分上的不平等等现象。"从生命的角度来讲，大家应该是平等的"（SPG4），每个人在人格上、尊严上都是平等的。但是，出生在不同的家庭，成长环境不同，导致了人与人在现实中的不平等。"有的人天生就是残疾，四肢不健全，多多少少对他们来说是有影响和阴影的，如果他们后天不努力的话，很可能就会不好……我觉得我们应该关心爱护他们，让他们走出阴影，创造属于他们的生活。"（SPG3）

> 访谈者：你觉得每个人生来都是平等的吗？
>
> 被访者：无论出身贵贱，每个人都是平等的。一个人从出生开始，就注定了是这个社会的一分子。他是这个社会的一分子，就会享受到社会赋予他的权利，所以没有什么平等不平等。
>
> 访谈者：你觉得现实社会中存不存在生来不平等的情况？
>
> 被访者：当然有。现在网上不是有这么一句话，"有钱就是爷"。官二代、富二代有的是，这就造成一些很严重的不平等。他家有钱，他爸是官，那么他们就高人一等。
>
> 访谈者：你觉得这种不平等有办法去解决吗？
>
> 被访者：我感觉这些东西可以称作社会的毒瘤，不能完全根治。就像目前社会对女性普遍有"那种"态度（指歧视的态度，笔者注），这受到几千年来封建社会的传统思想的影响，想要拔除，目前短期内是不可能的。（SSY3）

也有学生在谈论人与人不平等时提及，"老师的话和家长的话必须要听"（SBJ3），"自己就是应该跟长辈不平等，本来就应该服从他们"（SBJ5）。

（二）女生比男生对人权的基本认识程度更高

通过独立样本 t 检验可发现，所调查的男生和女生在人权的基本认识方面存在显著性差异（$p = 0.000$）。其中，在尊严平等问题上无显著差异（$p = 0.219$），在平等对待（$p = 0.000$）和人权不可剥夺（$p = 0.001$）两个维度则在 $p < 0.01$ 的水平上有显著差异。

具体而言，在所调查的中学生中，就对人权的基本认识而言，女生比男生更认同人权。在"每个人都应该受到平等的对待"这一问题上,男生与女生的分数分别是 4.62 和 4.71,在"罪犯可以被游街示众"这一问题上,男生与女生的得分分别是 4.24 和 4.34。

表 1 - 3 性别与对人权的基本认识

单位:人,分

类 别	性 别	人 数	平均值	标准差	T 值
每个人的尊严都不可侵犯	男	2419	4.71	0.730	- 1.228
	女	2486	4.74	0.651	
每个人都应该受到平等的对待	男	2403	4.62	0.794	- 4.251 **
	女	2460	4.71	0.691	
(逆向) 罪犯可以被游街示众	男	2406	4.24	1.142	- 3.184 **
	女	2466	4.34	1.010	
对人权的基本认识	男	2388	4.53	0.618	- 4.336 **
	女	2444	4.60	0.541	

注: * $p < 0.05$, ** $p < 0.01$。

(三) 高中生比初中生对人权的基本认识程度更高

通过独立样本 t 检验可发现,所调查的初、高中生在人权的基本认识方面存在显著性差异 ($p = 0.000$)。其中,在尊严平等问题上无显著差异 ($p = 0.275$),在平等对待 ($p = 0.000$) 和人权不可剥夺 ($p = 0.001$) 两个维度则在 $p < 0.01$ 的水平上有显著差异。

相比较而言,在所调查的中学生中,就对人权的基本认识而言,高中生比初中生更认同人权。在"每个人都应该受到平等的对待"这一问题上,初、高中生的分数分别是 4.64 和 4.72,在"罪犯可以被游街示众"这一问题上,初、高中生的得分分别是 4.25 和 4.36。

表 1 - 4 学段与对人权的基本认识

单位:人,分

类 别	学 段	人 数	平均值	标准差	T 值
每个人的尊严都不可侵犯	初 中	3280	4.72	0.712	- 1.092
	高 中	1613	4.74	0.647	

续表

类　别	学　段	人　数	平均值	标准差	T值
每个人都应该受到平等的对待	初　中	3250	4.64	0.799	−3.815**
	高　中	1601	4.72	0.619	
（逆向）罪犯可以被游街示众	初　中	3254	4.25	1.118	−3.361**
	高　中	1606	4.36	0.987	
对人权的基本认识	初　中	3221	4.54	0.610	−3.888**
	高　中	1599	4.61	0.516	

注：** p<0.01。

（四）乡（镇）村学生对人权的基本认识程度最低

调查结果显示，无论是从学校所在地还是家庭所在地来看，乡（镇）村学生对人权的基本认识程度最低，学校和家庭所在地为乡（镇）村的学生在人权基本认识方面的得分均为 4.52 分，明显低于平均分 4.56 分。

从学校所在地来看，通过单因素方差分析发现，所调查的城市学校、县城学校及乡（镇）村学校的学生在人权的基本认识方面存在显著性差异（p=0.002）。其中，在平等对待问题上无显著差异（p=0.520），在尊严平等问题上存在显著性差异（p=0.000），在人权不可剥夺问题上存在边缘显著性差异（p=0.057）。

在"每个人的尊严都不可侵犯"的问题上，城市学校学生的得分最高，为 4.78 分。在"罪犯可以被游街示众"的问题上，县城学校学生的得分最高，为 4.33 分。

表 1-5　学校所在地与对人权的基本认识

单位：人，分

类　别	项　目	人　数	平均值	标准差	F值
每个人的尊严都不可侵犯	城市学校	2164	4.78	0.624	14.190**
	县城学校	1264	4.69	0.739	
	乡（镇）村学校	1486	4.66	0.740	
	总　计	4914	4.72	0.693	—

类　　别	项　目	人　数	平均值	标准差	F 值
每个人都应该受到平等的对待	城市学校	2142	4.68	0.776	0.654
	县城学校	1250	4.68	0.681	
	乡（镇）村学校	1480	4.65	0.759	
	总　计	4872	4.67	0.747	
（逆向）罪犯可以被游街示众	城市学校	2152	4.30	1.128	2.868
	县城学校	1255	4.33	1.003	
	乡（镇）村学校	1474	4.24	1.062	
	总　计	4881	4.29	1.078	
对人权的基本认识	城市学校	2131	4.59	0.590	6.081 **
	县城学校	1244	4.57	0.557	
	乡（镇）村学校	1466	4.52	0.591	
	总　计	4841	4.56	0.582	

注：** $p < 0.01$。

从家庭所在地来看，通过单因素方差分析发现，所调查的家庭所在地分别为城市、县城及乡（镇）村的学生在人权的基本认识方面存在显著性差异（$p = 0.000$）。其中，在平等对待问题上存在边缘显著性差异（$p = 0.056$），在尊严平等（$p = 0.000$）和人权不可剥夺（$p = 0.017$）方面均存在显著性差异。

在"每个人的尊严都不可侵犯"的问题上，城市学生的得分最高，为4.79分。在"罪犯可以被游街示众"的问题上，县城学生的得分最高，高达4.40分，比均值（4.29）高0.11分。

表 1－6　家庭所在地与对人权的基本认识

单位：人，分

类　　别	项　目	人　数	平均值	标准差	F 值
每个人的尊严都不可侵犯	城　市	1981	4.79	0.594	21.321 **
	县　城	634	4.74	0.660	
	乡（镇）村	2178	4.65	0.770	
	总　计	4793	4.72	0.691	

续表

类　别	项　目	人　数	平均值	标准差	F 值
每个人都应该受到平等的对待	城　市	1966	4.69	0.762	2.890
	县　城	627	4.71	0.664	
	乡（镇）村	2161	4.64	0.748	
	总　计	4754	4.67	0.744	
（逆向）罪犯可以被游街示众	城　市	1972	4.27	1.152	4.079 **
	县　城	629	4.40	0.993	
	乡（镇）村	2160	4.27	1.036	
	总　计	4761	4.29	1.081	
对人权的基本认识	城　市	1956	4.58	0.582	8.828 **
	县　城	625	4.62	0.528	
	乡（镇）村	2143	4.52	0.594	
	总　计	4724	4.56	0.582	

注：** $p < 0.01$。

可见，无论是从学校还是家庭所在地来看，在"每个人的尊严都不可侵犯"的问题上都是城市学生得分最高，在"罪犯可以被游街示众"的问题上，县城学生的得分最高。

（五）对人权的基本认识随父母亲文化程度升高而升高

通过单因素方差分析发现，父亲文化程度不同的学生在人权的基本认识方面存在显著性差异（$p = 0.000$）。其中，在人权不可剥夺方面无显著差异（$F = 0.146$，$p = 0.146$），在尊严平等（$F = 16.528$，$p = 0.000$）和平等对待（$F = 8.315$，$p = 0.000$）方面存在显著性差异。

大体而言，父亲文化程度越高，子女对人权的基本认同程度越高。

通过单因素方差分析发现，母亲文化程度不同的学生在人权的基本认识方面存在显著性差异（$p = 0.000$）。在尊严平等（$F = 14.871$，$p = 0.000$）、平等对待（$F = 4.749$，$p = 0.000$）和人权不可剥夺（$F = 3.022$，$p = 0.001$）方面均存在显著性差异。

大体而言，随母亲文化程度的升高，子女对人权的基本认同程度呈升高的趋势，但当母亲文化程度达到研究生的时候，认同度有所下降。

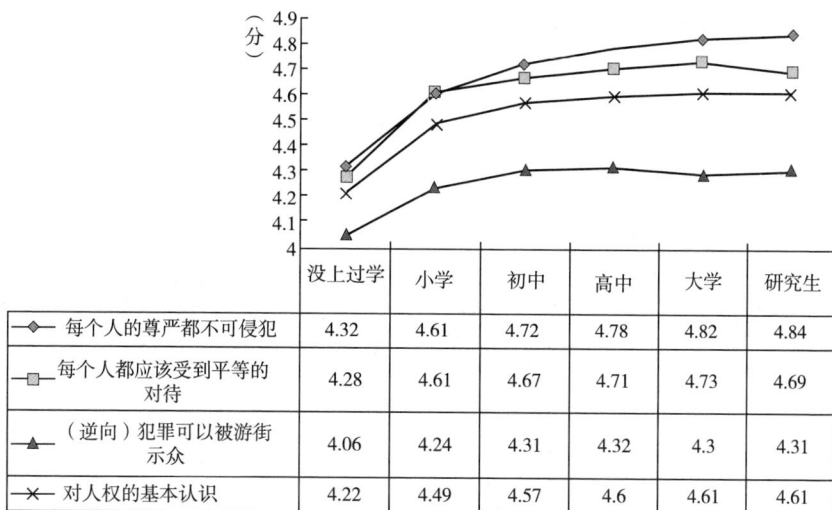

	没上过学	小学	初中	高中	大学	研究生
◆ 每个人的尊严都不可侵犯	4.32	4.61	4.72	4.78	4.82	4.84
■ 每个人都应该受到平等的对待	4.28	4.61	4.67	4.71	4.73	4.69
▲ （逆向）犯罪可以被游街示众	4.06	4.24	4.31	4.32	4.3	4.31
✕ 对人权的基本认识	4.22	4.49	4.57	4.6	4.61	4.61

图 1 - 1　父亲文化程度与对人权的基本认识

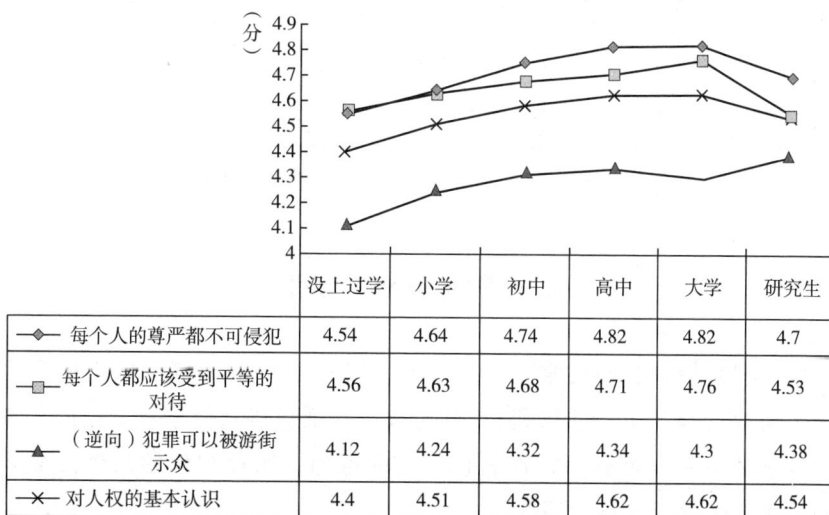

	没上过学	小学	初中	高中	大学	研究生
◆ 每个人的尊严都不可侵犯	4.54	4.64	4.74	4.82	4.82	4.7
■ 每个人都应该受到平等的对待	4.56	4.63	4.68	4.71	4.76	4.53
▲ （逆向）犯罪可以被游街示众	4.12	4.24	4.32	4.34	4.3	4.38
✕ 对人权的基本认识	4.4	4.51	4.58	4.62	4.62	4.54

图 1 - 2　母亲文化程度与对人权的基本认识

（六）对人权的基本认识随家庭生活水平变化呈倒 U 形曲线变化

通过单因素方差分析发现，家庭生活水平不同的学生在人权的基本认识方面存在显著性差异（p = 0.000）。在尊严平等（F = 10.366，p = 0.000）、平等对待（F = 10.120，p = 0.000）和人权不可剥夺（F = 6.481， p = 0.000）方面均存在显著性差异。

大体而言，所调查学生对人权的基本认同随家庭生活水平变化的曲线基本上呈倒 U 形曲线变化，曲线最高点为家庭生活水平较高的，而生活水平很高的学生对人权的认同较低。

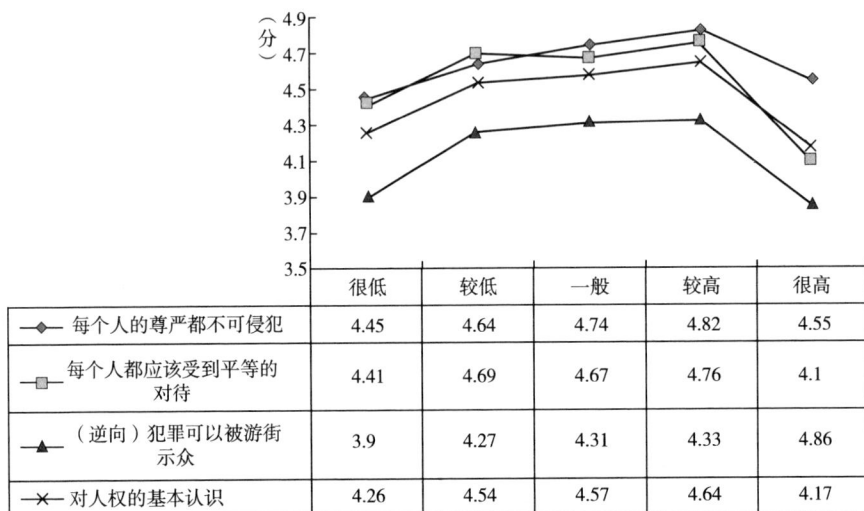

	很低	较低	一般	较高	很高
◆ 每个人的尊严都不可侵犯	4.45	4.64	4.74	4.82	4.55
■ 每个人都应该受到平等的对待	4.41	4.69	4.67	4.76	4.1
▲ （逆向）犯罪可以被游街示众	3.9	4.27	4.31	4.33	4.86
✕ 对人权的基本认识	4.26	4.54	4.57	4.64	4.17

图 1 - 3　家庭生活水平与对人权的基本认识

二　对生存权的认识

生存权是指人能够正常生存的权利，按照生存的不同层次由低到高可分为生命权（获得生命的权利）、身份权、存活权以及健康权。据此，本次调研分别从生命不可剥夺、姓名权、生存保障、医疗和保健几个方面来考察中学生对生存权的认识情况。

（一）基本情况分析

调查数据显示，所调查中学生对生存权的认识处于中等偏上水平。通过赋值统计分析发现，在总分 5 分的生存权认同程度中，所调查学生对生存权的认同平均分为 4.31 分。其中，在生命不可剥夺方面表现出来的认同度高达 4.61 分，生存保障、医疗和保健这三方面的得分均为 4.39 分，而对姓名权的认同仅有 3.76 分。

表 1 - 7　对生存权的认识整体情况

单位：人，分

类　别	人　数	平均值	标准差
（逆向）先天残疾的儿童没有存活的必要	4862	4.61	0.949
我有更改姓名的权利	4906	3.76	1.243
国家有义务为生活不能自理的人提供基本保障	4862	4.39	0.892
国家有义务为患重病的人提供医疗救助	4880	4.39	0.898
国家有义务为贫困儿童提供免费的营养午餐	4901	4.39	0.830
对生存权的认识	4766	4.31	0.563
有效值	4766		

　　值得关注的是，所调查学生对姓名权的认同度极低，且 SD = 1.243，与其他题目相比，数据的离散程度较高。从频数分析可见，所调查学生中高达 16.3% 的学生不认为自己"有更改姓名的权利"，22.4% 不清楚自己是否有更改姓名的权利。

表 1 - 8　我有更改姓名的权利

单位：人，%

类　别	频　数	百分比	有效百分比
非常反对	342	6.9	7.0
比较反对	460	9.2	9.4
说不清	1100	22.1	22.4
比较赞同	1149	23.1	23.4
非常赞同	1855	37.3	37.8
合　计	4906	98.6	100.0
缺　失	71	1.4	
总　计	4977	100.0	

　　在生命权不可剥夺的问题上，虽然所调查学生的得分高达 4.61，但 SD = 0.949，数据的离散程度也较高。从频数分析可见，所调查学生中尚有 6.0% 的人认为"先天残疾的儿童没有存活的必要"。

表 1 - 9　先天残疾的儿童没有存活的必要

单位：人，%

类　别	频　数	百分比	有效百分比
非常反对	3964	79.6	81.5
比较反对	351	7.1	7.2
说不清	256	5.1	5.3
比较赞同	130	2.6	2.7
非常赞同	161	3.2	3.3
合　计	4862	97.7	100.0
缺　失	115	2.3	
总　计	4977	100.0	

（二）男女生对生存权的认识差异显著

通过独立样本 t 检验可发现，就整体而言，所调查的男生和女生对生存权的认识并不存在显著性差异（p = 0.133）。具体而言，男生和女生在姓名权（p = 0.372）和保健（p = 0.297）两方面的生存权认同没有显著差异，但是，在生命不可剥夺（p = 0.000）、生存保障（p = 0.015）和医疗（p = 0.028）问题上则存在显著性差异。

大体而言，女生对生存权的认同比男生高。但在更改姓名和为患重病的人提供医疗救助问题上男生的认同比女生高。

表 1 - 10　性别与对生存权的认识

单位：人，分

类　别	性　别	人　数	平均值	标准差	T 值
（逆向）先天残疾的儿童没有存活的必要	男	2392	4.54	1.021	- 4.719 **
	女	2462	4.67	0.871	
我有更改姓名的权利	男	2417	3.77	1.245	0.893
	女	2480	3.74	1.241	
国家有义务为生活不能自理的人提供基本保障	男	2397	4.36	0.935	- 2.445 *
	女	2457	4.42	0.846	
国家有义务为患重病的人提供医疗救助	男	2400	4.42	0.887	2.204 *
	女	2471	4.36	0.905	

续表

类　别	性　别	人　数	平均值	标准差	T 值
国家有义务为贫困儿童提供免费的营养午餐	男	2415	4.38	0.858	- 1.043
	女	2477	4.41	0.800	
对生存权的认识	男	2345	4.30	0.580	- 1.503
	女	2414	4.33	0.544	

注：* p < 0.05，** p < 0.01。

（三）高中生比初中生对生存权的认识程度更高

通过独立样本 t 检验可发现，就整体而言，所调查的初中生和高中生对生存权的认识存在显著性差异（p = 0.000）。具体而言，所调查的初、高中学生在生命不可剥夺（p = 0.124）和保健（p = 0.798）两方面的生存权认同没有显著差异，在姓名权（p = 0.000）、生存保障（p = 0.000）和医疗（p = 0.002）问题上则存在显著性差异。

调查数据显示，在对生存权的认同方面，高中生的认同程度明显高于初中生。高中生对生存权的平均认同分数为 4.41 分，而初中生的得分为 4.27 分。其中，差距最为明显的是对更改姓名的权利的认识，在这一问题上高中生的得分为 4.04 分，而初中生仅有 3.62 分，差距高达 0.42 分。

表 1 - 11　学段与对生存权的认识

单位：人，分

类　别	学　段	人　数	平均值	标准差	T 值
（逆向）先天残疾的儿童没有存活的必要	初　中	3244	4.60	0.976	
	高　中	1599	4.64	0.891	
我有更改姓名的权利	初　中	3273	3.62	1.287	
	高　中	1612	4.04	1.095	
国家有义务为生活不能自理的人提供基本保障	初　中	3240	4.33	0.961	
	高　中	1603	4.51	0.717	
国家有义务为患重病的人提供医疗救助	初　中	3255	4.37	0.933	
	高　中	1604	4.45	0.816	
国家有义务为贫困儿童提供免费的营养午餐	初　中	3270	4.39	0.840	
	高　中	1610	4.40	0.809	

类 别	学 段	人 数	平均值	标准差	T值
对生存权的认识	初 中	3164	4.27	0.580	-8.802**
	高 中	1585	4.41	0.511	

注：** $p < 0.01$。

（四）乡（镇）村学生对生存权的认识程度最低

调查结果显示，无论是从学校所在地还是家庭所在地来看，乡（镇）村学生对生存权的认识程度最低，学校和家庭所在地为乡（镇）村的学生在生存权的认识方面得分分别为4.18和4.25，明显低于平均分4.31。

从学校所在地来看，通过单因素方差分析发现，所调查的城市学校、县城学校及乡（镇）村学校的学生在对生存权的认识上存在显著性差异（$p = 0.000$）。具体而言，在生命不可剥夺（$p = 0.035$）、姓名权（$p = 0.000$）、生存保障（$p = 0.000$）、医疗（$p = 0.032$）和保健（$p = 0.000$）方面学生之间均存在显著性差异。

数据显示，乡（镇）村学校学生对生存权各个方面的认识均为最低，在"先天残疾的儿童没有存活的必要"这一题目上，县城学校学生的得分最高，除此之外的其他方面均为城市学校学生的得分最高。

表1-12 学校所在地与对生存权的认识

单位：人，分

项 目	类 别	人 数	平均值	标准差	F值
（逆向）先天残疾的儿童没有存活的必要	城市学校	2145	4.59	0.981	3.341*
	县城学校	1250	4.67	0.862	
	乡（镇）村学校	1467	4.59	0.971	
	总 计	4862	4.61	0.949	
我有更改姓名的权利	城市学校	2163	3.97	1.184	119.486**
	县城学校	1260	3.86	1.172	
	乡（镇）村学校	1483	3.36	1.292	
	总 计	4906	3.76	1.243	

续表

项　　目	类　别	人　数	平均值	标准差	F 值
国家有义务为生活不能自理的人提供基本保障	城市学校	2140	4.46	0.842	24.012**
	县城学校	1251	4.41	0.803	
	乡（镇）村学校	1471	4.26	1.013	
	总　计	4862	4.39	0.892	
国家有义务为患重病的人提供医疗救助	城市学校	2146	4.43	0.889	3.436*
	县城学校	1256	4.37	0.897	
	乡（镇）村学校	1478	4.36	0.912	
	总　计	4880	4.39	0.898	
国家有义务为贫困儿童提供免费的营养午餐	城市学校	2157	4.48	0.824	23.678**
	县城学校	1262	4.34	0.812	
	乡（镇）村学校	1482	4.31	0.842	
	总　计	4901	4.39	0.830	
对生存权的认识	城市学校	2099	4.39	0.558	64.232**
	县城学校	1231	4.34	0.527	
	乡（镇）村学校	1436	4.18	0.575	
	总　计	4766	4.31	0.563	

注：* $p < 0.05$，** $p < 0.01$。

从家庭所在地来看，家庭所在地为城市、县城及乡（镇）村的学生对生存权的认识存在显著性差异（$p = 0.000$）。具体而言，学生之间在姓名权（$p = 0.000$）、生存保障（$p = 0.000$）、医疗（$p = 0.000$）和保健（$p = 0.000$）方面均存在显著性差异，但在生命不可剥夺方面并不存在显著差异（$p = 0.329$）。

数据显示，除了生命权不可剥夺这一维度，家庭所在地为乡（镇）村的学生对生存权各个方面的认同均为最低，城市的学生对生存权认同程度最高（姓名权例外，城市与县城的学生对姓名权的认同相差不多）。在"先天残疾的儿童没有存活的必要"这一题目上，城市学生的得分最低，但这一维度的差异并不明显。

表 1 – 13　家庭所在地与对生存权的认识

单位：人，分

项　目	类　别	人　数	平均值	标准差	F 值
（逆向）先天残疾的儿童没有存活的必要	城　市	1970	4.59	0.982	1.113
	县　城	625	4.64	0.923	
	乡（镇）村	2147	4.62	0.926	
	总　计	4742	4.61	0.949	
我有更改姓名的权利	城　市	1982	3.86	1.242	19.780 **
	县　城	634	3.87	1.160	
	乡（镇）村	2169	3.64	1.253	
	总　计	4785	3.76	1.241	
国家有义务为生活不能自理的人提供基本保障	城　市	1963	4.45	0.858	12.316 **
	县　城	627	4.42	0.816	
	乡（镇）村	2153	4.32	0.931	
	总　计	4743	4.39	0.889	
国家有义务为患重病的人提供医疗救助	城　市	1969	4.46	0.870	8.984 **
	县　城	625	4.37	0.877	
	乡（镇）村	2166	4.34	0.920	
	总　计	4760	4.39	0.895	
国家有义务为贫困儿童提供免费的营养午餐	城　市	1975	4.51	0.796	33.163 **
	县　城	633	4.35	0.840	
	乡（镇）村	2172	4.30	0.849	
	总　计	4780	4.39	0.832	
对生存权的认识	城　市	1934	4.38	0.562	24.705 **
	县　城	611	4.34	0.561	
	乡（镇）村	2104	4.25	0.557	
	总　计	4649	4.32	0.562	

注：** p < 0.01。

（五）学生对生存权的认识随父母亲文化程度升高而升高，父母亲学历为研究生的学生的认识有所下降

通过单因素方差分析发现，父亲文化程度不同的学生对生存权的认识存在显著性差异（p = 0.000）。具体而言，在生命不可剥夺（F = 2.985，p = 0.011）、姓名权（F = 14.448，p = 0.000）、生存保障（F = 10.359，p = 0.000）、医疗（F = 8.872，p = 0.000）和保健（F = 6.415，p = 0.000）方面均存在显著性差异。

其中，就生命不可剥夺的维度而言，子女认同程度随父亲文化程度变化呈倒 U 形曲线变化，最高点为中学文化程度（初、高中均为 4.63）；就姓名权和保健两个维度而言，父亲文化程度越高，子女的认同程度越高；就生存保障和医疗两个维度而言，父亲文化程度越高，子女的认同程度越高，但当父亲文化程度达到研究生的时候，认同程度有所下降。

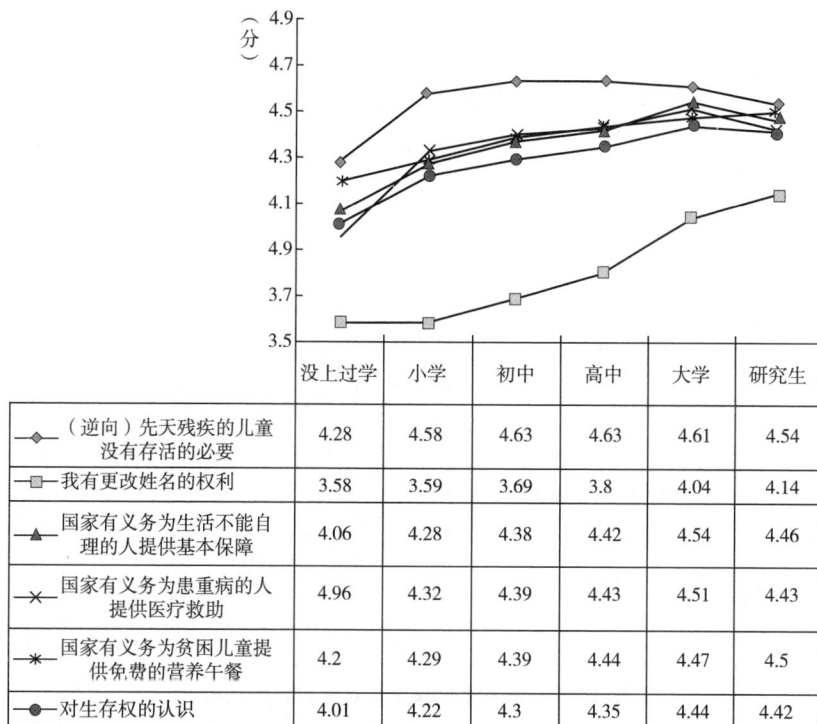

	没上过学	小学	初中	高中	大学	研究生
（逆向）先天残疾的儿童没有存活的必要	4.28	4.58	4.63	4.63	4.61	4.54
我有更改姓名的权利	3.58	3.59	3.69	3.8	4.04	4.14
国家有义务为生活不能自理的人提供基本保障	4.06	4.28	4.38	4.42	4.54	4.46
国家有义务为患重病的人提供医疗救助	4.96	4.32	4.39	4.43	4.51	4.43
国家有义务为贫困儿童提供免费的营养午餐	4.2	4.29	4.39	4.44	4.47	4.5
对生存权的认识	4.01	4.22	4.3	4.35	4.44	4.42

图 1-4　父亲文化程度与对生存权的认识

通过单因素方差分析发现，母亲文化程度不同的学生对生存权的认识存在显著性差异（$p = 0.000$）。具体而言，在姓名权（$F = 16.661$，$p = 0.000$）、生存保障（$F = 8.353$，$p = 0.000$）、医疗（$F = 6.049$，$p = 0.000$）和保健（$F = 6.834$，$p = 0.000$）方面均存在显著性差异，但在生命不可剥夺这一维度并不存在显著差异（$F = 1.127$，$p = 0.344$）。

除生命不可剥夺这一维度外，对生存权的认同随母亲文化程度变化的大致趋势是：随母亲文化程度的升高，子女对生存权的认同程度呈升高的趋势，但当母亲文化程度达到研究生的时候，认同度有所下降。其中，在"为贫困儿童提供免费的营养午餐"的问题上，母亲为研究生文化程度的生存权认同度极低，分数仅为 4.30 分（均值为 4.40 分）。就生命不可剥夺的维度而言，虽然没有明显差异，但大体上能看出，认同程度曲线以母亲初中文化程度（4.63 分）为最高点，随着母亲文化程度升高或降低，认同程度均降低。

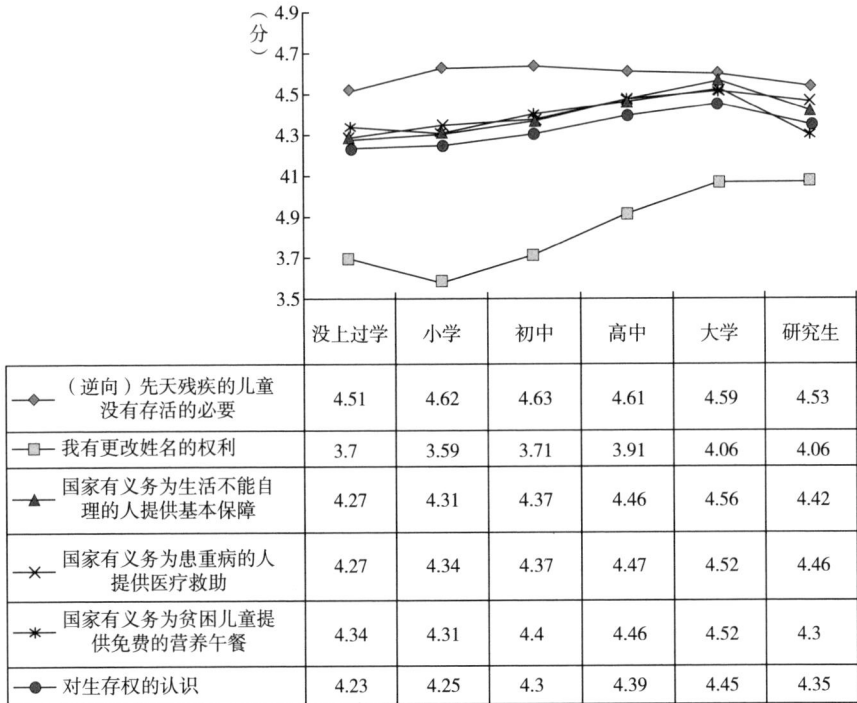

	没上过学	小学	初中	高中	大学	研究生
（逆向）先天残疾的儿童没有存活的必要	4.51	4.62	4.63	4.61	4.59	4.53
我有更改姓名的权利	3.7	3.59	3.71	3.91	4.06	4.06
国家有义务为生活不能自理的人提供基本保障	4.27	4.31	4.37	4.46	4.56	4.42
国家有义务为患重病的人提供医疗救助	4.27	4.34	4.37	4.47	4.52	4.46
国家有义务为贫困儿童提供免费的营养午餐	4.34	4.31	4.4	4.46	4.52	4.3
对生存权的认识	4.23	4.25	4.3	4.39	4.45	4.35

图 1-5 母亲文化程度与对生存权的认识

（六）对生存权的认识随家庭生活水平变化呈倒 U 形曲线变化

通过单因素方差分析发现，家庭生活水平不同的学生对生存权的认识存在显著性差异（p = 0.000）。具体而言，在生命不可剥夺（F = 14.016，p = 0.000）、姓名权（F = 2.901，p = 0.021）、生存保障（F = 9.538，p = 0.000）、医疗（F = 3.847，p = 0.004）和保健（F = 6.820，p = 0.000）方面均存在显著性差异。

所调查学生对生存权的认同随家庭生活水平变化呈倒 U 形曲线走向，其中，在"先天残疾的儿童没有存活的必要"这一维度，最高点为一般生活水平（4.64 分），其他维度的曲线最高点均为较高生活水平。值得指出的是，在生命不可剥夺、生存保障和医疗三个维度，生活水平很高的学生的认同度极低。

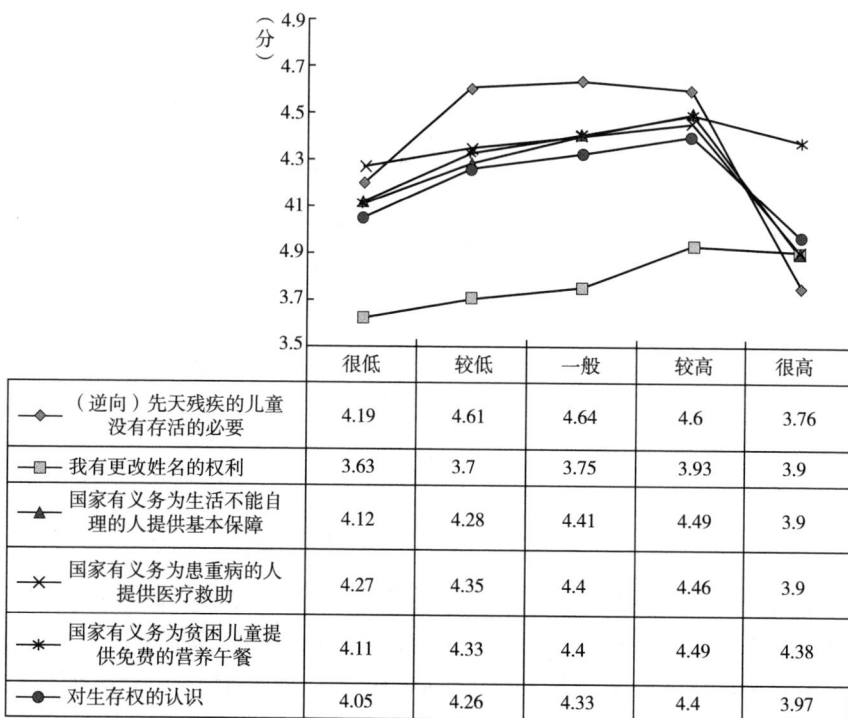

	很低	较低	一般	较高	很高
◆ （逆向）先天残疾的儿童没有存活的必要	4.19	4.61	4.64	4.6	3.76
◻ 我有更改姓名的权利	3.63	3.7	3.75	3.93	3.9
▲ 国家有义务为生活不能自理的人提供基本保障	4.12	4.28	4.41	4.49	3.9
× 国家有义务为患重病的人提供医疗救助	4.27	4.35	4.4	4.46	3.9
＊ 国家有义务为贫困儿童提供免费的营养午餐	4.11	4.33	4.4	4.49	4.38
● 对生存权的认识	4.05	4.26	4.33	4.4	3.97

图 1-6　家庭生活水平与对生存权的认识

三　对受保护权的认识

受保护权是从作为未成年人的中学生的角度出发，确保他们不会因为自己是未成年人而受到伤害的权利，在这里受保护权可划分为两个层面：一是受养育和照顾的权利，二是不受伤害的权利。在不受伤害层面，本次调研从不受虐待、不受忽视、禁止雇用童工、被限制自由的儿童及隐私权几个方面来考查学生对受保护权的认识。

（一）基本情况分析

调查数据显示，所调查中学生对受保护权的认识处于中等偏上水平。通过赋值统计分析发现，在总分 5 分的受保护权认同程度中，所调查学生对受保护权的认同度平均分为 4.38 分。其中，在不受虐待这一维度表现出来的认同度高达 4.74 分，而对被限制自由的儿童的权利的认同度得分仅为 3.85 分。

表 1 - 14　对受保护权的认识整体情况

单位：人，分

类　别	人　数	平均值	标准差
国家必须为没有家庭抚养的儿童提供特别的保护	4879	4.16	1.107
国家有义务保护儿童不受虐待	4903	4.74	0.645
每一个孩子都不应该受到忽视	4922	4.59	0.894
政府有义务禁止雇用童工	4874	4.23	1.170
未满 16 周岁的犯罪嫌疑人不应该公开审理	4892	3.85	1.225
学校有义务保护学生的隐私	4930	4.62	0.819
对受保护权的整体认识	4755	4.38	0.541
有效值	4755		

值得关注的是，所调查学生对被限制自由的儿童的权利认同度极低，得分仅为 3.85 分且 SD = 1.2254，与其他维度相比，数据的离散程度较高。从频数分析可见，所调查学生中只有 65.4% 赞同"未满 16 周岁的犯罪嫌疑人不应该公开审理"，高达 14.5% 的学生反对这一观点，还有 20.2% 的学生对此说不清。

表 1 - 15　未满 16 周岁的犯罪嫌疑人不应该公开审理

单位：人，%

类　别	频　数	百分比	有效百分比
非常反对	322	6.5	6.6
比较反对	386	7.8	7.9
说不清	988	19.9	20.2
比较赞同	1187	23.8	24.3
非常赞同	2009	40.4	41.1
合　计	4892	98.3	100.0
缺　失	85	1.7	—
总　计	4977	100.0	—

此外，禁止雇用童工和养育照顾两个维度也应引起注意。所调查中学生中，赞同"政府有义务禁止雇用童工"和赞同"国家必须为没有家庭抚养的儿童提供特别的保护"的均不足八成（均为79.4%）。

表 1 – 16　政府有义务禁止雇用童工

单位：人，%

类　别	频　数	百分比	有效百分比
非常反对	297	6.0	6.1
比较反对	205	4.1	4.2
说不清	502	10.1	10.3
比较赞同	929	18.7	19.1
非常赞同	2941	59.1	60.3
合　计	4874	97.9	100.0
缺　失	103	2.1	—
总　计	4977	100.0	—

表 1 – 17　国家必须为没有家庭抚养的儿童提供特别的保护

单位：人，%

类　别	频　数	百分比	有效百分比
非常反对	253	5.1	5.2
比较反对	193	3.9	4.0
说不清	557	11.2	11.4
比较赞同	1377	27.7	28.2
非常赞同	2499	50.2	51.2
合　计	4879	98.0	100.0
缺　失	98	2.0	—
总　计	4977	100.0	—

（二）男女生对受保护权的认识差异显著

通过独立样本 t 检验可发现，就整体而言，所调查的男生和女生对受保护权的认识并不存在显著性差异（$p = 0.115$）。具体而言，男生和女生对不受虐待（$p = 0.067$）、禁止雇用童工（$p = 0.903$）和被限制自由的儿童（$p = 0.250$）三方面的受保护权认同没有显著差异，但是，在养育照顾（p＝0.022）、不受忽视（p＝0.000）和隐私权（p＝0.000）问题上则存在显著性差异。

大体而言，在受养育和照顾的权利层面，即"国家必须为没有家庭抚养的儿童提供特别的保护"这一问题上，男生比女生更认同；在不受伤害的权利层面，女生比男生更认同，但在"未满16周岁的犯罪嫌疑人不应该公开审理"问题上男生的认同度比女生高，而"国家有义务保护儿童不受虐待"和"政府有义务禁止雇用童工"这两道题目，虽然女生比男生更认同，但男女生之间并没有显著性差异。

表1－18　性别与对受保护权的认识

单位：人，分

类　别	性　别	人　数	平均值	标准差	T 值
国家必须为没有家庭抚养的儿童提供特别的保护	男	2403	4.20	1.088	2.290 *
	女	2467	4.13	1.121	
国家有义务保护儿童不受虐待	男	2414	4.72	0.667	－1.829
	女	2480	4.76	0.617	
每一个孩子都不应该受到忽视	男	2431	4.52	0.981	－5.727 **
	女	2482	4.66	0.790	
政府有义务禁止雇用童工	男	2396	4.23	1.189	－0.122
	女	2469	4.24	1.150	
未满16周岁的犯罪嫌疑人不应该公开审理	男	2409	3.87	1.256	1.150
	女	2475	3.83	1.191	
学校有义务保护学生的隐私	男	2439	4.57	0.870	－3.895 **
	女	2482	4.66	0.760	
对受保护权的整体认识	男	2335	4.37	0.571	－1.575
	女	2412	4.39	0.506	

注：* p＜0.05，** p＜0.01。

（三）高中生比初中生对受保护权的认识程度更高

通过独立样本 t 检验可发现，就整体而言，所调查的初中生和高中生对受保护权的认识存在显著性差异（p＝0.000）。具体而言，所调查的初、高中学生在养育照顾（p＝0.027）、不受虐待（p＝0.000）、不受忽视（p＝

0.000）、雇用童工（p＝0.027）、被限制自由的儿童（p＝0.000）和隐私权（p＝0.000）问题上均存在显著性差异。

调查数据显示，在对受保护权的认同方面，高中生的认同程度明显高于初中生。高中生对生存权的平均认同度得分为4.46分，而初中生的得分为4.34分。其中，差距最为明显的是对被限制自由的儿童的权利认识，在"未满16周岁的犯罪嫌疑人不应该公开审理"这一问题上高中生的得分为4.03分，而初中生仅为3.77分，差距大至0.26分。

表1－19　学段与对受保护权的认识

单位：人，分

类　别	年　级	人　数	平均值	标准差	T值
国家必须为没有家庭抚养的儿童提供特别的保护	初　中	3258	4.14	1.137	－2.216*
	高　中	1600	4.21	1.039	
国家有义务保护儿童不受虐待	初　中	3269	4.71	0.681	－3.998**
	高　中	1613	4.79	0.552	
每一个孩子都不应该受到忽视	初　中	3286	4.54	0.961	－6.722**
	高　中	1614	4.70	0.716	
政府有义务禁止雇用童工	初　中	3249	4.21	1.228	－2.215*
	高　中	1605	4.28	1.035	
未满16周岁的犯罪嫌疑人不应该公开审理	初　中	3263	3.77	1.296	－7.559**
	高　中	1609	4.03	1.041	
学校有义务保护学生的隐私	初　中	3292	4.57	0.871	5.969**
	高　中	1616	4.71	0.685	
对受保护权的整体认识	初　中	3154	4.34	0.566	－7.731**
	高　中	1582	4.46	0.470	

注：*p＜0.05，**p＜0.01。

（四）乡（镇）村学生对受保护权的认识程度最低

调查结果显示，无论是从学校所在地还是家庭所在地来看，就整体而言，乡（镇）村学生对受保护权的认识程度最低；在养育照顾方面，县城学生对受保护权的认同度最低；在保护儿童免受伤害方面，乡（镇）村学生对受保护权的认识程度最低。学校和家庭所在地为乡（镇）村的

学生在生存权的认识方面得分分别为 4.25 分和 4.33 分，明显低于平均分
4.38 分。

从学校所在地来看，通过单因素方差分析发现，所调查的城市学校、
县城学校及乡（镇）村学校的学生对受保护权的认识存在显著性差异（p =
0.000）。具体而言，在养育照顾（p = 0.044）、不受虐待（p = 0.000）、不
受忽视（p = 0.000）、雇用童工（p = 0.000）、被限制自由的儿童（p =
0.000）和隐私权（p = 0.000）问题上均存在显著性差异。

数据显示，在"国家必须为没有家庭抚养的儿童提供特别的保护"这
一问题上，县城学校学生的认同程度最低（4.10 分），城市学校学生的认同
度最高（4.20 分）。其他维度基本为乡（镇）村学校学生的认同度最低，
城市学校学生的认同度最高。

表 1 - 20　学校所在地与对受保护权的认识

单位：人，分

类　别	项　目	人　数	平均值	标准差	F 值
国家必须为没有家庭抚养的儿童提供特别的保护	城市学校	2148	4.20	1.102	3.116 *
	县城学校	1254	4.10	1.087	
	乡（镇）村学校	1477	4.16	1.129	
	总　计	4879	4.16	1.107	
国家有义务保护儿童不受虐待	城市学校	2162	4.79	0.624	15.379 **
	县城学校	1259	4.74	0.608	
	乡（镇）村学校	1482	4.67	0.696	
	总　计	4903	4.74	0.645	
每一个孩子都不应该受到忽视	城市学校	2170	4.64	0.836	17.771 **
	县城学校	1258	4.64	0.838	
	乡（镇）村学校	1494	4.48	1.004	
	总　计	4922	4.59	0.894	
政府有义务禁止雇用童工	城市学校	2149	4.29	1.134	17.200 **
	县城学校	1251	4.30	1.083	
	乡（镇）村学校	1474	4.08	1.274	
	总　计	4874	4.23	1.170	
未满16周岁的犯罪嫌疑人不应该公开审理	城市学校	2158	4.01	1.169	59.628 **
	县城学校	1255	3.92	1.154	
	乡（镇）村学校	1479	3.57	1.312	
	总　计	4892	3.85	1.225	

续表

类　别	项　目	人　数	平均值	标准差	F 值
学校有义务保护学生的隐私	城市学校	2177	4.70	0.750	41.250 **
	县城学校	1257	4.65	0.744	
	乡（镇）村学校	1496	4.46	0.945	
	总　计	4930	4.62	0.819	—
对受保护权的整体认识	城市学校	2100	4.45	0.531	59.355 **
	县城学校	1220	4.40	0.497	
	乡（镇）村学校	1435	4.25	0.568	
	总　计	4755	4.38	0.541	—

注：* p < 0.05，** p < 0.01。

从家庭所在地来看，通过单因素方差分析发现，所调查的家庭所在地为城市、县城及乡（镇）村的学生对受保护权的认识存在显著性差异（p = 0.000）。具体而言，在不受虐待（p = 0.000）、不受忽视（p = 0.000）、雇用童工（p = 0.028）、被限制自由的儿童（p = 0.000）和隐私权（p = 0.000）等保护儿童免受伤害的层面均存在显著性差异，但在养育照顾层面不存在显著差异（p = 0.214）。

数据显示，在保护儿童免受伤害的层面，乡（镇）村学生对受保护权的认同度最低；在"国家必须为没有家庭抚养的儿童提供特别的保护"这一问题上，县城学生的认同程度最低（4.13 分），但与乡（镇）村学生（4.14 分）几乎没有差异。

表 1 - 21　家庭所在地与对受保护权的认识

单位：人，分

类　别	项　目	人　数	平均值	标准差	F 值
国家必须为没有家庭抚养的儿童提供特别的保护	城　市	1970	4.20	1.119	1.544
	县　城	626	4.13	1.099	
	乡（镇）村	2162	4.14	1.092	
	总　计	4758	4.16	1.104	—
国家有义务保护儿童不受虐待	城　市	1979	4.79	0.600	15.770 **
	县　城	633	4.78	0.614	
	乡（镇）村	2171	4.68	0.679	
	总　计	4783	4.74	0.641	—

续表

类　别	项　目	人　数	平均值	标准差	F 值
每一个孩子都不应该受到忽视	城　市	1987	4.64	0.857	13.325 **
	县　城 1	636	4.69	0.745	
	乡（镇）村	2178	4.52	0.951	
	总　计	4801	4.59	0.890	—
政府有义务禁止雇用童工	城　市	1972	4.27	1.163	3.588 *
	县　城	628	4.30	1.075	
	乡（镇）村	2157	4.19	1.195	
	总　计	4757	4.24	1.167	—
未满 16 周岁的犯罪嫌疑人不应该公开审理	城　市	1975	3.90	1.226	10.167 **
	县　城	631	3.99	1.196	
	乡（镇）村	2167	3.77	1.225	
	总　计	4773	3.86	1.224	—
学校有义务保护学生的隐私	城　市	1993	4.67	0.794	9.412 **
	县　城	636	4.63	0.834	
	乡（镇）村	2181	4.56	0.835	
	总　计	4810	4.62	0.819	—
对受保护权的整体认识	城　市	1932	4.42	0.544	15.921 **
	县　城	613	4.42	0.522	
	乡（镇）村	2097	4.33	0.540	
	总　计	4642	4.38	0.541	—

注：** $p < 0.01$。

（五）学生对受保护权的认识随父母亲文化程度升高而升高，父母亲学历为研究生的学生认识有所下降

通过单因素方差分析发现，父亲文化程度不同的学生对受保护权的认识存在显著性差异（$p = 0.000$）。具体而言，在养育照顾（$F = 2.476$，$p = 0.030$）、不受虐待（$F = 11.206$，$p = 0.000$）、不受忽视（$F = 10.686$，$p = 0.000$）、雇用童工（$F = 9.586$，$p = 0.000$）、被限制自由的儿童（$F = 19.192$，$p = 0.000$）和隐私权（$F = 12.835$，$p = 0.000$）问题上均存在显著性差异。

大体而言，随父亲文化程度的升高，其子女对受保护权的认同程度呈升高的趋势，但当父亲文化程度达到研究生的时候，其认同度有所下降。但在被限制自由的儿童的权利认同上例外，父亲文化程度越高，其子女越认同被限制自由的儿童的受保护权。

通过单因素方差分析发现，母亲文化程度不同的学生对受保护权的认识存在显著性差异（p = 0.000）。具体而言，在不受虐待（F = 10.412，p = 0.000）、不受忽视（F = 6.412，p = 0.000）、雇用童工（F = 4.590，p = 0.008）、被限制自由的儿童（F = 19.377，p = 0.000）和隐私权（F = 11.373，p = 0.000）等保护儿童免受伤害的层面均存在显著性差异，但在养育照顾层面不存在显著差异（F = 1.449，p = 0.203）。

大体而言，随母亲文化程度的升高，子女对受保护权的认同程度呈升高的趋势，但当母亲文化程度达到研究生的时候，其认同度有所下降。其中，养育照顾方面的受保护权和被限制自由的儿童的受保护权例外。

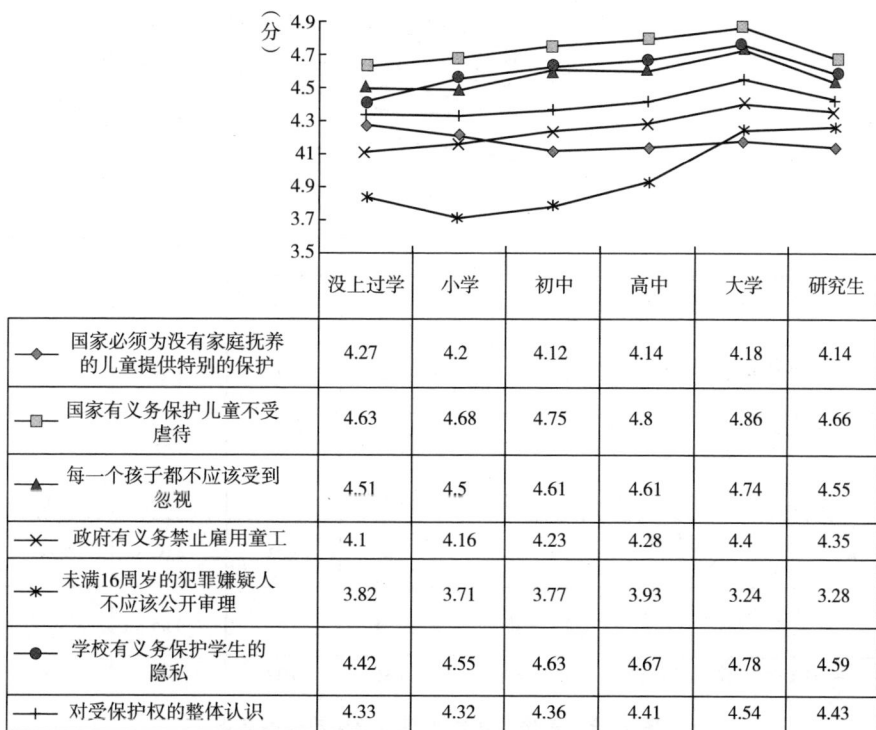

	没上过学	小学	初中	高中	大学	研究生
◆ 国家必须为没有家庭抚养的儿童提供特别的保护	4.27	4.2	4.12	4.14	4.18	4.14
◼ 国家有义务保护儿童不受虐待	4.63	4.68	4.75	4.8	4.86	4.66
▲ 每一个孩子都不应该受到忽视	4.51	4.5	4.61	4.61	4.74	4.55
✕ 政府有义务禁止雇用童工	4.1	4.16	4.23	4.28	4.4	4.35
✳ 未满16周岁的犯罪嫌疑人不应该公开审理	3.82	3.71	3.77	3.93	3.24	3.28
● 学校有义务保护学生的隐私	4.42	4.55	4.63	4.67	4.78	4.59
＋ 对受保护权的整体认识	4.33	4.32	4.36	4.41	4.54	4.43

图 1 - 7　母亲文化程度与对受保护权的认识

（六）对受保护权的认识随家庭生活水平变化呈倒 U 形曲线变化

通过单因素方差分析发现，家庭生活水平不同的学生对受保护权的认识存在显著性差异（p = 0.000）。具体而言，在不受虐待（F = 12.945，p =

0.000）、不受忽视（F = 8.734，p = 0.000）、雇用童工（F = 7.562，p = 0.008）、被限制自由的儿童（F = 4.086，p = 0.003）和隐私权（F = 7.402，p = 0.000）等保护儿童免受伤害的层面均存在显著性差异，但在养育照顾层面不存在显著差异（F = 1.381，p = 0.238）。

所调查学生对受保护权的认同随家庭生活水平变化呈倒 U 形曲线变化，除养育照顾层面的受保护权，曲线最高点均为较高生活水平，且生活水平很高的学生的认同度极低。在养育照顾层面的受保护权认同方面，最高点为生活水平较低的学生。

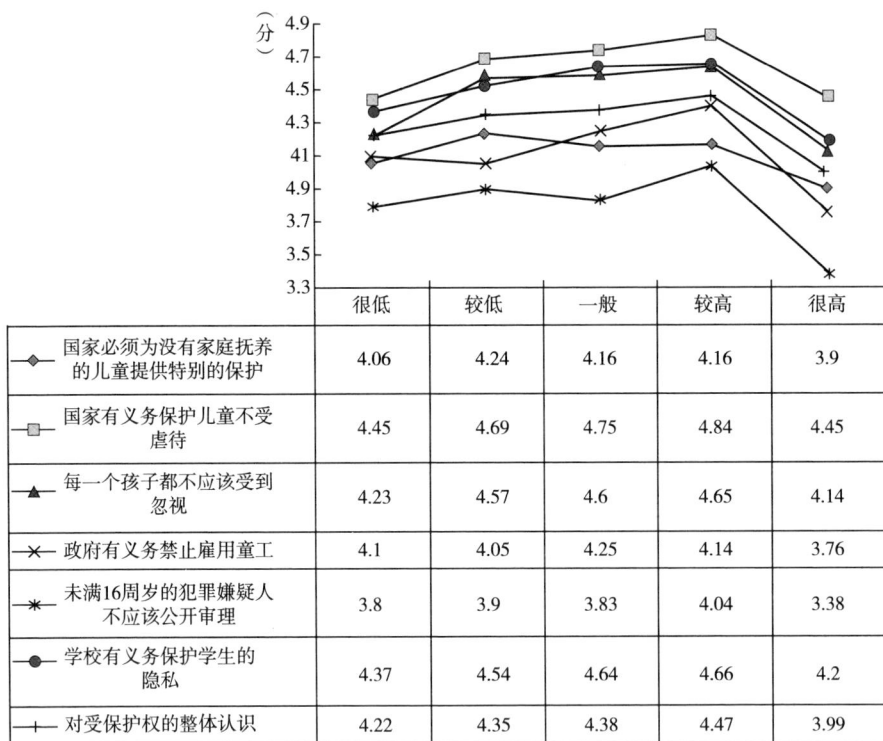

	很低	较低	一般	较高	很高
国家必须为没有家庭抚养的儿童提供特别的保护	4.06	4.24	4.16	4.16	3.9
国家有义务保护儿童不受虐待	4.45	4.69	4.75	4.84	4.45
每一个孩子都不应该受到忽视	4.23	4.57	4.6	4.65	4.14
政府有义务禁止雇用童工	4.1	4.05	4.25	4.14	3.76
未满16周岁的犯罪嫌疑人不应该公开审理	3.8	3.9	3.83	4.04	3.38
学校有义务保护学生的隐私	4.37	4.54	4.64	4.66	4.2
对受保护权的整体认识	4.22	4.35	4.38	4.47	3.99

图 1-8　家庭生活水平与对受保护权的认识

四　对发展权的认识

"发展权利是一项不可剥夺的人权"，在发展中，"所有人权和基本自由都能获得充分实现"。（《发展权利宣言》第 1 条）因此，发展必定体现着自由的实现、发展权的实现。发展权意味着人（在此次调研中，更多的是侧重于中学生）在生存权能够得以保障的前提下，还拥有充分发展其全部体能和智能，保障其健康成长的各种权利，中学生有权享有足以促进其生理、心理、精神、道德和社会发展的生活水平，并有权享有发展所带来的利益。《儿童权利公约》规定，儿童所享有的发展权利具体包括发表意见的权利、思想自由、宗教自由、信息权、受教育权、娱乐权、文化与社会生活的参与权以及个性发展权等。按照发展权不同层面的内涵，发展权分为享有发展所必需的基础条件的权利，自由个性发展的权利和参与权三类。据此，本次调研从娱乐闲暇权、优惠享用公共教育资源、个性发展、自由表达权、参与社会活动5个方面考察中学生对发展权的认识。

（一）基本情况分析

调查数据显示，所调查中学生对发展权的认识处于中等偏下水平。通过赋值统计分析发现，在总分5分的发展权认同程度中，所调查学生对发展权的认同平均分仅为4.15。其中，在"学校假期补课侵犯了学生的休息权"这一题目上学生表现出对娱乐闲暇权的认同程度很低，只有3.47分。

表1-22　对发展权的认识的整体情况

单位：人，分

类　别	人　数	平均值	标准差
学校假期补课侵犯了学生的休息权	4928	3.47	1.329
优惠或免费享用公共教育资源（如博物馆、图书馆等）是少年儿童的权利	4935	4.24	1.002
业余生活应该由自己安排	4924	4.33	0.857
我有权自由发表与权威人士不同的观点	4863	4.16	1.033
（逆向）老师可以以影响学习为由限制学生参与社团活动	4927	4.27	1.012
（逆向）少年儿童对社会公共事务没有发言权	4909	4.34	0.975
对发展权的整体认识	4735	4.15	0.570
有效值	4735	—	—

所调查的中学生对娱乐闲暇权的认同度很低，从频数分析可见，只有一半（50.1%）学生认为"学校假期补课侵犯了学生的休息权"，近1/4

（23.9%）的学生反对这种观点。

值得关注的是，所调查的中学生对自由表达权的认同度较低，得分只有 4.16，且 SD = 1.033，与其他题目相比，数据的离散程度较高。从频数分析可见，所调查学生中只有 78.1% 赞同自己"有权自由发表与权威人士不同的观点"，7.2% 的学生反对这一观点，还有 14.7% 的学生对此说不清。

表 1-23　学校假期补课侵犯了学生的休息权

单位：人，%

类　别	频　数	百分比	有效百分比
非常反对	507	10.2	10.3
比较反对	670	13.5	13.6
说不清	1281	25.7	26.0
比较赞同	926	18.6	18.8
非常赞同	1544	31.0	31.3
合　计	4928	99.0	100.0
缺　失	49	1.0	—
总　计	4977	100.0	—

表 1-24　我有权自由发表与权威人士不同的观点

单位：人，%

类　别	频　数	百分比	有效百分比
非常反对	167	3.4	3.4
比较反对	183	3.7	3.8
说不清	714	14.3	14.7
比较赞同	1427	28.7	29.3
非常赞同	2372	47.7	48.8
合　计	4863	97.7	100.0
缺　失	114	2.3	—
总　计	4977	100.0	—

所调查的中学生对优惠或免费享用公共教育资源的权利的认同度也不高，得分只有 4.24，SD = 1.002。从频数分析可见，所调查学生中仅有 78.4% 的学生认识到少年儿童有优惠或免费享用公共教育资源的权利。

值得关注的是，所调查的中学生对参与社会活动的权利的认同情况并不是很理想。虽然在"少年儿童对社会公共事务没有发言权"这一问题上所调查中学生的得分在发展权中相对较高，为4.34，但对于"老师可以以影响学习为由限制学生参与社团活动"这一问题，得分则为4.27，只有八成多（81.5%）学生反对这一观点。二者的差距也在一定程度上反映了学生对于较为抽象的权利的认同好于对于较为具体的权利的认同。

表1-25　优惠或免费享用公共教育资源（如博物馆、
图书馆等）是少年儿童的权利

单位：人，%

类　别	频　数	百分比	有效百分比
非常反对	129	2.6	2.6
比较反对	161	3.2	3.3
说不清	774	15.6	15.7
比较赞同	1224	24.6	24.8
非常赞同	2647	53.2	53.6
合　计	4935	99.2	100.0
缺　失	42	0.8	—
总　计	4977	100.0	—

表1-26　老师可以以影响学习为由限制学生参与社团活动

单位：人，%

类　别	频　数	百分比	有效百分比
非常反对	2718	54.6	55.2
比较反对	1297	26.1	26.3
说不清	581	11.7	11.8
比较赞同	175	3.5	3.6
非常赞同	156	3.1	3.2
合　计	4927	99.0	100.0
缺　失	50	1.0	—
总　计	4977	100.0	—

（二）男生更认同自由表达权，女生更认同参与社会活动的权利

通过独立样本 t 检验可发现，就整体而言，所调查的男生和女生对发展

权的认识并不存在显著性差异（p = 0.201）。具体而言，男生和女生在娱乐闲暇权（p = 0.053）、优惠或免费享用公共教育资源（p = 0.310）和个性发展（p = 0.794）三个维度没有显著差异，但在自由表达权（p = 0.008）和参与社会活动（两道题目均是 p = 0.000）两个维度存在显著差异。换言之，在享有发展所必需的基础条件的权利和自由个性发展的权利这两个层面，男生和女生对发展权的认同没有显著差异，但在参与权这一层次上，男女生对发展权的认识存在显著性差异。

在享有发展所必需的基础条件的权利这一层面，男生对发展权的认同度略高于女生；在个性发展的层面，男女生对发展权的认同度差不多；至于具有显著性差异的参与权这一层面，在自由表达权与参与社会活动两个维度男女生呈现出完全不同的特征。就自由表达权而言，男生（4.20 分）的认同程度高于女生（4.13 分）；就参与社会活动的权利而言，女生的认同程度远高于男生。

表 1 - 27　性别与对发展权的认识

单位：人，分

类　别	性　别	人　数	平均值	标准差	T 值
学校假期补课侵犯了学生的休息权	男	2436	3.51	1.376	1.935
	女	2483	3.44	1.278	
优惠或免费享用公共教育资源（如博物馆、图书馆等）是少年儿童的权利	男	2441	4.25	1.012	1.016
	女	2485	4.22	0.990	
业余生活应该由自己安排	男	2432	4.32	0.892	-0.262
	女	2485	4.33	0.823	
我有权自由发表与权威人士不同的观点	男	2396	4.20	1.031	2.636**
	女	2458	4.13	1.030	
（逆向）老师可以以影响学习为由限制学生参与社团活动	男	2431	4.20	1.073	-4.968**
	女	2487	4.34	0.942	
（逆向）少年儿童对社会公共事务没有发言权	男	2422	4.25	1.059	-6.478**
	女	2478	4.43	0.874	
对发展权的整体认识	男	2320	4.14	0.595	-1.279
	女	2408	4.16	0.546	

注：** p < 0.01。

（三）高中生比初中生对发展权的认识程度更高

通过独立样本 t 检验可发现，就整体而言，所调查的初中生和高中生对发展权的认识存在显著性差异（p = 0.000）。具体而言，所调查的初、高中学生在娱乐闲暇权（p = 0.000）、优惠或免费享用公共教育资源（p = 0.000）、个性发展（p = 0.000）、自由表达权（p = 0.000）以及参与社会活动（对于"老师可以以影响学习为由限制学生参与社团活动"，p = 0.000；对于"少年儿童对社会公共事务没有发言权"，p = 0.024）等维度均存在显著性差异，且对于各个维度的发展权都是高中生的认同程度比初中生的认同程度高。

表 1 - 28　学段与对发展权的认识

单位：人，分

类　别	学　段	人　数	平均值	标准差	T 值
学校假期补课侵犯了学生的休息权	初　中	3295	3.35	1.381	- 9.886 **
	高　中	1611	3.73	1.174	
优惠或免费享用公共教育资源（如博物馆、图书馆等）是少年儿童的权利	初　中	3300	4.20	1.031	- 3.733 **
	高　中	1613	4.31	0.934	
业余生活应该由自己安排	初　中	3289	4.27	0.902	- 6.727 **
	高　中	1614	4.44	0.749	
我有权自由发表与权威人士不同的观点	初　中	3243	4.10	1.074	- 6.320 **
	高　中	1599	4.29	0.931	
（逆向）老师可以以影响学习为由限制学生参与社团活动	初　中	3297	4.23	1.070	- 4.545 **
	高　中	1608	4.36	0.874	
（逆向）少年儿童对社会公共事务没有发言权	初　中	3278	4.32	1.014	- 2.265 *
	高　中	1609	4.39	0.886	
对发展权的整体认识	初　中	3148	4.09	0.593	- 9.610 **
	高　中	1567	4.25	0.505	

注：* p < 0.05，** p < 0.01。

（四）乡（镇）村学生对发展权的认同程度最低

调查结果显示，无论是从学校所在地还是家庭所在地来看，乡（镇）

村学生对发展权的认识程度最低。学校和家庭所在地为乡（镇）村的学生在发展权的认识方面得分分别为 4.03 和 4.06，明显低于平均分 4.15。

从学校所在地来看，通过单因素方差分析发现，所调查的城市学校、县城学校及乡（镇）村学校的学生对发展权的认识存在显著性差异（p = 0.000）。具体而言，不同地域的学生在娱乐闲暇权（p = 0.000）、优惠或免费享用公共教育资源（p = 0.000）、个性发展（p = 0.000）、自由表达权（p = 0.000）以及参与社会活动（均是 p = 0.000）等维度均存在显著性差异，且城市学校学生的认同程度最高，县城学校学生其次，乡（镇）村学校学生的认同程度最低。

表 1 - 29　学校所在地与对发展权的认识

单位：人，分

类　别	项　目	人　数	平均值	标准差	F 值
学校假期补课侵犯了学生的休息权	城市学校	2174	3.60	1.309	19.849 **
	县城学校	1256	3.40	1.292	
	乡（镇）村学校	1498	3.35	1.369	
	总　计	4928	3.47	1.329	——
优惠或免费享用公共教育资源（如博物馆、图书馆等）是少年儿童的权利	城市学校	2174	4.32	0.966	21.559 **
	县城学校	1263	4.24	0.960	
	乡（镇）村学校	1498	4.10	1.071	
	总　计	4935	4.24	1.002	——
业余生活应该由自己安排	城市学校	2172	4.40	0.827	23.644 **
	县城学校	1258	4.33	0.803	
	乡（镇）村学校	1494	4.21	0.930	
	总　计	4924	4.33	0.857	——
我有权自由发表与权威人士不同的观点	城市学校	2145	4.27	0.999	26.250 **
	县城学校	1247	4.13	1.005	——
	乡（镇）村学校	1471	4.02	1.088	
	总　计	4863	4.16	1.033	
（逆向）老师可以以影响学习为由限制学生参与社团活动	城市学校	2172	4.32	0.983	12.048 **
	县城学校	1256	4.30	0.966	
	乡（镇）村学校	1499	4.16	1.083	
	总　计	4927	4.27	1.012	——

续表

类　别	项　目	人　数	平均值	标准差	F 值
（逆向）少年儿童对社会公共事务没有发言权	城市学校	2169	4.38	0.973	7.915 **
	县城学校	1255	4.38	0.901	
	乡（镇）村学校	1485	4.26	1.030	
	总　计	4909	4.34	0.975	—
对发展权的整体认识	城市学校	2094	4.23	0.565	51.242 **
	县城学校	1218	4.14	0.534	
	乡（镇）村学校	1423	4.03	0.588	
	总　计	4735	4.15	0.570	—

注：** p < 0.01。

　　从家庭所在地来看，通过单因素方差分析发现，所调查学生中家庭所在地为城市、县城及乡（镇）村的学生对发展权的认识存在显著性差异（p = 0.000）。具体而言，在娱乐闲暇权（p = 0.000）、优惠或免费享用公共教育资源（p = 0.000）、个性发展（p = 0.000）、自由表达权（p = 0.000）以及参与社会活动（对于"老师可以以影响学习为由限制学生参与社团活动"，p = 0.001；对于"少年儿童对社会公共事务没有发言权"，p = 0.000）等维度均存在显著性差异。

　　就整体而言，家庭所在地为乡（镇）村学生对发展权的认同程度最低。在优惠或免费享用公共教育资源和对社会公共事务的发言权两个方面，县城学生的认同度最高，其他方面都是城市学生的认同度最高。

表 1 - 30　家庭所在地与对发展权的认识

单位：人，分

类　别	项　目	人　数	平均值	标准差	F 值
学校假期补课侵犯了学生的休息权	城　市	1990	3.64	1.331	32.102 **
	县　城	635	3.52	1.320	
	乡（镇）村	2182	3.32	1.310	
	总　计	4807	3.48	1.329	—
优惠或免费享用公共教育资源（如博物馆、图书馆等）是少年儿童的权利	城　市	1988	4.31	0.975	18.703 **
	县　城	638	4.33	0.977	
	乡（镇）村	2188	4.14	1.022	
	总　计	4814	4.24	1.000	—

续表

类　别	项　目	人　数	平均值	标准差	F 值
业余生活应该由自己安排	城　市	1987	4.39	0.831	12.480 **
	县　城	635	4.36	0.811	
	乡（镇）村	2181	4.26	0.889	
	总　计	4803	4.33	0.857	—
我有权自由发表与权威人士不同的观点	城　市	1967	4.26	1.012	21.820 **
	县　城	625	4.22	0.958	
	乡（镇）村	2154	4.06	1.057	
	总　计	4746	4.16	1.030	—
（逆向）老师可以以影响学习为由限制学生参与社团活动	城　市	1989	4.32	1.004	7.318 **
	县　城	637	4.31	1.017	
	乡（镇）村	2180	4.21	1.015	
	总　计	4806	4.27	1.012	—
（逆向）少年儿童对社会公共事务没有发言权	城　市	1983	4.40	0.962	9.571 **
	县　城	638	4.41	0.910	
	乡（镇）村	2169	4.28	0.997	
	总　计	4790	4.34	0.973	—
对发展权的整体认识	城　市	1922	4.23	0.577	52.149 **
	县　城	614	4.20	0.559	
	乡（镇）村	2084	4.06	0.554	
	总　计	4620	4.15	0.570	—

注：** $p < 0.01$。

（五）学生对发展权的认识随父母亲文化程度升高而升高，父母学历为研究生的学生认识有所下降

通过单因素方差分析发现，父亲文化程度不同的学生对发展权的认识存在显著性差异（$p = 0.000$）。具体而言，在娱乐闲暇权（$p = 0.000$）、优惠或免费享用公共教育资源（$F = 9.065$，$p = 0.000$）、个性发展（$F = 10.675$，$p = 0.000$）、自由表达权（$F = 16.850$，$p = 0.000$）以及参与社会活动的两个指标（F 值分别为 7.200 和 7.014，$p = 0.000$）等维度均存在显著性差异。

就参与权而言，随父亲文化程度的升高，其子女对发展权的认同程度呈现出升高的趋势。而在享有发展所必需的基础条件的权利和自由个性发展的权利这两个层面，当父亲文化程度达到研究生的时候，认同度有所下降。

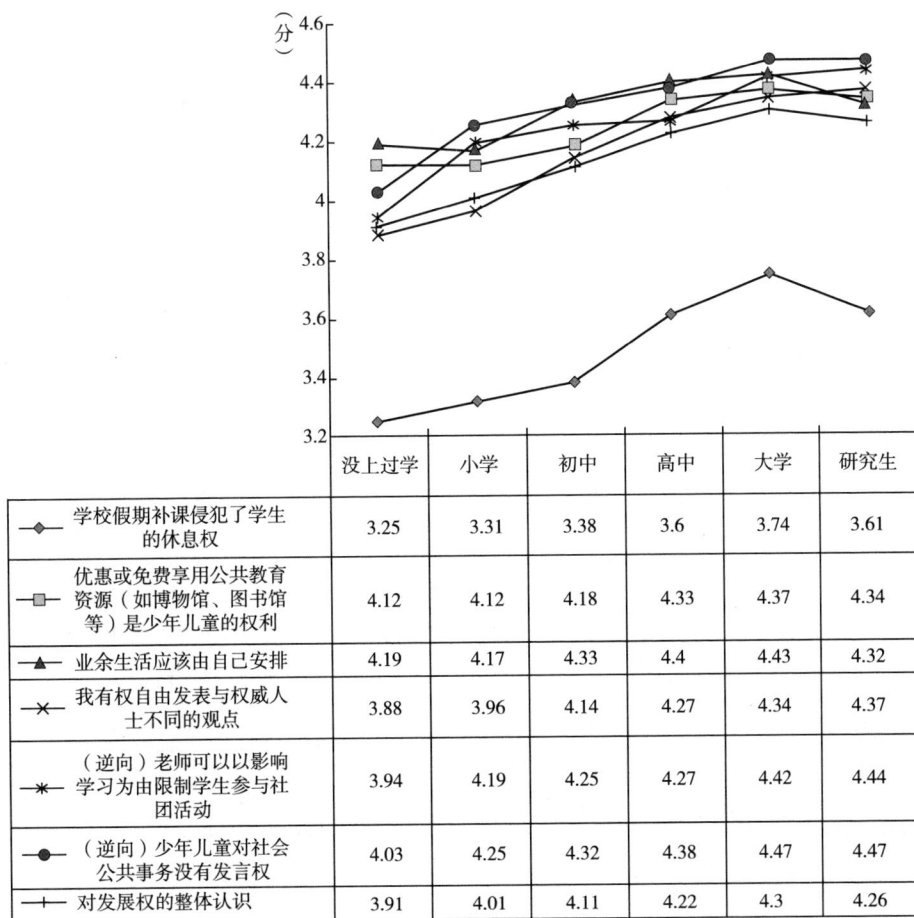

图 1-9 父亲文化程度与对发展权的认识

	没上过学	小学	初中	高中	大学	研究生
学校假期补课侵犯了学生的休息权	3.25	3.31	3.38	3.6	3.74	3.61
优惠或免费享用公共教育资源（如博物馆、图书馆等）是少年儿童的权利	4.12	4.12	4.18	4.33	4.37	4.34
业余生活应该由自己安排	4.19	4.17	4.33	4.4	4.43	4.32
我有权自由发表与权威人士不同的观点	3.88	3.96	4.14	4.27	4.34	4.37
（逆向）老师可以以影响学习为由限制学生参与社团活动	3.94	4.19	4.25	4.27	4.42	4.44
（逆向）少年儿童对社会公共事务没有发言权	4.03	4.25	4.32	4.38	4.47	4.47
对发展权的整体认识	3.91	4.01	4.11	4.22	4.3	4.26

通过单因素方差分析发现，母亲文化程度不同的学生对发展权的认识存在显著性差异（p = 0.000）。具体而言，在娱乐闲暇权（p = 0.000）、优惠或免费享用公共教育资源（F = 5.605，p = 0.000）、个性发展（F = 5.513，p = 0.000）、自由表达权（F = 16.519，p = 0.000）以及参与社会活动的两个指标（F 值分别为 6.796 和 7.665，p = 0.000）等维度均存在显著性差异。

大体而言，随母亲文化程度的升高，子女对发展权的认同程度呈升高的趋势，当母亲文化程度达到研究生的时候，其认同度有所下降。其中，优惠享用公共教育资源的权利稍有不同。此外，在对社会公共事务的发言权问题上，当母亲文化程度为研究生时，其子女的认同度最低。

（分）	没上过学	小学	初中	高中	大学	研究生
学校假期补课侵犯了学生的休息权	3.07	3.33	3.46	3.64	3.75	3.67
优惠或免费享用公共教育资源（如博物馆、图书馆等）是少年儿童的权利	4.13	4.16	4.22	4.32	4.36	4.37
业余生活应该由自己安排	4.23	4.26	4.32	4.39	4.45	4.35
我有权自由发表与权威人士不同的观点	3.96	4.03	4.15	4.29	4.4	4.34
（逆向）老师可以以影响学习为由限制学生参与社团活动	4.11	4.2	4.25	4.34	4.43	4.32
（逆向）少年儿童对社会公共事务没有发言权	4.22	4.24	4.36	4.42	4.47	4.23
对发展权的整体认识	3.97	4.05	4.14	4.25	4.31	4.21

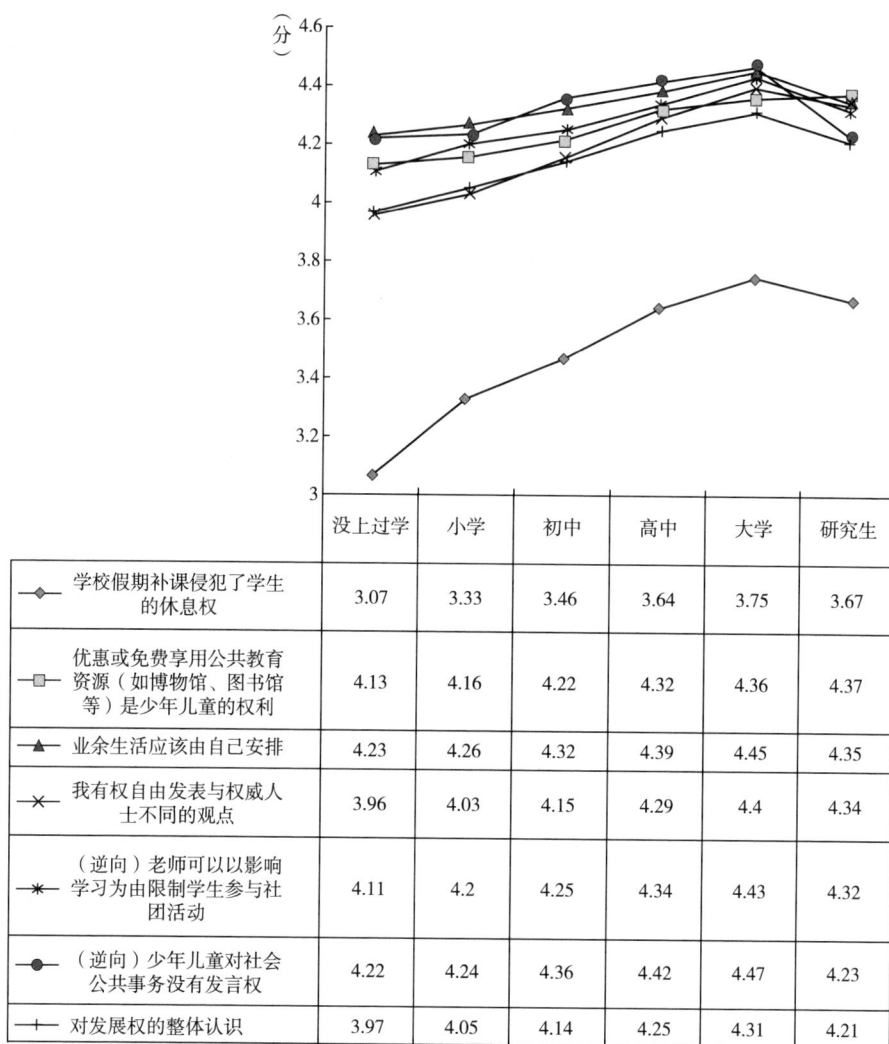

图 1-10　母亲文化程度与对发展权的认识

（六）对发展权的认识随家庭生活水平变化呈倒 U 形曲线变化

通过单因素方差分析发现，家庭生活水平不同的学生对发展权的认识存在显著性差异（p = 0.000）。具体而言，在娱乐闲暇权（F = 4.151，p = 0.000）、优惠或免费享用公共教育资源（F = 3.232，p = 0.012）、自由表达权（F = 5.780，p = 0.000）和参与社会活动（对于"老师可以以影响学习为由限制学生参与社团活动"，F = 3.901，p = 0.004；对于"少年儿童对社会公共事务没有发言权"，F＝6.854，p＝0.000）等维度均存在显著性差异；在个性发展权维度，存在边缘性显著差异（F＝2.103，p＝0.078）。

就整体而言，所调查学生对发展权的认同随着家庭生活水平变化呈倒 U 形曲线走向。但在不同维度有所不同。在休息闲暇权和参与社会活动两个维度，随着家庭生活水平升高，所调查学生的认同程度有所提高；在优惠或免费享用公共教育资源、个性发展和自由表达三个维度，较高生活水平的学生对发展权的认同度最高，不同生活水平学生对发展权的认同度大体上呈倒 U 形曲线变化。

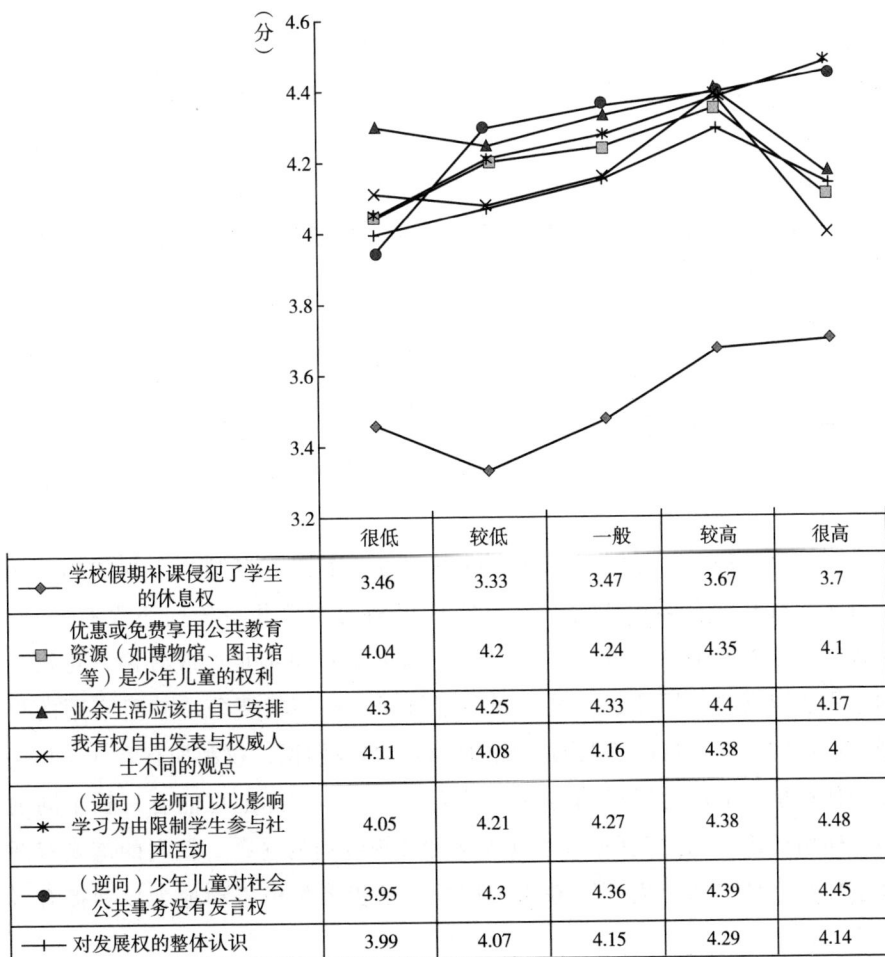

	很低	较低	一般	较高	很高
学校假期补课侵犯了学生的休息权	3.46	3.33	3.47	3.67	3.7
优惠或免费享用公共教育资源（如博物馆、图书馆等）是少年儿童的权利	4.04	4.2	4.24	4.35	4.1
业余生活应该由自己安排	4.3	4.25	4.33	4.4	4.17
我有权自由发表与权威人士不同的观点	4.11	4.08	4.16	4.38	4
（逆向）老师可以以影响学习为由限制学生参与社团活动	4.05	4.21	4.27	4.38	4.48
（逆向）少年儿童对社会公共事务没有发言权	3.95	4.3	4.36	4.39	4.45
对发展权的整体认识	3.99	4.07	4.15	4.29	4.14

图 1－11　家庭生活水平与对发展权的认识

五　讨论与分析

（一）对抽象人权的认同高于对具体权利的认同

从调查数据可以看到，所调查中学生对"每个人的尊严都不可侵犯"（M = 4.72）、"每个人都应该受到平等的对待"（M = 4.67）这类抽象人权的认同度较高，而对于具体权利的认同度则普遍较低，如"每一个孩子都不应该受到忽视"（M = 4.59）、"我有权自由发表与权威人士不同的观点"（M = 4.16）。所调查中学生对人权的基本认识（M = 4.56）高于对生存权（M = 4.31）、受保护权（M = 4.38）和发展权（M = 4.15）的认识，也在一定程度上反映了他们对抽象人权的认同高于对具体权利的认同。

所调查中学生对抽象权利与具体权利的认识程度不同，在一定程度上反映了中学生对理想中的权利与现实中的权利的认识的差距。之所以会出现这一结果，与人们的思维方式不无关系。当人们抽象地探讨权利时，往往习惯于应然层面的探讨，而在谈论具体权利的时候，人们则惯于联系现实中的情境来思考。可以说，对抽象人权的认识在一定程度上是对理念上的权利的认知，而对具体权利的认识则是对现实中权利落实部分的认知体现。因此，对抽象人权的认同高于对具体权利的认同，实际上是对权利理想与现实的某种差距的呈现，这恰恰反映出了中学生在理解权利上存在着理想与现实之间的鸿沟。

对权利的理解存在理想与现实的鸿沟也与混淆了权利与实现权利的条件有关。权利没有实现或者说没有实现权利的条件并不等同于没有权利。换言之，这反映了所调查中学生对权利的运用意识不足，或者说，对权利的享用意识高于运用意识。笔者倾向于认同那些不需要争取就可享用的权利，而不重视需要自己争取而实现的权利。当我们说，权利拥有者 A（相关于责任承担者 B）对于权利对象 X 拥有权利时，实际上可能有三种不同的相互作用形式，① 这三种形式表现为两种实现权利的途径。权利的落实有两种途径：一是"自上而下"获得，即责任承担者积极主动地为权利拥有者

① 〔美〕唐纳利：《普遍人权的理论与实践》，王浦劬等译，中国社会科学出版社，2001，第 4 ~ 6 页。

做出安排，权利拥有者就能享用权利，它以受益权为表现形态，此为权利的"享用"；二是"自下而上"获取权利，责任承担者应权利拥有者的请求而积极为其提供条件以实现权利，即为权利的"运用"。

表 1 – 31　权利的三种形式

三种相互作用形式	权利拥有者（A）	责任承担者（B）	权利对象（X）
某项权利的确定性运用	运用（要求）	尊重	享用
某项权利的直接享用	—	尊重	享用
某项权利的对象性享用	—	尊重	享用

在权利的直接享用和对象性享用中，并不存在权利拥有者的"运用"或"要求"，而在权利的确定性运用中，权利的享用是通过权利拥有者的"运用"或"要求"得以实现的。在这个意义上，"确定性运用"才是权利最强烈意义上的实现。这便是"权利的拥有悖论"：当一个人不"拥有"权利对象时，即当一个人对于权利的直接享用或者对象性享用遭到否定时，其"拥有"某项权利最有价值。正所谓，当一个人不"拥有"它时，"拥有"才特别重要。

根据调查结果，所调查学生对于需要通过"要求"来实现的权利不是很认同，相比之下，他们更认同那些直接享用、对象性享用的权利，如"我有权自由发表与权威人士不同的观点""我有更改姓名的权利"的得分较低，实际上并不是学生没有这种自由表达的权利，而是这种权利的落实需要自己用行动去争取、去实现。"当权利被侵害时，不管什么样的权利人都不得不直面如下问题，即必须斗争，抑或为逃避斗争而对权利见死不救？"[1] 因此，除了可直接享用的权利之外，轻而易举可获得的权利也容易被认可，而那些需要"斗争"而实现的权利则不被视为拥有的权利。拥有权利与享用权利不是一回事，"为权利而斗争是权利人对自己的义务"[2]，权利意识教育绝不仅仅是教人们知道自己享有哪些权利，更要启迪人们为自己拥有的权利而斗争，争取自己的权利得到最大程度上的享用。

---

① 〔德〕耶林：《为权利而斗争》，胡宝海译，中国法制出版社，2004，第17页
② 〔德〕耶林：《为权利而斗争》，胡宝海译，中国法制出版社，2004，第23页。

（二）对生存权、受保护权的认同高于对发展权的认同

从调查数据可见，所调查中学生对于生存权（M = 4.31）、受保护权（M = 4.38）的认同高于对发展权（M = 4.15）的认同。对于未成年人而言，生存权是他们能够正常生存的权利；受保护权意味着生存权的保障，避免由于他们是未成年人而受到伤害；而发展权则是生存权的延伸。因此，调查结果在一定程度上可以反映，所调查中学生对最基本的生存的权利的认同高于对进一步发展的权利的认同。

对每个人而言，要求生存都可视为一种本能。没有生存权，其他权利便没有存在的可能。如耶林所言，"主张自己的生存是一切生物的最高法则。它在任何生物都以自我保护的本能形式表现出来"，[①] 人亦不例外。基于本能，人类对生存权利的诉求远优先于其他权利。在我国，生存权历来被列在人权体系的首位。1991 年，中国政府发表《中国的人权状况》白皮书，强调"生存权是中国人民的首要人权"，这一判断与中国人权历史和现状的事实相符。[②] 自 1994 年起，"生存权与发展权是首要人权"[③] 的论断不断被强调与重申。但在中国，发展权更多是作为一种集体权利而被加以强调，作为个体权利的发展权并没有受到足够的重视。就个人权利而言，最为重视的一直是生存权。

生存权在一定意义上是与生俱来的，是先赋性的。而发展权相对于生存权而言，需要更多的物质、制度等外在支持因素，在某种意义上是条件性的，是自致性的。受保护权虽然也是条件性的，但是以保证生存权为首要目的的。就此而言，生存权和受保护权比发展权更容易得到满足与实现。就中国目前的实际情况而言，在不同的区域，这三种权利需要的迫切性程度是不一样的，但优先保证的一定是生存权和受保护权。这三种权利不仅对个体具有现实的意义，而且对社会和国家发展路径的选择同样具有十分重要的意义。

但值得警惕的是，中学生对发展权的认识不足可能带来一定弊端。就未

---

① 〔德〕耶林：《为权利而斗争》，胡宝海译，中国法制出版社，2004，第 23 页。
② 徐显明：《人权的体系与分类》，《中国社会科学》2000 年第 6 期，第 95 ~ 104、207 页。
③ 杨庚：《论生存权和发展权是首要的人权》，《首都师范大学学报》（社会科学版）1994 年第 4 期，第 45 ~ 51 页。

成年人而言，生存权或多或少可以通过需要表达出来，但其发展权则更多的是指向符合社会基本规范及发展趋势的一种适应能力。显然，儿童自己不完全具备实现这种发展的能力，需要由养育和教育他的人们引导。然而，成人往往以"为了儿童的发展""为了他们今后的幸福"为理由，剥夺未成年人的某些发展权；而一些未成年人也把这种情况看作理所应当，或者无奈。事实上，过于强调儿童的社会化的发展而忽视天性、个性，或者过于强调天性、个性而放弃社会化的发展都是不可取的，都是对发展权的片面理解。

因此，在未成年人对生存权、受保护权的认识达到一定程度后，必须提高他们对发展权的认识，更不能让受保护权成为发展权落实的障碍。

（三）男生倾向于制度层面的权利，女生重视情境中的权利

男女生之间的差异更为突出的一点是，在对权利的思考中，男生更倾向于法律、制度、国家层面，而女生则倾向于直接考虑权利主体。其中，最为明显的是"国家必须为没有家庭抚养的儿童提供特别的保护"和"国家有义务为患重病的人提供医疗救助"这两方面的认识。更确切地说，男生倾向于制度层面的权利诉求，女生则更重视情境中的权利关系。

表 1-32　对受保护权的认识的性别差异

单位：分

类　别	性　别	P 值	平均值
学校有义务保护学生的隐私	男	0.000*	4.57
	女		4.66
每一个孩子都不应该受到忽视	男	0.000*	4.52
	女		4.66
国家有义务保护儿童不受虐待	男	0.067	4.72
	女		4.76
政府有义务禁止雇用童工	男	0.903	4.23
	女		4.24
未满 16 周岁的犯罪嫌疑人不应该公开审理	男	0.250	3.87
	女		3.83
国家必须为没有家庭抚养的儿童提供特别的保护	男	0.022*	4.20
	女		4.13

表 1-33 对生存权的认识的性别差异

单位：分

类　别	性　别	P 值	平均值
（逆向）先天残疾的儿童没有存活的必要	男	0.000*	4.54
	女		4.67
国家有义务为生活不能自理的人提供基本保障	男	0.015*	4.36
	女		4.42
国家有义务为贫困儿童提供免费的营养午餐	男	0.297	4.38
	女		4.41
我有更改姓名的权利	男	0.372	3.77
	女		3.74
国家有义务为患重病的人提供医疗救助	男	0.028*	4.42
	女		4.36

注：* $p < 0.05$。

男女生在参与权问题上也有明显差异：男生更认同自己"有权自由发表与权威人士不同的观点"，而女生更认同参与社会活动的权利，更多的女生反对"老师可以以影响学习为由限制学生参与社团活动"，反对"少年儿童对社会公共事务没有发言权"。中学阶段，男生更为调皮、叛逆，因此男生更倾向于自由发表自己的观点，而女生更倾向于做长辈眼中的好学生，故而男生比女生更认同"有权发表与权威人士不同的观点"。从儿童身心发展情况来看，女生的身心发展一般早于男生，中学阶段女生的心理往往比男生更为成熟，她们参与社团活动及社会事务的渴望和需求也更高，因此在参与社会活动方面更为积极。还有一种可能的原因是，男女平等在现实中并没有完全落实，尚有一些长辈更喜爱、重视男生，而相对忽视女生，因而女生若想博得更多的喜爱便只有听长辈的话、努力学习、积极参与各种活动，通过出色的表现来获得喜爱。

就整体而言，所调查的中学生中女生的人权意识略高于男生，但这种差异不大。一方面，这种差异与中学阶段女生较男生认知发展更为成熟，学习成绩也较好，对人权相关知识的掌握牢固相关；另一方面，也与女生更倾向于对弱者的关心有关。探讨权利时，弱势群体往往是关注的核心。

表 1-34 性别与人权意识

单位：分

类　别	男学生均值	女学生均值	所有学生均值
对人权的基本认识	4.53	4.60	4.56

续表

类　别	男学生均值	女学生均值	所有学生均值
对生存权的认识	4.30	4.33	4.31
对受保护权的认识	4.37	4.39	4.38
对发展权的认识	4.14	4.16	4.15

（四）乡（镇）村学生的人权意识较低

调查结果表明，无论是从学校所在地还是家庭所在地来看，乡（镇）村的学生的人权意识都较低，且学校所在地为乡（镇）村的学生人权意识比家庭所在地为乡（镇）村的学生更低。其中，在对生存权和受保护权的认识上的差距更加突出。当前中国，许多家在农村的学生在县城、城市就学，而那些在乡（镇）村学校上学的学生则基本上是长在农村、学在农村，与外界环境的接触相对较少。相比之下，学校所在地为乡（镇）村的学生受到乡村环境的影响更大。因此，乡（镇）村的学生的人权意识较低与中国农村的社会文化环境密切相关。

表1-35　乡（镇）村学生的人权意识

单位：分

类　别	乡（镇）村学校学生均值	家在乡（镇）村学生均值	所有学生均值
对人权的基本认识	4.52	4.52	4.56
对生存权的认识	4.18	4.25	4.31
对受保护权的认识	4.25	4.33	4.38
对发展权的认识	4.03	4.06	4.15

就我国农村地区的现实环境而言，近年来中国农村社会的法治化进程已经启动，但法律制度不够完善、自治制度不健全、法律意识落后的现象在我国农村依然普遍存在。教育在法治化及权利意识教育的进程中，发挥着思想启蒙的作用。农村教育的启蒙作用没有得到较好的发挥，在农村，教育更多地被视为通过升学走出农村、改变命运的工具。在整个社会的思想启蒙中，农村的思想启蒙处于末端地位，具有滞后性。"在社会中生活的人，既是现实的人，又是传统的人，人在选择文化时，不论有意识或无意

识，终归不离开传统。"① 与城市接受了更多的所谓"现代文明"的洗礼与启蒙相比，农村地区更多地保留着传统文化的影响。因此，传统文化对农村中学生的权利观念有着更为深厚的影响。

中国传统社会是一个"差序格局"的社会，"在差序格局中，社会关系是逐渐从一个一个人推出去的，是私人联系的增加，社会范围是一根根私人联系所构成的网络，因之，我们传统社会里所有的社会道德也只在私人联系中发生意义。"② 如梁启超所说，在传统中国，公德缺失。传统的中国社会没有"一个笼统性的道德观念"，"所有的价值标准也不能超脱于差序的人伦而存在"。"中国的道德和法律，都因之得看所施的对象和'自己'的关系而加以程度上的伸缩。"③ 因此，中国传统文化强调情义本位的思想观念。

传统中国社会结构的基本单位是家，"家国同构"是其主要特点。儒家传统思想视国为君主之家，君主为民之父母。这种思想观念强调父母的绝对权威，身体发肤，受之父母，子女自当服从父母的命令与安排，而父母的这种权力并非来自其子女的授予。与之相对应，君权神授，天子无限的统治权力源于天，与其统治的百姓没有任何关系，百姓应当像孝敬自己的生身父母一样，孝敬君主，服从君主。正因为如此，"社会伦理道德保障的是国家利益、家族利益而非个人利益，人生的目的和意义在于其作为一个家族成员所承担的家族责任和社会责任，要传宗接代、要光宗耀祖，而不在于追求个人幸福。"④ 换言之，传统中国文化强调家族的利益和权利，强调维护家长、族长乃至君王的地位和特权，而非个人意义的权利。在这个意义上，中国传统文化强调的是一种权力本位、义务本位的思想观念。

人权探讨的是"群己权界"的问题，它侧重于对公权力的限制，以保障个人权利。但在"差序格局"的传统社会中，公权力"不过是从自己这个中心里推出去的社会势力里的一圈而已"，这种文化只会强调"克己"，而不会强调"克群"，使之不致侵略个人权利。⑤ 因此，在中国传统文化

① 龚书铎：《近代中国文化抉择的几个问题》，《理论纵横》（社会·文史篇）1988年第264期，第13页。
② 费孝通：《乡土中国》，生活·读书·新知三联书店，1985，第28页。
③ 费孝通：《乡土中国》，生活·读书·新知三联书店，1985，第34页。
④ 尹利：《论公民权利意识》，郑州大学硕士论文，2010。
⑤ 费孝通：《乡土中国》，生活·读书·新知三联书店，1985，第28页。

中，个人权利缺乏伦理正当性，个人权利意识自然也难以产生、难以培育。

基于以上原因，受中国传统文化中情义本位、权力本位以及义务本位的思想观念影响，在保留传统思想较多的农村，"克己"意识占有重要地位，而人权意识没有得到应有的重视。因而，调查中，乡（镇）村的中学生的人权意识较低，在一定程度上得以解释。

（五）高中生的人权意识显著高于初中生

调查结果表明，高中生在各方面的人权意识普遍高于初中生。其中，所调查中学生对生存权、受保护权及发展权这些具体权利的认识的差异大于对人权的基本认识的差异，而且在姓名权、"未满16周岁的犯罪嫌疑人不应该公开审理"、"学校假期补课侵犯了学生的休息权"等方面的差异尤为突出。可以认为，随着教育程度的提高，中学生的权利意识有所提升。

表1-36　学段与人权意识

单位：分

类　别	初中学生均值	高中学生均值	所有学生均值
对人权的基本认识	4.54	4.61	4.56
对生存权的认识	4.27	4.41	4.31
对受保护权的认识	4.34	4.46	4.38
对发展权的认识	4.09	4.25	4.15

对具体权利的认识在学段上差异更为明显，一方面与中学生对权利相关知识的学习有一定关系。中学生对人权相关知识最为直接、系统的了解来源于思想品德课。根据我国思想品德（品德与生活、品德与社会、思想政治）课程标准，人权相关知识学习集中于初一、初二年级，尤其是初二年级：在初中思想品德课"成长中的我"这一主题（初一）中，涉及生命的独特性、生命的可贵，以及我国法律对未成年人的特殊保护；在"我与他人的关系"这一主题（初二）中，涵盖了"人在人格和法律地位上是平等的""法律保护公民的生命和健康不受侵害""法律对未成年人生命和健

康的特殊保护"、"任何组织和个人不得披露未成年人的个人隐私"等具体有关人权的内容。① 这直接导致了所调查的初中生中有一部分尚没有直接接触到人权相关知识。

另一方面与中学生的认知能力发展有关。随着认知能力的提升及涉猎知识的范围扩大，他们掌握的有关权利的知识更加结构化、系统化，对人权的理解更加深入。

至于"学校假期补课侵犯了学生的休息权"这一看法，在上述原因之外，一个很重要的原因就是高中生的休息时间被侵占得更多，因此对此权利的要求也更高。如前文所述，正是因为中学生没有拥有足够的休息，休息权于他们而言才显得尤为重要。

（六）父母文化程度对子女的人权意识影响明显

调查结果显示，大体上父母文化程度越高，子女的人权意识越高，父母文化程度为研究生的中学生在一些权利的认识上有所下降。

父母文化程度是家庭文化资本的重要组成部分。一般而言，文化资本高的社会成员，其思想启蒙程度相对较高。在一定程度上可以认为，文化程度越高，思想启蒙程度越高，因而对人权的认识越全面越深刻，越认同人权。而通过家庭教育和生活，父母的人权意识对子女的人权意识产生了重要影响。因此，大致呈现出父母文化程度越高，其子女的人权意识越高的趋势。

（七）家庭生活水平较高的中学生人权意识较高

调查结果显示，所调查中学生的人权意识大体上随家庭生活水平的升高呈倒U形曲线变化：曲线的最高点为家庭生活水平较高的，而家庭生活水平低和家庭生活水平很高的中学生人权意识相对较低。家庭生活水平受父母的文化程度影响，因此这一趋势大体上与父母文化程度和人权意识的关系一致。

家庭生活水平在一定程度上是社会地位的体现。一般而言，家庭生活

---

① 教育部基础教育司：《全日制义务教育思想品格课程标准》，北京师范大学出版社，2003，第7~11页。

水平较高的人在社会中大致处于中上水平的地位，其经济资本与文化资本均较高，基本上可以视为中产阶级（或中间阶层）。就个体层面而言，"中产阶级的人员构成在主体人格上首先必须是一个'公民'"。① 生活水平较高的家长"受过良好的教育，拥有一定的技能，他们也代表着一定的自由、民主的价值观。他们企求自由的社会环境而未必形成明显一致的共同主张，但整体意识是进取的"②。因此，他们本身对权利的认知和理解也较为充分。他们的人权意识在一定程度上影响了其子女的人权意识。因此，家庭生活水平较高的中学生人权意识较高。就社会层面而言，"中间阶层都是维系社会稳定的最重要的社会力量。"③ 然而，在我国，中间阶层有其特殊的历史发展背景，其形成与改革开放以来经济的迅速发展有直接的关联。随着经济收入达到中等以上水平的人群不断扩大，我国中间阶层的力量渐强。但由于我国中间阶层的历史发展较短以及文化积累不足等原因，其地位存在不稳定性。因此，他们表现出的较强的权利意识并不一定是建立在理性自觉的基础上。这种较高的权利诉求有可能建立在不稳定的社会地位基础上，是一种多少带有权宜之计的个人权利主张。

对于家庭生活水平很高的学生而言，由于其强大的经济资本及其他可能具备的资本，他们更有能力通过其他途径解决问题，而非诉诸人权。如唐纳利所言，"人权是一种特殊的权利"，是一种"最终诉求"，只有当"一切其他手段都已经尝试过并遭到了失败"时，才会被要求。换言之，"只有在法律方法或者其他方法看来不能发挥作用或者已经失效的地方，一个人才会特定地求助于人权要求"。④ 因此，对于这些处于社会上层的人来说，人权一般不会被要求，故而其人权意识较低。

但值得我们反思的是，社会地位较低的、家庭生活水平低的中学生人权意识较低。与生活水平高的家庭相比，生活水平低的家庭，经济资本与文化资本均处于劣势，他们的子女知识面一般较窄，且权利更可能被侵害。

---

① 陈鹏：《从"产权"走向"公民权"：当前中国城市业主维权研究》，《开放时代》2009年第4期，第126~139页。

② 陆梅：《中产阶级的概念及理论回顾》，《南通师专学报》（社会科学版）1998年第3期，第44~48页。

③ 李强：《关于中产阶级和中间阶层》，《中国人民大学学报》2001年第2期，第17~20页。

④ 〔美〕唐纳利：《普遍人权的理论与实践》，王浦劬等译，中国社会科学出版社，2001，第7~8页。

对于家庭生活水平低的人而言，人权的特定功能极有可能无法"通过正常的法律或政治手段予以实施"，他们理应对人权有着更为强烈的需求。① 然而，恰恰是这些家庭生活水平低的中学生人权意识较低，这对于权利的落实很为不利。与其他中学生相比，家庭生活水平低的中学生运用权利、为权利斗争的意识更显得重要。

第二章　中学生的政治权利意识

公民政治权利是公民依照宪法和其他法律规定，享有参与国家政治生活，管理国家以及在政治上表达个人见解和意见的权利。公民政治权利意识是指公民个人对自己在国家政治生活中所拥有的权利的自我认识，也就是公民自觉地以宪法和法律规定的基本权利为核心内容，以自己在国家政治生活和社会生活中的主体地位为思想来源，把国家主人的责任感、使命感和权利义务观融为一体的自我认识。政治权利意识体现了社会成员对自己在国家政治生活中身份的认同，也是公民支配自己社会政治行为的基本价值观念，广泛表现在社会成员参与政治、经济、法律、道义等社会生活的各个方面。公民政治权利意识的内容是基于公民的身份意识而构建的，也是公民身份地位的重要保障。中学生的公民政治权利意识是指中学生对法律规定的公民政治权利的认识、了解、掌握、运用的程度及行为评价的总和。

《宪法》明确规定了我国公民的相关政治权利：中华人民共和国年满十八周岁的公民，不分民族、种族、性别、职业、家庭出身、宗教信仰、教育程度、财产状况、居住期限，都有选举权和被选举权；中华人民共和国公民有言论、出版、集会、结社、游行、示威的自由；中华人民共和国公民对于任何国家机关和国家工作人员，有提出批评和建议的权利等等。其中，选举权、自由平等权、批判监督权和参与权是公民政治权利的核心内容，本报告主要从以下几方面来考察中学生的政治权利意识的现状。

---

① 〔美〕唐纳利：《普遍人权的理论与实践》，王浦劬等译，中国社会科学出版社，2001，第7~8页。

一　选举权利意识

在所有个人政治权利中，选举权是与人民主权联系最密切的权利，选举权直接来自人民主权。人民主权可以通过直接民主，也可以通过间接民主的途径来实现，但在直接民主制中不需要选举，选举权是间接民主制的产物。选举权是公民最基本的政治权利，是构成现代民主制度的基础。对于中学生政治权利意识而言，选举权利意识是本报告首要考察的内容。

（一）中学生的选举权利意识总体较强

调查结果显示，中学生在行使自我的选举权利方面意识较为强烈。在总分为5分的考察选举权意识的题目"当选人大代表只是少数人的事情，与我无关"中，中学生得分均值为4.17分。

具体表现在，对于"当选人大代表只是少数人的事情，与我无关"这一问题，77.6%的中学生表示非常反对或者比较反对，说明绝大多数中学生认为选举权是个人的权利和义务，与个人密切相关，具有较强的选举权利意识。值得注意的是，也有超过五分之一的中学生表示说不清或者表示比较赞同和非常赞同，说明有部分中学生选举权意识薄弱或者缺乏选举权利意识。

表2-1　当选人大代表只是少数人的事情，与我无关

单位：人，%

类　别	人　数	百分比	有效百分比
非常反对	2499	50.2	51.3
比较反对	1280	25.7	26.3
说不清	708	14.2	14.5
比较赞同	160	3.2	3.3
非常赞同	220	4.4	4.5
合　计	4867	97.8	100.0
缺　失	110	2.2	—
总　计	4977	100.0	—

（二）女生的选举权利意识强于男生

通过调查发现，女生的选举权利意识比男生强。在总分值为 5 分的题目中，男生和女生的均值分别为 4.09 分和 4.24 分。由独立变量 t 检验分析结果显示，男生与女生在选举权利意识方面存在显著差异［t = - 4.712，p = 0.000］，即女生在选举权利方面的意识要明显强于男生。

表 2 - 2　学生在"当选为人大代表只是少数人的事情，
与我无关"题项得分的性别差异

单位：人，分

性　别	人　数	均　值	标准差
男	2397	4.09	1.147
女	2462	4.24	1.007

从百分比来看，女生不赞同"当选为人大代表只是少数人的事情，与我无关"的比例高于男生。具体表现在，女生不赞同"当选为人大代表只是少数人的事情，与我无关"的比例为 80.5%，男生这一比例为 75%。

（三）高中学生选举权利意识高于初中学生

调查结果显示，高中学生的选举权利意识得分均值为 4.30 分，高于平均得分为 4.10 分的初中生。经独立样本 t 检验分析结果显示，高中与初中学生在选举权利意识方面存在显著差异［t = - 5.988，p = 0.000］，高中学生选举权利意识明显强于初中学生。

表 2 - 3　学生在"当选为人大代表只是少数人的事情，
与我无关"题项得分的学段差异

单位：人，分

学　段	人　数	均　值	标准差
初　中	3248	4.10	1.109
高　中	1600	4.30	1.007

从百分比来看，高中学生不赞同"当选为人大代表只是少数人的事情，与我无关"的比例高于初中学生，具体表现在，高中学生对"当选为人大

代表只是少数人的事情，与我无关"的题目表示明确反对的比例为 83.9%，而初中生这一比例为 74.7%。

（四）城市中学生不赞同"当选为人大代表只是少数人的事情，与我无关"的人数比例最低，县城和乡（镇）村中学生比例差别不大

调查数据显示，家庭所在地为城市的学生在考察选举权利意识的题目中得分均值为 4.11 分，而县城和乡（镇）村的学生得分均值则高于城市学生，分别为 4.23 分和 4.21 分。单因素方差分析结果显示，不同家庭所在地的中学生对于"当选为人大代表只是少数人的事情，与我无关"问题存在认识差异 [F = 8.18，p = 0.004]，多重比较（LSD）分析显示，城市地区和县城地区存在差异（p = 0.012），与乡村地区则存在显著差异（p = 0.003），县城地区和乡村地区不存在显著差异（p = 0.638）。

表 2 - 4　学生在"当选为人大代表只是少数人的事情，
与我无关"题项得分的家庭所在地差异

单位：人，分

家庭所在地	人数	均值	标准差
城　　市	1966	4.11	1.137
县　　城	630	4.23	0.994
乡（镇）村	2153	4.21	1.052
总　　数	4749	4.17	1.082

百分比数据显示，75.1% 的城市中学生不赞同"当选为人大代表只是少数人的事情，与我无关"，而县城和乡（镇）村中学生这一比例分别为 79.5% 和 79.4%。城市中学生比例最低，县城和乡（镇）村中学生之间比例差异不大。

（五）不同父母文化程度的交叉分析

单因素方差分析结果显示，父亲文化程度不同的学生在"当选为人大代表只是少数人的事情，与我无关"问题上存在显著差异 [F = 6.843，p = 0.000]，多重比较（LSD）分析显示，父亲受教育程度为没上过学的中学生与其他中学生在此问题上差异显著（p = 0.000，p = 0.000，p = 0.000，p =

0.000），与父亲受教育程度为研究生的中学生不存在差异（p = 0.105），此外，父亲学历为研究生的与父亲学历为小学、初中、高中、大学的学生存在差异（p = 0.048，p = 0.003，p = 0.026，p = 0.015）。父亲学历为小学的与父亲学历为初中的存在差异（p = 0.019）。

表 2 - 5　学生在"当选为人大代表只是少数人的事情，
与我无关"题项得分的父亲文化程度差异

单位：人，分

父亲文化程度	人　数	均　值	标准差
没上过学	97	3.68	1.440
小学	930	4.13	1.070
初中	1865	4.23	1.020
高中（中专、中技）	1139	4.16	1.117
大学（高职、大专、本科）	693	4.18	1.071
研究生（硕士、博士）	114	3.92	1.206
总　数	4838	4.17	1.078

从百分比来看，父亲文化程度为没上过学、小学、初中、高中（中专、技校）、大学（高职、大专、本科）、研究生（硕士、博士）不赞同"当选为人大代表只是少数人的事情，与我无关"的比例分别为：62.8%、76.2%、79.7%、77.4%、78.9%、69.3%。其中，父亲学历为初中的中学生不赞同的比例高于其他，其次为大学（高职、大专、本科）、高中（中专、技校）。

单因素方差分析结果显示，母亲文化程度不同的学生在"当选为人大代表只是少数人的事情，与我无关"问题上的认识存在显著差异 [F（5，4835）= 4.082，p = 0.007]，多重比较（LSD）分析显示，母亲受教育程度为研究生的中学生与其他中学生在此问题上的认识差异显著（p = 0.003，p = 0.001，p = 0.000，p = 0.000，p = 0.002），其他则不存在差异性。母亲学历为初中、高中的中学生不赞同比例最高。母亲学历最高的中学生不赞同的比例却最低。

表 2 – 6   学生在"当选为人大代表只是少数人的事情，
与我无关"题项得分的母亲文化程度差异

单位：人，分

母亲文化程度	人　数	均　值	标准差
没上过学	343	4.12	1.166
小学	1244	4.15	1.026
初中	1699	4.22	1.042
高中（中专、中技）	914	4.17	1.128
大学（高职、大专、本科）	562	4.12	1.132
研究生（硕士、博士）	79	3.72	1.250
总　数	4841	4.17	1.080

在百分比上，母亲文化程度为没上过学、小学、初中、高中（中专、技校）、大学（高职、大专、本科）、研究生（硕士、博士）不赞同"当选为人大代表只是少数人的事情，与我无关"的比例分别为：76.4%、77.5%、78.8%、78.8%、76.4%、60.8%。母亲学历为初中、高中的中学生不赞同的比例最高，母亲学历最高的中学生不赞同的比例却最低。

（六）家庭生活水平与中学生的选举权利意识

从家庭生活水平的角度来看，家庭生活水平一般的中学生对选举权利的意识最强，得分为 4.18 分，其次为家庭生活水平较低和较高的中学生，得分分别为 4.17 和 4.15 分，而家庭生活水平很高和很低的学生则表现出较弱的选举权利意识，得分分别为 3.97 分和 3.93 分。

经单因素方差分析可以看出，家庭生活水平不同的学生在"当选为人大代表只是少数人的事情，与我无关"问题上的认识不存在显著差异（$F = 2.214$，$p = 0.065$），多重比较（LSD）分析显示，家庭生活水平很低的中学生与家庭生活水平较低、一般、较高的中学生在此问题上的认识差异显著（$p = 0.016$，$p = 0.006$，$p = 0.034$），与家庭生活水平很高的中学生的认识不存在差异（$p = 0.875$）。

表 2 - 7　学生在"当选为人大代表只是少数人的事情，
与我无关"题项得分的家庭生活水平差异

单位：人，分

家庭生活水平	人　数	均　值	标准差
很　低	145	3.93	1.427
较　低	583	4.17	1.064
一　般	3676	4.18	1.059
较　高	419	4.15	1.089
很　高	29	3.97	1.322
总　数	4852	4.17	1.077

二　结社、集会、游行、示威等权利意识

言论自由是公民与生俱来的一项最为重要的人权，是其他权利和自由的前提，是宪政的基础。在政治生活中，人们都渴望能够自由表达自己的思想、观点和想法，发表与政治议题相关的言论。公民通过结社、集会、游行和示威能够形成公民的公共意愿，这是公民的言论自由更直接、更广泛、更有影响力的传播方式。虽然每一个人的力量是微弱的，但是通过这些方式汇集于一起就能成为强大的社会力量。因此，它是调节公民与国家关系，尤其是防止政府专制的有力手段。正因为如此，宪法明确规定保护公民的结社、集会、游行和示威等权利。由于中国传统文化中言论自由权利的先天缺失以及中国特定历史的影响，可能会使得在我国的语境下，结社、集会、游行和示威权利意识不强。调查结果也显示，中学生在政治表达权利意识方面略显薄弱。

（一）总体情况

对于"公民可以通过结社、集会、游行的方式表达政治意愿"的题目表述，中学生的平均得分仅为 3.44 分（标准差 1.295），表明中学生对于结社、集会、游行等公民的政治权利意识不算高。

调查结果表明，只有一半（50.8%）的中学生赞同"公民可以通过结社、集会、游行的方式表达政治意愿"，四分之一（25.3%）的中学生表示说不清楚。作为宪法明确提出和保障的公民结社、集会、游行自由权利，

中学生对此认同程度并不高。

表 2-8　公民可以通过结社、集会、游行的方式表达政治意愿

单位：人，%

类　别	人　数	百分比	有效百分比
非常反对	491	9.9	10.1
比较反对	669	13.4	13.7
说不清	1232	24.8	25.3
比较赞同	1140	22.9	23.4
非常赞同	1334	26.8	27.4
合　计	4866	97.8	100.0
缺　失	111	2.2	
合　计	4977	100.0	

（二）女生在表达政治意愿的权利意识方面强于男生

中学女生在"公民可以通过结社、集会、游行的方式表达政治意愿"一题中得分平均值为 3.49 分，而男生的平均得分为 3.40 分。经过独立样本 t 检验发现，男生与女生在公民结社、集会、游行和示威等权利认同上存在显著差异 [t (4856) =2.476，p=0.013]，说明女生在这方面的权利意识要明显强于男生。

表 2-9　学生在"公民可以通过结社、集会、游行
方式表达政治意愿"题项得分的性别差异

单位：人，分

性　别	人　数	均　值	标准差
女	2453	3.49	1.29
男	2403	3.40	1.31

（三）高中学生赞同"公民可以通过结社、集会、游行的方式表达政治意愿"的比例略高于初中学生

从学段的差异来看，初中学生对于"公民可以通过结社、集会、游行

的方式表达政治意愿"的平均得分为 3.46 分，而高中学生的平均得分为
3.41 分，比初中学生的得分略低。经独立样本 t 检验发现，在学段上不存在
显著差异 [t = 1.320，p = 0.187]。

表 2 - 10　学生在"公民可以通过结社、集会、游行的
方式表达政治意愿"题项得分的学段差异

单位：人，分

学　段	人　数	均　值	标准差
初　中	3243	3.46	1.273
高　中	1603	3.41	1.337

但从百分比上来看，初中学生赞同"公民可以通过结社、集会、游
行的方式表达政治意愿"的比例为 50.4%，而高中学生这一比例
为 51.6%。

（四）城市中学生对表达政治意愿的权利意识高于县城和乡（镇）村中学生

从家庭所在地的角度来看，居住在城市的中学生对于表达政治意愿的
权利意识相对较高，得分为 3.60 分，其次为县城的中学生，得分为 3.39
分。而家庭所在地为乡（镇）村的中学生得分仅为 3.32 分。

单因素方差分析结果显示，不同家庭所在地的中学生对于"公民可以
通过结社、集会、游行的方式表达政治意愿"问题的认识存在显著差异
[F = 8.18，p = 0.000]，多重比较（LSD）分析结果显示，城市地区和县
城地区与乡村地区均存在显著差异（p = 0.000，p = 0.000），县城地区和
乡村地区不存在显著差异（p = 0.242）。

表 2 - 11　学生在"公民可以通过结社、集会、游行的方式表达
政治意愿"题项得分的家庭所在地差异

单位：人，分

家庭所在地	人　数	均　值	标准差
城　市	1966	3.60	1.316
县　城	626	3.39	1.250

家庭所在地	人　数	均　值	标准差
乡（镇）村	2154	3.32	1.277
总　数	4746	3.44	1.296

在百分比上，城市中学生赞同"公民可以通过结社、集会、游行的方式表达政治意愿"的比例为56.5%，而县城和乡（镇）村中学生的这一比例均为46.9%。城市中学生赞同"公民可以通过结社、集会、游行的方式表达政治意愿"的比例高于县城和乡（镇）村中学生。

（五）父母文化程度最高的中学生对表达政治意愿的权利意识相对较高

从父亲文化程度的角度来看，父亲文化程度越高，中学生对表达政治意愿的权利意识越高，父亲学历为研究生的学生得分为3.79分，其次是父亲学历为大学的学生，得分为3.64分，而父亲学历为高中、初中和小学以及没上过学的学生得分依次为3.48分、3.40分、3.31分和3.18分。单因素方差分析结果显示，父亲文化程度不同的学生在"公民可以通过结社、集会、游行的方式表达政治意愿"问题上的认识存在显著差异［F = 8.075，p = 0.000］，多重比较（LSD）分析显示，父亲受教育程度为大学与父亲学历为研究生的中学生的认识不存在差异（p = 0.245），父亲学历为大学的与父亲学历为没上过学、小学、初中、高中的中学生存在显著差异（p = 0.001，p = 0.000，p = 0.000，p = 0.011），父亲学历为研究生的与父亲学历为没上过学、小学、初中、高中的中学生存在显著差异（p = 0.001，p = 0.000，p = 0.002，p = 0.015）。

表2-12　学生在"公民可以通过结社、集会、游行的方式表达
政治意愿"题项得分的父亲文化程度差异

单位：人，分

父亲文化程度	人　数	均　值	标准差
没上过学	97	3.18	1.479
小学	929	3.31	1.218

续表

父亲文化程度	人 数	均 值	标准差
初中	1861	3.40	1.312
高中（中专、中技）	1140	3.48	1.303
大学（高职、大专、本科）	696	3.64	1.287
研究生（硕士、博士）	114	3.79	1.237
总 数	4837	3.44	1.295

在百分比上，父亲文化程度为没上过学、小学、初中、高中（中专、技校）、大学（高职、大专、本科）、研究生（硕士、博士）的学生赞同"公民可以通过结社、集会、游行的方式表达政治意愿"的比例分别为：48.5%、45.5%、50.3%、51.5%、57.3%、61.4%。父亲学历层次最高的中学生表示赞同的比例最高。

母亲的文化程度对中学生表达政治意愿权利意识的影响与父亲文化程度的趋势大致相同，中学生表达政治意愿的权利意识随母亲文化程度的升高而升高。母亲学历为研究生的学生得分为3.75分，其次是母亲学历为大学的学生，得分为3.66分，而母亲学历为高中、初中和小学以及没上过学的学生得分依次为3.50分、3.45分、3.33分和3.28分。

单因素方差分析结果显示，母亲文化程度不同的学生在"公民可以通过结社、集会、游行的方式表达政治意愿"问题上的认识存在显著差异 [$F = 7.963$，$p = 0.000$]。多重比较（LSD）分析显示，母亲受教育程度为大学与母亲学历为研究生的中学生的认识不存在差异（$p = 0.597$），母亲学历为大学的与母亲学历为没上过学、小学、初中、高中的中学生存在显著差异（$p = 0.000$，$p = 0.000$，$p = 0.001$，$p = 0.015$）。

表2-13 学生在"公民可以通过结社、集会、游行的方式表达政治意愿"题项得分的母亲文化程度差异

单位：人，分

母亲文化程度	人 数	均 值	标准差
没上过学	346	3.28	1.291
小学	1245	3.32	1.242

续表

母亲文化程度	人　数	均　值	标准差
初中	1694	3.45	1.301
高中（中专、中技）	915	3.50	1.334
大学（高职、大专、本科）	561	3.66	1.292
研究生（硕士、博士）	79	3.75	1.276
总　数	4840	3.44	1.295

在百分比上，母亲文化程度为没上过学、小学、初中、高中（中专、技校）、大学（高职、大专、本科）、研究生（硕士、博士）赞同"公民可以通过结社、集会、游行的方式表达政治意愿"的比例分别为：45.3%、46.5%、51.5%、52.8%、57.6%、60.8%。母亲学历层次最高的中学生表示赞同的比例最高。

（六）家庭生活水平最高的中学生表达政治意愿的权利意识最强

经调查发现，家庭生活水平很高的学生对表达政治意愿的权利意识最强，平均得分为 3.93 分，家庭生活水平很低的学生得分为 3.38 分，而家庭生活水平为较低的学生分值最低，为 3.31 分。家庭生活水平为一般和较高的学生得分分别为 3.45 分和 3.54 分。

单因素方差分析结果显示，不同家庭生活水平的学生在"公民可以通过结社、集会、游行的方式表达政治意愿"问题上存在显著差异［$F = 3.286$，$p = 0.011$］，多重比较（LSD）分析显示，家庭生活水平很低的学生与家庭生活水平很高的学生存在差异（$p = 0.037$），与其他群体不存在差异。家庭生活水平较低的学生与家庭生活水平一般、较高和很高的学生存在显著差异（$p = 0.015$，$p = 0.005$，$p = 0.012$）。

表 2 - 14　学生在"公民可以通过结社、集会、游行的方式表达
政治意愿"题项得分的家庭生活水平差异

单位：人，分

家庭生活水平	人　数	均　值	标准差
很　低	146	3.38	1.514

家庭生活水平	人　数	均　值	标准差
较　低	585	3.31	1.216
一　般	3673	3.45	1.285
较　高	417	3.54	1.371
很　高	29	3.93	1.334
总　数	4850	3.44	1.294

从百分比的角度来看，家庭生活水平很高的学生中，有69%对"公民可以通过结社、集会、游行的方式表达政治意愿"的表述表示赞同，所占比例最高。其次是家庭生活水平较高、一般、较低的学生，而家庭生活水平很低的学生表示赞同的百分比也较高，为53.5%。

三　平等权利意识

平等权是公民平等地享有权利，不受任何差别对待，要求国家同等保护的权利和原则。平等权是人的内在需求，是保障人的基本尊严的重要部分，没有平等，就没有必要的人的尊严。平等权也是社会正义的内在要求，因为一个正义的社会，必然表现为人与人之间的平等和尊重，表现为人与人之间互为目的，而不是互为手段，更不是以某个人或者某些群体的自由为代价换取另外一个人或者另外一个群体的自由。农民工阶层是随着社会转型过程产生的一种新的社会阶层，如何看待这个新的阶层在国家政治生活中的地位和影响力，体现了我们的政治平等和社会公平意识。因此，本报告设计了"农民工应该享有与所在城市市民同等的权利"和"人大代表中农民工名额应该占相应的比例"这样两个问题来考察中学生的政治平等意识。

（一）中学生的社会平等意识强于政治平等意识

数据结果表明，中学生具有较强的社会平等权利意识，对于"农民工应该享有与所在城市市民同等的权利"题目，中学生的平均得分为4.49分，87%的中学生认为农民工应该享有与所在城市市民同等的权利，只有

2.7% 的中学生表示反对。

比较有意思的是，中学生对于另一问题"人大代表中农民工名额应该占相应的比例"，得分平均值为 3.92 分，远低于"农民工应该享有与所在城市市民同等的权利"得分，只有 64% 的人表示非常赞同或者比较赞同，超过四分之一（28%）的中学生表示说不清楚。这种反差说明中学生的政治平等意识要低于社会平等意识。这也说明现实平等权利实现与理想存在一定的差距。

表 2-15　中学生的平等权利意识

单位：人，分

题　项	人　数	均　值	标准差
农民工应该享有与所在城市市民同等的权利	4896	4.49	0.819
人大代表中农民工名额应该占相应的比例	4865	3.92	1.027

（二）高中学生的平等权意识高于初中学生

从学段来看，高中学生的平等权意识得分均高于初中生。高中生在"农民工应该享有与所在城市市民同等的权利"一题得分为 4.60 分，而初中生为 4.44 分；高中生在"人大代表中农民工名额应该占相应的比例"一题得分为 4.18 分，而初中生仅为 3.80 分。

表 2-16　学段与平等权意识

单位：人，分

题　项	学　段	人　数	均　值	标准差
农民工应该享有与所在城市市民同等的权利	初　中	3266	4.44	0.849
	高　中	1610	4.60	0.736
人大代表中农民工名额应该占相应的比例	初　中	3241	3.80	1.055
	高　中	1603	4.18	0.915

从百分比数据来看，高中学生认为农民工应该享有与所在城市市民同等权利的比例为 92.3%，而初中学生这一比例为 84.5%。高中学生比例比初中学生高 7.8 个百分点。高中学生认为"人大代表中农民工名额应该占相应的比例"的比例为 77.7%，而初中学生这一比例为 58.5%。高中学生

比初中学生高 19.2 个百分点。

（三）家庭生活水平最高的中学生权利平等意识最低

从家庭生活水平的角度来看，家庭生活水平最高的中学生平等权意识最低，其在两道题目的得分均值分别为 4.17 分和 3.31 分。在"农民工应该享有与所在城市市民同等的权利"一题中，得分最高的是家庭生活水平较低的学生，得分为 4.52 分，而"人大代表中农民工名额应该占相应的比例"一题中得分最高的是家庭生活水平较高的学生，得分均值为 3.96 分。

单因素方差分析结果显示，不同家庭所在地的中学生对于"农民工应该享有与所在城市市民同等的权利"问题的认识存在差异 [F = 3.155，p = 0.043]，差异不明显。多重比较（LSD）分析显示，城市地区和乡村地区存在显著差异（p = 0.012），城市与县城不存在差异（p = 0.420），县城与乡村地区不存在差异（p = 0.361）。单因素方差分析结果显示，不同家庭所在地的中学生对于"人大代表中农民工名额应该占相应的比例"问题均不存在认识差异 [F = 1.139，p = 0.320]。

表 2-17　家庭生活水平与中学生平等权意识

单位：人，分

题　项	生活水平	人　数	均　值	标准差
农民工应该享有与所在城市市民同等的权利	很　低	147	4.29	1.195
	较　低	590	4.52	0.787
	一　般	3695	4.49	0.800
	较　高	419	4.49	0.837
	很　高	29	4.17	1.071
	总　数	4880	4.49	0.819
人大代表中农民工名额应该占相应的比例	很　低	147	3.80	1.242
	较　低	584	3.88	1.010
	一　般	3673	3.93	1.004
	较　高	417	3.96	1.119
	很　高	29	3.31	1.417
	总　数	4850	3.92	1.027

在百分比上，随着家庭生活水平的上升，中学生认为"农民工应该享有与所在城市市民同等权利"的比例分别为：78.2%、89%、87.4%、86%、69%。家庭生活水平最高的中学生这一比例最低。随着家庭生活水平的上升，中学生认为"人大代表中农民工名额应该占相应的比例"的比例分别为：59.2%、64.1%、65.2%、65.7%、44.8%。家庭生活水平最高的中学生这一比例最低。

（四）父亲文化程度最高的中学生认为农民工应该享有与所在城市市民同等权利的比例最高，母亲文化程度最高的中学生这一比例却最低

从父母亲文化程度的角度分析，父亲文化程度为研究生的学生和母亲文化程度为高中的学生对于"农民工应该享有与所在城市市民同等的权利"一题的得分为最高，而对于"人大代表中农民工名额应该占相应的比例"一题得分最高的是父亲文化程度和母亲文化程度都为大学的学生。

单因素方差分析结果显示，父亲文化程度不同的学生在"农民工应该享有与所在城市市民同等的权利"问题上的认识存在显著差异 [$F = 4.564$，$p = 0.000$]，多重比较（LSD）分析显示，父亲受教育程度为没上过学的与父亲学历为小学、初中、高中、大学、研究生的中学生存在显著差异（$p = 0.001$，$p = 0.000$，$p = 0.000$，$p = 0.000$，$p = 0.000$）。父亲学历为小学的与高中的学生存在认识差异（$p = 0.032$），除此之外，无论父亲学历高低，均不存在差异。

表 2 - 18　父亲文化程度与中学生平等权意识

单位：人，分

题　项	父亲文化程度	人　数	均　值	标准差
农民工应该享有与所在城市市民同等的权利	没上过学	98	4.15	1.221
	小学	935	4.44	0.811
	初中	1880	4.50	0.806
	高中（中专、中技）	1141	4.52	0.808
	大学（高职、大专、本科）	699	4.51	0.812
	研究生（硕士、博士）	114	4.55	0.742
	总　数	4867	4.49	0.819

续表

题　项	父亲文化程度	人　数	均　值	标准差
人大代表中农民工名额应该占相应的比例	没上过学	99	3.67	1.237
	小学	932	3.80	1.001
	初中	1864	3.92	1.020
	高中（中专、中技）	1136	3.96	1.041
	大学（高职、大专、本科）	692	4.06	1.003
	研究生（硕士、博士）	114	3.96	1.076
	总　　数	4837	3.92	1.028

在百分比上，随着父亲文化程度的提高，中学生认为农民工应该享有与所在城市市民同等权利的比例依次为：75.2%、86.3%、87.1%、88.3%、86.9%、91.3%。父亲文化程度最低的中学生这一比例最低，父亲文化程度最高的中学生比例最高。

单因素方差分析结果显示，母亲文化程度不同的学生在"农民工应该享有与所在城市市民同等的权利"问题上的认识存在显著差异 [$F = 3.533$, $p = 0.003$]，多重比较（LSD）分析显示，母亲受教育程度为大学的中学生与母亲受教育程度为研究生的中学生存在认识差异（$p = 0.027$），与其他不存在差异。母亲受教育程度为研究生的学生与母亲受教育程度为初中、高中的学生存在显著差异（$p = 0.015$，$p = 0.011$），母亲受教育程度为小学的学生与母亲受教育程度为初中、高中的学生存在显著差异（$p = 0.009$，$p = 0.009$），母亲受教育程度为没上过学的学生与母亲受教育程度为初中、高中的学生存在显著差异（$p = 0.024$，$p = 0.017$）。

表 2 - 19　母亲文化程度与中学生平等权意识

单位：人，分

题　项	母亲文化程度	人　数	均　值	标准差
农民工应该享有与所在城市市民同等的权利	没上过学	348	4.41	0.927
	小学	1250	4.44	0.818
	初中	1712	4.52	0.800
	高中（中专、中技）	919	4.53	0.805
	大学（高职、大专、本科）	563	4.51	0.803
	研究生（硕士、博士）	79	4.29	0.963
	总　　数	4871	4.49	0.820

题　项	母亲文化程度	人　数	均　值	标准差
人大代表中农民工名额 应该占相应的比例	没上过学	346	3.87	1.050
	小学	1240	3.83	1.002
	初中	1700	3.94	1.021
	高中（中专、中技）	914	3.99	1.056
	大学（高职、大专、本科）	561	4.05	0.989
	研究生（硕士、博士）	79	3.72	1.270
总　　数		4840	3.92	1.028

在百分比上，中学生认为农民工应该享有与所在城市市民同等权利的比例依次为：85.3%、86.1%、87.8%、88.4%、87.2%、78.5%。除母亲文化水平最高的中学生这一比例最低外，母亲为其他文化程度的中学生比例差别不大。

四　参与权利意识

公民参与政府管理和监督政府是公民重要的民主权利，具体包括政府信息知情权、批判与监督政府权利、参与社团权利等。虽然宪法确立了公民诸多权利，但是公民不能满足于坐在家里，等待自己的权利自然得到政府保护，公民必须走出家门，通过各种途径参与和影响国家政治生活。政治参与是公民自我权利实现和保障的根本途径，也是公民监督和批判政府的重要手段。在这种积极参与中，公民会强烈地感受到自己与整个国家的政治体系紧密联系，相应的自我培育并发展现代民主国家需要的公民精神。因此，政治参与权利意识是我们考察中学生政治权利意识的重要维度。为了考察中学生日常学校生活中的参与权利意识，课题组还特意设计了"如果有机会，我会向学校反映我对学校各项事务的看法"这一具体问题，以了解中学生在日常生活中是否具有积极的参与态度和参与行为。

（一）对政府的知情权利意识

1. 中学生对政府的知情权意识不强

调查结果显示，在总分为5分的两道题目中，中学生对"我关心国家大事"的平均得分为3.42分，表示中学生对关心国家大事的意识不强。而

"除特殊机密以外，政府信息应该公开和透明"一题的平均得分为 3.89 分，相对来说也比较低。

表 2 - 20　中学生对政府的知情权意识

单位：人，分

题　项	人　数	均　值	标准差
我关心国家大事	4926	3.42	1.071
除特殊机密以外，政府信息应该公开和透明	4860	3.89	1.185

从百分数来看，超过六成的中学生认为政府信息应该公开和透明。具体表现在，对于"除特殊机密以外，政府信息应该公开和透明"这一问题，65.9%的中学生表示非常赞同或者比较赞同，21%的中学生表示说不清楚，有13.1%的同学表示比较反对或者非常反对。对于"我关心国家大事"这一问题，44.3%的中学生认为非常符合或者比较符合，39.4%的中学生认为一般，15.9%的中学生认为不太符合或者很不符合，说明只有部分中学生平时不关心国家大事。

2. 男生的政府知情权意识普遍高于女生

中学男生对于政府知情权的意识普遍高于女生，表现在男生在"我关心国家大事"一题的得分均值为3.53分，而女生的得分为3.32分。对于"除特殊机密以外，政府信息应该公开和透明"的表述，男生的平均得分为3.97分，而女生为3.82分。

通过独立样本 t 检验可发现，所调查的男生和女生在政府知情权意识方面存在显著性差异，在关心国家大事和政府信息应公开透明两道题目中均存在显著差异（$p = 0.000$）。

表 2 - 21　性别与中学生政府知情权意识

单位：人，分

题　项	性　别	人　数	均　值	标准差
我关心国家大事	男	2438	3.53	1.116
	女	2479	3.32	1.015
除特殊机密以外，政府信息应该公开和透明	男	2398	3.97	1.174
	女	2455	3.82	1.189

从百分比来看，男生认为政府信息应该公开和透明的比例为 69%，比女生这一比例的 62.8% 高出 6.2 个百分点。对于"我关心国家大事"这一问题，男生认为比较符合和非常符合的比例为 48.7%，比女生这一比例的 40.1% 高出 8.6 个百分点。

3. 高中生的政府知情权意识普遍比初中生强

中学生对政府的知情权意识具有学段差异性。高中生在"我关心国家大事"一题中得分为 3.64 分，初中生为 3.32 分，经独立样本 T 检验表明，初中生与高中生的得分有显著差异（p = 0.000），"除特殊机密以外，政府信息应该公开和透明"一题高中生的得分为 4.37 分，而初中生为 3.65 分。经独立样本 T 检验表明，初中生与高中生的得分也有显著差异（p = 0.000）。

表 2-22　学段与中学生政府知情权意识

单位：人，分

题　项	学　段	人　数	均　值	标准差
我关心国家大事	初　中	3296	3.32	1.095
	高　中	1608	3.64	0.987
除特殊机密以外，政府信息应该公开和透明	初　中	3240	3.65	1.234
	高　中	1601	4.37	0.907

高中学生认为政府信息应该公开和透明的比例为 84.2%，比初中学生这一比例的 56.8% 高出 27.4 个百分点，说明高中学生的政府知情权利意识远高于初中学生。高中学生对于"我关心国家大事"这个问题表示比较符合和非常符合的比例为 53%，比初中学生这一比例的 40.2% 高出 12.8 个百分点，说明高中学生比初中学生具有更为强烈的政治参与意识。

4. 城市中学生对政府知情权的意识最强

从家庭所在地来看，家庭居住在城市的中学生对政府知情权的意识最强，得分为 3.52 分，其次是县城中学生，得分为 3.46 分，家庭居住在乡（镇）村的中学生平均得分为 3.33 分。

表 2 – 23　家庭所在地与中学生政府知情权意识

单位：人，分

家庭所在地	人　数	均　值	标准差
城市	1995	3.52	1.092
县城	630	3.46	1.022
乡（镇）村	2180	3.33	1.057
总　　数	4805	3.42	1.071

单因素方差分析结果显示，不同家庭所在地的中学生对于"我关心国家大事"问题存在显著差异 [F = 18.221，p = 0.000]。多重比较（LSD）分析显示，乡（镇）村地区学生与城市、县城地区学生差异显著（p = 0.000，p = 0.006）。城市和县城地区学生不存在差异（p = 0.189）。

在百分比上，城市中学生对于"我关心国家大事"这个问题表示比较符合和非常符合的比例为 49.3%，县城中学生这一比例为 44.9%，乡（镇）村中学生这一比例为 39.5%。

5. 父母不同文化程度的交叉分析

（1）父亲文化程度

从父亲文化程度来看，父亲文化程度越高，中学生的政府知情权意识越强，父亲为研究生学历的中学生在"除特殊机密以外，政府信息应该公开和透明"和"我关心国家大事"两道题目中的得分分别为 4.18 分和 3.85 分。

单因素方差分析结果显示，父亲文化程度不同的学生在"除特殊机密以外，政府信息应该公开和透明"问题上存在显著差异 [F = 18.765，p = 0.000]。多重比较（LSD）分析结果显示，父亲受教育程度为研究生的与父亲学历为没上过学、小学、初中的中学生存在显著差异（p = 0.001，p = 0.000，p = 0.001），与父亲学历为高中、大学的学生不存在差异（p = 0.125，p = 0.904）。父亲受教育程度为大学与父亲学历为没上过学、小学、初中、高中的学生存在显著差异（p = 0.000，p = 0.000，p = 0.000，p = 0.004）。父亲学历为没上过学的学生与父亲学历为小学、初中的学生不存在差异（p = 0.758，p = 0.233），与其他存在显著差异。父亲学历为初中的与父亲学历为小学、高中、大学、研究生的学生存在显著差异（p = 0.024，p = 0.000，p = 0.000，p = 0.001）。父亲学历为高中的与父亲学历为小学、初中、大学、研究生的学生存在显著差异（p = 0.006，p = 0.000，p = 0.000，p = 0.004）。

单因素方差分析结果显示，父亲文化程度不同的学生在"我关心国家大事"问题上存在显著差异［F = 18.663，p = 0.000］。多重比较（LSD）分析结果显示，父亲受教育程度为大学的与父亲学历为研究生的中学生不存在差异（p = 0.189）。父亲受教育程度为大学与父亲学历为没上过学、小学、初中、高中的学生存在显著差异（p = 0.000，p = 0.000，p = 0.000，p = 0.000）。父亲学历为研究生的学生与父亲学历为没上过学、小学、初中、高中的学生存在显著差异（p = 0.000，p = 0.000，p = 0.000，p = 0.000）。

表 2－24　父亲文化程度与中学生政府知情权意识

单位：人，分

题　项	父亲文化程度	人　数	均　值	标准差
我关心国家大事	没上过学	99	3.15	1.265
	小学	953	3.34	1.035
	初中	1884	3.34	1.089
	高中（中专、中技）	1148	3.43	1.043
	大学（高职、大专、本科）	698	3.71	1.019
	研究生（硕士、博士）	115	3.85	1.028
	总　数	4897	3.42	1.070
除特殊机密以外，政府信息应该公开和透明	没上过学	98	3.66	1.331
	小学	925	3.70	1.214
	初中	1863	3.81	1.208
	高中（中专、中技）	1135	4.01	1.133
	大学（高职、大专、本科）	695	4.17	1.066
	研究生（硕士、博士）	115	4.18	1.152
	总　数	4831	3.89	1.185

从百分比来看，随着父亲文化程度的上升，中学生认为政府信息应该公开的比例分别为58.1%、60.3%、63.7%、68.3%、75.5%和73.9%，对于"我关心国家大事"这一问题选择比较符合和非常符合的比例分别为35.4%、38.7%、40.6%、45%、58.3%和63.5%。除最高学历（研究生）以外，随着文化程度提高，认为政府信息应该公开的学生数量比例也不断

提高。随着父亲文化程度的上升，中学生认为自己关心国家大事的比例也不断提高。

（2）母亲文化程度

在关心国家大事意识方面，中学生的得分随母亲文化程度升高而呈现升高的趋势，而在"除特殊机密以外，政府信息应该公开和透明"问题上，在母亲学历低于研究生的阶段，中学生的得分随母亲文化程度升高而呈现升高的趋势，而母亲学历为研究生的学生这方面意识低于母亲学历为大学的学生。

表 2 - 25　母亲文化程度与中学生政府知情权意识

单位：人，分

题　项	母亲文化程度	人　数	均　值	标准差
我关心国家大事	没上过学	347	3.34	1.065
	小学	1261	3.27	1.057
	初中	1724	3.39	1.070
	高中（中专、中技）	927	3.50	1.054
	大学（高职、大专、本科）	561	3.74	1.020
	研究生（硕士、博士）	80	3.79	1.229
	总　数	4900	3.42	1.070
除特殊机密以外，政府信息应该公开和透明	没上过学	342	3.64	1.234
	小学	1240	3.75	1.210
	初中	1695	3.86	1.187
	高中（中专、中技）	915	4.03	1.130
	大学（高职、大专、本科）	564	4.23	1.072
	研究生（硕士、博士）	79	3.94	1.274
	总　数	4835	3.89	1.185

单因素方差分析结果显示，母亲文化程度不同的学生在"除特殊机密以外，政府信息应该公开和透明"问题上存在显著差异 [F = 18.854, p = 0.000]，多重比较（LSD）分析结果显示，母亲学历为研究生的学生与母亲学历为小学、初中、高中的学生不存在差异（p = 0.182, p = 0.548, p = 0.511），与母亲学历为没上过学或大学的学生存在差异（p = 0.041, p = 0.036）。母亲学历为没上过学的学生与母亲学历为小学的学生不存在差异（p = 0.102），与

母亲学历为初中、高中、大学、研究生的学生存在显著差异（p=0.002，p=0.000，p=0.000，p=0.041）。母亲学历为大学的学生与母亲学历为没上过学、小学初中、高中、研究生的学生均存在显著差异（p=0.000，p=0.000，p=0.001，p=0.036）。母亲学历为初中、高中的学生与母亲学历为除研究生之外的学生存在显著差异。

单因素方差分析结果显示，母亲文化程度不同的学生在"我关心国家大事"问题上存在显著差异 [F=19.129，p=0.000]，多重比较（LSD）分析结果显示，母亲受教育程度为大学的与母亲学历为研究生的中学生不存在差异（p=0.727）。母亲受教育程度为大学与母亲学历为没上过学、小学、初中、高中的学生存在显著差异（p=0.000，p=0.000，p=0.000，p=0.000）。母亲学历为研究生的学生与母亲学历为没上过学、小学、初中、高中的学生存在显著差异（p=0.001，p=0.000，p=0.001，p=0.021）。母亲学历为没上过学的学生与母亲学历为小学、初中的学生不存在差异（p=0.259，p=0.453）。母亲学历为高中的学生与母亲学历为没上过学、小学、初中、大学、研究生的学生均存在显著差异（p=0.017，p=0.000，p=0.009，p=0.000，p=0.021）。

随着母亲文化程度的上升，中学生认为政府信息应该公开的比例分别为51.1%、61.8%、64.8%、68.8%、74.9%和64.6%，对于"我关心国家大事"这一问题选择比较符合和非常符合的比例分别为40.9%、36.3%、42.3%、48.9%、59.7%和66.3%。可见随着母亲文化程度的提高，中学生关心国家大事的比例也在不断上升。

6. 不同家庭生活水平的分析

单因素方差分析结果显示，不同家庭生活水平的学生在"除特殊机密以外，政府信息应该公开和透明"问题上不存在差异 [F=1.631，p=0.163]，多重比较（LSD）分析结果显示，家庭生活水平较高的学生与家庭生活水平很低、一般的学生存在差异（p=0.026，p=0.032）。其他均不存在差异。

在百分比上，随着家庭生活水平的提高，中学生认为政府信息应该公开和透明的比例分别为：59.7%、67.6%、65.6%、68.5%和60.7%，对于"我关心国家大事"这一问题表示比较符合和非常符合的比例分别为：41.5%、43.5%、43.1%、57.2%和43.4%。

（二）批评与监督政府权利意识

1. 绝大部分中学生具有批评和监督政府的权利意识，但在实际生活中参与班级事务比例却不高

绝大部分中学生具有批评和监督政府的权利意识。具体表现在，对于"每个人都有权利对公共事务发表批评或反对的言论"这一问题，80.2%的中学生表示非常赞同和比较赞同，14.2%的中学生表示说不清，只有5.5%的中学生表示非常反对和比较反对。

中学生在日常生活中是否也一样具有很强的参与意识呢？与此反差的是，中学生对于"如有机会，我会向学校反映我对学校各项事务的看法"这一问题，只有26.9%的中学生表示非常符合和比较符合，29.7%的中学生表示一般，超过四成（43.4%）的中学生表示不大符合和很不符合。由于各种原因，在实际生活中，部分中学生很少参与公共事务。

2. 高中学生认为每个人有权对公共事务发表批评或者反对言论的比例高于初中学生，但是在实际生活中高中学生参与学校事务比例却低于初中学生

在学段差异上，初中生在"每个人都有权利对公共事务发表批评或反对的言论"这道题中的得分为4.13分，而高中生为4.31分。高中学生认为每个人有权对公共事务发表批评或者反对言论的比例为86.3%，高于初中学生这一比例（77.4%）。说明高中学生批评与监督政府意识略强于初中学生。

但是，对于"如有机会，我会向学校反映我对学校各项事务的看法"这一问题，高中学生选择很不符合和不太符合的比例为43.6%，低于初中学生这一比例（47.1%）。这实际表明，随着学段的上升，高中生在实际生活中参与公共事务的比例却下降了。

3. 不同家庭所在地中学生认为每个人有权对公共事务发表批评或反对言论的比例差别不大，县城中学生实际生活中的参与意识要低于城市中学生和乡（镇）村中学生

单因素方差分析结果显示，不同家庭所在地的中学生对于"每个人都有权利对公共事务发表批评或反对的言论"问题存在显著差异〔F = 13.181，p = 0.000〕。多重比较（LSD）分析结果显示，城市地区学生和县城、乡（镇）村地区学生存在显著差异（p = 0.008，p = 0.000）。县城和乡（镇）村地区学生不存在差异（p = 0.447）。在百分比上，城市中学生认为每个人有权对公共事务发表批评或者反对的言论的比例为81.4%，县城中学生、乡（镇）村中学生这一比例分别为79.7%和79.4%。可见在家庭所在地上比例差异不大。

单因素方差分析结果显示，不同家庭所在地的中学生对于"如有机会，我会向学校反映我对学校各项事务的看法"问题存在显著差异［F = 4.729，p = 0.009］。多重比较（LSD）分析结果显示，县城地区学生和城市、乡（镇）村地区学生存在显著差异（p = 0.007，p = 0.003）。城市和乡（镇）村地区学生不存在差异（p = 0.677）。在百分比上，城市中学生选择很不符合和不太符合的比例为42.8%，县城中学生和乡（镇）村中学生这一比例分别为48.5%和42.3%。可见，县城中学生实际生活中参与意识要低于城市中学生和乡（镇）村中学生。

表2－26　家庭所在地与"如果有机会，我会向学校反映我对学校
各项事务的看法"的交叉分析

单位：人，%

项目	类别		如果有机会，我会向学校反映我对学校各项事务的看法					合　计
			很不符合	不太符合	一般	比较符合	非常符合	
家庭所在地	城　市	人　数	362	489	593	296	250	1990
		百分比	18.2	24.6	29.8	14.9	12.6	100.0
	县　城	人　数	121	188	188	80	60	637
		百分比	19.0	29.5	29.5	12.6	9.4	100.0
	乡（镇）村	人　数	356	570	657	356	251	2190
		百分比	16.3	26.0	30.0	16.3	11.5	100.0
合　计		人　数	839	1247	1438	732	561	4817
		百分比	17.4	25.9	29.9	15.2	11.6	100.0

4. 随着父母文化程度的提高，中学生认为每个人有权对公共事务发表批评和反对言论的比例也不断上升

单因素方差分析结果显示，父亲文化程度不同的学生在"每个人都有权利对公共事务发表批评或反对的言论"问题上存在显著差异［F = 12.817，p = 0.000］，多重比较（LSD）分析结果显示，父亲学历为研究生的学生与父亲学历为初中、高中、大学的学生不存在差异（p = 0.089，p = 0.652，p = 0.522），与父亲学历为没上过学或小学的学生存在差异（p =

0.003，p＝0.007）。父亲学历为没上过学的学生与父亲学历为小学的学生不存在差异（p＝0.185），与父亲学历为初中、高中、大学、研究生的学生存在显著差异（p＝0.018，p＝0.001，p＝0.000，p＝0.003）。父亲学历为大学的学生与父亲学历为没上过学、小学、初中、高中的学生均存在显著差异（p＝0.000，p＝0.000，p＝0.000，p＝0.024）。父亲学历为初中、高中的学生与父亲学历为除研究生之外的学生存在显著差异。

父亲文化程度不同的学生在"如有机会，我会向学校反映我对学校各项事务的看法"问题上存在显著差异［F＝4.266，p＝0.001］。多重比较（LSD）分析结果显示，父亲学历为没上过学的学生与父亲学历为小学的学生存在显著差异（p＝0.020），与父亲学历为初中、高中、大学、研究生的学生不存在差异（p＝0.216，p＝0.559，p＝0.128，p＝0.099）。父亲学历为研究生的学生与其他学生均不存在差异。父亲学历为小学的学生与父亲学历为初中、高中的学生存在显著差异（p＝0.003，p＝0.000），父亲学历为大学的学生与父亲学历为高中的学生存在差异（p＝0.033）。其他不存在差异。

在百分比上，随着父亲文化程度的提高，中学生认为每个人有权对公共事务发表批评和反对言论的比例分别为：69.7%、76.8%、79.3%、82.4%、85.5%、82.5%。由此可见，除父亲最高文化程度外，随着父亲文化程度的提高，中学生认为每个人有权对公共事务发表批评和反对言论的比例也上升。

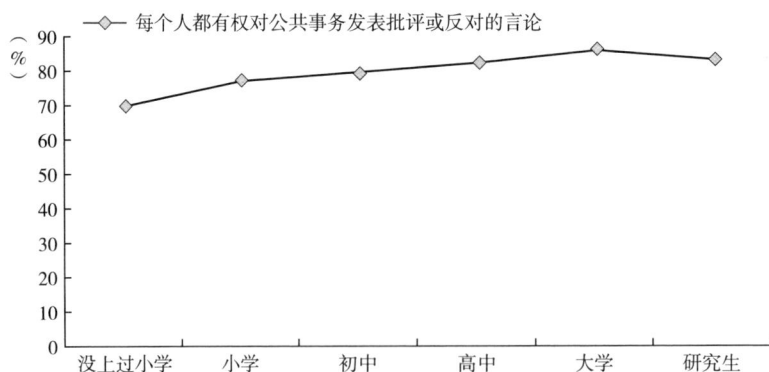

图2-1　父亲文化程度与中学生批评监督权意识

单因素方差分析结果显示，母亲文化程度不同的学生在"每个人都有权利对公共事务发表批评或反对的言论"问题上存在显著差异［F＝8.973， p = 0.000]。多重比较（LSD）分析结果显示，母亲学历为研究生的学生与母亲学历为没上过学、小学、初中、高中、大学的学生不存在差异（p = 0.248，p = 0.482，p = 0.868，p = 0.464，p = 0.090）。母亲学历为没上过学的学生与母亲学历为小学的学生不存在差异（p = 0.305），与母亲学历为初中、高中、大学的学生存在显著差异（p = 0.006，p = 0.000，p = 0.000）。母亲学历为小学的学生与母亲学历为初中、高中、大学的学生均存在显著差异（p = 0.007，p = 0.000，p = 0.000）。母亲学历为初中、高中、大学的学生与母亲学历为除研究生之外的学生均存在显著差异。

随着母亲文化程度的提高，中学生认为每个人有权对公共事务发表批评和反对言论的比例分别为：77.4%、76.5%、80.4%、80.9%、85.2%、77.2%。由此可见，除母亲最高文化程度外，随着母亲文化程度的提高，中学生认为每个人有权对公共事务发表批评和反对言论的比例略有上升。

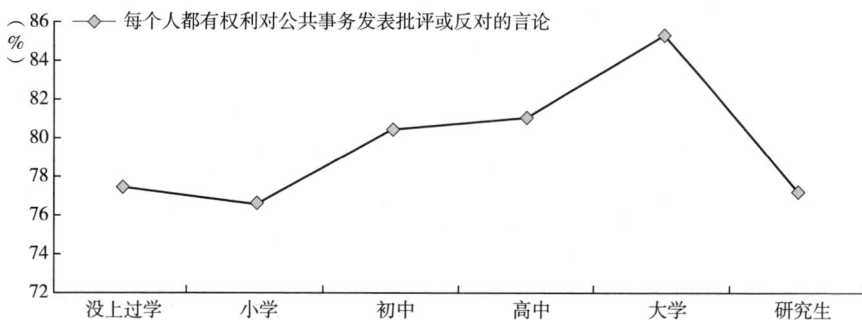

图 2-2　母亲文化程度与中学生批评监督权意识

5. 家庭生活水平最高的中学生认同批评和监督政府权利，但参与学校事务的比例却最低

单因素方差分析结果显示，不同家庭生活水平的学生在"每个人都有权利对公共事务发表批评或反对的言论"问题上存在显著差异［F = 7.522，p = 0.000]。多重比较（LSD）分析结果显示，家庭生活水平很高的学生与其他家庭生活水平的学生均不存在差异。家庭生活水平很低的学生与家庭生活水平较低的学生不存在差异。家庭生活水平一般的学生与家庭生活水平很低、较低、较高的学生存在显著差异（p = 0.002，p = 0.005，p = 0.003）。家庭生活水平较高的学生与家庭生活水平很低、较低、一般的学生存在显著差异（p = 0.000，p = 0.000，p = 0.003）。随着家庭生活水平的上升，中学生认为每个人有权对公共事务发表批评或者反对的言论的比例分别为：65.8%、78%、80.9%、85.1%和65.5%。家庭生活水平最高的学生，认同批判和监督政府权利的比例却最低。

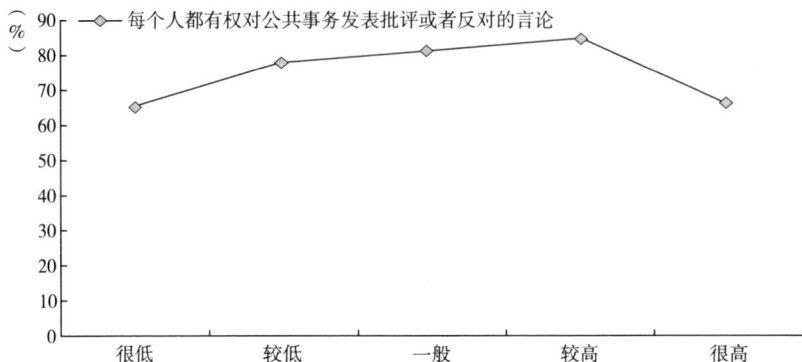

图 2 - 3　家庭生活水平与中学生批评监督权意识

单因素方差分析结果显示，不同家庭生活水平的学生在"如有机会，我会向学校反映我对学校各项事务的看法"问题上不存在差异 [F（4，4916）＝1.991，p＝0.093]。多重比较（LSD）分析结果显示，家庭生活水平较高的学生与家庭生活水平较低、一般的学生均存在显著差异（p＝0.031，p＝0.009）。在百分比上，随着家庭生活水平的上升，中学生对于学校各项事务会发表看法的比例分别为：41%、46.3%、43.4%、40.8%和40%。除最高家庭生活水平以外，在不同的家庭生活水平上，中学生参与学校事务的比例差异不大。

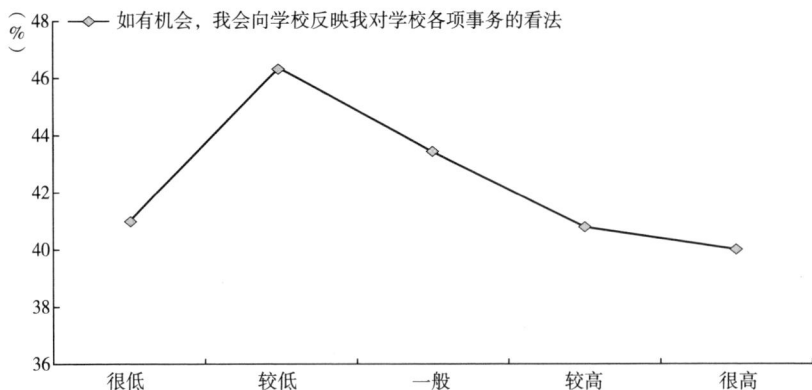

图 2 - 4　家庭生活水平与中学生批评监督权意识

（三）参与社团的权利意识

1. 中学生普遍具有较强的参与社团的权利意识

对于中学生来说，积极参与社团，并积极维护自己参与社团的权利，既是他们获得成长的重要途径，也是为其以后参与社会政治生活奠定基础。调查结果表明，对于"老师可以以影响学习为由限制学生参与社团活动"这个问题，81.5%的中学生表示非常反对和比较反对，11.8%的中学生表示说不清，只有7%的中学生表示非常赞同和比较赞同，均值为4.27分。这说明中学生普遍具有较强的社团参与权利意识，反对教师以提高成绩为理由而剥夺其参与社团活动的权利。

表 2 - 27　老师可以以影响学习为由限制学生参与社团活动

单位：人，%

类　别	人　数	百分比	有效百分比
非常反对	2718	54.6	55.2
比较反对	1297	26.1	26.3
说不清	581	11.7	11.8
比较赞同	175	3.5	3.6
非常赞同	156	3.1	3.2
合　计	4927	99.0	100.0
缺　失	50	1.0	
总　计	4977	100.0	

2. 女中学生参与社团权利意识要高于男中学生

调查数据显示，女生对于参与社团权利的意识得分为4.34分，而男生为4.20分。经独立样本T检验发现，男女生之间参与社团权利意识差异显著。女中学生对"老师可以以影响学习为由限制学生参与社团活动"这一问题表示非常反对和比较反对的比例为84.2%，而男中学生这一比例为77.8%。

3. 高中学生参与社团权利意识要略高于初中学生

调查数据统计结果表明，高中学生对"老师可以以影响学习为由限制学生参与社团活动"这一问题表示非常反对和比较反对的比例为87.6%，比初中学生这一比例78.4%高出9.2个百分点。经独立样本T检验可知，初中生与高中生的差异显著。高中学生对于参与社会活动的权利意识较为强烈，得分为 4.36 分，而初中学生相对来说意识较弱，得分为 4.23 分。高中学生该方面意识明显强于初中学生。

表 2 - 28　学段与"老师可以以影响学习为由限制
学生参与社团活动"的交叉分析

单位：人，%

项 目	类　别		老师可以以影响学习为由限制学生参与社团活动					合　计
			非常反对	比较反对	说不清	比较赞同	非常赞同	
学段	初　中	人　数	1833	756	454	126	128	3297
		百分比	55.6	22.9	13.8	3.8	3.9	100.0
	高　中	人　数	873	536	124	48	27	1608
		百分比	54.3	33.3	7.7	3.0	1.7	100.0
合　计		人　数	2706	1292	578	174	155	4905
		百分比	55.2	26.3	11.8	3.5	3.2	100.0

4. 城市家庭中学生社团参与意识高于县城和乡（镇）村学生

单因素方差分析结果显示，不同家庭所在地的中学生对于"老师可以以影响学习为由限制学生参与社团活动"问题存在显著差异 $[F = 7.318, p = 0.001]$。多重比较（LSD）分析结果显示，乡（镇）村地区学生和城市、县城地区学生存在显著差异（$p = 0.000$，$p = 0.026$）。城市和县城地区学生不存在差异（$p = 0.769$）。均值比较发现，家庭所在地是城市的学生得分最高，为 4.32 分，其次为家在县城的学生，得分为 4.31 分，家庭所在地为乡（镇）村的学生得分为 4.21 分。城市中学生参与社团权利意识最高，其次是县城中学生，最后是乡（镇）村中学生。城市学校开展社团活动条件更好，社团文化相对较为浓厚，因此中学生参与的积极性也更高，权利维护意识也更强，而乡（镇）村学校社团文化较为薄弱，学生参与意识以及参与权利的维护意识也最低。

5. 父母文化程度越高，学生社团参与意识也越强

单因素方差分析结果显示，父亲文化程度不同的学生在"老师可以以影响学习为由限制学生参与社团活动"问题上存在显著差异 $[F = 7.200, p = 0.000]$。多重比较（LSD）分析结果显示，父亲学历为研究生的学生与父亲学历为初中、高中、大学的学生不存在差异（p＝0.054，p＝0.094，p＝0.873），与父亲学历为没上过学或小学的学生存在差异（p＝0.000，p＝0.014）。父亲学历为没上过学的学生与父亲学历为小学、初中、高中、大学、研究生的学生存在显著差异（p＝0.018，p＝0.003，p＝0.002，p＝0.000，p＝0.000）。父亲学历为小学的与父亲学历为初中、高中的学生不存在差异（p＝0.145，p＝0.070），父亲学历为初中的与父亲学历为高中的学生不存在差异（p＝0.566）。其他之间均存在显著差异。

单因素方差分析结果显示，母亲文化程度不同的学生在"老师可以以影响学习为由限制学生参与社团活动"问题上存在显著差异［F＝6.796，p＝0.000］。多重比较（LSD）分析结果显示，母亲学历为研究生的学生与母亲学历为没上过、小学、初中、高中、大学的学生不存在差异。母亲学历为大学的学生与母亲学历为高中的学生不存在差异（p＝0.121），与母亲学历为没上过学、小学、初中的学生存在显著差异（p＝0.000，p＝0.000，p＝0.000）。

母亲学历为小学的学生与母亲学历为没上过学、初中的学生不存在差异（p＝0.115，p＝0.166），与母亲学历为高中、大学的学生存在显著差异（p＝0.001，p＝0.000）。

总之，随着父母文化程度的上升，中学生参与社团的权利意识也逐渐增强（见图2－5）。

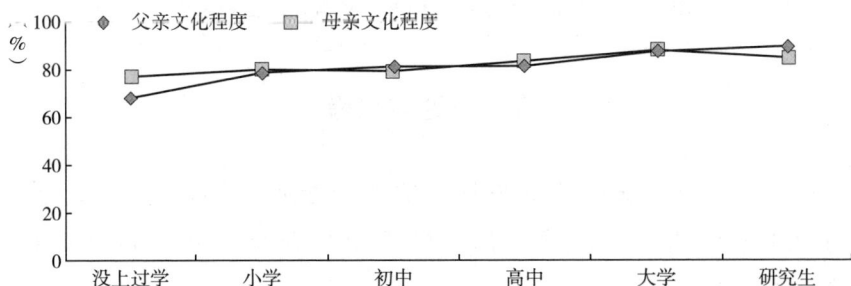

图2－5　父母文化程度与中学生参与社团权利意识

6. 家庭生活水平最低的中学生参与社团权利意识最低

单因素方差分析结果显示，不同家庭生活水平的学生在"老师可以以影响学习为由限制学生参与社团活动"问题上存在显著差异［F＝3.901，p＝

0.004］，多重比较（LSD）分析结果显示，家庭生活水平很低的学生与家庭生活水平较低的学生不存在差异，与家庭生活水平一般、较高、很高的学生存在显著差异（p=0.007，p=0.001，p=0.033）。家庭生活水平较低的学生与家庭生活水平较高的学生存在显著差异（p=0.008）。家庭生活水平一般的学生与家庭生活水平较高的学生存在差异（p=0.044）。家庭生活水平很高的学生得分最高，为4.48分，其次是家庭生活水平较高的学生，为4.38分，家庭生活水平很低的学生得分也最低，为4.05分。

随着家庭生活水平的提高，中学生反对老师可以以影响学生学习为由限制学生参与社团活动的比例分别为71.4%、81.7%、81.6%、84.7%、82.7%。家庭生活水平越低，这一比例也越低。

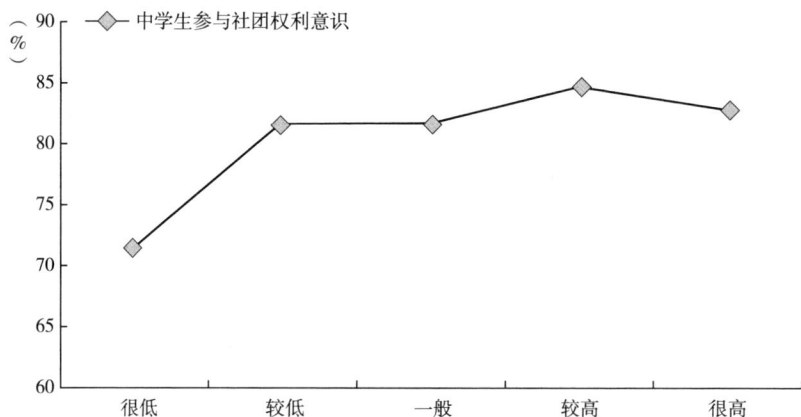

图2-6 家庭生活水平与中学生参与社团权利意识

五 讨论与思考

（一）中学生在政治选举权、政治平等权、批评监督权、社团参与权上有较高的认同度，但是对于政府知情权和政治表达权却具有相对较低的认同度

均值比较发现，中学生在政治选举权（4.17分）、政治平等权（4.49分；3.92分）、批评监督权（4.19分）和社团参与权（4.27分）等方面权利意识要高于政府知情权（3.89分）、政治表达权（3.44分），体现了积极的一面，也体现了消极的一面。

表 2 – 29   中学生政治权利意识

单位：人，分

题 项	人 数	均 值	标准差
我关心国家大事	4926	3.42	1.071
如果有机会，我会向学校反映我对学校各项事务的看法	4937	2.78	1.235
除特殊机密以外，政府信息应该公开和透明	4860	3.89	1.185
老师可以以影响学习为由限制学生参与社团活动	4927	4.27	1.012
人大代表中农民工名额应该占相应的比例	4865	3.92	1.027
公民可以通过结社、集会、游行的方式表达政治意愿	4866	3.44	1.295
农民工应该享有与所在城市市民同等的权利	4896	4.49	0.819
当选为人大代表只是少数人的事情，与我无关	4867	4.17	1.082
每个人有权对公共事务发表批评或反对的言论	4865	4.19	0.934
有效的人数	4628		

频数分析进一步证实这一结论。77.6% 的中学生表示非常反对"当选为人大代表只是少数人的事情，与我无关"，87% 的中学生认为农民工应该享有与所在城市市民同等的权利，80.2% 的中学生表示非常赞同"每个人都有权利对公共事务发表批评或反对的言论"，81.5% 的中学生反对"老师可以以影响学习为由限制学生参与社团活动"。这说明中学生有较高的选举权利意识、平等权利意识、批评监督意识和社团参与意识。另一方面，只有 65.9% 的中学生赞同"除特殊机密以外，政府信息应该公开和透明"，50.8% 的中学生赞同"公民可以通过结社、集会、游行的方式表达政治意愿"，说明中学生对于政治知情权和政治表达权相对较低的认同度。

就前者积极一面而言，它是和当前国家的民主化进程的大背景分不开的。改革开放以来，人们在观念上最深刻的变化就是公民民主权利意识的凸显，表明一个"权利时代"的到来。一是生产力发展带来物质生活水平的提高为人们权利意识的觉醒准备了物质基础，人们物质生活水平提高，不仅要求精神生活的满足，而且要求政治参与。市场经济的发展，也增强了人们的自我权利意识。二是利益分化呼唤社会公平，维护自我权利成为公民的现实要求。三是现代信息媒体的迅猛发展，为公民民主权利实现提供了越来越便捷的平台，甚至将公民民主的发展推向一个崭新的时代。四是公民教育增强教育领域也增加了维权方面的教育，政治教育中加重了对公民权利的尊重和保护。这些因素都极大地激发了中学生强烈的政治权利意识，而且这股力量的发展是不可抗拒的。

就后者消极一面来说，这与传统官本位文化和民主体制本身的不完善，公民自身参与能力的不足以及公民民主参与的途径和渠道还不够通畅，保障力量的不足等各种因素有密切关系。公民知情权是公民依法享有并通过一定方式知悉获取执政党和国家机关及其工作人员各种政治活动信息，而不受他人和社会组织非法干涉、侵犯和剥夺的权利。虽然近年来政府在推进政务公开、保障公民知情权方面取得了巨大的进步，但是离公民的期待还有一段距离，例如现实中大家很关心的政府三公消费问题，政府部分官员财产公开问题，还有一些突发事件，政府要么没能及时有效地公布真相，要么以其他形式封杀新闻消息。故而使得部分公民觉得自己没有此项权利，或者认为信息知情权完全是政府主导的。中学生受此影响，在政府知情权方面，也表现了相对较低的认同度。

公民通过言论、出版、集会、游行、示威和其他各种途径公开发表自己的政治思想、观点、主张和看法，是宪法规定和予以保护的政治表达权，相当部分中学生却对此不予认同。公民自愿通过各种合法方式参与公共事务的决策和管理的行为，是现代社会政治民主化的重要标志之一，普遍、积极、自主、有序的公民政治参与是发展社会主义民主政治的重要推动力量和价值追求。由于历史和现实原因，我们一直对这一公民权利抱着非常谨慎的态度。现实的公民政治生活中，由于一些政府部门尤其是基层政府部门对公民举行游行、示威等表达自己政治主张权利行为的忌惮，使得公民对于这一重要权利的认识不充分。

（二）中学生对抽象政治权利的高度认同以及实际生活中权利意识的虚化

政治权利不仅仅是抽象的概念，更是实际生活中践行的准则。例如在政治监督权上，绝大部分中学生具有批评和监督政府的权利意识。具体表现在，对于"每个人都有权利对公共事务发表批评或反对的言论"这一问题，80.2%的中学生表示非常赞同和比较赞同，14.2%的中学生表示说不清，只有 5.5% 的中学生表示非常反对和比较反对。中学生在日常生活中是否也一样具有很强的参与意识呢？与此形成反差的是，对于"如有机会，我会向学校反映我对学校各项事务的看法"这一问题，只有 26.9% 的中学生表示非常符合和比较符合，29.7% 的中学生表示一般，超过四成（43.4%）的中学生表示不大符合和很不符合。均值上的鲜明差异进一步说明了中学生在两种权利意识之间的巨大反差。前者的得分均值为 4.19，后者的得分均值为 2.78。由于各种原因，在实际生活中，相当一部分中学生很少参与与自己密切相关的诸如班级、学校和社区等公共事务。

中学生对于抽象的政治权利有较高的认同度。但是在实际生活中，中学生运用政治权利意识却不高。现代社会中，各国都通过法律的行使赋予公民各种权利，特别是政治权利，在这点上各国是相同的，而具体到政治权利实现状况，则差别十分明显。产生这种差别的主要原因一方面在于社会民主政治本身发展不充分，以及对公民政治权利的保障不足，另一方也在于公民政治权利意识以及付诸行动的意志和勇气有所欠缺。尤其对于后者而言，公民即使实际享有权利，若没有意识到这种应有的权利，意识到这种权利的神圣不可剥夺，并自觉行使和维护自身政治权利，其也很有可能只是权利的空享者。从形式上的权利到实际的权利，也就是权利的行使和运用，需要个体的勇气和意志，甚至需要斗争。因此，权利的教育不仅仅是权利知识的教育，更多的是权利运用的能力、勇气和智慧的教育。

（三）经济生活水平是影响中学生政治权利意识的重要因素

调查结果发现，从家庭生活条件而言，生活水平最低的中学生在选举（3.93 分）、政治表达（2.87 分）、政治平等（3.80 分）、批评监督（3.96 分）和参与社团（4.05 分）等方面的权利意识也最低。除家庭生活水平最高的中学生以外，一般来说，随着家庭生活水平的提高，中学生政治权利意识也不断提高。

表 2 – 30　家庭经济水平与中学生政治权利意识

单位：人，分

家庭生活水平		我关心国家大事	如果有机会，我会向学校反映我对学校各项事务的看法	老师可以影响学习为由限制学生参与社团活动	农民工应该享有与所在城市市民同等的权利	当选为人大代表只是少数人的事情，与我无关	人大代表中农民工名额应该占相应的比例	每个人有权对公共事务发表批评或反对的言论
很低	均值	3.36	2.87	4.05	4.29	3.93	3.80	3.96
	人数	147	149	149	147	145	147	146
	标准差	1.319	1.430	1.337	1.195	1.427	1.242	1.191
较低	均值	3.38	2.76	4.21	4.52	4.17	3.88	4.09
	人数	593	593	595	590	583	584	586
	标准差	1.110	1.270	1.002	0.787	1.064	1.010	0.966
一般	均值	3.41	2.76	4.27	4.49	4.18	3.93	4.20
	人数	3715	3724	3714	3695	3676	3673	3672
	标准差	1.044	1.203	0.995	0.800	1.059	1.004	0.915
较高	均值	3.65	2.92	4.38	4.49	4.15	3.96	4.35
	人数	425	425	424	419	419	417	416
	标准差	1.089	1.345	1.029	0.837	1.089	1.119	0.859
很高	均值	3.33	2.83	4.48	4.17	3.97	3.31	4.00
	人数	30	30	29	29	29	29	29
	标准差	1.348	1.510	0.785	1.071	1.322	1.417	1.309
总计	均值	3.42	2.78	4.27	4.49	4.17	3.92	4.19
	人数	4910	4921	4911	4880	4852	4850	4849
	标准差	1.069	1.234	1.011	0.819	1.077	1.027	0.932

社会经济发展是中学生政治权利意识健康发展的客观物质基础。根据马克思历史唯物主义的观点，政治权利意识属于社会上层建筑的范畴，由一定的经济基础决定，经济条件制约着大学生的各种思想意识。正如列宁所说："雇佣奴隶被贫困压得无暇过问民主、无暇过问政治"，生活在贫困落后和物质缺乏状态下的公民是难以形成完整的政治权利义务的观念。但由于社会经济发展水平不高，中学生的政治权利意识发展受到一定的制约，导致其政治权利意识相对较为淡薄。调查也发现，除

个别选项外，来自北京、浙江等地区的中学生政治权利意识要明显高于来自甘肃、广西等欠发达地区的中学生，正所谓"仓廪实而知礼节，衣食足而知荣辱"，在经济发展不充分、生产力还比较落后的地区，在条件不允许的情况下，来自欠发达地区的学生相对来说确实比较少关注政治权利。

第三章　中学生的社会权利意识

法律对经济、社会和文化权利予以明文规定源于《世界人权宣言》，"每个人，作为社会的一员，有权享受社会保障，并有权享受他的个人尊严和人格的自由发展所必需的经济、社会和文化方面各种权利的实现，这种实现是通过国家努力和国际合作并依照各国的组织和资源情况。"只有在创造了使人可以享有其经济、社会及文化权利，正如享有其公民和政治权利一样的条件的情况下，才能实现自由人类享有免于恐惧和匮乏的自由的理想。

经济、社会和文化权利，是指通过国家的积极介入而保障的与人的基本生存条件密切相关的一系列权利。《经济、社会及文化权利国际公约》规定，经济、社会和文化权利包括：遵守非歧视原则和男女平等权利；工作权，享受公平与良好工作条件、获得劳动报酬权、休息休假权；自由组织和参加工会的权利、罢工权；享受社会保障的权利；婚姻自由、家庭权和妇女儿童权益；为自己及家庭获得相当的生活水准的权利，包括足够的食物、衣着和住房等；享有最高的体质和心理健康权利；受教育权；享受科学文化生活的权利等等。

《中华人民共和国宪法》规定了公民经济、社会、文化方面的权利主要有：中华人民共和国公民有劳动的权利和义务；中华人民共和国劳动者有休息的权利；中华人民共和国公民在年老、疾病或者丧失劳动能力的情况下，有从国家和社会获得物质帮助的权利等等。由于经济、社会和文化权利包含的范围极广，很难全面涉及，因而本报告从劳动权、休息权、环境权、知识产权这几个核心方面来了解中学生的经济、社会和文化权利意识。

一　劳动权利意识

我国《宪法》规定公民有劳动的权利（第 42 条），劳动者有休息的权利（第 43 条）。概括地说，公民的劳动权包括八个方面：平等就业和选择职业的权利；取得劳动报酬的权利；休息休假的权利；获得劳动安全卫生保护的权利；接受职业技能培训的权利；享受社会保险和福利的权利；提请劳动争议处理的权利；法律规定的其他劳动权利。本报告从"很多岗位男女都能胜任，但单位招聘时要求只要男性，对此你的看法是：＿＿＿"，"学校补课侵犯了教师的休息权"、"学校补课侵犯了学生的休息权"这几个方面考察中学生的劳动权利与休息权利意识。

（一）大部分中学生反对就业招聘中的性别歧视

总体而言，大部分的中学生具有较强的劳动权利意识，认为就业招聘时只要男性的做法侵犯了女性的权利，反对就业招聘中的性别歧视。具体而言，对于"很多岗位男女都能胜任，但单位招聘时要求只要男性，对此你的看法是：＿＿＿＿"这一题目，将近七成（69.6%）的中学生认为单位招聘时只要男性的做法侵犯了女性的权利。值得注意的是，有 15.3% 的中学生对此表示理解，说明当前就业招聘中的性别歧视现象有部分人认同，或是表示无奈（见图 3 – 1）。

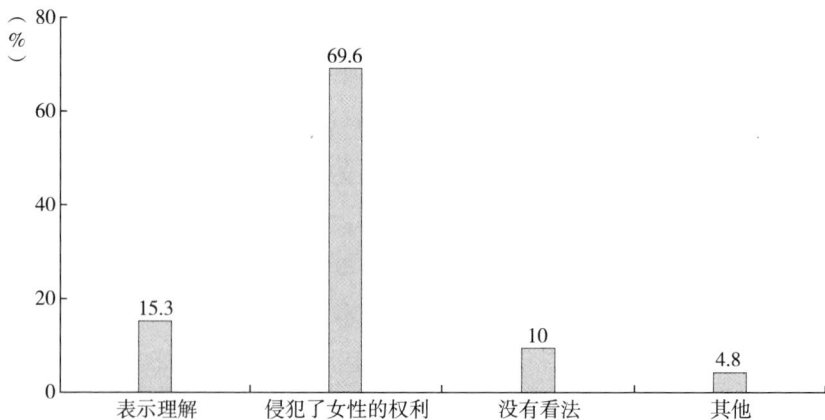

图 3 – 1　很多岗位男女都能胜任，但单位招聘时要求只要男性，对此你的看法是：＿＿＿

（二）女生反对就业招聘中性别歧视的比例高于男生

统计结果表明，女生反对就业招聘中性别歧视的态度要强于男生。具体来说，女生反对就业招聘性别歧视的比例为78.7%，男生的比例则为60.2%。对此现象表示理解的男生比例为20.9%，高于女生（10.2%）。相对于男生，女生对就业招聘中性别歧视的现象表现出更为强烈的反对态度（见图3-2）。

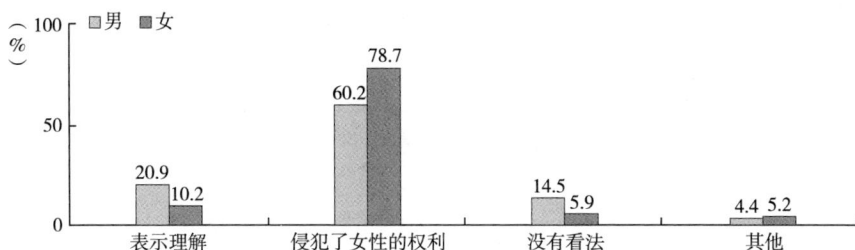

图3-2 性别与"很多岗位男女都能胜任，但单位招聘时要求只要男性，
对此你的看法是：_____"的交叉分析

（三）高中生对就业招聘中性别歧视的态度复杂

统计结果表明，高中生反对就业招聘中性别歧视的态度要略强于初中生，但表示理解的态度同样强于初中生。具体来说，高中生反对就业招聘性别歧视的比例为70.9%，初中生的比例则为69.0%。高中生对此现象表示理解的比例为17.2%，初中生则为14.6%。可见，高中生对招聘中性别歧视现象表现出较为复杂的态度（见图3-3）。

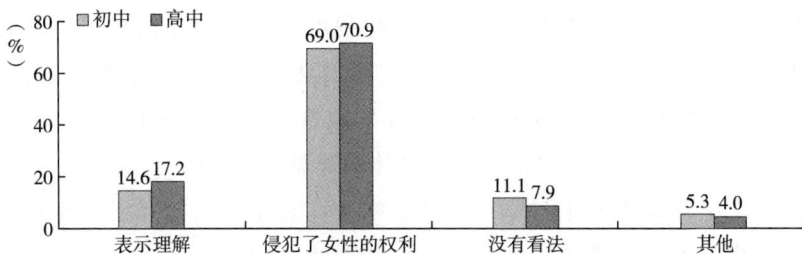

图3-3 学段与"很多岗位男女都能胜任，但单位招聘时要求只要男性，
对此你的看法是：_____"的交叉分析

（四）乡（镇）村中学生反对就业招聘中性别歧视的比例最低

在家庭所在地差异上，认为"侵犯了女性权利"的中学生比例最低的为乡（镇）村中学生，比例为67.8%，县城学生的这一比例则为73%，高于城市的70.5%。对此现象表示理解的中学生比例，乡（镇）村中学生为17.3%，高于城市中学生的14.0%和县城中学生的13.5%。乡（镇）村中学生反对就业招聘中性别歧视的比例最低，表示理解的比例最高。

表3-1 家庭所在地与"很多岗位男女都能胜任，但单位招聘时要求只要男性，对此你的看法是：_____"的交叉分析

单位：人,%

项目	类 别		表示理解	侵犯了女性的权利	没有看法	其 他
家庭所在地	城 市	人 数	277	1399	212	96
		百分比	14.0	70.5	10.7	4.8
	县 城	人 数	86	465	44	42
		百分比	13.5	73.0	6.9	6.6
	乡（镇）村	人 数	376	1477	230	96
		百分比	17.3	67.8	10.6	4.4
合 计		人 数	739	3341	486	234
		百分比	15.4	69.6	10.1	4.9

（五）父母文化水平越低，学生就业中的性别平等意识越低

总体而言，随着父亲文化程度的提高，中学生反对招聘中的性别歧视的人数比例也升高，具体表现为父亲文化程度为没上过学的中学生反对招聘中的性别歧视的人数比例是52%，父亲文化程度为小学、初中、高中、大学和研究生的中学生反对招聘中的性别歧视的人数比例依次为65.4%、70.8%、69.9%、73.9%和69.3%。具体情况见图3-4。

母亲文化程度为没上过学、小学、初中、高中、大学和研究生的中学生，反对招聘中的性别歧视现象的比例依次为：57.8%、68.6%、70.8%、70.3%、74.9%和65.0%。总体而言，母亲文化程度越高，中学生越反对招聘中的性别歧视。具体情况见图3-5。

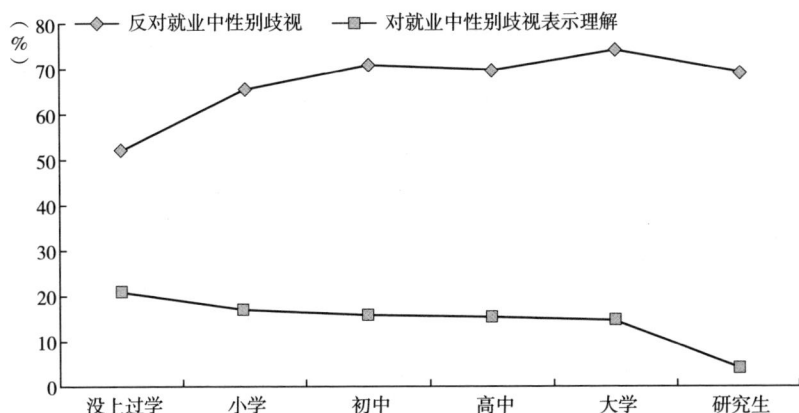

图 3 - 4　父亲文化程度与中学生劳动权利意识

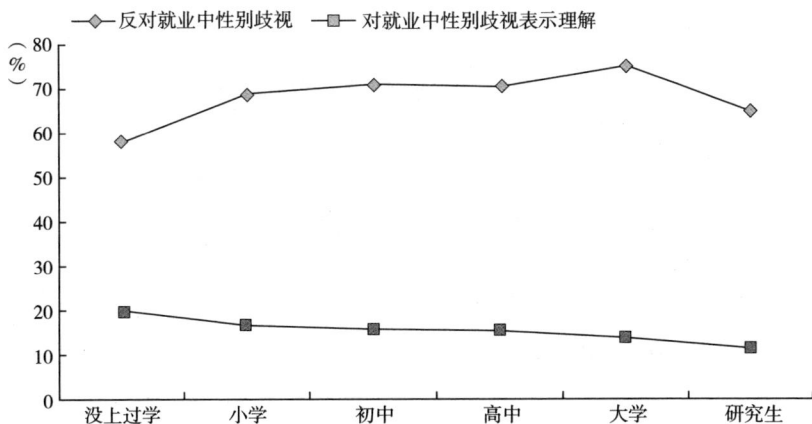

图 3 - 5　母亲文化程度与中学生劳动权利意识

（六）家庭生活水平最高的中学生反对就业招聘中性别歧视的比例最高，随着家庭生活水平逐渐提高，反对就业招聘中性别歧视的中学生比例也逐渐提高

在家庭生活水平方面，认为"很多岗位男女都能胜任，但单位招聘时要求只要男性"的做法"侵犯了女性权利"的中学生比例最低的为家庭生活水平很低的中学生，比例为 56.7% 。除此之外，随着家庭生活水平的逐渐提高，中学生反对就业招聘中性别歧视的比例逐渐升高，具体表现为，家庭生活水平很低的中学生反对性别歧视的人数比例是 57.1% ，而家庭生

活水平分别为较低、一般、较高和很高的中学生，反对性别歧视的人数比例依次为68.0%、66.8%、70.5%、71.7%。具体情况见图3-6。

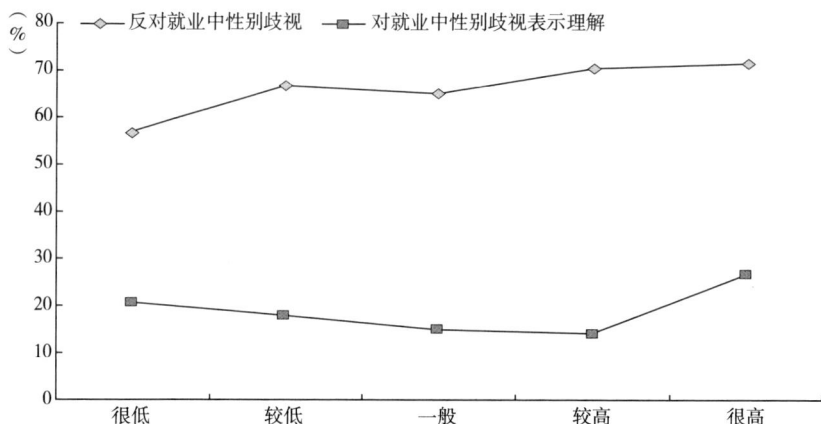

图3-6　家庭生活水平与中学生劳动权利意识

二　休息权利意识

《法学词典》对于休息权的解释是："公民的基本权利之一。劳动者为保护身体健康和提高劳动效率而休息和休养的权利。其目的是保证劳动者的疲劳得以解除，体力和精神得以恢复和发展；保证劳动者有条件进行业余进修，不断提高自己的业务水平和文化水平；保证劳动者有一定的时间料理家庭和个人的事务，丰富自己的家庭生活。"概括地说，休息权是公民和劳动者享有的使自己的体力和脑力得到恢复，以及得到闲暇以享受生活和获得充实与发展的不受非法干涉和骚扰的权利。教师作为劳动者，具有在法定工作时间以外休息的权利。学生的休息权，是指中小学生在其成长过程中，为获得全面发展所应享有的休息、活动和娱乐的权利。

（一）中学生的休息权利意识普遍较弱

统计结果表明，中学生对休息的权利意识总体较弱。在总分为5分的赋值中，中学生对于自身休息的权利意识得分均值为3.47分。

表 3-2 中学生休息权利意识的总体情况

单位：人，分

类　别	人　数	均　值	标准差
学校假期补课侵犯了学生的休息权	4928	3.47	1.329
学校假期补课侵犯了教师的休息权	4921	3.23	1.289
有效的人数	4897		

　　在接受调查的学生总体中，不到一半（49.6%）的中学生认识到学校假期补课侵犯了自己的休息权，四分之一（25.7%）的中学生认为说不清。大部分中学生对学校假期补课这一问题心态较为复杂。相当一部分中学生认为补课并不是侵犯自身休息权，可能是因为涉及学生升学等切身利益。

　　而相对于学生自身的休息权意识来说，学生对于劳动者休息权的意识更为淡薄：在对教师休息权认识的题目中，得分均值为3.23分。只有不到四成（39.6%）的中学生表示"学校假期补课侵犯了教师的休息权"，超过三分之一（34.3%）的中学生表示不清楚。

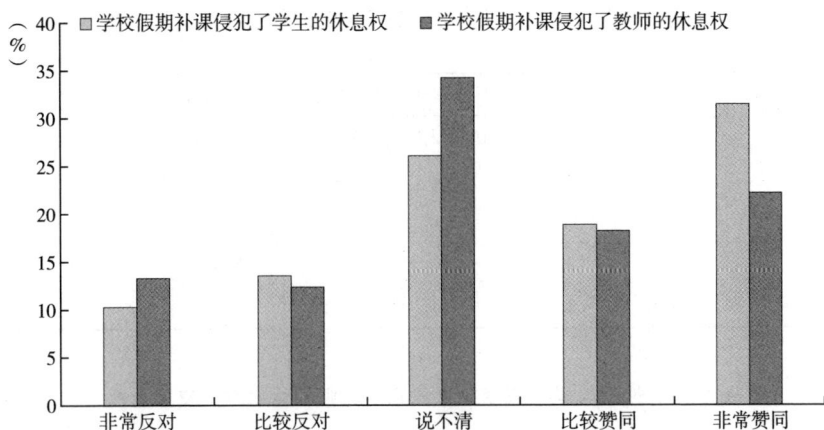

图 3-7 中学生对休息权利的认识

（二）男生的休息权利意识强于女生

　　通过独立样本T检验可发现，所调查的男生和女生在学生的休息权意识方面不存在显著差异（p=0.059），在作为劳动者的教师的休息权意识方面（p=0.012）则存在显著差异，即在教师的休息权意识方面，男生要明显高于女生。

具体地看，接受调查的中学生中，在"学校假期补课侵犯了学生的休息权"这一问题上，男生与女生的分数分别是 3.51 分和 3.44 分，在"学校假期补课侵犯了教师的休息权"这一问题上，男生与女生的得分分别是 3.28 和 3.19。

表 3-3 性别与休息权利意识

单位：人，分

类 别	性 别	人 数	均 值	标准差
学校假期补课侵犯了学生的休息权	男	2420	3.51	1.377
	女	2469	3.44	1.277
学校假期补课侵犯了教师的休息权	男	2420	3.28	1.359
	女	2469	3.19	1.215

对于学生休息权题目表述持非常赞同或比较赞同意见的女生不到女生总数的一半，而持相同意见的男生占男生总数的 51.8%，略高于女生的比例。对于教师休息权的题目表述，持赞同意见的男生占男生总数的 42.3%，而持相同意见的女生百分比为 38%。

表 3-4 性别与学校假期补课侵犯了学生的休息权的交叉分析

单位：人，%

类 别		学校假期补课侵犯了学生的休息权					合 计
		非常反对	比较反对	说不清	比较赞同	非常赞同	
男	人 数	286	293	596	411	850	2436
	百分比	11.7	12.0	24.5	16.9	34.9	100.0
女	人 数	218	375	683	515	692	2483
	百分比	8.8	15.1	27.5	20.7	27.9	100.0

表 3-5 性别与学校假期补课侵犯了教师的休息权的交叉分析

单位：人，%

类 别		学校假期补课侵犯了教师的休息权					合 计
		非常反对	比较反对	说不清	比较赞同	非常赞同	
男	人 数	367	256	780	390	639	2432
	百分比	15.1	10.5	32.1	16.0	26.3	100.0
女	人 数	281	353	904	501	442	2481
	百分比	11.3	14.2	36.4	20.2	17.8	100.0

（三）高中生的休息权利意识强于初中生

在本调查中，高中生的休息权利意识强于初中生。通过独立样本 T 检验可发现，所调查的高中生和初中生在学生的休息权意识方面差异性较为显著（p = 0.000），即在学生休息权意识方面高中生要明显高于初中生；而在作为劳动者的教师的休息权意识方面（p = 0.087）则不存在显著差异。

具体来说，在"学校假期补课侵犯了学生的休息权"这一问题上，初、高中生的分数分别是 3.35 分和 3.73 分，在"学校假期补课侵犯了教师的休息权"这一问题上，初、高中生的得分分别是 3.09 和 3.52。

表 3 - 6　学段与学生休息权利意识的交叉分析

单位：人，分

类　别	学　段	人　数	均　值	标准差
学校假期补课侵犯了学生的休息权	初　中	3272	3.35	1.381
	高　中	1605	3.73	1.175
学校假期补课侵犯了教师的休息权	初　中	3272	3.09	1.314
	高　中	1605	3.52	1.184

从百分比来看，高中学生对于"学校假期补课侵犯了学生的休息权"表示赞同的比例（57.9%）高于初中学生（46.3%），高中学生表示反对的比例（15.8%）低于初中学生（27.8%）。可以看出，高中学生对于补课问题表现得更为敏感。对于"学校假期补课侵犯教师休息权利"这一问题，高中学生选择赞同的比例为 50.8%，远高于初中生这一比例（34.9%）。高中学生选择反对的比例为 16.6%，远低于初中生的 30%。这说明高中学生对于维护教师休息权意识高于初中学生。

表 3 - 7　学段与学生休息权利意识的交叉分析

单位：人，%

类　别		学校假期补课侵犯了学生的休息权					合　计
		非常反对	比较反对	说不清	比较赞同	非常赞同	
初　中	人　数	435	481	851	548	980	3295
	百分比	13.2	14.6	25.8	16.6	29.7	100.0

续表

类 别		学校假期补课侵犯了学生的休息权					合 计
		非常反对	比较反对	说不清	比较赞同	非常赞同	
高 中	人 数	69	185	423	376	558	1611
	百分比	4.3	11.5	26.3	23.3	34.6	100.0
合 计	人 数	504	666	1274	924	1538	4906
	百分比	10.3	13.6	26.0	18.8	31.3	100.0

表 3-8 学段与教师休息权利意识的交叉分析

单位：人，%

类 别		学校假期补课侵犯了教师的休息权					合 计
		非常反对	比较反对	说不清	比较赞同	非常赞同	
初 中	人 数	526	460	1156	488	660	3290
	百分比	16.0	14.0	35.1	14.8	20.1	100.0
高 中	人 数	121	147	525	402	416	1611
	百分比	7.5	9.1	32.6	25.0	25.8	100.0
合 计	人 数	647	607	1681	890	1076	4901
	百分比	13.2	12.4	34.3	18.2	22.0	100.0

（四）乡（镇）村学校的学生休息权利意识低于城市和县城学校的学生

从学校所在地来看，乡（镇）村的学生无论对学生还是对教师的休息权利意识都是最弱的，平均得分为 3.35 分和 3.09 分；城市学生对于学生和教师的休息权利意识都最高；县城学校学生对休息权的意识则处于中间位置。

通过单因素方差分析可以看出，城市学校、县城学校及乡（镇）村学校的学生在学生和教师的休息权利意识上均存在显著性差异（$p = 0.000$）。在"学校假期补课侵犯了学生的休息权"的问题上，城市学校学生的得分最高，为 3.60 分；在"学校假期补课侵犯了教师的休息权"问题中，同样也是城市学校的学生得分最高，为 3.34 分。而县城和乡（镇）村学校的学生得分均低于平均分值。

表 3 - 9　学校所在地与学生休息权利意识的交叉分析

单位：人，分

项　　目	类　别	人　数	均　值	标准差
学校假期补课侵犯了学生的休息权	城市学校	2174	3.60	1.309
	县城学校	1256	3.40	1.292
	乡（镇）村学校	1498	3.35	1.369
	总　数	4928	3.47	1.329
学校假期补课侵犯了教师的休息权	城市学校	2171	3.34	1.309
	县城学校	1255	3.22	1.216
	乡（镇）村学校	1495	3.09	1.304
	总　数	4921	3.23	1.289

从调查学生的家庭所在地来看，同样，乡（镇）村的学生无论对学生还是教师的休息权利意识都是最弱的，城市学生对于学生和教师的休息权利意识也都最高。

通过单因素方差分析得出，城市学校、县城学校及乡（镇）村学校的学生在学生和教师的休息权利意识上均存在显著性差异（p = 0.000）。在"学校假期补课侵犯了学生的休息权"的问题上，家庭所在地是城市的学生得分最高，为 3.64 分；在"学校假期补课侵犯了教师的休息权"问题中，同样也是城市学生的得分最高，为 3.38 分。这两个分值都高于学校所在地是县城的学生的分值。家庭所在地为县城的学生在学生和教师休息权意识方面的得分高于平均分；乡（镇）村的学生得分仍是最低。

表 3 - 10　家庭所在地与学生休息权利意识的交叉分析

单位：人，分

项　　目	类　别	人　数	均　值	标准差
学校假期补课侵犯了学生的休息权	城　市	1990	3.64	1.331
	县　城	635	3.52	1.320
	乡（镇）村	2182	3.32	1.310
	总　数	4807	3.48	1.329

续表

项　目	类　别	人　数	均　值	标准差
学校假期补课侵犯了教师的休息权	城　市	1988	3.38	1.314
	县　城	636	3.36	1.223
	乡（镇）村	2178	3.07	1.266
	总　数	4802	3.23	1.289

（五）中学生休息权利意识随着父母文化程度提高而提高，但大学以上学历则呈下降趋势

通过单因素方差分析，父亲文化程度不同的学生在"学校补课侵犯了学生的休息权"和"学校补课侵犯了教师的休息权"问题上均存在显著差异。多重比较（LSD）分析结果显示，父亲学历为研究生的学生与父亲学历为小学的学生存在显著差异（p = 0.024），与父亲学历为没上过学、初中、高中、大学的学生不存在明显差异（p = 0.052，p = 0.078，p = 0.969，p = 0.298）。父亲学历为大学的学生与父亲学历为没上过学、小学、初中、高中的学生存在显著差异（p = 0.001，p = 0.000，p = 0.000，p = 0.023）。父亲学历为没上过学、小学、初中的学生之间均不存在差异。父亲学历为高中的学生与父亲学历为没上过学、小学、初中、大学的学生存在显著差异（p = 0.012，p = 0.000，p = 0.000，p = 0.023）。

通过单因素方差分析，母亲文化程度不同的学生在"学校补课侵犯了学生的休息权"和"学校补课侵犯了教师的休息权"问题上也均存在显著差异。经多重比较（LSD）分析发现，母亲学历为研究生的学生与母亲学历为没上过学和小学的学生存在显著差异（p = 0.000，p = 0.028），与母亲学历为初中、高中、大学的学生不存在明显差异（p = 0.172，p = 0.863，p = 0.623）。母亲学历为大学的学生与母亲学历为没上过学、小学、初中的学生存在显著差异（p = 0.000）。母亲学历为没上过学、小学、初中的学生之间均不存在显著差异。

由父亲、母亲文化程度与学生休息权意识的关系图可以看出，在学生父母学历低于大学阶段，中学生对于学生和教师休息权意识随着父母学历的升高而呈递增趋势，而在大学学历以上的阶段，除了父亲学历高于大学

学历的学生对教师休息权意识仍递增外，其他学生对休息权的意识呈现出递减的趋势。

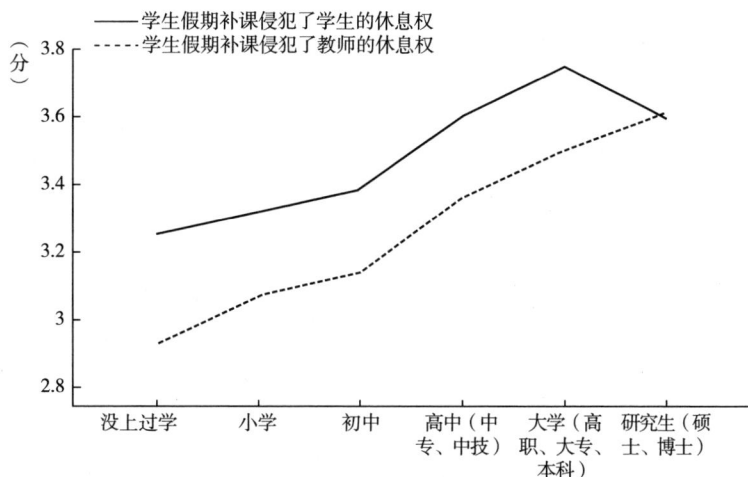

图 3 - 8　父亲文化程度与学生休息权利意识

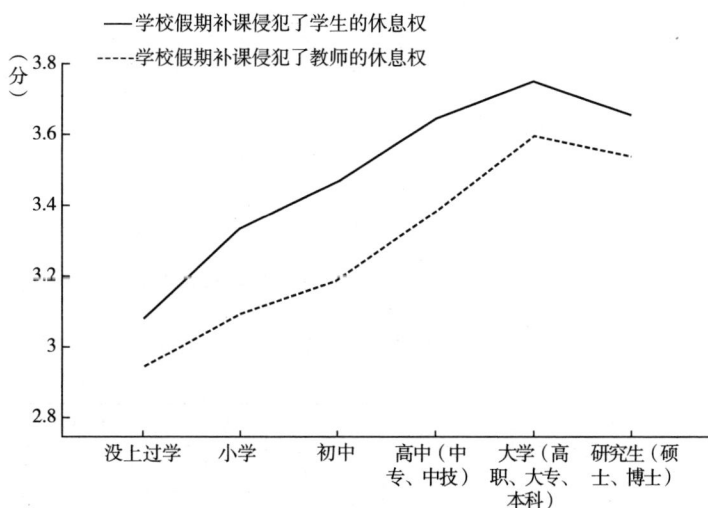

图 3 - 9　母亲文化程度与学生休息权利意识

（六）家庭生活水平较高的学生休息权利意识相应较高

单因素方差分析结果显示，不同家庭生活水平的学生在"学校补课侵犯了教师的休息权"问题上存在显著差异 ［F = 4. 151，p = 0. 002］，多重比较（LSD）分析结果显示，家庭生活水平较低、一般、较高的学生之间存在显著差异。其他均不存在差异。

在学生的休息权意识方面，家庭生活处于较低水平的学生分值最低，为3.33分，而家庭生活水平很低的学生分值高于前者，为3.46分。家庭生活水平为一般、较高和很高的学生休息权意识呈递增趋势。而对于教师的休息权，家庭生活水平从很低到较高的学生呈现出递增趋势，家庭生活水平较高的学生分值最高，为3.41分，而从家庭条件较高到很高之间则呈现下降的趋势。

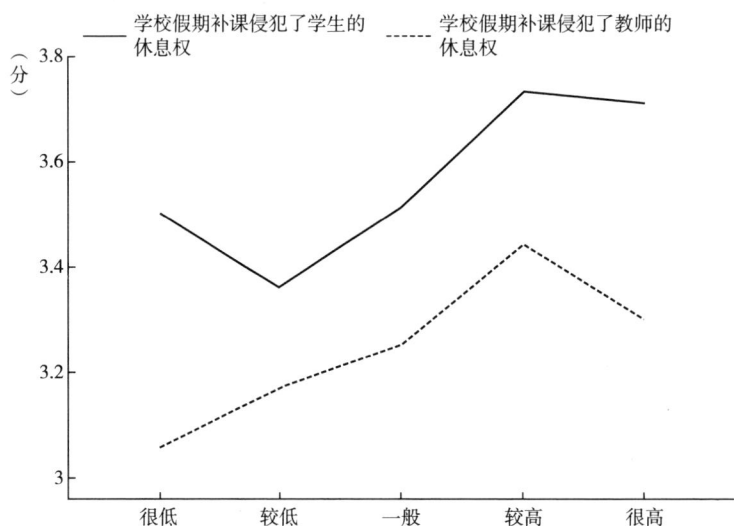

图3-10　家庭生活水平与学生休息权利意识

表3-11　家庭生活水平与学生休息权利意识

单位：人，分

项　　目	类　别	人　数	均　值	标准差
学校假期补课侵犯了学生的休息权	很　低	147	3.46	1.420
	较　低	592	3.33	1.271
	一　般	3717	3.47	1.326
	较　高	426	3.70	1.357
	很　高	30	3.67	1.512
	总　数	4912	3.47	1.328

项　目	类　别	人　数	均　值	标准差
	很　低	149	3.05	1.510
	较　低	594	3.15	1.194
学校假期补课侵犯了教师的休息权	一　般	3709	3.23	1.279
	较　高	424	3.41	1.363
	很　高	29	3.28	1.688
	总　数	4905	3.23	1.288

三　环境权利意识

随着 1960 年《国际环境法》的诞生，环境权也应运而生。环境权是随着社会文明的进步和对人的尊严及自由的日益重视、权利的种类和内容不断得以扩充和完善而进入文明体系的。[①] 环境权是指特定的主体对环境资源所享有的法定权利。对公民个人和企业来说，就是享有在安全和舒适的环境中生存和发展的权利，主要包括环境资源的利用权、环境状况的知情权和环境侵害的请求权。对国家来说，环境权就是国家环境资源管理权，是国家作为环境资源的所有人，为了社会的公共利益，而利用行政、经济、法律等手段对环境资源进行管理和保护，从而促进社会、经济和自然的和谐发展。

（一）中学生环境权利意识总体较强

本调查选用"商家用高音喇叭招揽顾客，附近居民有权投诉该商家"的题目对学生环境权利意识进行考察。调查结果统计表明，绝大部分中学生具有较好的环境发展权利维护意识。当商家用高音喇叭招揽顾客，80.9%的中学生认为附近居民有权投诉该商家。也有 10.8% 的中学生表示说不清楚，8.3% 的中学生明确表示反对。在总分为 5 分的赋值中，中学生的环境权利意识得分均值为 4.23 分。中学生对环境权利意识总体较强。

---

① 吕忠梅：《再论公民环境权》，《法学研究》2000 年第 6 期。

（二）中学生环境权利意识不存在性别的显著差异

中学生环境权利意识数据中，男生得分的均值和女生得分均值相同，均为 4.23 分。由独立样本 T 检验可得出性别之间在环境权利意识方面不存在显著差异。由统计数据百分比可以看出，对于"商家用高音喇叭招揽顾客，附近居民有权投诉该商家"的题目表述明确表示赞同的男生百分比为 80%，女生为 80.8%。

表 3-12　中学生在"商家用高音喇叭招揽顾客，附近居民有权
投诉该商家"题项得分的性别差异

单位：人，分

性　别	人　数	平均值	标准差	T 值
男	2416	4.23	1.112	0.076
女	2481	4.23	1.052	

（三）高中学生环境权利意识强于初中学生

初中学生环境权利意识的得分均值为 4.15 分，高中学生的得分较高，为 4.38 分。经独立样本 T 检验可以看出，初中和高中学段的学生环境权利意识呈现极其显著的差异。从百分比来看，高中学生赞同"商家用高音喇叭招揽顾客，附近居民有权投诉该商家"的比例（87.3%）高于初中学生（77.9%），高中学生明确表示反对的比例（4.8%）低于初中学生（10%）。

表 3-13　学段与中学生环境权利意识

单位：人，分

类　别	学　段	人　数	平均值	标准差	T 值
中学生环境权利意识	初　中	3274	4.15	1.149	-7.579***
	高　中	1611	4.38	0.915	

注：*** p < 0.001。

（四）城市中学生环境权利意识与乡（镇）村中学生相比较强

单因素方差分析结果显示，不同家庭所在地的中学生对于"商家用高

音喇叭招揽顾客，附近居民有权投诉该商家"问题差异极其显著［F =
54.946，p = 0.000］。多重比较（LSD）分析结果显示，乡村地区学生和城
市、县城地区学生存在显著差异（p = 0.000，p = 0.000）。而城市和县城地
区学生不存在显著差异（p = 0.113）。均值比较发现，家庭所在地为城市的学
生在这道题目上的分值最高，为 4.39 分，其次是家庭所在地为县城的学生，
为 4.31 分，而家庭所在地为乡（镇）村的学生则得分最低，为 4.05 分。

从百分比来看，城市地区中学生赞同居民有权投诉商家扰民的比例为
86%，高于县城和乡镇村这一比例的 82.8% 和 75.8%。

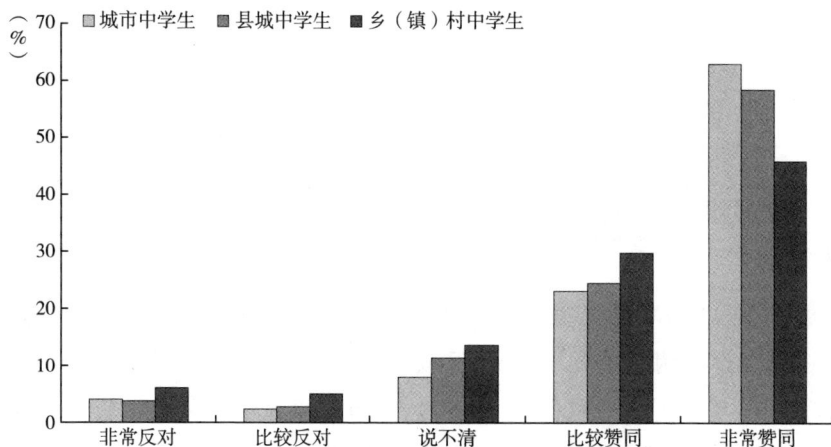

图 3 - 11　家庭所在地与中学生环境权利意识

（五）中学生环境权利意识随父母文化水平升高呈递增趋势

在父亲文化差异上，中学生赞同"商家用高音喇叭招揽顾客，附近居
民有权投诉该商家"的比例随着父亲文化水平的提高而提高。具体表现为，
父亲文化水平为没上过学、小学、初中、高中、大学和研究生的中学生，
赞同"商家用高音喇叭招揽顾客，附近居民有权投诉该商家"的人数比例
依次为 61.6%、75%、79.1%、83.2%、90.9%、89.7%。可以看出，父亲
文化越高，学生环境发展权利意识也越强。

在母亲文化差异上，母亲文化程度为没有上过学、小学、初中、高中、
大学和研究生的中学生，赞同投诉商家扰民的比例依次为 68.4%、75.5%、
81.9%、84.7%、90.8%、82.7%。可以看出，除母亲文化程度最高以外，

学生母亲文化程度越高，学生环境权利意识也越强。

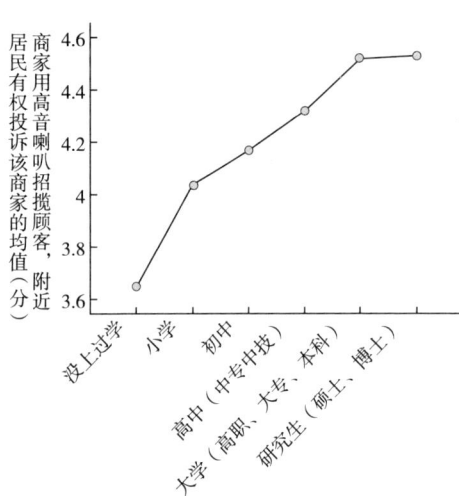

图3-12　父亲文化程度与中学生
环境权利意识

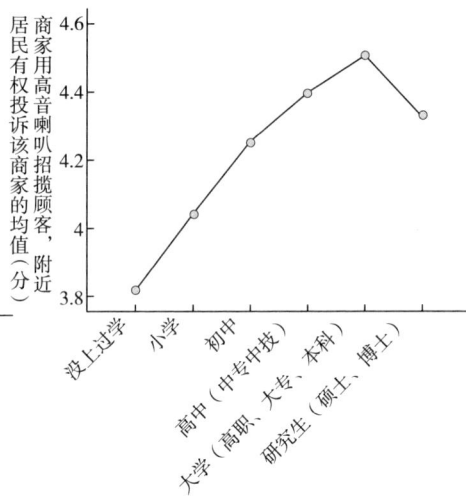

图3-13　母亲文化程度与中学生
环境权利意识

单因素方差分析结果显示，父亲文化程度不同的学生在"商家用高音喇叭招揽顾客，附近居民有权投诉该商家"问题上存在显著差异［$F = 26.962$，$p = 0.000$］。多重比较（LSD）分析结果显示，父亲学历为研究生的学生与父亲学历为大学的学生不存在差异（$p = 0.913$）。其他父亲教育程度不同的学生之间均存在显著差异。

表3-14　中学生在"商家用高音喇叭招揽顾客，附近居民有权
投诉该商家"题项得分的父亲文化程度差异

单位：人，分

类　别	人　数	均　值	标准差
没上过学	99	3.65	1.320
小学	941	4.03	1.132
初中	1880	4.17	1.139
高中（中专、中技）	1143	4.32	1.027
大学（高职、大专、本科）	698	4.52	0.834
研究生（硕士、博士）	115	4.53	0.862
总　数	4876	4.22	1.085

单因素方差分析结果显示，母亲文化程度不同的学生在"商家用高音喇叭招揽顾客，附近居民有权投诉该商家"问题上存在显著差异［F＝30.434，p＝0.000］。多重比较（LSD）分析结果显示，母亲学历为研究生的学生与母亲学历为初中、高中、大学的学生不存在显著差异（p＝0.539，p＝0.586，p＝0170）。母亲学历为高中的学生与母亲学历为大学的学生不存在显著差异（p＝0.059）。其他母亲受教育程度不同的学生之间均存在显著差异。

表 3 – 15　中学生在"商家用高音喇叭招揽顾客，附近居民有权投诉该商家"题项得分的母亲文化程度差异

单位：人，分

类　别	人　数	均　值	标准差
没上过学	349	3.82	1.204
小学	1255	4.04	1.161
初中	1711	4.25	1.073
高中（中专、中技）	921	4.40	0.976
大学（高职、大专、本科）	564	4.51	0.879
研究生（硕士、博士）	79	4.33	1.071
总　数	4879	4.23	1.084

（六）家庭生活水平较高的学生环境权利意识最强

单因素方差分析结果显示，不同家庭生活水平的学生在"商家用高音喇叭招揽顾客，附近居民有权投诉该商家"问题上的看法存在显著差异［F＝12.021，p＝0.000］，多重比较（LSD）分析结果显示，家庭生活水平很高的学生与其他家庭生活水平的学生均不存在差异。家庭生活水平较高的学生与家庭生活水平很低、较低、一般的学生存在显著差异（p＝0.001，p＝0.000，p＝0.008）。家庭生活水平一般的学生与家庭生活水平很低、较低的学生存在显著差异（p＝0.023，p＝0.000）。家庭生活水平很低的学生与家庭生活水平较低的学生不存在差异（p＝0.527）。均值比较发现，家庭生活水平较高的学生环境权利意识最强，分值为4.4分，其次是家庭生活水平一般的学生，分值为4.25分，而家庭生活水平很低、较低和很高的学生的环境权利意识较弱。

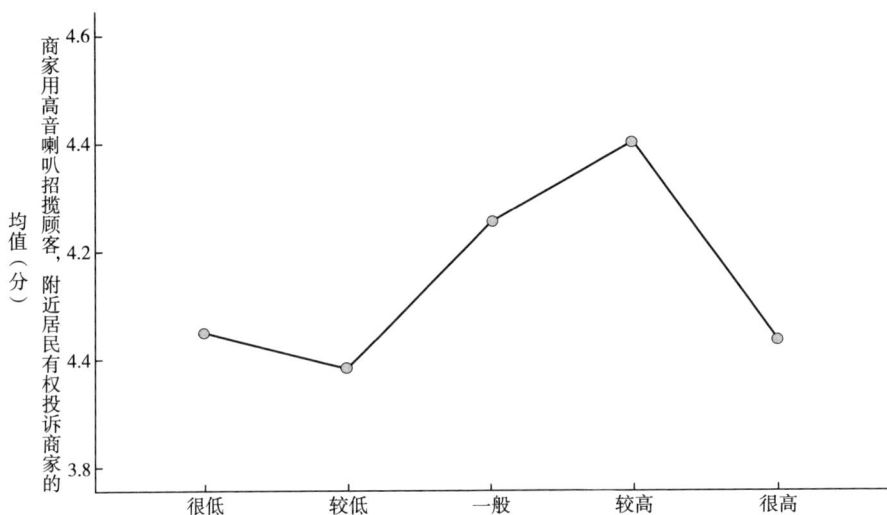

图 3－14　家庭生活水平与中学生环境权利意识

四　知识产权保护意识

《经济、社会及文化权利国际公约》规定：人人有权参加文化生活；享受科学进步及其应用所产生的利益；对其本人的任何科学、文学或艺术作品所产生的精神上和物质上的利益，享受被保护之权利。国家应承担尊重进行科学研究和创造性活动所不可缺少的自由，为充分实现这一权利而采取保存、发展和传播科学和文化所必需的步骤。我国《宪法》第 47 条规定了公民有进行科学研究、文学艺术创作和其他文化活动的自由。

现代社会，知识产权与人类的生活息息相关，而各种盗版产品、山寨产品不仅侵害了权利人的知识产权，也影响人们对于知识产权保护的权利意识。知识产权是指权利人对其所创作的智力劳动成果所享有的专有权利。各种智力创造，如发明、文学、艺术作品，商业中使用的标志、名称、图像以及外观设计等，都可被认为是某一个人或组织所拥有的知识产权。我国法律虽保护知识产权，但尚未将其提升到宪法上公民基本权利的高度体现了国家应对公民的经济、社会和文化权利进行"确保和提高"的义务。

（一）近一半的中学生缺乏明确的知识产权保护意识

对于"使用'山寨'产品是一种侵权行为"这一问题，只有53.6%的同学表示赞同，将近三分之一（31%）的同学表示说不清，有15.3%的中学生表示反对。这说明将近一半的中学生缺乏明确的知识产权保护意识。这可能与中学生日常生活中经常接触或者使用"山寨"产品有关系。

表 3-16 使用"山寨"产品是一种侵权行为

单位：人，%

类　别	频　数	百分比	有效百分比	累计百分比
非常反对	344	6.9	7.0	7.0
比较反对	408	8.2	8.3	15.4
说不清	1520	30.5	31.0	46.4
比较赞同	933	18.7	19.0	65.4
非常赞同	1693	34.0	34.6	100.0
合　计	4898	98.4	100.0	
缺　失	79	1.6		
总　计	4977	100.0		

（二）中学生知识产权保护意识不存在性别差异

统计分析结果发现，男女生在"使用'山寨'产品是一种侵权行为"这一题目上不存在显著性别差异（p=0.673）。

表 3-17 中学生在"使用'山寨'产品是一种侵权行为"题项得分的性别差异

单位：人，分

性　别	人　数	平均值	标准差	T值
男	2413	3.67	1.264	0.422
女	2477	3.65	1.187	

（三）初中生的知识产权保护意识高于高中生

统计分析结果发现，不同学段的中学生在"使用'山寨'产品是一种侵权行为"这一题目上存在显著差异［t＝4.392，p＝0.000］。均值比较发现，初中学生得分高于高中学生，因此初中生的知识产权保护意识高于高中生。从百分比来看，高中学生赞同"使用'山寨'产品是一种侵权行为"的比例为48.8%，而初中学生这一比例则为56.0%。高中学生对"使用'山寨'产品是一种侵权行为"说不清的比例为36.4%，初中学生这一比例则为28.5%。

表3－18　中学生在"使用'山寨'产品是一种侵权行为"
题项得分的学段差异

单位：人，分

学　段	人　数	平均值	标准差	T 值
初　中	3272	3.71	1.264	4.392 ***
高　中	1606	3.55	1.137	

注：*** p < 0.001。

（四）城市学生知识产权保护意识最差

单因素方差分析结果显示，不同家庭所在地的中学生对于"使用'山寨'产品是一种侵权行为"问题存在显著差异［F＝14.676，p＝0.000］。多重比较（LSD）分析结果显示，城市地区学生和县城、乡（镇）村地区学生存在显著差异（p＝0.041，p＝0.000）。城市学生赞同"使用'山寨'产品是一种侵权行为"的比例（57.2%）高于县城（53%）和乡（镇）村学生（50.2%）。乡（镇）村学生反对的比例最高（17%）。县城和乡（镇）村学生不存在差异（p＝0.098）。

表3－19　家庭所在地与学生知识产权保护意识

单位：人，%

类　别			使用"山寨"产品是一种侵权行为					合　计
			非常反对	比较反对	说不清	比较赞同	非常赞同	
家庭所在地	城　市	人　数	128	139	578	358	773	1976
		百分比	6.5	7.0	29.3	18.1	39.1	100
	县　城	人　数	40	62	194	117	217	630
		百分比	6.3	9.8	30.8	18.6	34.4	100
	乡（镇）村	人　数	170	199	714	431	660	2174
		百分比	7.8	9.2	32.8	19.8	30.4	100

续表

类　别		使用"山寨"产品是一种侵权行为					合　计
		非常反对	比较反对	说不清	比较赞同	非常赞同	
总　计	人　数	338	400	1486	906	1650	4780
	百分比	7.1	8.4	31.1	19.0	34.5	100

（五）中学生知识产权保护意识随着父亲文化程度上升而上升

单因素方差分析结果显示，父亲文化程度不同的学生对"使用'山寨'产品是一种侵权行为"问题的看法存在显著差异 [F = 6.715，p = 0.000]，多重比较（LSD）分析结果显示，父亲学历为大学的学生知识产权保护意识显著高于父亲学历为没上过学、小学、初中、高中的学生（p = 0.000，p = 0.000，p = 0.001，p = 0.019）。父亲学历为大学的学生与父亲学历为研究生的学生不存在显著差异（p = 0.959）。

在百分比上，父亲文化程度分别为没上过学、小学、初中、高中、大学和研究生的中学生，赞同"使用'山寨'产品是一种侵权行为"的比例分别为：37.5%、50.1%、53.2%、53.5%、60.3%、62.6%。由此可见，中学生的知识产权保护意识随着父亲文化程度上升而上升。

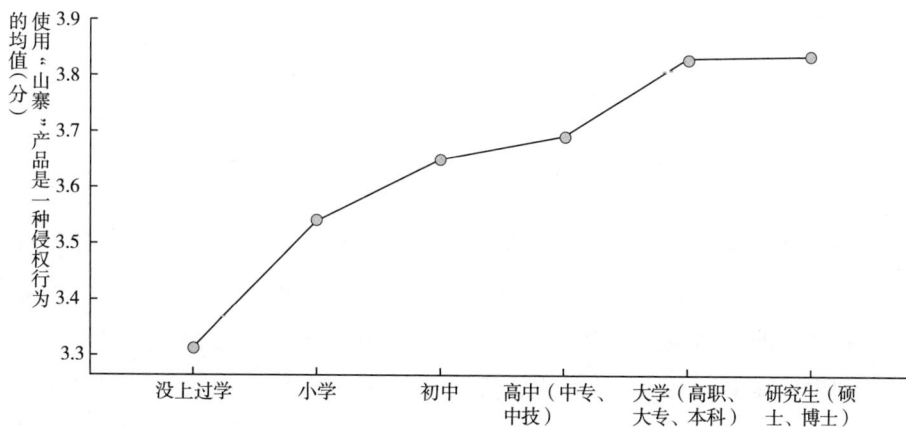

图 3-15　父亲文化程度与中学生知识产权保护意识

（六）中学生知识产权保护意识因母亲文化程度差异明显

单因素方差分析结果显示，母亲文化程度不同的学生在"使用'山寨'产品是一种侵权行为"问题上存在显著差异［F = 5.511，p = 0.000］。多重比较（LSD）分析结果显示，母亲学历为研究生的学生与母亲学历为没上过学、小学、初中、高中、大学的学生不存在差异。母亲学历为没上过学与小学的中学生知识产权保护意识显著低于母亲学历为初中、高中、大学的中学生（p = 0.004，p = 0.002，p = 0.000；p = 0.007，p = 0.003，p = 0.000）。母亲学历为大学的学生与母亲学历为高中、研究生的学生不存在显著差异（p = 0.145，p = 0.419），显著高于母亲学历为初中的中学生。

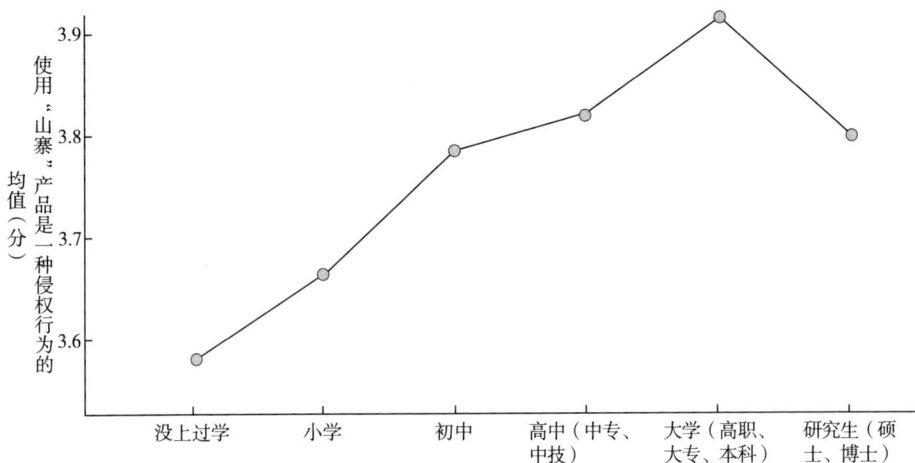

图 3 - 16　母亲文化程度与中学生知识产权保护意识

母亲文化程度为研究生的中学生赞同"使用'山寨'产品是一种侵权行为"的比例为55.7%。除此之外，随着母亲文化程度的提高，中学生赞同这种观点的比例逐渐升高。具体表现为，母亲文化程度为没上过学、小学、初中、高中、大学的中学生，赞同"使用'山寨'产品是一种侵权行为"的人数比例依次为：47.9%、50.1%、54.3%、55.9%、59.4%。可见，中学生知识产权保护意识随着母亲文化程度提高而逐渐提高，但母亲文化程度为研究生的学生知识产权保护意识则相对偏低。

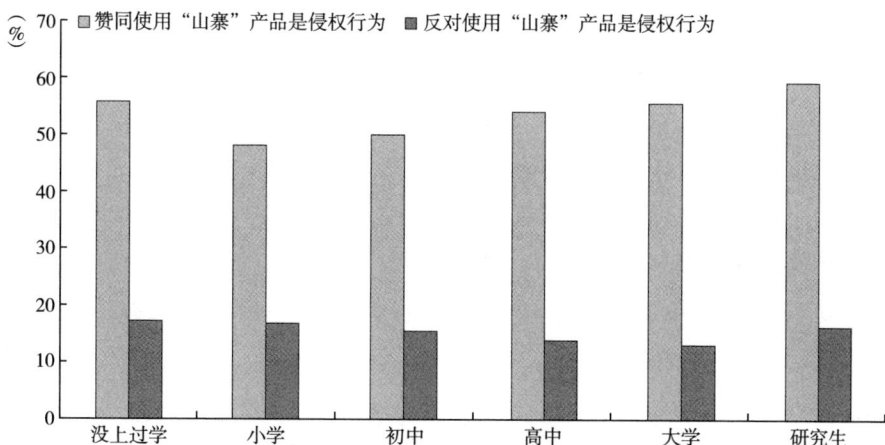

图 3 - 17　母亲文化程度与中学生知识产权保护意识

（七）较高生活水平的中学生赞同"使用'山寨'产品是一种侵权行为"的比例最高

单因素方差分析结果显示，不同家庭生活水平的学生在"使用'山寨'产品是一种侵权行为"问题上存在显著差异 [F = 6.508, p = 0.000]。多重比较（LSD）分析结果显示，家庭生活水平较高的学生与家庭生活水平很低、一般、较低的学生存在显著差异（p = 0.002, p = 0.000, p = 0.001），与家庭生活水平很高的学生不存在差异。家庭生活水平一般的中学生的知识产权保护意识显著高于家庭生活水平较低的中学生（p = 0.002）。

从百分比来看，较高家庭生活水平的中学生赞同"使用'山寨'产品是一种侵权行为"的比例最高，为 63.9%，其次为家庭生活水平很高的中学生比例为 51.7%。很高家庭生活水平的中学生反对"使用'山寨'产品是一种侵权行为"的比例最高，为 20.6%。

五　讨论与分析

（一）中学生劳动权利意识、环境权利意识高于休息权利、知识产权保护意识

统计结果表明，中学生在劳动权利、环境权利方面的意识高于对休息

权和知识产权的保护意识。

具体表现为，将近七成（69.6%）的中学生认为单位招聘时只要男性的做法是侵犯了女性的权利。大部分的中学生具有较强的劳动权利意识，反对单位招聘中的性别歧视。当商家用高音喇叭招揽顾客时，80.9%的中学生认为附近居民有权投诉该商家，均值为4.23分，绝大部分中学生具有较好的环境权利意识。

对于"学校补课侵犯了教师的休息权"这一问题，只有不到四成（39.6%）的中学生表示赞同，均值为3.23分，相当一部分中学生对于维护劳动者休息权利意识不强。对于"学校假期补课侵犯了学生的休息权"的权利意识得分均值也较低，为3.47分。对于"使用'山寨'产品是一种侵权行为"这一问题，只有53.6%的同学表示赞同，均值为3.66分，近一半的中学生缺乏明确的知识产权保护意识。这可能与中学生日常生活中经常接触或者使用"山寨"产品有关系。同时社会环境也极大地影响了学生对知识产权保护的意识。

（二）中学生的休息权利意识普遍较弱

调查数据显示，中学生的休息权利意识虽在性别、学段方面都存在不同程度的差异性，但与其他各项权利相比，中学生的休息权利意识呈现较弱的状态，题目得分均值都未超过4分。而对于教师休息权的意识更是低于学生对于自身休息权的意识。

很多学生对于学校最大的期望是能够给自己充足合理的休息时间，不强制补课。① 但当问及"学校补课是否侵犯了学生的休息权"时，为何只有不到一半的学生表示赞同呢？事实上，学生可能一方面并不知道也没有意识到休息是自身拥有的一项权利，他们虽然希望自己获得更多休息时间，却并不是出于对自身应有权利的维护和争取；另一方面，虽然学生不希望自己的休息时间被占用，但对于已经常态化的学校补课行为已经形成习惯，而在目前应试教育的大背景下，不少学生还会站在校方的角度思考，认为学校补课也是为了提升学生的成绩，尤其是高中生面临高考，学校占用假

---

① 《学生理想寒假：有休息权，不补课》，http：//www.eol.cn/hjzt_ 9520/20100128/t20100128_ 446059. shtml。

期时间补课对他们来说很可能是一种抢先的行为，是为他们争取更多的学习时间，这一行为很可能会使他们打败很多未来的竞争者，因此有不少学生尤其是高中生对于学校补课是欣然接受的。而对于"学校假期补课是否侵犯了学生的休息权"这一问题的回答，有26%的学生表示"说不清楚"，这表示有相当一部分的学生对于假期补课心态较为复杂。他们虽意识到自己的时间被侵占，可能权利受到侵害，但又基于前述原因，认为其实学校这样做也是"为了学生好"，因此不能做出明确赞同或是反对的判断。

对于权利的认知不足以及应试教育导向都会导致学生的休息权利意识淡薄，但除此之外，缺乏保障学生休息权利的制度以及制度缺乏可操作性也是不容忽视的原因。教育部继2006年8月出台《关于贯彻进一步规范义务教育办学行为的若干意见》之后，又于2009年4月印发《教育部关于当前加强中小学管理规范办学行为的指导意见》，要求地方"科学安排作息时间，切实减轻学生过重课业负担"，"坚决纠正各种随意侵占学生休息的做法，正确引导家长和社会积极参与，切实把课内外过重的课业负担减下来，依法保障学生的休息权利"。① 然而教育部出台的多项规定和措施却一直没有收到应有的效果，甚至没有得到落实，就是因为对这些制度和措施的贯彻落实与监管都尚未到位，导致制度成为软性要求，学生的休息权始终得不到切实的保障。而最重要的问题是，虽然休息权与生存权、发展权息息相关，对于学生的成长和发展至关重要，但我国《教育法》和《未成年人保护法》都尚未对学生的休息权做出明确规定。法律规定的不明确导致学生在对该项权利的认识、行使和维护的时候感到模棱两可，还可能使学生由于找不到确凿的依据而维权失败，这对于学生的权利保护将是极大的打击。

《宪法》第四十三条规定："中华人民共和国劳动者有休息的权利。国家发展劳动者休息和休养的设施，规定职工的工作时间和休假制度。"该条规定了劳动者享有休息权。作为劳动者的教师依法享有学校假期的休息权，而强制补课实际上是侵犯了教师的休息权。然而学生对于这一事实的认识很不到位，认为学校假期补课侵犯了自己休息权的学生，对是否侵犯教师

① 《教育部回应违规补课：依法保障学生休息权利》，http://news.ifeng.com/gundong/detail_2011_08/31/8823574_0.shtml?_from_ralated。

休息权的问题却持否定态度。

（三）女生的经济平等权利意识强于男生

对于就业招聘中性别歧视这一问题，女性中学生体现出来的权利保护意识明显比男性强。一方面是女性平等意识发展的结果，另一方面也源于现实生活中存在的一些女性歧视现象。随着社会的发展和时代的进步，女性逐渐在经济生活中担负着重要的角色，性别平等意识不断得以提高。随着社会的进步，女性就业权利也逐渐受到国家政策、法律、法规的保护，女性的就业状况得到了极大的改善，就业领域从以往的家庭以及传统领域逐渐走向开放和多元。但是，在现实生活中，性别歧视的现象仍然大量存在，例如招聘中的性别歧视就是一个明显的例子。用人企业或者单位通过设置不公正的条件或者其他方式，使得女性在实际就业中面临更大的挑战，平等的劳动权利受到了侵犯。作为受害者，女性对就业性别歧视有着更为敏感的态度和意识。而作为男性而言，一方面，他们拥有比女性更为优越的条件；另一方面，受传统男权思想的影响，男性对性别歧视更为包容和认可。

（四）高中生的经济权利意识优于初中生，但知识产权保护意识低于初中生

随着年龄的增长和学习经验的积累，中学生的经济权利意识逐渐提升。高中生对就业招聘中性别歧视的现象比初中生表现出更强烈的反对态度。同时，高中生的休息权利意识（MD = 3.73）明显高于初中生（MD = 3.35）。这一方面由于很多与权利相关的知识在高中学段得到更为全面的推广与宣传，另一方面也因学生认知能力的发展而有所提升。因而，高中生表现出较高的权利意识。在休息权利方面，高中生由于面临沉重的学业和升学压力，不仅自己的休息时间被挤占，教师的休息时间也多用在补课等方面以提高升学率，因而高中生对休息权利的敏感程度更高。但在知识产权保护方面，高中生的权利意识（MD = 3.55）却低于初中生的权利意识（MD = 3.71）。市场的不规范发展使山寨产品充斥着人们的社会生活，高中生一方面缺乏辨别的意识和能力；另一方面，随着年龄的增长，高中生面临更多的消费选择，但由于消费能力的限制无法满足其消费欲望而表现出

对山寨产品更为宽容的态度。

(五) 父母文化程度影响中学生的经济、社会和文化权利意识

调查结果发现，父母文化程度是影响中学生经济、社会、文化权利意识的重要因素。除个别题目，父母文化程度高的中学生在经济权利、社会权利与文化权利上的意识比父母文化程度较低的中学生要好。家庭是社会的细胞，是一个人成长过程中重要的生活空间和文化环境，人的成长与家庭的文化氛围息息相关。家庭成员特别是父母所受教育程度以及文化素养，对子女的成长影响很大。而父母文化程度越低的中学生对就业招聘中性别歧视的意识也越低，休息权利意识也越低，同时，对知识产权的保护意识也越低。可见，父母的文化程度极大影响了中学生权利意识的形成和发展。受过良好教育的父母在教育子女的过程中，有更丰富的知识、间接经验以及各方面的资源，较之那些没有受到良好教育家庭的学生，他们的子女权利意识的发展往往会更好。

第四章 中学生受教育权利意识

一 引言

中学生受教育权被侵害的现象一直以来都广泛存在，学生或是被罚跪，或是被强制退学等。一方面，保障、维护中学生的权利，毫无疑问是社会、学校、家庭的责任；另一方面，中学生捍卫自身的受教育权还有赖于他们权利意识的觉醒。唯有具有充分的权利意识并且能把自身的权利以合理的方式予以表达和诉求，中学生才能在权利受到侵害时站出来说"不"，学生在学校的生活以及在教育中的生活才具有尊严，进而有幸福可言。

受教育权，是公民身为一个受教育者的权利，它被视为一项基本人权，既是国际社会公认的准则，也是我国不断努力、不断保障的一项公民权利。早在1948年，《世界人权宣言》就把受教育权列在人权清单之中，认为自然人接受教育不需要任何理由和条件，只因为是人，源于人的尊严就应该

享有。在《世界人权宣言》之后，《经济、社会、文化权利国际公约》
（1966）、《儿童权利公约》（1989）等一些国际公约都对学生的受教育权做
了补充，使得受教育者所享有的受教育权利越来越具体。这些国际公约都
宣告人人具有不可剥夺的受教育权利，即人人享有均等的教育机会与获得
物质帮助的权利（主要指享受免费初等教育和获得奖学金的权利），而保障
受教育权利的实现是国家的义务。此外，国家还要履行消极不作为的义务
（包括承认并尊重人的受教育权利，尊重父母的教育选择权，不得干涉个体
或团体设立和管理教育机构的自由）。① 而我国，自 1949 年以来，便在《宪
法》中将受教育权列为公民的一项基本权利，在《宪法》之后，相继出台
了《教育法》《义务教育法》《教师法》，它们在具体层面上进一步保障公
民的受教育权，规定了我国公民所享有的受教育权利。

（一）我国公民所享有的受教育权内容

不同国家的公民的受教育权利基本涵盖国际公约所共同宣告的一些基
本权利，但是受教育权的具体内容在不同的国家存在一些差异。在我国，
公民所享有的受教育权包含哪些具体内容？《教育法》第四十二条明确规定
了受教育者享有的权利：（1）参加教育教学计划安排的各种活动，使用教
育教学设施、设备、图书资料（简称参加教育教学活动权）；（2）按照国家
有关规定获得奖学金、贷学金、助学金（简称获得物质帮助权）；（3）在学
业成绩和品行上获得公正评价，完成规定的学业后获得相应的学业证书、
学位证书（简称获得公正评价权）；（4）对学校给予的处分不服向有关部门
提出申诉，对学校、教师侵犯其人身权、财产权等合法权益，提出申诉或
者依法提起诉讼（简称诉权）；（5）法律、法规规定的其他权利。《教育
法》所规定的这些受教育者享有的权利基本与国际公约相一致，体现了受
教育者享有均等的教育机会和获得物质帮助的权利等。

实体法关于受教育权利的说明，奠定了我国公民受教育权的核心内容。
而在学理上，学者们对于受教育权做了进一步的探讨，有助于我们进一步
了解受教育权的内涵。尹力指出了义务教育阶段儿童的受教育权利主要包
括三个方面的内容：受教育的自由权，包括选择教育形式的自由，选择学

---

① 尹力：《儿童受教育权：性质、内容与路径》，教育科学出版社，2011，第 29~30 页。

校的权利，接受他认为是好的、适合其发展的教育的自由；受教育的请求权，包括对国家的教育请求权、对学校的请求权、对家庭的请求权和对社会的请求权；受教育的福利权，即要求权利相对方（国家、社会、家庭、学校等）履行相应的给付义务。① 在尹力对受教育权的解读中，较之《教育法》所规定的受教育权多了自由选择的维度和国家的义务维度。

在本调查中，所探讨的是中学生的受教育权。中学生包括初中生（处于义务教育阶段的学生群体）和高中生（脱离义务教育阶段的学生群体）。在中学生的受教育权内容方面，考虑到学生所能享有的应然的和实体的权利，我们主要参考了《教育法》对公民受教育权的规定，同时兼顾学界对福利权的强调。②

（二）中学生的受教育权利意识

不同的学者对于权利意识有着不同的看法。高鸿钧认为权利意识是指特定社会的成员对自我利益和自由的认知、主张和要求，以及对他人认知、主张和要求利益和自由的社会评价。他指出权利意识包括三个层面：权利认知、权利主张和权利要求。权利认知是指作为权利主体的个人对自己应该或实际享有的利益和自由的了解与认知；权利主张是权利主体对自己应该或实际享有的权利予以主动确认和维护的意识；权利要求是指社会成员根据社会的发展变化主动向社会或政府提出新的权利请求的意识。③辛世俊把权利意识分为三个层面：一是公民认识和理解依法享有的权利及其价值；二是公民掌握如何有效行使与捍卫这些权利的方法；三是公民自觉地把行使公民权利的行为规约于法律规范之中，以免损害其他主体的权利。④ 而宫秀丽等学者从权利认知、权利情感和权利行为倾向三个层面界定了权利意识。⑤ 学者的定义尽管存在差异，但都共同强调了权利认知和权利的行使。

---

① 尹力：《儿童受教育权：性质、内容与路径》，教育科学出版社，2011，第51~54页。
② 注：本调查中没有涉及自由选择权，因为在我国法律对学生自由选择权提及得较少。
③ 高鸿钧：《中国公民权利意识的演进》，夏勇主编，《走向权利的时代》（修订版），中国政法大学出版社，1999，第45~46页。
④ 辛世俊：《公民权利意识研究》，郑州大学出版社，2006。
⑤ 宫秀丽、刘长城、魏晓娟：《家庭社会经济地位、父母教养方式与儿童权利意识的相关研究》，《中国特殊教育》2012年第1期，第85~89页。

由于权利要求对于青少年群体来说，具有很大的挑战性，除非特殊情况，如异地中考、高考的政策调整，① 否则在中学生群体中很少出现新的受教育权的权利要求，故本研究主要关注中学生对受教育权的权利认知和权利行使这两个层面。一方面我们要了解中学生关于受教育权的权利认知和权利主张现状；另一方面，我们试图探讨权利意识在不同性别、不同家庭社会经济地位以及处于不同学校的中学生身上的差异。

（三）调查问卷

本调查问卷中受教育权的具体内容主要参照《教育法》中有关受教育权的规定，分为参加教育教学活动权、获得教育资助权、公正评价权、申诉起诉权。关于权利意识则较多涉及了权利认知部分，同时也兼顾了权利行使方面的内容。问卷设计见表4-1。

表4-1　中学生受教育权利意识问卷

类　别	权利认知	权利行使与维护
参加教育教学活动权	D10 学校可以不让成绩差的同学参加中考或高考 D2 学校可以取消中考或高考不考的科目 D15 老师可以以影响学习为由限制学生参与社团活动 D8 学生不同意老师的观点时，可以提出质疑 D3 学生不适应老师的教学方式时，可以找老师沟通 D4 "三好学生"可以优先使用学校的资源（如图书）	C7 如果有机会，我会向学校反映我对学校各项事务的看法 GS2 你平时参与班级活动吗？如果参与，为什么？如果不参与，为什么
获得教育资助权	D19 国家有义务为家庭贫困的学生提供助学贷款	—
公正评价权	D14 老师偏袒学习好的学生，这没什么 D17 有些大学生未能按时缴纳学费，学校可以将毕业证书作为抵押	C4 受到老师的不公正评价，我会找老师沟通
申诉起诉权	—	B9 当学校给予的处分或处理不公平时，我会申诉

值得一提的是，受教育权与人权和公民权有着很多联系，在对人的尊

---

① 在异地中考或高考的诉求人群中，我们能看到中学生参与其中。如非沪籍女生占海特因无法在上海参加中考而辍学在家，试图通过微博争取参加中考的权利，http://news.sina.com.cn/c/2012-12-04/191025729622.shtml。

严、自由与公平等问题上具有一致性。由于学生的隐私权和休息权等在本书人权意识和公民权意识部分已有探讨，本调查不特别纳入考虑。

二 中学生关于受教育权的认知

(一) 参加教育教学活动权

在《教育法》中，参加教育教学活动权指的是学生参加教育教学计划安排的各种活动，使用教育教学设施、设备、图书资料的权利。参加教育教学活动权的权利主体为学生，而权利相对方主要集中于学校与教师。故在本次调研中，在学校层面，我们考察了学生关于使用学校资源、参与社团活动、参与法定考试和课程的权利意识，同时在与教师的互动层面，考察了学生在教学过程中参与教学活动、课堂互动的权利意识，这些权利涉及学生针对教学提出质疑的权利和表达的权利。

1. 中学生参与教育教学活动的权利意识较强，但具有较大的内部差异

根据此次调研的数据资料，中学生参与教育教学活动的权利意识比较强，在总分为 5 分的赋值中，中学生关于参与教育教学活动权的权利意识平均得分在 4 分以上，尤其是在考试的参与、质疑教师这两个方面中学生表现出了极强的权利意识。由表 4 – 2 可知，相对于参与教育教学活动权中的其他权利，中学生对于参加中考或高考这一权利意识最高（M = 4.59，SD = 0.94），其次为对教师提出质疑的权利意识（M = 4.35，SD = 0.83）、参与社团活动的权利意识（M = 4.27，SD = 1.01）。值得注意的是，中学生对于学习非应试科目（学习中考或高考不考的科目）的权利意识得分最低，并且数据离散程度最高（M = 3.82，SD = 1.31）。

表 4 – 2　中学生参与教育教学活动的权利意识总体情况

单位：人，分

类　别	人　数	均值	标准差
学校可以不让成绩差的同学参加中考或高考	4932	4.59	0.94
学校可以取消中考或高考不考的科目	4942	3.82	1.31
老师可以以影响学习为由限制学生参与社团活动	4927	4.27	1.01
学生不同意老师的观点时，可以提出质疑	4933	4.35	0.83

续表

类　别	人　数	均值	标准差
学生不适应老师的教学方式时，可以找老师沟通	4933	4.10	0.95
"三好学生"可以优先使用学校的资源（如图书等）	4931	4.10	1.13
有效值	4843		

（1）将近九成中学生反对学校剥夺成绩差的学生的考试权，然而不到七成的学生反对学校取消非应试科目。中考或高考作为中学生最为基本的权利，对于学生的未来发展具有重要的意义。但是在现实中，有些学校往往为了追求升学率会以多种名义不让成绩差的学生参加中考或高考；同时，由于对考试的注重以及学校的功利取向，学校取消与中考或高考不相关的科目（如音乐、美术）的现象普遍存在。学校的这些行为实际上是对学生权利的损害。中学生对此权利意识如何？从调查的平均得分来看，中学生在参与中考或高考的权利意识得分为4.59，而在学习非应试科目的权利意识得分为3.82，差异较大。从频数分析可见，89.4%的中学生认为每位学生都具有参与中考或高考的权利，学校无权剥夺成绩差的学生的考试权。然而在对待学校是否可以取消中考或高考不考的科目问题上，持比较反对或非常反对态度的学生比例下降至65.3%，17.7%的学生认可学校的这种做法，同时17.1%的学生持说不清的矛盾态度（见图4-1）。

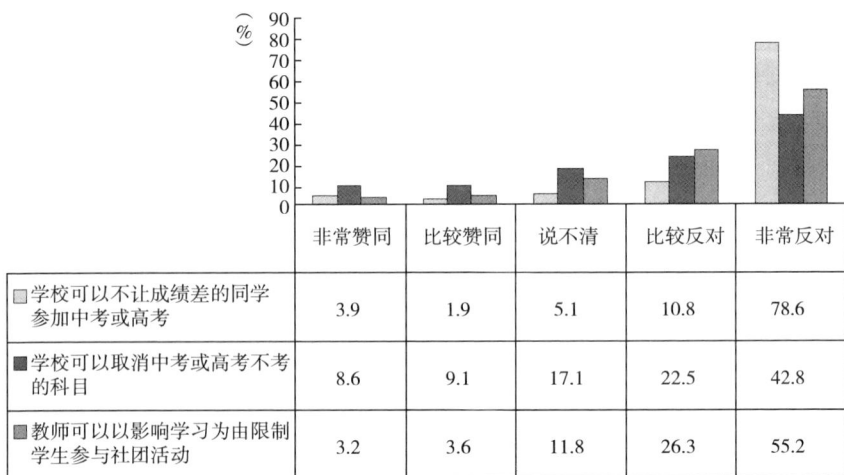

	非常赞同	比较赞同	说不清	比较反对	非常反对
▢学校可以不让成绩差的同学参加中考或高考	3.9	1.9	5.1	10.8	78.6
▇学校可以取消中考或高考不考的科目	8.6	9.1	17.1	22.5	42.8
▨教师可以以影响学习为由限制学生参与社团活动	3.2	3.6	11.8	26.3	55.2

图4-1　中学生关于中考或高考方面的权利意识

　　同样是有关中考或高考，无论是参加中考或高考的权利还是学习非应试科目的权利对于学生来说本应该是重要的，但是为什么中学生在关于开设中考或高考不考的科目方面的权利意识会弱于参与中考或高考的权利意识？一个可能的解释是，在以应试教育为导向的学校教育制度之下，学生内化了这一应试的目标导向，关注自身能否参与考试并且获得一个好的成绩，因而大部分学生认为学校不让成绩差的同学参加中考或高考是不对的。此外，由于学校取消中考或高考不考的科目，能使他们投入更多的时间在学习上，这间接意味着学习成绩提高的可能性，从某种程度上说，会有一部分同学成为放弃这一权利的既得利益者，故而在面对学校取消中考或高考不考科目问题上，会有相当一部分同学支持这一做法。值得一提的是，有17.1%的学生在这一问题上采取了保留态度，他们认为说不清自己是反对还是赞成学校的做法，可见还有相当一部分同学存在矛盾的态度。尽管看起来中学生在面对中考或高考的权利意识问题上出现了矛盾，但是这一表面的矛盾背后有着更为一致的理由，即都关注考试。为了考试，中学生反对学校取消成绩差的学生参与中考或高考的权利，也因为考试，他们有一部分人赞成学校取消中考或高考不考的科目，放弃自身学习其他科目的权利，借以获得更多的备考时间和学习机会。

　　尽管考试似乎影响了中学生对于学习非应试科目的权利认知，但并不意味着他们会因为应试的需要而继续放弃自己在其他方面的权利。比如，在对待参与社团活动问题上，仍旧有81.5%的学生反对教师以影响学习为由限制学生参与社团活动，只有6.8%的中学生对此持赞同态度。

　　（2）在参与课堂教学方面，将近九成中学生赞同在不同意教师观点时可以提出质疑，近八成中学生赞同在不适应教师教学方式时找教师沟通。在参与课堂教学方面，本调查主要考察了学生在与教师意见不同以及不适应教师的教学方式时是否能意识到自身的表达权利。调查结果显示，89.1%的学生认为学生不同意教师的观点时可以提出质疑，反对这一观点的只有3.5%的学生；而在不适应教师的教学方式时可以找教师沟通这一问题上，79.6%的学生认同这一观点。可以看到，意识到前一权利的中学生比例比意识到后一权利的中学生比例高出近10个百分点（见图4-2）。

　　（3）超过七成的学生反对"三好学生"可以优先使用学校的资源，

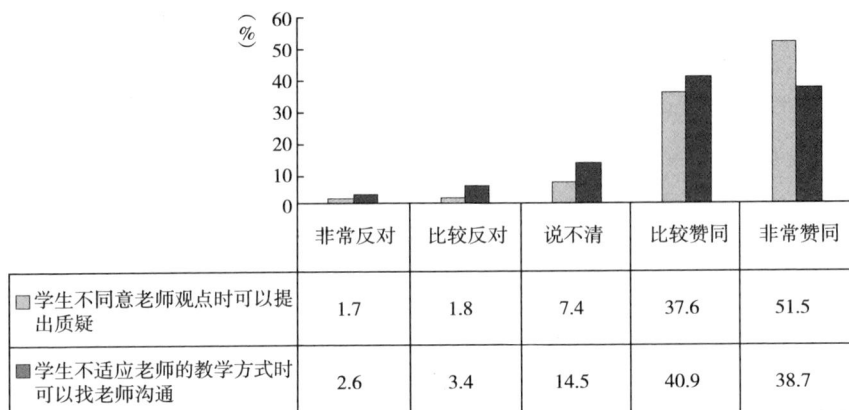

	非常反对	比较反对	说不清	比较赞同	非常赞同
☐ 学生不同意老师观点时可以提出质疑	1.7	1.8	7.4	37.6	51.5
■ 学生不适应老师的教学方式时可以找老师沟通	2.6	3.4	14.5	40.9	38.7

图 4 - 2　中学生参与课堂互动的权利意识

受教育权除了指向参与学校教育教学活动方面，也指向学习资源的使用方面。调查显示，学生们对于使用学校资源具有较强的公平意识，平均得分为 4.10 分。从频数来看，在问及"三好学生"是否可以优先使用学校资源（如图书等）时，75.5% 的学生持反对态度，11.3% 的学生持赞同态度。

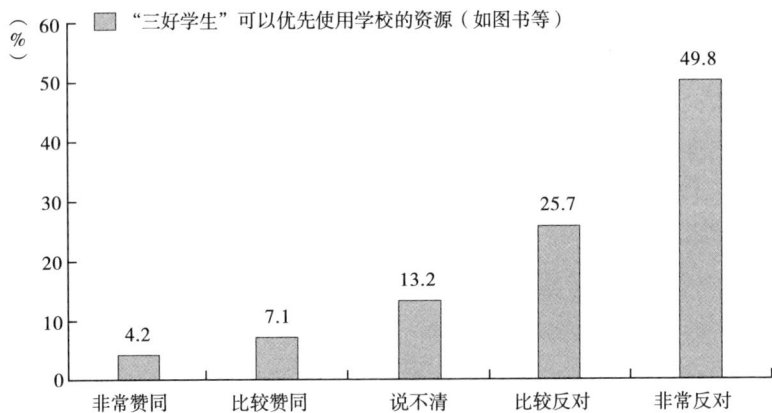

图 4 - 3　中学生关于公平使用学校教育资源权利意识

2. 女生在参与教育教学活动的权利意识方面强于男生

在此次调查中我们发现，在参与教育教学活动的权利意识方面，女生的权利意识要普遍强于男生（见表 4 - 3）。

表 4 - 3　性别与参与教育教学活动的权利意识

单位：人，分

类　别	性　别	人　数	均　值	标准差	T 值
学校可以不让成绩差的同学参加中考或高考	男	2440	4.53	1.02	- 4.55 ***
	女	2483	4.65	0.86	
学校可以取消中考或高考不考的科目	男	2441	3.76	1.36	- 2.96 **
	女	2492	3.87	1.25	
教师可以以影响学习为由限制学生参与社团活动	男	2431	4.20	1.07	- 4.97 ***
	女	2487	4.34	0.94	
学生不同意老师的观点时，可以提出质疑	男	2437	4.31	0.90	- 3.85 ***
	女	2487	4.40	0.76	
学生不适应老师的教学方式时，可以找老师沟通	男	2439	4.03	1.00	- 5.02 ***
	女	2485	4.16	0.88	
"三好学生"可以优先使用学校的资源（如图书等）	男	2436	4.06	1.18	- 2.34 *
	女	2486	4.14	1.08	

注：* $p < 0.05$，** $p < 0.01$，*** $p < 0.001$。

　　在涉及考试或学业方面，男生与女生在参加中考或高考的权利意识、学习非中考或高考科目的权利意识以及参与社团活动的权利意识方面都存在差异 [$t (4921) = -4.55$，$p = 0.000$；$t (4931) = -2.96$，$p = 0.003$；$t (4916) = -4.97$，$p = 0.000$]，从均值来看，其中女生在这些方面的权利意识要强于男生。

　　在不同意教师观点提出质疑、不适应教学方式找教师沟通这两方面涉及课堂教学的权利意识，男生与女生同样存在差异 [$t (4922) = -3.85$，$p = 0.000$；$t (4922) = -5.02$，$p = 0.000$]，女生在参与课堂教学活动方面的权利意识依然高于男生。

　　而在使用学校资源的权利意识方面，男女生依然存在差异 [$t (4920) = -2.34$，$p = 0.019$]，同样，女生的权利意识要强于男生，不过这一差异没有其他方面的权利意识差异显著。

3. 高中生参与教育教学活动的权利意识总体强于初中生

　　调查结果显示（见表 4 - 4），初中生与高中生在参与中考或高考 [$t (4908) = -3.53$，$p = 0.000$]、参与社团活动 [$t (490) = -4.55$，$p = 0.000$]、不同意老师观点时提出质疑 [$t (4909) = -5.22$，$p = 0.000$]、

平等使用学校资源 [t（4907）= -5.48，p=0.000] 这些方面的权利意识
存在非常显著的差异，高中生在这些方面的权利意识要显著强于初中生。
而在不适应教师的教学方式找教师沟通的权利意识方面，初中生与高中生
的权利意识差异不显著 [t（4910）=0.23，p=0.820]。

表 4 - 4　学段与参与学校教育教学活动的权利意识

单位：人，%

类　别	学　段		人　数	均　值	标准差	T 值
学校可以不让成绩差的同学参加中考或高考	初	中	3298	4.56	0.98	- 3.53 ***
	高	中	1612	4.65	0.85	
学校可以取消中考或高考不考的科目	初	中	3304	3.94	1.28	9.42 ***
	高	中	1616	3.56	1.33	
老师可以以影响学习为由限制学生参与社团活动	初	中	3297	4.23	1.07	- 4.55 ***
	高	中	1608	4.36	0.87	
学生不同意老师的观点时，可以提出质疑	初	中	3297	4.32	0.88	- 5.22 ***
	高	中	1614	4.44	0.71	
学生不适应老师的教学方式时，可以找老师沟通	初	中	3297	4.10	0.97	0.23
	高	中	1615	4.09	0.89	
"三好学生"可以优先使用学校的资源（如图书等）	初	中	3295	4.04	1.17	- 5.48 ***
	高	中	1614	4.22	1.04	

注：*** p < 0.001。

　　值得注意的是，在学校是否可以取消中考或高考不考的科目问题上，
高中生的平均得分为 3.56，初中生的平均得分为 3.94，高中生的权利意识
要显著弱于初中生 [t（4918）=9.42，p=0.000]。从频数分析来看，
14.65% 的初中生赞同学校可以取消中考或高考不考的科目，而高中生这一
比例达到了 23.95%，将近四分之一的高中生认为学校取消中考或高考不考
的科目是合理合法的。将近一半的初中生非常反对学校取消中考或高考不
考的科目，而只有 31.3% 的高中生对此持非常反对的态度。相比于初中生，
高中生有更多的人赞同学校取消高考不考的科目，同时有更少的人反对学
校的这一做法。

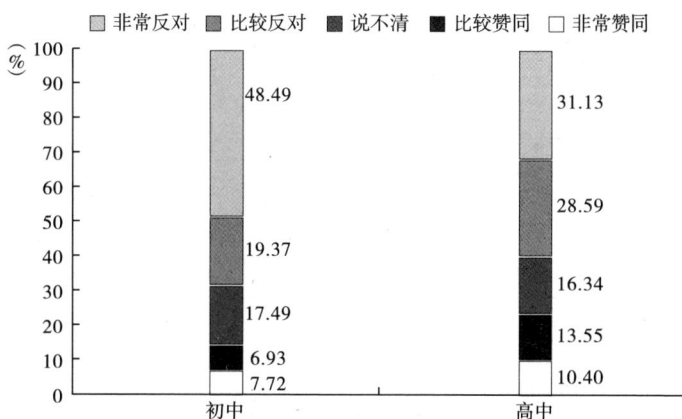

图 4 - 4　学段与学习非考试科目的权利意识

4. 家庭生活水平很低和很高的中学生在参与教育教学活动的某些方面的权利意识较弱

家庭生活水平方面，课题组调查的是学生对家庭生活水平的自我评价，在一定程度上反映了家庭的生活状况。

调查结果显示，不同家庭生活水平的学生在参与中考或高考、参与社团活动、平等使用学校资源的权利意识上存在显著差异 [$F = 5.31$，$p = 0.000$；$F = 3.90$，$p = 0.004$；$F = 0.042$]，在学习非中考或高考科目、向教师提出质疑和不适应教师的教学方式时找教师沟通方面的权利意识都不存在明显的差异 [$F = 1.22$，$p = 0.300$；$F = 1.20$，$p = 0.311$；$F = 1.72$，$p = 0.143$]，如表 4　5 所示。

表 4 - 5　家庭生活水平与参与学校教育教学活动的权利意识

单位：人，分

项　　目	生活水平	人　数	均　值	标准差	F 值
学校可以不让成绩差的同学参加中考或高考	很　低	148	4.39	1.24	5.31 ***
	较　低	595	4.64	0.88	
	一　般	3718	4.60	0.93	
	较　高	427	4.59	0.93	
	很　高	29	3.97	1.55	

项　目	生活水平	人　数	均　值	标准差	F 值
老师可以以影响学习为由限制学生参与社团活动	很　低	149	4.05	1.34	3.90 **
	较　低	595	4.21	1.00	
	一　般	3714	4.27	0.99	
	较　高	424	4.38	1.03	
	很　高	29	4.48	0.79	
"三好学生"可以优先使用学校的资源（如图书等）	很　低	147	3.99	1.36	2.48 *
	较　低	593	4.03	1.17	
	一　般	3720	4.11	1.11	
	较　高	425	4.18	1.16	
	很　高	30	3.70	1.51	

注：* $p < 0.05$，** $p < 0.01$，*** $p < 0.01$；由于篇幅有限，正文中只呈现有差异的题项，未出现差异的题项将在文本的附录数据中予以展现。

（1）在参与中考或高考、平等使用学校资源以及学习非应试科目方面，家庭生活水平最高的学生的权利意识最低。图 4-5 显示，在成绩差的同学可以参加中考或高考、"三好学生"可以优先使用学校资源、学习非应试科目问题上，家庭生活水平很高的学生的权利意识最低，其次为家庭生活水平很低的学生。

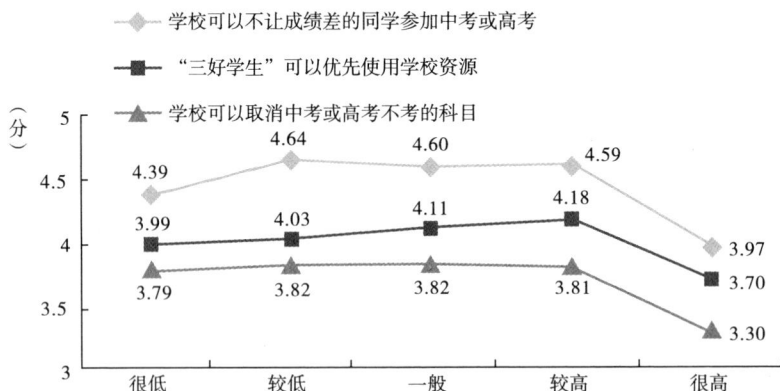

图 4-5　家庭生活水平与学生在参与教育教学活动某些方面的权利意识

多重比较（LSD）分析结果显示，家庭生活水平很高的学生在成绩差的同学参加中考或高考的权利意识上显著弱于家庭生活水平很低、较低、一般、较高这四个层次的中学生（p = 0.025，p = 0.000，p = 0.000，p = 0.000）。家庭生活水平很低的学生在这些方面的权利意识同样弱于家庭生活水平较低、一般和较高的中学生（p = 0.004，p = 0.010，p = 0.025）。

在平等使用学校资源的问题上，家庭生活水平很高的学生的权利意识同样弱于家庭生活水平一般和较高的学生（p = 0.048；p = 0.025），家庭生活水平较高的学生的权利意识强于家庭生活水平较低的学生（p = 0.035），其他家庭生活水平的学生之间不存在差异。

尽管单因素方差分析结果显示，不同家庭生活水平的学生在学习非应试科目的权利意识上没有显著差异，然而多重比较（LSD）分析结果显示，家庭生活水平很高的学生的权利意识再次显著低于家庭生活水平较低、一般和较高的学生（p = 0.031，p = 0.029，p = 0.037），与家庭生活水平很低的学生没有差异（p = 0.059）。

（2）伴随着家庭生活水平的提高，学生参与社团活动的权利意识增强（见图4-6）。通过多重比较（LSD）分析来看，家庭生活水平很低的学生在这方面的权利意识显著弱于家庭生活水平一般、较高、很高的学生（p = 0.007，p = 0.001，p = 0.033）；家庭生活水平较低、一般的学生的权利意识都弱于家庭生活水平较高的学生（p = 0.008，p = 0.044）。总体而言，家庭生活水平低的学生在参与社团活动的权利意识方面弱于家庭生活水平高的学生。

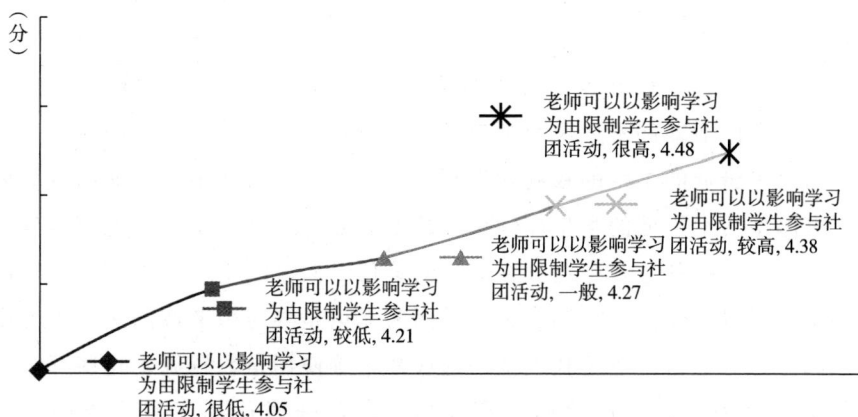

图4-6　家庭生活水平与参与社团活动的权利意识

（3）在不适应教师教学方式时找教师沟通、不同意教师观点时提出质疑方面，家庭生活水平低的学生的权利意识弱于家庭生活水平高的学生。此外多重比较（LSD）分析结果显示，在学生不适应教师的教学方式可以找教师沟通问题上，家庭生活水平很低的学生的权利意识要弱于家庭生活水平一般和较高的学生（p＝0.016；p＝0.020）。在不同意教师观点可以提出质疑问题上，家庭生活水平较低的学生的权利意识弱于家庭生活水平较高的学生（p＝0.034），其他生活水平的学生之间不存在差异。

总体而言，家庭生活水平很高的学生在参与教育教学活动的权利意识上并没有像人们一般认为的那样处于较高的水平，在平等参加中考或高考、学习中考或高考不考的科目、平等使用学校资源的问题上，其权利意识要弱于家庭生活水平一般和较高的学生，尤其是在"学校可以不让成绩差的学生参加中考或高考"和"学校可以取消中考或高考不考的科目"上，其权利意识甚至弱于家庭生活水平最低的学生。为什么家庭生活水平很高的学生的某些权利意识会更弱？可能的原因在于家庭生活水平很高的学生不再依赖于考试作为提升其地位以及未来发展的途径，故而对考试方面乃至学业方面的需求会降低，因而在这些方面更多采取无所谓的态度；然而他们对学校生活也并非完全的忽视，比如在参与社团活动问题上，他们的权利意识平均得分为最高，基本认为教师不能因为学业而限制学生参与社团活动。

另外，家庭生活水平很低和较低的学生在参与教育教学活动方面的权利意识普遍弱于家庭生活水平一般和较高的学生。这可能是由于受家庭生活背景的影响，他们在这方面的权利意识更弱。尤其是在参加中考或高考、参与社团活动和不适应教师教学方式时找教师沟通这三个问题上，家庭生活水平最低的学生的权利意识都最弱或较弱，这在某个层面向我们展示了家庭生活水平低的学生在学校中的不利处境，这一不利处境使得他们在追求自身的权利过程中也处在弱势的地位。而家庭生活水平一般和较高的学生之所以有较强的权利意识，是因为无论是参与中考或高考、学习中考或高考不考的科目还是找教师沟通或是平等使用学校资源，这些都涉及他们切身的利益，而且他们更有能力、自信去表达和实现自身的权利诉求。

5. 来自不同阶层的中学生对于参与某些教育教学活动的权利意识存在差异

父母所处的阶层不同，意味着家庭的组织资源、经济资源和文化资源有着不同的水平。[①] 根据陆学艺等人所划分的阶层，本调查中通过父母的职业把父母的阶层分为三大阶层：优势地位阶层、中间地位阶层和基础地位阶层。优势地位阶层包括党政机关干部、工商企业管理人员、事业单位管理人员和公司老板/股东，他们拥有大量的组织资源、经济资源和文化资源；中间地位阶层包括科研技术人员、文艺体育工作者、律师、医务工作者、教育工作者、新闻出版人员、自由职业者、个体经营者和军人/警察，他们拥有一般的组织资源、经济资源或者文化资源；而基础地位阶层则包括工业/运输业生产者、商业/服务业从业者、农业生产人员、离退休人员、家庭主妇、外地务工人员、下岗/失业无业人员，他们拥有非常少量或是没有经济资源、文化资源和组织资源。考虑到一个家庭中所处阶层较高一方往往代表着该家庭所处的阶层，故本文中选取父母中的最高阶层来进行分析。

单因素方差分析结果显示（见表4-6），来自优势地位阶层、中间地位阶层和基础地位阶层的学生在参与社团活动、不同意教师观点提出质疑和平等使用学校资源这三方面的权利意识呈现显著差异 [$F = 7.55$，$p = 0.001$；$F = 3.71$，$p = 0.024$；$F = 3.12$，$p = 0.044$]；而在参与中考或高考、学习非应试科目、不适应教师的教学方式找教师沟通的权利意识上没有差异 [$F = 1.76$，$p = 0.172$；$F = 2.46$，$p = 0.086$；$F = 0.65$，$p = 0.520$]。

表4-6 来自不同阶层的中学生参与教育教学活动的权利意识

单位：人，分

项　目	类　别	人　数	均　值	标准差	F值
学校可以不让成绩差的同学参加中考或高考	基础地位阶层	1823	4.60	0.94	1.76
	中间地位阶层	1929	4.61	0.91	
	优势地位阶层	1039	4.55	0.98	

[①] 组织资源又为权力资源，主要指依据国家政权组织和执政党组织系统而拥有的支配社会资源的能力；经济资源主要指生产资料所有权、使用权和经营权；文化资源指社会以证书或资格加以认可的知识和技能的拥有，也就是通常所说的学历文凭。陆学艺主编《当代中国社会流动》，社会科学文献出版社，2004。

续表

项　目	类　别	人　数	均　值	标准差	F 值
学校可以取消中考或高考不考的科目	基础地位阶层	1827	3.86	1.29	2.46
	中间地位阶层	1932	3.82	1.31	
	优势地位阶层	1039	3.75	1.32	
老师可以以影响学习为由限制学生参与社团活动	基础地位阶层	1820	4.20	1.03	7.55 **
	中间地位阶层	1926	4.29	0.99	
	优势地位阶层	1039	4.35	1.00	
学生不同意老师的观点时，可以提出质疑	基础地位阶层	1823	4.32	0.84	3.71 *
	中间地位阶层	1925	4.35	0.82	
	优势地位阶层	1041	4.41	0.82	
学生不适应老师的教学方式时，可以找老师沟通	基础地位阶层	1821	4.12	0.93	0.65
	中间地位阶层	1927	4.09	0.93	
	优势地位阶层	1041	4.08	0.98	
"三好学生"可以优先使用学校的资源（如图书等）	基础地位阶层	1822	4.05	1.15	3.12 *
	中间地位阶层	1928	4.14	1.09	
	优势地位阶层	1037	4.12	1.17	

注：* $p < 0.05$，** $p < 0.01$。

（1）在参与社团活动、不同意教师观点时提出质疑、平等使用学校资源这三方面，来自基础地位阶层家庭的学生权利意识较弱。通过均值来看，相比来自中间阶层和优势阶层的学生，来自基础地位阶层的学生在参与社团活动、不同意教师观点提出质疑和平等使用学校资源这三方面的权利意识最弱（见图 4－7）。

多重比较（LSD）分析结果显示，在参与社团活动的权利意识方面，来自基础地位阶层家庭的学生与来自中间和优势地位阶层的学生存在显著差异（$p = 0.008$，$p = 0.000$）。通过均值比较可知，来自基础地位阶层家庭的学生在这方面的权利意识要弱于来自中间和优势地位阶层家庭的学生（$M_基 = 4.20$，$M_中 = 4.29$，$M_优 = 4.35$）。尽管来自优势阶层家庭的学生的得分要高于来自中间阶层家庭的学生，但是二者不呈现显著差异（$p = 0.141$）。

在不同意教师观点时提出质疑的权利意识方面，来自基础地位阶层家庭的学生的权利意识要弱于来自优势地位阶层的学生（$p = 0.006$），而与中

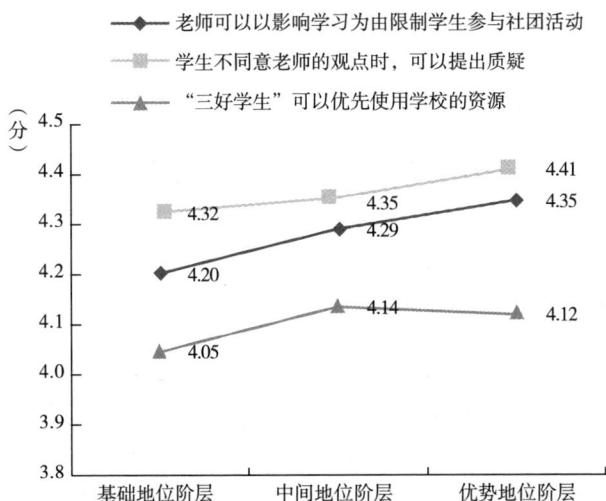

图 4 - 7　家庭地位阶层与中学生参与教育教学活动的权利意识

间地位阶层的学生没有差异（p = 0.257）。

在平等使用学校资源的权利意识方面，来自基础地位阶层的学生的权利意识与优势地位阶层的学生没有差异（p = 0.091），但要弱于来自中间地位阶层的学生（p = 0.017）。从图 41 可以看到，中间地位阶层的学生其得分要高于优势地位阶层的学生，不过二者没有呈现显著差异（p = 0.749）。

（2）在学习非应试科目问题上，来自优势地位阶层的学生的权利意识要弱于来自基础地位阶层学生。尽管在学习非应试科目问题上，单因素方差分析结果未显示出家庭阶层的差异，但是通过多重比较（LSD）分析，课题组发现来自优势地位阶层家庭的学生在这方面的权利意识与基础地位阶层家庭的学生存在显著性差异（p = 0.027），而与中间地位阶层的学生没有显著性差异（p = 0.152）。从平均分来看，来自优势地位阶层家庭学生的权利意识要弱于来自基础地位阶层家庭的学生（$M_{优}$ = 3.75，$M_{基}$ = 3.86）。

总体而言，中学生在参与中考或高考、不适应教师的教学方式时找教师沟通的权利意识方面并不因为其家庭所处地位阶层的不同而呈现显著差异。但是在参与社团活动、不同意教师观点时提出质疑、公平使用学校资源这三方面，来自基础地位阶层家庭的学生的权利意识要弱于来自优势地位阶层或中间地位阶层的学生。这可能是因为来自优势地位阶层的学生由于家庭拥有较高的经济资本和文化资本，学生独立和批判的意识、参与社团活动的需求较强。一般而言，父母的经济资本和文化资本越高，其教养方式越趋于民主，学生的自我意识会更强，更多表现出自信、自尊、独立和自主的特质，[①] 故而他们在对教师提出质疑和公平使用资源的意识上会更强。此外，来自优势地位阶层家庭的学生往往跳脱了应试教育的影响，他们会更在意自身的素质发展，因而他们对于参与社团活动的需求会更强。按理说，他们对于学习非应试科目的意识会更强，但是调查数据显示，他们在这方面的意识反而弱于基础地位阶层学生。考虑到现在各种培训班的盛行，极有可能是因为他们的经济资本，他们更有能力频繁地去上兴趣培训班，故而对于在学校学习非应试科目的权利意识较低。而基础地位阶层家庭的学生由于家庭的经济基础薄弱，难以寻求校外资源来获得音乐、美术乃至其他方面的学习。如果学校取消非应试科目，这将意味着他们将会失去学习这些科目的机会。因此，他们对于学校取消非应试科目的行为较为敏感，更多反对学校的这一做法。

6. 城市学校、县城学校和乡（镇）村学校的学生参与教育教学活动的权利意识存在差异

城市学校、县城学校和乡（镇）村学校由于拥有不同的教育资源和生活环境，其在学校文化、教育方法和教育水平上存在着不同。而城市学校、县城学校和乡（镇）村学校的学生又有着不同的教育需求。这些因素使得城市学校、县城学校和乡（镇）村学校在有关中学生的权利意识问题上呈现差异。

单因素方差分析结果显示（见表 4 - 7），来自城市学校、县城学校、乡（镇）村学校的学生在参与中考或高考、学习非应试科目、参与社团活动、不适应教学方式找教师沟通、平等使用学校资源这些方面的权利意识呈现显著差异 [$F = 10.23$，$p = 0.000$；$F = 12.64$，$p = 0.000$；$F = 12.05$，$p = 0.000$；$F = 7.30$，$p = 0.001$；$F = 5.16$，$p = 0.006$]，在不同意老师观点时提出质疑的权利意识上没有显著差异 [$F = 2.36$，$p = 0.095$]。

---

① 心理学相关研究表明，当父母采取民主型教养方式时，其子女往往是自信的、自尊的、独立的、自主的。参见张文新、林崇德：《青少年的自尊与父母教养方式的关系——不同群体间的一致性和差异性》，《心理科学》，1998 年第 2 卷第 6 期，第 489～493 页。

表4-7 学校所在地与中学生参与教育教学活动的权利意识

单位：人，分

项 目	类 别	人 数	均 值	标准差	F 值
学校可以不让成绩差的同学参加中考或高考	城市学校	2176	4.54	0.99	10.23***
	县城学校	1258	4.69	0.83	
	乡（镇）村学校	1498	4.58	0.956	
学校可以取消中考或高考不考的科目	城市学校	2180	3.72	1.32	12.64***
	县城学校	1263	3.83	1.32	
	乡（镇）村学校	1499	3.94	1.27	
老师可以以影响学习为由限制学生参与社团活动	城市学校	2172	4.32	0.98	12.05***
	县城学校	1256	4.30	0.97	
	乡（镇）村学校	1499	4.16	1.08	
学生不同意老师的观点时，可以提出质疑	城市学校	2174	4.37	0.84	2.36
	县城学校	1258	4.37	0.79	
	乡（镇）村学校	1501	4.32	0.85	
学生不适应老师的教学方式时，可以找老师沟通	城市学校	2178	4.12	0.93	7.30**
	县城学校	1256	4.14	0.93	
	乡（镇）村学校	1499	4.02	0.98	
"三好学生"可以优先使用学校的资源（如图书等）	城市学校	2174	4.11	1.13	5.16**
	县城学校	1261	4.16	1.07	
	乡（镇）村学校	1496	4.03	1.17	

注：$**p<0.01$，$***p<0.001$。

（1）县城学校的学生参与中考或高考的权利意识最强。在参与中考或高考的权利意识问题上，无论是城市学校还是县城学校或是乡（镇）村学校的学生都有着极强的权利意识，然而县城学校的学生（M=4.69）要显著强于城市学校（M=4.54）和乡（镇）村学校（M=4.58）（p=0.000，p=0.004）；城市学校和乡（镇）村学校没有显著差异（p=0.149）。为什么县城学校的学生有如此强的参与中考或高考的权利意识？这可能是因为县城地区的教育文化相比城市学校和乡（镇）村学校有更强的应试取向，故而县城学校的学生受其影响会更为看重通过中考或高考来实现自我的发展，他们对中考或高考的权利意识也就更强。

（2）乡（镇）村学校的学生最反对取消非应试科目，城市学校的学生在这方面的权利意识最弱。在学校可以取消中考或高考不考的科目问题上，来自乡（镇）村学校的学生的权利意识（M＝3.94）要显著强于县城学校（M＝3.83）和城市学校（M＝3.72）的学生（p＝0.000，p＝0.021），而来自县城学校的学生又显著强于城市学校的学生（p＝0.023）。

相对城市与县城学校而言，乡（镇）村学校有较少的学生能够升入高一层次学校继续接受教育，故而他们对中考或高考的重视程度稍微弱，他们所感受到的中考或高考的应试压力也较小。因而，他们相对城市与县城的中学生而言会较为珍视非考试科目的价值。还有一个可能的原因就是乡（镇）村学校由于师资条件的限制，音乐、美术等科目比较缺乏专门的师资力量，这些科目要么长期处于名存实亡的状态，要么早已被考试科目挤占，故而乡（镇）村学生有比较强烈的学习这些科目的需求。但对于城市学校的学生而言，他们有较多的途径来学习音乐、美术等非应试科目，故而对在学校学习这些科目的需求不强，进而对这方面的权利也相对不敏感。

（3）乡（镇）村学校的学生参与社团活动、与教师沟通、平等使用学校资源的权利意识最弱，县城学校的学生与城市学校的学生在这些方面的权利意识没有显著差异。在参与社团活动、与教师沟通、平等使用学校资源方面，相比于县城学校和城市学校，乡（镇）村学校的学生的权利意识得分最低（见图4－8）。

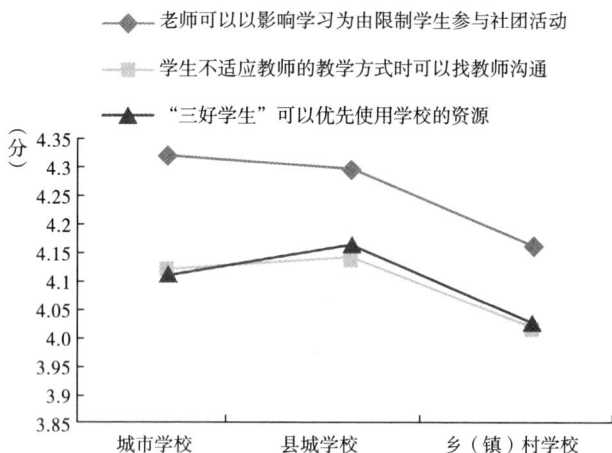

图4－8　学校所在地与学生在参与教育教学某些方面的权利意识

多重比较（LSD）分析结果显示，在面对"老师可以以影响学习为由限制学生参与社团活动"时，乡（镇）村学校的学生的权利意识要明显弱于城市学校和县城学校的学生（p = 0.000，p = 0.000），城市学校的学生与县城学校的学生在这方面没有显著差异（p = 0.456）。

在找教师沟通教学方式的权利意识问题上，乡（镇）村学校的学生的权利意识要弱于城市学校的学生（p = 0.023）和县城学校的学生（p = 0.002），县城学校与城市学校的学生在这方面的权利意识不存在显著差异（p = 0.509）。

同样，在平等使用学校资源问题上，乡（镇）村的学生的权利意识与县城学校和城市学校的学生存在显著差异（p = 0.002，p = 0.023）。乡（镇）村学生的权利意识平均得分为 4.03，县城学校的学生平均得分为 4.16 分，城市学校的学生平均得分为 4.11 分。

（4）在向教师提出质疑的权利意识问题上，乡（镇）村学校的学生要弱于城市学校和县城学校的学生（p = 0.038），城市学校与县城学校的学生没有差异（p = 0.106）。

（二）获得教育资助权

获得教育资助权对应于《教育法》中"按照国家有关规定获得奖学金、贷学金、助学金（简称获得物质帮助权）"的规定。它实际上是对国家资助的一种请求。

在调查中，课题组主要考察了中学生是否意识到国家有义务为家庭贫困的大学生提供助学贷款。一方面，为贫困大学生提供助学贷款是国家的基本义务，而获得国家的贷款也是公民的基本权利，中学生是否能充分意识到这一权利？另一方面，课题组所考察的焦点指向了家庭贫困的大学生，这一角色和中学生的身份稍微有点隔离，对中学生这方面权利意识的考察涉及中学生对于他人权利（尤其是弱势群体权利）的一种认知。

根据数据分析结果，此次所调查到的中学生在学生有权获得国家的教育资助方面的权利意识较强，平均得分为 4.45 分，具有较高的水平。从频数分析来看，88.1% 的中学生赞同国家有义务为家庭贫困的大学生提供助学贷款，4.19% 的中学生表示了反对（见图 4 - 9）。

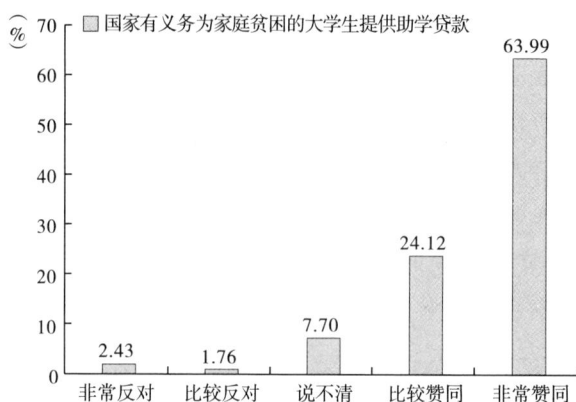

图 4-9 获得教育资助权

1. 男生与女生、初中生与高中生对获得教育资助权的认识不存在差异

独立样本 T 检验结果显示，男生与女生在获得教育资助的权利意识上不存在显著差异 [t（4935）= -0.49，p = 0.625]；同样初中生与高中生在这方面的权利意识也不存在显著差异 [t（4922）= -1.21，p = 0.227]，如表 4-8 所示。

表 4-8 性别、学段与获得教育资助权的权利意识

单位：人，分

类 别		人 数	均 值	标准差	T 值
性 别	男	2444	4.45	0.92	-0.49
	女	2493	4.46	0.86	
学 段	初中	3310	4.45	0.94	-1.21
	高中	1614	4.48	0.79	

2. 家庭生活水平很低和很高的中学生对获得教育资助权的意识相对较低

单因素方差分析结果显示，家庭生活水平不同的学生在获得教育资助权的认识上存在显著差异 [F = 4.16，p = 0.002]。其中家庭生活水平很高的学生在这方面的得分最低，其次为家庭生活水平很低的学生。

多重比较（LSD）分析，家庭生活水平很高的学生对获得教育资助权利意识显著低于家庭生活水平很低、较低、一般、较高的学生（p = 0.025，p = 0.001，p = 0.001，p = 0.001），其平均得分仅为 3.90。而家庭生活水平很低的学生对获得教育资助的权利意识显著弱于家庭生活水平较低、一般和较高的学生（p = 0.034，p = 0.032，p = 0.025）。家庭生活水平较低、一般和较高的学生彼此之间在这方面的权利意识没有显著差异。

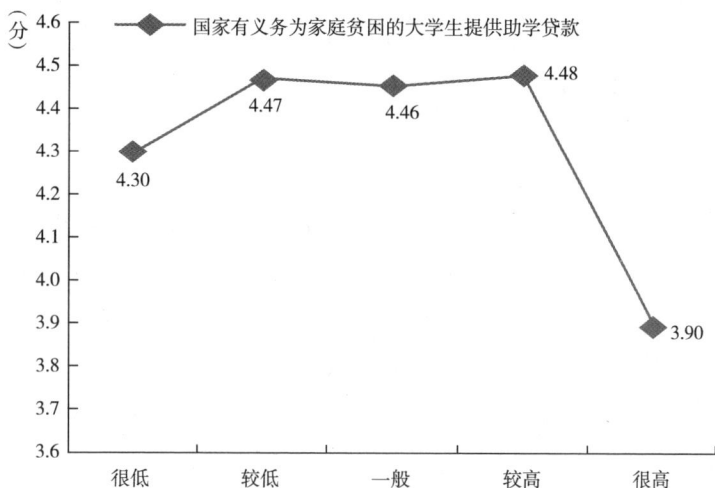

图 4 - 10　家庭生活水平与教育资助权意识

　　家庭生活水平很低的中学生本来应该需要获得国家的教育资助，为什么他们反而在这方面权利意识不强？这可能受到了两个方面因素的影响。第一，他们由于家庭经济条件的限制而学习此类知识的机会较少，从而对受教育者获得教育资助权缺乏相应的信息。第二，在家庭生活水平很低的家庭中，家长与学生的教育期望值相对较低，很多中学生感觉上大学离自己很遥远，于是资助大学生的助学贷款等就离他们更遥远了。

　　至于家庭生活水平很高的学生在这方面的权利意识最低，可能是因为他们自身的经济条件，基本不需要考虑获得教育资助权，故而对于他人获得教育资助权也缺乏一定的认知。

　　3. 来自不同阶层的学生在获得教育资助权的意识方面不存在差异

　　来自基础地位阶层家庭的学生在获得教育资助权方面的意识会不会更强？从平均值的比较来看，来自基础地位阶层的学生获得教育资助权的权利意识（M = 4.47）要高于中间地位阶层（M = 4.46）和优势地位阶层（M = 4.44）的学生，但是单因素方差分析结果显示，中学生获得教育资助权的权利意识在家庭阶层上不存在显著性差异 [F = 0.62，p = 0.536]。

4. 城市学校、县城学校、乡（镇）村学校的学生在获得教育资助权的意识方面不存在差异

按照常理，乡（镇）村学校的学生相对城市与县城学校而言更需要获得国家的教育资助，他们这方面的权利意识应该强于城市与县城学校的学生。但是数据处理结果却显示，不同地域学校的学生在这项权利意识方面不存在差异 [$F = 0.05$，$p = 0.950$]。

（三）公正评价权

我国《教育法》规定中学生在学业成绩和品行上获得公正评价，完成规定的学业后获得相应的学业证书、学位证书（简称获得公正评价权）。

根据《教育法》的这一规定，课题组考察了学生是否关注"教师偏袒学习好的学生"以及"完成规定的学业后获得相应的学业证书、学位证书"。

调查结果显示，82.78% 的中学生反对教师偏袒学习好的学生，76.86% 的中学生反对学校因为大学生未能按时缴纳学费而扣押毕业证书。中学生在得到教师公平对待的权利意识平均得分为 4.31，在获得学位证书的权利意识平均得分为 4.23。

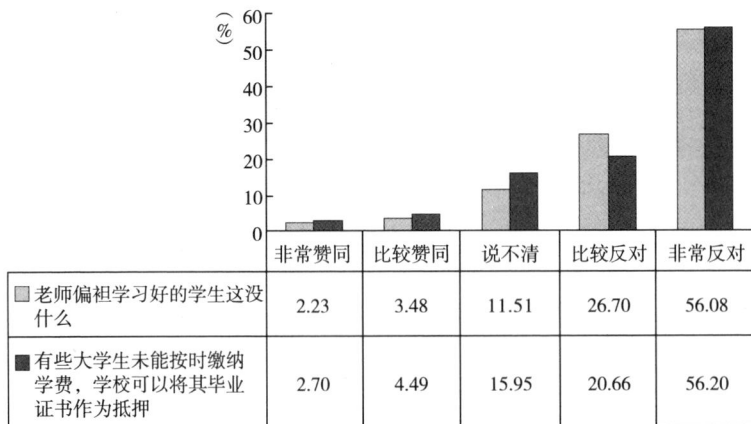

	非常赞同	比较赞同	说不清	比较反对	非常反对
老师偏袒学习好的学生这没什么	2.23	3.48	11.51	26.70	56.08
有些大学生未能按时缴纳学费，学校可以将其毕业证书作为抵押	2.70	4.49	15.95	20.66	56.20

图 4 - 11　中学生的公正评价权

1. 女生比起男生更反对教师的偏袒行为，但与男生具有同等的获得学位证书的权利意识

独立样本 T 检验结果显示，男生与女生在反对教师的偏袒行为问题上具有显著性差异 [t (4925) = - 4.90，p = 0.000]，在获得学位证书的权利意识上没有显著差异 [t (4911) = - 0.55，p = 0.584]，见表 4 - 9。具体来看，女生比男生更反对教师的偏袒行为。

表 4 - 9　性别与中学生公正评价权利意识

单位：人，分

类　别	性　别	人　数	均　值	标准差	T 值
老师偏袒学习好的学生，这没什么	男	2445	4.24	1.02	- 4.90 ***
	女	2482	4.38	0.89	
有些大学生未能按时缴纳学费，学校可以将其毕业证书作为抵押	男	2433	4.22	1.08	- 0.55
	女	2480	4.24	1.01	

2. 初中生与高中生在公正评价权方面未显现差异

数据分析结果显示，初中生与高中生在面对教师的偏袒行为时，其态度并不存在显著性的差异 [t (4912) = 0.35，p = 0.729]，但是二者都对教师的偏袒行为较为反感，比较不赞成教师的这一做法。

在面对学校是否可以扣押未按时缴纳学费的大学生的毕业证书问题上，初中生与高中生的态度也不存在显著差异 [t (4899) = - 1.69，p = 0.091]。

表 4 - 10　学段与中学生公正评价权利意识

单位：人，分

类　别	学　段	人　数	均　值	标准差	T 值
老师偏袒学习好的学生，这没什么	初　中	3301	4.31	0.970	0.35
	高　中	1613	4.30	0.938	
有些大学生未能按时缴纳学费，学校可以将其毕业证书作为抵押	初　中	3290	4.21	1.072	- 1.69
	高　中	1611	4.27	0.988	

3. 家庭生活水平不同的学生在教师公正对待学生的权利意识问题上没有差异，然而家庭生活水平高的学生在获得毕业证书的权利意识方面要强于家庭生活水平低的学生

调查数据显示，来自不同家庭生活水平的学生在对待教师偏袒学习好的学生这一问题上没有显示显著性的差异 [F = 1.12，p = 0.347]，无论来自家庭生活水平很低的学生还是来自家庭生活水平很高的学生，都较为反对教师偏袒学习好的学生的行为。

然而在获得学业证书的问题上，不同家庭生活水平的学生的权利意识呈现差异 [F = 3.34，p = 0.010]。总体来看，生活水平很低的学生的权利意识平均得分最低（见图 4 - 12）。多重比较（LSD）分析，家庭生活水平很低的学生这方面的权利意识要弱于生活水平一般和较高的学生（p = 0.023，p = 0.003），家庭生活水平较低的学生在这方面的权利意识要弱于生活水平较高、很高的学生（p = 0.005，p = 0.005）。

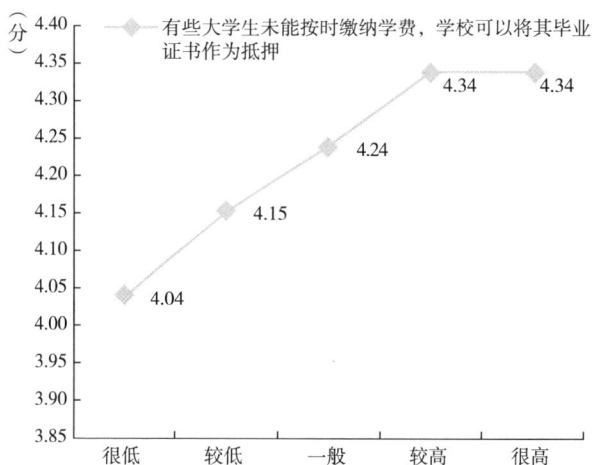

图 4 - 12　家庭生活水平与中学生获得学位证书的权利意识

4. 来自不同地位阶层的学生在教师公正对待学生的权利意识上没有差异，但是来自中间地位阶层的学生获得学位证书的权利意识要强于来自基础地位阶层的学生

调查结果显示，来自不同地位阶层的学生在教师公正对待学生的权利意识上没有显著差异 [F = 0.01，p = 0.987]。无论是来自基础地位阶层还是中间地位阶层亦或是优势地位阶层的学生对于教师公正对待学生都有同等的诉求。

然而，在获得学位证书的权利意识方面，单因素方差分析结果显示，存在家庭地位阶层方面的差异 [F = 3.99，p = 0.019]。从多重比较（LSD）分析来看，来自中间地位阶层的学生的权利意识得分为 4.27，来自基础地位阶层的学生的平均得分为 4.18，前者显著强于后者（p = 0.007）。不过无论是来自中间地位阶层的学生还是来自基础地位阶层的学生，他们与优势地位阶层的学生不存在显著性差异（p = 0.682，p = 0.061）。

5. 城市学校、县城学校、乡（镇）村学校的学生在对待教师的偏袒行为问题上没有分歧，但是城市学校的学生获得学位证书的权利意识强于乡（镇）村学校的学生

在"老师偏袒学习好的学生，这没什么"一题中，城市学校、县城学校和乡（镇）村学校的学生没有多大差异 [F = 0.60，p = 0.551]，得分均在 4.3 分左右。

在"有些大学生未能按时缴纳学费，学校可以将其毕业证书作为抵押"一题中，来自不同学校所在地的学生的权利意识存在差异 [F = 4.84，p = 0.008]。从多重比较（LSD）分析来看，城市学校得分为 4.28，而乡（镇）村学校得分为 4.17，乡（镇）村学校与城市学校存在差异（p = 0.002），乡（镇）村学校的学生在这方面的权利意识要弱于城市学校的学生。

三　中学生对受教育权的行使和维护情况

权利意识包括权利认知和行使、维护权利的意识。学生对权利有很好的认知并不意味着他们就能很好地进行权利的行使和维护。事实上，由于能力、条件等方面的限制，权利的行使和维护意识往往会弱于权利的认知。课题组的调查证实了这方面的假设。

在权利行使方面，课题组探究了学生是否会参与班级活动，行使自己参与班级活动的权利，同时也调查了学生是否会向学校表达对各项事务的看法。值得一提的是，课题组主要关注了中学生参与教育教学活动的权利行使，并未关注他们行使获得教育资助权和公正评价权的情况，因为获得教育资助权、公正评价权更多是需要他者给付的权利，较为偏向权利维护的方面。

在权利维护方面，课题组考察了中学生受到老师不公正评价是否会与教师沟通，另外也调查了中学生在申诉起诉权方面的情况，探究学生在遇到不公平的处分时会采取哪些途径维护自身权利，是否会合理表达权利诉求。

（一）中学生参与教育教学活动的权利行使意识

通过对学生是否会参与学校事务和班级事务的调查，课题组发现中学生在行使参与教育教学活动的权利方面意识非常低。

1. 所调查的中学生基本上能够参与学校、班级活动，他们的参与动机既有权利取向也有义务取向

班级，是学生平时生活的场域。能否参与班级活动，是否愿意参与班级活动，出于何种动机参与班级活动，这些都向我们展现着中学生参与学校班级教育教学活动的权利行使及权利意识情况。

根据此次调研的数据，课题组发现大多数学校的学生在开展活动时基本上能够参与这些活动。不少接受访谈的学生表示，除了一些有能力方面要求的活动外，班级组织的活动人人都可参加，除非学生自己不愿意。足见，大部分学校的班级给学生提供了参与活动的机会，这是学生行使权利的一个前提基础。

根据访谈资料，课题组发现学生参与班级活动的动机分为以下几种类型：促进成长、释放学习压力、纯粹出于兴趣、为了集体荣誉感、应付任务以及综合型，学生的参与动机从基于权利的考虑转向基于义务的考虑。为了促进成长、释放学习压力或纯粹出于兴趣而参加学校或班级活动的学生，他们大多将参与活动作为自己的一项权利；而为了集体荣誉感或应付任务而参与活动的中学生则多半将其视为一种义务。由访谈资料我们可以知道，虽然有不少的中学生仍然将参与学校或班级活动单纯看作带有强制性的义务，但是已经有很多学生能够积极地看待这些活动的价值，将参与活动视为自己的权利。

（1）促进成长。根据访谈资料，课题组发现不少学校热衷于举办一些辅助学习的竞赛等活动，学生对这些活动大多比较积极。也有一些学生将参与学校的活动视作体验人生的机会，认为参与这些活动对自己长远发展有用，所以他们愿意积极参加。

现在初二了，学习任务相对重了一些，参加一些比赛、活动可以适当放松身心，而且有些活动也是很有意义的，比如我们学校的培优班（音），让那些尖优生（音）去里面可以得到更高层面的拓展。（SNC3）

因为我觉得这是锻炼自己的一个机会，在学校里面，我觉得可以为大家服务啊。这是……因为我们不可能总是享受别人给你提供的服务，可以去帮助别人，我觉得这是很自然的一种行为，包括在高中里面，我觉得这份经验是非常可贵的，包括对上大学很有帮助。（SHZ1）

怎么说呢，我觉得志愿者的活动每个人都应该做吧，这也是帮助别人快乐自己吧。（SBJ7）

（2）释放学习压力。通过访谈课题组得知，由于中学生的学习压力比较大，不少学生将参与户外活动、联欢活动当作放松与释放压力的机会，所以他们对于这些活动评价较高，态度也比较积极。

天天待在教室里，有机会出去放放风，感觉还挺好。（SPG2）

我觉得比较轻松。（回应参加学校组织的活动，为什么觉得还不错的问题）（SPG1）

有时候有，比如到了某个节日的时候，举行一节班会或联欢会。（访谈者：你觉得你为什么会参加活动？）因为平时学习也没有像那样可以和大家一起活动，挺放松的。（SSY5）

（3）纯粹出于兴趣。根据此次的调研活动，课题组发现虽然不少中学生参加活动的目的意识比较强，但也有一些中学生参与活动不带任何功利色彩，纯粹出于兴趣而参与活动。

（访谈者：你为什么会要参加这些活动？说一下原因）喜欢吧……（SHZ2）

（访谈者：你平时参加班级活动吗？）参与，我最积极了，能上的都上。班与班之间打篮球，还有学校组织的排球赛，运动会，如果学校元旦晚会啊，最近不是要去那个艺术节，我去参加。跳舞的，街舞团。（访谈者：你为什么想参加这些活动？）喜欢啊。（SHZ3）

（4）应付任务。由访谈我们得知，有些班主任会根据上级指示举办一些"学守则规范树新风""学雷锋"等主题班会活动。这些活动的组织较少征求学生意见，大多是班主任为了完成上级布置的任务，甚至有些应景、走形式。所以确实有一些学生对这些活动缺乏兴趣，只是迫于学校与班主任的压力才参与这些活动。如果只是因为外在压力才参与活动，那么这种缺乏内在动机的参与效果无疑会大打折扣。

（访谈者：如果是遇到你不感兴趣的活动呢？）班主任就那么说了，你也没办法嘛，你不参加班主任也会反驳的。那就只能硬着头皮参加了。（SBJ3）

（访谈者：那有没有一些自己不太喜欢的、不感兴趣的活动？）肯定有！这种情况我基本上还是会去的，可能效果上没有那么好。（SBJ2）

（5）集体荣誉感。在接受访谈的学生所谈的自己参与活动的动机中，集体荣誉感是一项比较重要的影响因素。在现在的学校教育中，教师在号召学生参与集体活动时大多也会强调这一点。由访谈结果我们可以猜测，要么是学生认可并内化了教师的宣传，要么就是教师的宣传抓住了学生的心理。

学生对于班级活动所带来的荣誉感和义务感回应如下：

作为班级的一员，每个人都应该参与。（SSY7）
就是融入大家嘛，以班级荣誉为主。（SNC4）
有班级荣誉感就行。（SHZ5）

（6）综合型。通过访谈，课题组发现有一些学生参与班级活动受到了多重因素的影响，他们既考虑到集体荣誉感，又将参与活动当作一种释放压力的方式，并且他们也认可一些活动对于他们的个人发展是有意义的。

（访谈者：你为什么要参加班级活动呢？）都是为这个班集体嘛。（访谈者：你觉得这些活动有意思吗？）肯定有意义。比如航天模型比赛，艺术节，书法比赛，绘画比赛，读书心得等等。（SLZ1）

平时班级活动不多，班级活动只有拔草。我会积极参加，因为班主任亲自参加必须去。有时候学习压力挺大，适当参与这种活动会释放一些压力，我每次都是自愿参加。我觉得我有责任为学校拔草。我是学校的一名学生，学校是我的第二个家，我有责任让我的家环境更美好。如果班里有些事需要我做的话，我会义不容辞地去做，只要是我能做到的。比如说，我们学校开校园艺术节需要服装，如果能借到，我肯定去做。

对班级这么强烈的责任感是先天的，我这个人比较热心肠。班级的事就好像是我自己的事，为班级做事也是为自己争面子。其他班级看到我们班团结、做事比较一致，会很羡慕，（自己）很有自豪感。（SJN5）

2. 将近七成的受调查学生在向学校反映对学校事务的看法问题上采取了消极的态度

中学生作为学校的一分子，参与学校事务是其基本的权利，表达对学校事务的看法是其行使权利的一个重要方面，然而，调查结果显示，中学生在这方面的权利行使并不积极。在如果"有机会我会向学校反映我对学校事务的看法"这一题项上，仅有 26.96% 的学生表示比较符合或非常符合，而 29.67% 的学生持无所谓的态度，有 43.37% 的受调查学生表示自己不会这么做。实际上，超过七成的学生在向学校反映对学校事务的看法问题上采取了消极的态度，大部分学生对学校事务采取了沉默不表达的态度。学生在这一题项上的平均得分仅为 2.78 分，远低于他们在受教育权的权利认知部分的得分。

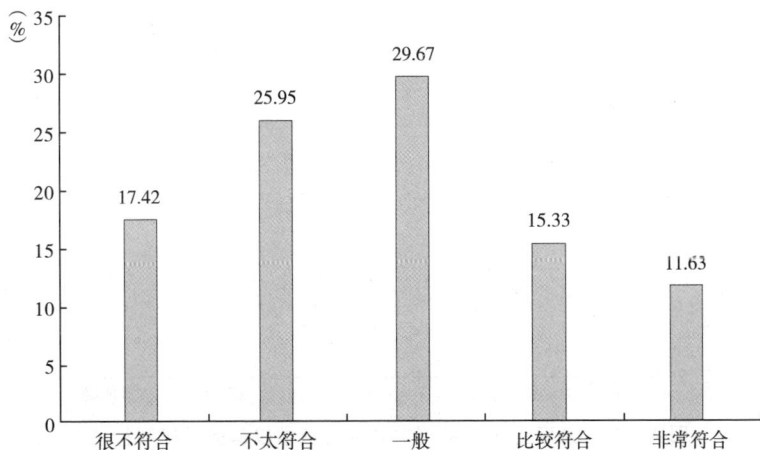

图 4-13　如果有机会我会向学校反映我对学校事务的看法

3. 中学生表达对学校事务的看法的权利行使与其性别、学段和学校所在地无关，但是不同的家庭生活水平与不同家庭地位阶层的学生在这一问题上呈现不同的态度

调查结果显示，不论是男生还是女生，在表达对学校事务的看法的问题上不存在显著性差异 [t (4926) = -0.28, p = 0.776]。但是二者的平均得分都较低，男生平均得分为 2.77 分，女生平均得分为 2.78 分。大部分男生与女生认为向学校表达对学校事务的看法是不符合他们的情况的。

同时，初中生与高中生在这一题项的得分也不存在显著性差异 [t (4913) = -0.82，p = 0.409]。单因素方差分析结果显示，来自城市学校、县城学校和乡（镇）村学校的学生在这一题项上的得分也不存在显著性差异 [F = 0.26，p = 0.770]。

然而，不同家庭生活水平的学生在这一题项上呈现了一些差异。尽管单因素方差分析结果显示，中学生表达对学校事务的看法不存在家庭生活水平上的差异 [F = 1.99，p = 0.093]，但是多重比较（LSD）分析结果显示，家庭生活水平较高的学生与家庭生活水平较低和一般的学生呈现了显著性的差异（p = 0.031，p = 0.009）。从平均值的得分来看，家庭生活水平较高的学生（M = 2.92）尽管得分较低，但是在这方面的权利行使要高于家庭生活水平较低（M = 2.76）和一般（M = 2.76）的学生。从图 4 - 14 可以看到，家庭生活水平较低和家庭生活水平一般的学生的平均得分最低。

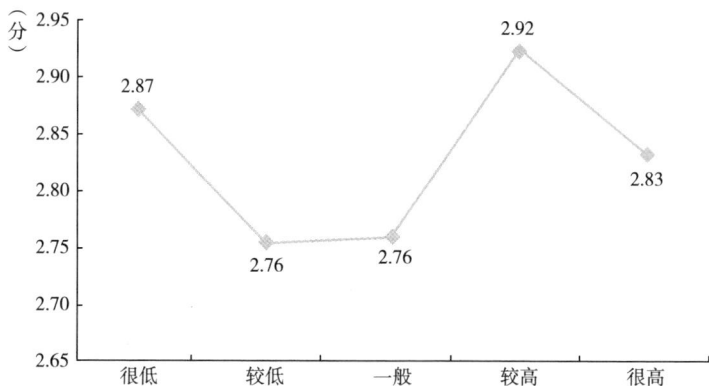

图 4 - 14　家庭生活水平与中学生反映学校事务的权利行使

来自不同阶层的学生在这一题项上也呈现了显著性差异。尽管单因素方差分析结果未显现出中学生反映学校事务的权利意识在家庭地位阶层的差异 [F = 2.15，p = 0.116]，但是多重比较（LSD）分析结果显示，来自中间地位阶层的学生与来自基础地位阶层的学生在这方面的权利行使及权利意识存在差异（p = 0.038），前者平均得分为 2.74，后者平均得分为 2.82，以此可见，来自基础地位阶层家庭的学生在这方面的权利行使意愿更强。

在中学生对学校事务表达看法的这一权利实施过程中，课题组发现其与性别和学段无关，甚至与学校所在地也无关。学校位于城市、县城还是乡（镇）村事实上一定程度上代表了学校的教育水平和发展情况，但即便如此，在表达对学校事务看法这一问题上，学生的表现与学校的文化和教育水平无关。但是，不同家庭生活水平和来自不同阶层的学生在这方面呈现了差异，足见家庭环境对于学生权利行使的影响。

（二）中学生关于受教育权的维护意识

课题组通过调查中学生在遇到教师不公正评价时是否会与教师沟通来分析中学生对自己受教育权的权利维护意识。总体来看，中学生在这些方面的权利维护意识也不高。

1. 超过一半的受调查学生在遇到教师不公正评价时不会积极找教师沟通

调查结果显示，在遇到教师不公正评价时，将近一半的受调查学生不会积极找教师沟通。43.01%的受调查学生表示在遇到教师不公正评价时找教师沟通是比较符合或非常符合自己的情况；而26.37%的学生认为这一行为仅是一般符合他们的情况；此外，30.62%的学生认为找教师沟通非常不符合或比较不符合自身的情况。总体来看，超过一半的受调查学生在遇到教师不公正评价时不会积极找教师沟通，学生对于自身在这方面的权利维护意识较弱。

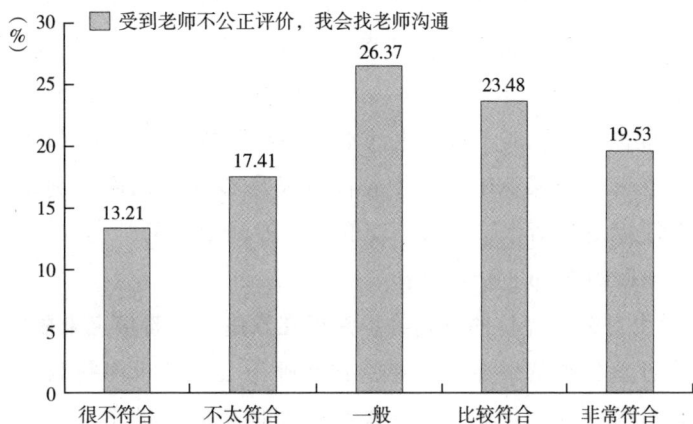

图 4 - 15　学生受到教师不公正对待时的维权意识

2. 尽管多数学生不赞同教师偏袒好学生的做法，但是在遭遇不公正的评价时，过半学生不会主动维护自身的权利

在权利认知部分，课题组调查过学生对于教师偏袒好学生的看法，反映学生对公正评价权的认识。从五分赋值来看，学生在对于教师公正评价的权利认知上平均得分为 4.31 分。82.8% 的学生反对教师偏袒学习好的学生的做法，不认为这是件无所谓的事情。然而，尽管有那么多的学生对教师的偏袒行为表示反对，但他们并不一定会去找教师沟通并且表达自身的看法，只有 43.01% 的受调查学生表示自己在受到教师不公正评价时会去找教师沟通。从五分赋值来看，学生在公正评价的权利维护意识上得分为 3.19 分，学生的权利维护意识要弱于学生的权利认知。

3. 在公正评价的权利维护意识方面，女生强于男生，初中生强于高中生

在受到教师不公正评价找教师沟通的权利维护意识方面，男生与女生存在显著性差异 $[t(4934) = -2.62, p = 0.009]$，初中生与高中生存在显著性差异 $[t(4921) = 5.02, p = 0.000]$。从得分来看，女生（M = 3.24）女生在公正评价上的权利维权意识强于男生（M = 3.14），初中生（M = 3.25）强于高中生（M = 3.06）。

4. 在家庭生活水平方面，家庭生活水平很高和很低的学生公正评价的权利维护意识弱于家庭生活水平一般和较高的学生

单因素方差分析结果显示，对于在受到教师不公正评价时找教师沟通的权利维护意识方面，不同家庭生活水平的学生存在显著性差异 $[F = 5.48, p = 0.000]$。多重比较（LSD）分析结果显示，家庭生活水平很高的学生在这方面的权利维护意识弱于家庭生活水平较低、一般、较高的学生（p = 0.012, p = 0.003, p = 0.001）。此外，家庭生活水平很低的学生在这方面的权利维护意识也弱于家庭生活水平一般和较高的学生（p = 0.034, p = 0.002）。实际上，家庭生活水平较高的学生在这方面的权利维护意识最高，显著强于家庭生活水平很低、较低、一般和很高的学生（p = 0.002, p = 0.003, p = 0.019, p = 0.001）。

5. 中学生对公正评价的权利维护意识在家庭地位阶层上未显现差异

单因素方差分析结果显示，在受到教师不公正评价时找教师沟通这一涉及公正评价的权利维护意识上，来自不同地位阶层的学生并未显现显著性差异 $[F = 0.66, p = 0.519]$。从均值来看，尽管基础地位阶层的学生在

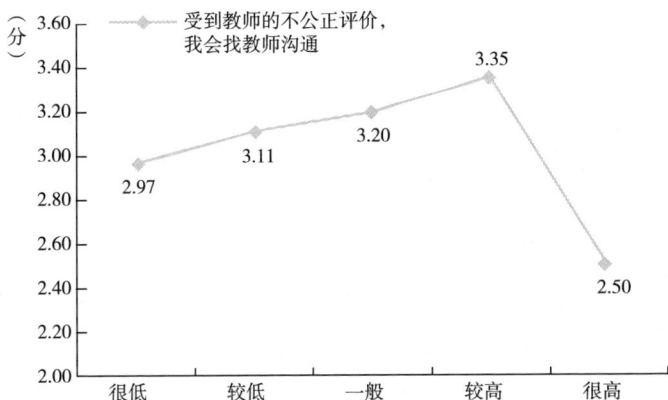

**图 4 - 16 家庭生活水平与中学生受到教师不公正评价时
找教师沟通的权利维护意识**

这方面的权利意识强于来自优势地位阶层的学生，其次强于来自中间地位阶层的学生，但是三者没有显著差异。

6. 县城学校的学生的权利维护意识最弱，城市学校的学生的权利维护意识最强

不同学校所在地的学生在对公正评价的权利维护意识方面也呈现显著性的差异 [F = 11.49，p = 0.000]。

从多重比较（LSD）分析来看，县城学校的学生在受到教师不公正评价时找教师沟通的权利意识要显著弱于乡（镇）村学校和城市学校的学生，而城市学校的学生这方面的权利维护意识与乡（镇）村学校的学生也呈现差异（p = 0.029），从平均得分来看，城市学校学生的权利维护意识要强于乡（镇）村学校的学生（见图 4 - 17）。

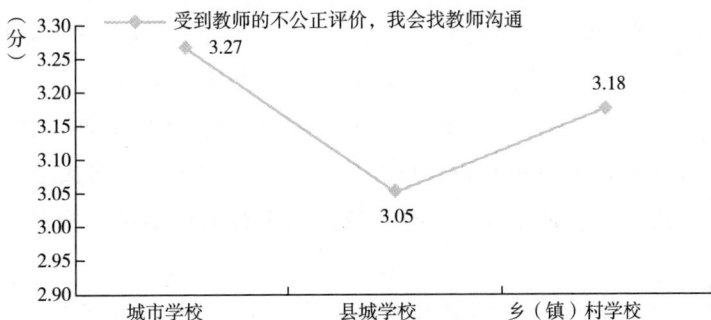

图 4 - 17 学校所在地与中学生的公正评价权利维护意识

（三）中学生维护受教育权的途径

是否意识到应该维护以及如何维护是衡量中学生对自身受教育者权利维护的重要方面。

课题组通过调查中学生在面对学校所给予的不公平处理或处分时所选择的途径来部分反映中学生维护受教育者权利的途径。

1. 超过 40%的受调查学生在面对学校所给予的不公平处理或处分时，选择向相关部门申诉，也有超过 40%的学生选择私下抱怨

调查结果显示，在面对学校所给予的不公平处理或处分时，43.17%的学生会选择向相关部门申诉，其次 40.58%的学生会选择私下抱怨，也有8.34%的学生会选择通过网络等媒体曝光（见图 4-18）。另外 2.22%的学生较为极端，选择了私下实施报复行为。

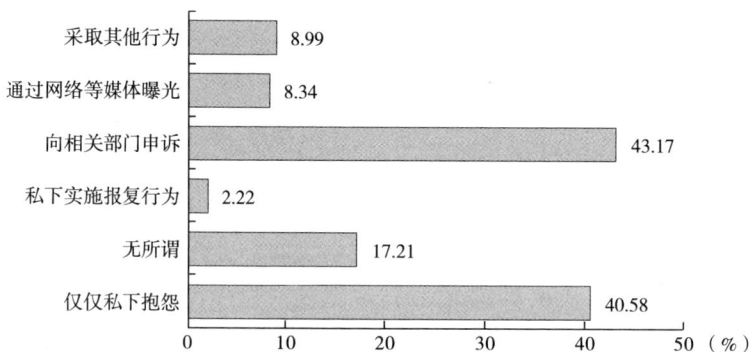

图 4-18 当学校给予的处分或处理不公平时，我会……

总体来看，中学生选择合法、正规途径来维护自身的权利并不普遍，更多人采取了消极的行为或态度，或是私下抱怨，或是秉持无所谓的态度。一方面这反映了学生的权利维护意识低，另一方面也折射出了学校的文化环境使得学生更容易采取消极的态度来对待自身的权利受侵害问题。

2. 在面对学校不公平的处分或处理时，女生较男生更多采取了向相关部门申诉、私下抱怨的行为，而男生较女生更多采取了私下报复、媒体曝光的行为

在"当学校给予的处分或处理不公平时"这一题中，性别因子差异还是较为显著的，相较而言，女生会更倾向于私下抱怨，在调查所得数据中，

35.9%的男生表示会私下抱怨，而有高达45.24%的女生倾向于选择私下抱怨，这一比例远远高于男生。有20.38%的男生表示当学校给予的处分或处理不公平时，自己无所谓，而仅有14.11%的女生表示"无所谓"。综合这两个选项来看，这在一定程度上反映了尽管女生更在乎不公平的处分，但在现实中更倾向于私下抱怨（跟男生相比）。同时通过其他选项进一步可以看出，在面对不公平对待问题上，女生更倾向于通过正规路径予以解决，而男生在采取较为极端的行为中表现得比女生更加强烈。如在"我会私下实施报复行为"一项中，男生比例为3.40%，而女生仅为0.84%。此外，在网络媒体曝光方面，男生中选择这一途径的比例（10.48%）高于女生（6.15%）。

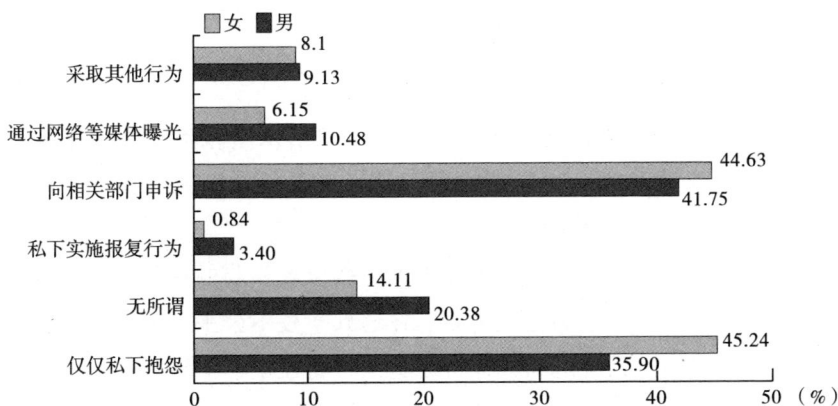

图4-19　男生与女生面对学校的处分或处理不公平时选择维护权利的途径

3. 在面对学校不公平的处分时，高中生与初中生采取消极态度的比例大致相当，但是高中生选择向相关部门申诉的比例低于初中生，而选择网络等媒体曝光的比例高于初中生

高中生与初中生有着不同的年龄特质，他们在选择维护权利的途径上是否会有不同？如图4-20所示，12.51%的高中生在受到学校不公平的处理时会抱着无所谓的态度，初中生持有这一态度的比例为19.7%，足见高中生要比初中生更在乎学校的不公平处理。但是45.57%的高中生会选择私下抱怨，初中生的这一比例为38.13%。不过，总体而言，采取消极态度的高中生比例与初中生比例大致相当。

在较为积极的维权途径中，高中生选择向相关部门申诉的比例为37.28%，初中生的比例为46.18%，高中生低于初中生。此外，11.64%的高中生会选择网络等媒体曝光，6.72%的初中生会采取这一行为，在网络等媒体曝光方面，高中生的选择比例高于初中生。

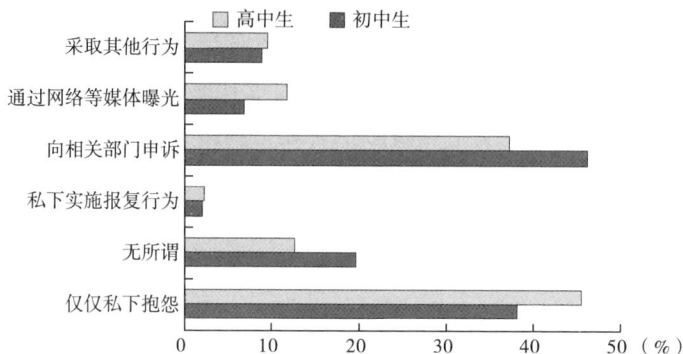

图 4 - 20　初中生与高中生面对学校处理不公时选择维护权利的途径

4. 相比其他家庭生活水平的学生，家庭生活水平很高的学生在遇到不公平处理时采取私下抱怨的方式的比例较低，而采取实施报复行为和通过网络等媒体曝光的比例较高

不同的家庭生活水平的中学生在维护受教育者权利的途径上存在一些细微的不同（见图 4 -21）。课题组发现，在遇到学校不公平的处理或处分时采取向相关部门申诉、无所谓和其他行为这三种途径中，不同家庭生活水平的学生选择这些途径的比例大致相当，差异不大。但是在通过网络等媒体曝光、私下实施报复行为和仅仅私下抱怨这些途径中，不同家庭生活水平学生具有不同的倾向性。家庭生活水平很高的学生处于奇特的位置，相比其他家庭生活水平的学生，他们更少采取私下抱怨的态度，仅有 16.7% 的比例，而其他家庭生活水平的学生采取这一途径的比例基本在 35% 以上。

一方面，相较于其他家庭生活水平的学生，家庭生活水平很高的学生较少采取私下抱怨这一消极的方式；另一方面，他们选择了更为积极的或更为极端的维权之路。在家庭生活水平很高的学生中选择网络等媒体曝光的比例为 26.7%，而其他家庭生活水平的学生中这一比例保持在 10% 左右。在私下实施报复行为这一途径中，20.0% 的家庭生活水平很高的学生会采取这一途径，远远高于家庭生活水平较低（2.3%）、家庭生活水平一般（1.6%）和家庭生活水平较高（1.6%）的学生选择这一途径的比例。

值得一提的是，家庭生活水平很低的学生在选择网络等媒体曝光和实

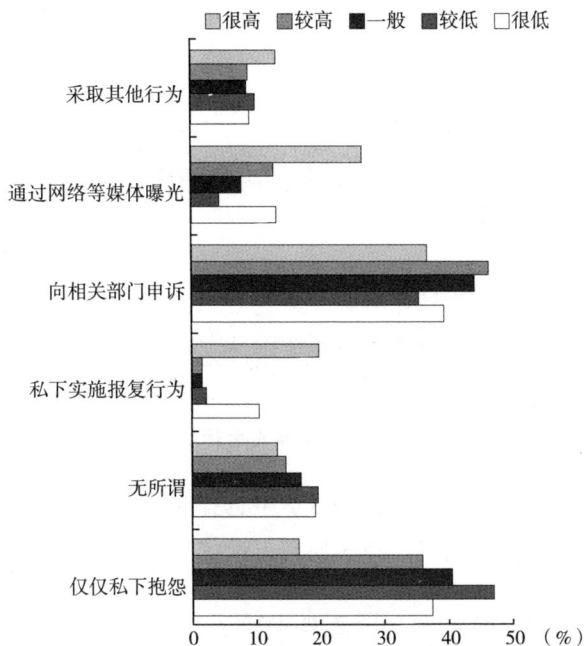

图 4 - 21　家庭生活水平与中学生选择维护权利的途径

施报复行为的比例也较高，分别为 13.3% 和 10.7% 。

尽管将近 40% 的家庭生活水平很低和很高的学生会选择向有关部门申诉自己所遇到的不公平的处分或处理，但是他们采取网络等媒体曝光和私下实施报复行为的比例远远高于其他生活水平的学生。

5. 来自优势地位阶层的学生相较于其他地位阶层的学生，更少采取私下抱怨的行为，而更多采取网络等媒体曝光的行为

如图 4 - 22 所示，来自不同地位阶层的学生在遇到不公平处理时采取的途径大致相同。只是，比起家庭地位阶层低和位于中间地位阶层的学生，来自优势地位阶层的学生更少采取私下抱怨的行为（35.3%），更多采取网络等媒体曝光的行为（11.2%）和向相关部门申诉（46.3%）。来自优势地位阶层的学生选择的权利维护方式较为积极和正规。

6. 来自城市学校、县城学校和乡（镇）村学校的学生在选择维护权利途径上没有大的不同

如图 4 - 23 所示，城市学校、县城学校、乡（镇）村学校的学生在遇到学校不公平的处理时采取的维权途径大致相同。然而在通过网络等媒体

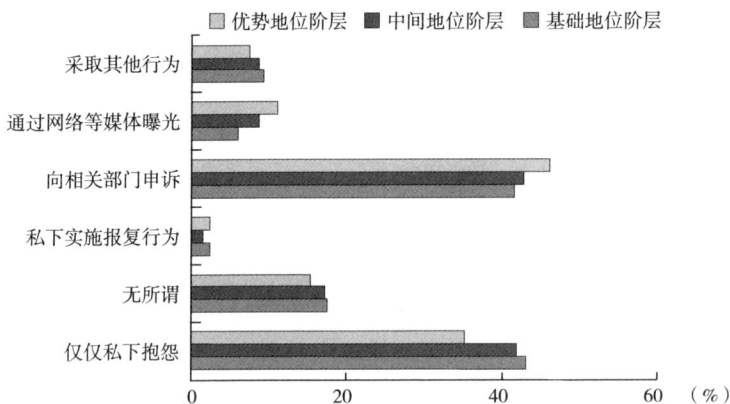

图 4 - 22　家庭地位阶层与学生选择维护权利的途径

曝光这一途径上，乡（镇）村学校的学生选择比例较低，为 3.93%，而有 8.56% 的县城学校的学生、11.25% 的城市学校的学生会选择这一途径。

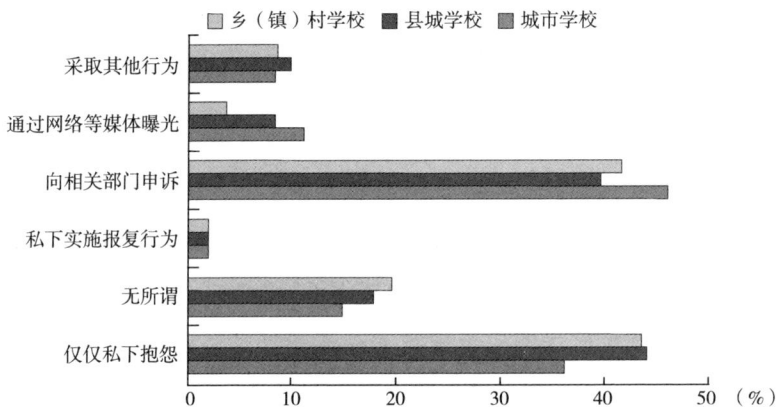

图 4 - 23　学校所在地与中学生选择维护权利的途径

四　分析与讨论

本部分调查关注了中学生的受教育权利意识，了解他们对于受教育权的认知情况以及行使维护意识。根据《教育法》对于受教育者权利的规定，课题组考察了受教育权中参加教育教学活动权、获得教育资助权、公正评价权和申诉起诉权这四个方面的内容。课题组既调查了中学生整个群体关于受教育权的权利意识现状，也比较了不同性别、学段、家庭生活水平、地位阶层、学校所在地的学生关于受教育权的权利意识差异。

（一）中学生对受教育权的权利认知要强于权利行使和维护意识

权利认知是对自己和他人拥有什么权利的了解，而权利的行使和维护意味着主体能够采取行动来行使自身的权利，并且在自身的权利遭受侵害时有意识去寻求维护和申诉。一般而言，权利认知要强于权利行使和维护，因为从主观上的认识到具体的行为面临很多复杂的问题。

调查结果显示，中学生对于受教育者权利的认识的确要强于他们对该权利的行使和维护意识。在有关参与教育教学活动、获得教育资助、公正评价的权利认知方面，除了参与教育教学活动中关于学习非中考或高考科目这一项中学生的权利认知平均得分为 3.82 分，中学生的平均得分基本在 4.10 分以上，处于较高的水平。然而在权利行使方面，在问及是否会向学校反映对学校事务的看法时，中学生的平均得分仅为 2.78 分，将近七成的受调查学生采取消极的态度，对学校事务采取了沉默不表达的态度，而在有关遇到教师不公正对待时找教师沟通的权利行使意识上，中学生的平均得分仅为 3.19 分，但是他们关于教师公正评价的权利认知却高达 4.31 分。此外，在遇到学校不公平的处理或处罚时，超过 40% 的学生选择了私下抱怨，没有采取积极维护的途径。足见中学生在权利行使和权利维护方面的意识要弱于他们对权利的认知。

中学生对于受教育权的认知情况为何会强于他们对该权利的行使和维护意识，为什么二者之间存在巨大的落差？是什么阻碍了中学生权利的行使和维护？一方面，权利认知更多是认识层面的，而权利行使和维护更多是行动层面的，它受到学生自身经验与能力的制约。学生若要行使自己的权利，尤其是维护自己的权利，不得不面临比认知层面更为复杂的问题，比如向他人表达自己的诉求、有理有据地维护自身的权利等，故而涉及行动的权利行使和维护意识不可避免地弱于对权利的认知。另一方面，学校文化的特质、师生的权力结构也会在某种程度上影响学生对自身权利的主张和行使。在学校中，教师和学校的管理机构人员具有无可辩驳的权威地位，无论这种权威是来自制度或者传统的外在权威，还是来自教师个人魅力的内在权威，学生在这一体系中始终处于十分弱势的地位，因而尽管学生可能意识到学校或教师的某些做法不合理、不合法，侵害了自身的权利，但是为此提出自己的看法和意见就意味着向教师和学校体制挑战，这需要学生具备巨大的勇气。此外，学校有没有提供学生意见反馈的途径也是学生是否会去表达自身建议的一个重要影响因素。假如学校没有提供很好的平台，学生即便有意见想要反馈也不知道通过什么途径来反馈，这会严重妨碍学生对自身权利的行使和维护。

（二）应试导向的学校教育强烈影响了学生对自身权利的诉求

在对受教育者权利的认知方面，中学生得分最高的为对参加中考或高考的权利意识，平均得分为 4.59 分；而得分最低的同样是涉及中考或高考问题，在学习非中考或高考科目问题上，中学生的权利意识平均得分仅为 3.82 分。

为什么中学生对于参加中考或高考的权利如此看重，远超过对参与社团活动、课堂互动、使用资源、公正评价等方面的关注？后面几项涉及学生在学校中的生活，相比于考试，更多与其自身的当下生活和长远发展息息相关。一个可能的解释是，在中国，即便素质教育提倡多年，应试的氛围仍旧占据主导地位，学生在学校里的基本生活，尤其是高中生的生活，更多的是围绕考试。在大部分学生看来，考试是实现其流动和发展的关键要素，唯有通过考试，他们才能有一个更好的前景。故而，学生会更关注参加中考或高考的权利，认为学校不可以不让成绩差的同学参加中考或高考。尽管调研题目涉及的是成绩差的同学，但是对于每一个同学而言，成绩都是悬在他们头上的利剑，每一个人都可能成为成绩差的同学。剥夺成绩差的同学参加中考或高考的权利就意味着剥夺他们自身的权利。

这也不难理解为什么在"学校可以取消中考或高考不考科目"的问题上，更多的人采取了中立的态度，该权利意识得分仅为 3.82 分，尤其高中生在这方面的权利意识要显著低于初中生。因为在考试的指挥棒下，学习非中考或高考科目就成为一个无关紧要乃至浪费时间的事情。尽管学习非中考或高考科目（如音乐、美术）等有利于学生的全面发展、提升自身的素质，是学生应当享有的一个权利，但是因为学习这些课程非但不能提升他们的学业成绩，而且还有可能占用他们的学习时间，所以学生会更少反对学校取消中考或高考不考科目的做法。数据显示，17.7% 的受调查学生认可学校的这一做法，而 17.1% 的学生保持说不清这一矛盾的态度。对于高中生而言，由于考试与他们的利益更为关切，所以他们比起初中生会更为认可学校的做法。

中学生在参与中考或高考、学习非中考或高考科目上的态度向我们揭示了一个非常真实的事实：应试导向的学校教育影响了学生对自身的权利诉求，在利益权衡之中，应试相比于学生其他方面的发展诉求占了上风。在这样的利益博弈之中，某些权利是可以放弃的。对于那些与自身利益密切相关和迫切相关的权利，学生会有效认识并且维护，具有较高的权利意识，但是对于那些与自身眼前利益不很相关甚至相冲突的权利，学生的权利意识相对低一些，有时甚至可以为了自身的其他利益而放弃自己的某一项权利（比如为了高考而牺牲自身学习非中考或高考的科目的权利）。这显示了利益与权利之间的某种张力。然而，尽管中学生对权利的选择看起来是自由的，但是这种选择实际上受到了整个文化与制度的影响，某些权利的放弃实际上是一种制度性与文化性的剥夺。

（三）女生关于受教育权的权利意识相对强于男生

女生与男生的性别特质和角色形象会不会使得她们在权利意识方面存在不同？课题组的调查发现，女生在参与教育教学活动、公正评价的权利意识方面要强于男生；在权利的维护方面，女生对自身的公正评价的权利维护意识要强于男生；在选择维护权利的途径上，相比男生，女生更倾向于采取正规途径，同时也更多采取了私下抱怨的态度。但是，在获得教育资助的权利认知与向学校反映意见的权利行使上，男生与女生没有显著的差异。大体而言，女生关于受教育权的权利意识要强于男生。

为什么在参与教育教学活动和公正评价的权利意识方面，女生要强于男生，而在获得教育资助以及向学校反映意见的权利意识上，女生与男生没有出现大的差别？这里面的原因可能是多方面的。实际上，获得教育资助和向学校反映意见这两个问题，不存在明显的性别区分。无论是女生还是男生，在这两个问题上都具有一致性。然而在参与教育教学活动和公正评价方面，女生与男生因为自身的性别特质和社会文化所赋予的不同性别角色期待，故而在这两方面会存在不同的权利意识。

在参与教育教学活动的权利意识中，无论是参与中考或高考还是学习非中考或高考科目，女生的权利意识都要强于男生。一方面，在学校教育体制中，一般来说女生相对于男生更为看重和认同考试与学业成绩，因为对于女性而言，若要在社会中获得与男性相应的地位和待遇，就必须表现出比男生更为强大的一面，而学业成绩就理所当然成为女生获得地位提升的有效途径。故而女生会更在乎参与中考或高考的权利。由于应试教育的强烈影响，女生在学习非中考或高考科目的权利意识问题上本应该会弱于男生，但为何在本次调查之中，女生这方面的权利意识依然强于男生？这可能是因为在中学阶段，那些被取消的非中考或高考科目，比如音乐、美术、劳动技能基本上是女生更喜欢的课程，故而女生会更为反感这些课程的取消。

而在向教师提出质疑、找教师沟通和公平使用学校资源的问题上，女生的权利意识同样强于男生。这恐怕涉及传统的性别角色期待使得女生在学校中或者整个社会结构中处于不利的地位。在中国的环境里，重男轻女现象一直广泛存在，尽管在学校生活中，女生更多处于活跃和优势的地位，但是传统性别角色的固化现象使得教师更为关注男生。传统性别角色往往希望女性更为温顺，而男性更为有力量。在学校中，这样的性别角色期待得到延续。一般而言，女生以乖巧形象占优势，而男生以活泼有想法的形象占优势，教师往往会更为关注男生，忽略女生的想法和意见。有研究表明，由于刻板印象和偏见，在课堂中，男生有更多的课堂活动和表现机会，男生更多地控制了课堂中的人际互动①。在学校资源的使用问题上，除了图书馆的使用，很大一部分是体育资源的使用，而在这方面，男生更占优势。实际上，相比男生，女生在师生互动和学校资源中处于相对不利的地位，然而伴随着她们受教育意识的觉醒，她们会有更为强烈的独立、抗争意识，对这些问题更为敏感。女生必须有更强烈的权利意识去抗争，才能获得更多的关注和资源。这也解释了为什么在公正评价的权利方面，女生更反对教师的偏袒行为，更愿意在受到不公正评价时找教师沟通。

女生对权利问题更为敏感，而且在权利维护过程中，她们更倾向于通过正规路径予以解决而非通过暴力。在应对不公平待遇的问题上，44.63%的女生会选择向相关部门申诉，男生中选择这一途径的比例为41.75%。此外，男生在较为极端的行为表现中表现得比女生更加强烈，选择私下实施报复行为的男生比例为3.40%，而女生中只有0.84%的学生会选择这一方法。这是由于男性倾向于以分离的姿态看待社会，对社会保持警戒心理，略有抵触，而

① 方刚主编《性别心理学》，安徽教育出版社，2010，第232~234页。

女性则关注社会中的关系，更愿意在人际交往中采取包容的姿态。值得一提的是，在女生中，选择私下抱怨的比例为 45.24%，高出男生将近 10 个百分点。这在某种程度上表明了女生在寻求权利维护过程中的无助和弱势地位。

（四）高中生受教育权利意识并非全部强于初中生

初中生与高中生处于不同的年龄阶段和学习阶段，一般而言，高中生的独立意识、批判意识会强于初中生，这是否就意味着他们对受教育权的权利意识会强于初中生呢？

调查结果显示，高中生在受教育权的某些方面的权利意识要强于初中生，在某些方面与初中生差异不大。其中，高中生在参与中考或高考、参与社团活动、不同意教师观点提出质疑、平等使用学校资源方面要强于初中生，但是在不适应教师的教学方式找教师沟通、获得教育资助、获得公正评价权、参与学校事务等方面与初中生不存在权利意识的差异，而在学习非应试科目、公正评价的权利维护上的意识要低于初中生。此外，在权利维护的途径上，当遭遇到学校不公正的处理时，高中生选择向相关部门申诉的比例低于初中生，选择网络等媒体曝光的比例高于初中生。

高中生与初中生的权利意识差异基本折射了高中生与初中生不同的心理状态。相较于初中生而言，高中生更喜欢参与社团活动，也敢于向教师提出质疑。然而，除了心理因素，初中生与高中生的权利意识差异受到了应试文化、学校教育的影响。如高中生学习非应试科目的权利意识低于初中生，这受到了应试教育的影响，因为相比初中生，高中生的学习压力和应试氛围更为沉重与浓厚。又如高中生对于公正评价的权利维护意识低于初中生，一定程度上折射了高中的师生关系影响了学生的权利申诉。高中阶段的师生关系相比初中阶段更为松散和结构化。一方面，高中生对于教师的关注度降低，他们对于教师是否公正评价可能更少在乎一些；另一方面，高中阶段教师的权力更为固化，学生在遇到教师不公正评价时找教师沟通，被教师接受的可能性极低。总体而言，心理特征、文化影响、师生关系的不同使得初中生与高中生在受教育权的权利意识上表现出差异。

（五）家庭生活水平很低和很高的学生受教育权利意识较弱

家庭生活水平，实际上折射了一个家庭的文化资本与经济资本的高低。

一般而言，家庭生活水平很低的学生意味着其所在家庭的文化资本与经济资本都较低，而家庭生活水平很高的学生意味着其所在家庭的经济资本很高，但是文化资本却并不一定高。

家庭生活水平很低的学生的受教育权利意识较弱。在参与教育教学活动方面他们的权利意识普遍弱于家庭生活水平一般和较高的学生。此外，本来家庭生活水平很低的中学生是对教育资助最为有需求的群体，然而结果显示，他们在获得教育资助权方面的权利意识要弱于家庭生活水平较低、一般和较高的学生。这个结果实在令人惊讶。家庭条件差的中学生由于家庭经济资本与文化资本的弱势，他们的知识面一般相对较窄，另外，由于社会地位阶层之间存在界限，家庭生活水平低的人的交际圈里大多也同样是贫穷、受教育不多的人，被社会其他地位阶层所排斥，故而这样的家庭的子女通过家庭的社会交际获得的知识也比较有限。这两个因素共同限制了他们对于受教育权的了解。除了对受教育权的权利认知受到限制，家庭生活水平低的学生的权利行使和维护意识受到了他们能力、经验和意愿上的影响。就当前的社会现状来看，经济条件差的人在社会上处于弱势地位，在学校这一小社会中，这样的社会结构同样存在。对于家庭生活水平很低的学生而言，他们在学校中也处于弱势地位，更容易选择退缩、屈从，在自己的正当权利被侵犯时，缺乏主动争取和捍卫自身权利的自信和能力。总体而言，社会结构的不合理导致了家庭生活水平很低的学生的退缩行为，进而对他们的权利意识产生了消极影响。

令人惊讶的是，家庭生活水平很高的学生在某些方面权利意识也最弱，他们在参加中考或高考、公平使用学校资源、学习非中考或高考的科目、受到教师不公正评价时找教师沟通的权利意识问题上得分最低。为什么会出现这样的现象？极有可能是由于他们自身雄厚的经济资本，他们有其他的可能而非通过学业成绩来获得发展，甚至他们根本就不在乎学业成绩，进而在这些方面的权利意识最弱。而在学校资源的使用问题上，也是因为其自身的经济资本优势，使得他们不在乎学校资源的使用。

（六）来自基础地位阶层和优势地位阶层的学生对部分受教育权的权利意识较弱

父母中所处较高地位阶层的一方基本上代表了家庭所处的地位阶层。根据陆学艺的划分，本调查所涉及的三个阶层——优势地位阶层、中间地位阶层与基础地位阶层——展示了家庭之间的文化资本、经济资本和组织资本的差异。比起家庭生活水平，家庭所处的地位阶层还透露出了一个家庭所拥有的组织资本。来自不同地位阶层的学生在权利意识上的表现体现了家庭的地位阶层对于个人的影响。

调查显示，在参与社团活动、不同意教师观点时提出质疑、平等使用学校资源、获得学位证书这四方面，来自基础地位阶层家庭的学生的权利意识弱于来自中间地位阶层或者优势地位阶层的学生。家庭是学生了解受教育权的重要途径，对于来自基础地位阶层家庭的学生来说，由于家庭父母文化资本低、家庭经济水平差、几乎无组织资本，他们通过家庭来了解受教育权的机会大大减少，这使得他们在受教育权的权利认知方面较弱。

而在学习非应试科目问题上，来自优势地位阶层家庭的学生的权利意识要弱于来自基础地位阶层的学生。此外，在权利维护的途径上，来自优势地位阶层的学生相较于来自其他地位阶层的学生，更少采取抱怨的态度，而更多选择向相关部门投诉或通过网络等媒体曝光。对于来自优势地位阶层的学生而言，由于他们家庭强大的文化资本、经济资本、组织资本，他们在学校教育的目的并不局限于学习成绩的获得，同时他们有大量的机会来获得自身其他方面的发展，实际上，他们所面对的是机会过剩，故而其对学习非应试科目的权利意识低。此外，由于他们家庭的组织资本，他们似乎更懂得在权利受到侵害时寻求相关部门的帮助。

值得一提的是，来自基础地位阶层家庭的学生在向学校反映对学校事务的看法这一权利行使意识上要强于来自中间地位阶层的学生。有可能是因为基础地位阶层家庭的学生对于学校的认同感更高，更愿意向学校表达自身的看法。

（七）县城学校、城市学校与乡（镇）村学校的学生的受教育权利意识存在差异

学校所在地往往意味着学校教育的文化开放程度、教育资源和对应试教育的重视程度。在中国，总体而言，城市学校往往文化较为开放，教育资源较为发达，而应试教育导向也不明显；县城学校文化相对封闭，教育资源好于乡（镇）村学校，但是应试教育导向明显；乡（镇）村学校则更为封闭，教育资源最弱，应试教育导向一般。来自不同区域学校的学生受

到这几个方面的共同影响，故而在权利意识与维护方面呈现不同的特点。

调查结果显示，对于城市学校的学生而言，相比于县城学校的学生，他们在反对取消非应试科目上的权利意识最弱，但是在公正评价的权利维护上意识最强，同时更倾向于采取正规的途径来维护自己的权利，如向相关部门申诉和通过网络等媒体曝光。可以看到，城市学校的学生由于文化氛围较为开放，教育资源较为丰富，他们维护权利的意识较强，并且知道通过哪些途径来维护自身的权利。然而为何城市学校的学生最不反对取消非应试科目，可能与他们在城市之中、在学校生活之外，较多参与了音乐、美术类课程，在这方面需求不大有关。

县城学校的学生参与中考或高考的权利意识强于城市学校和乡（镇）村学校的学生，但是在权利维护的意识方面最弱。县城学校的教育更为看重应试教育，故而学生在参与中考或高考的权利意识上最强。但是由于县城学校的文化相对封闭，教师与学校的权威地位很高，故学生在遇到教师不公正评价时找教师沟通的可能性要低一些，学生在这方面的权利维护意识受到压制。

乡（镇）村学校的学生最反对取消中考或高考不考的科目，但是在参与社团活动、与教师沟通、平等使用学校资源、对老师观点提出质疑、获得学位证书的权利意识上弱于县城学校或城市学校的学生。这与乡（镇）村学校的文化资源、教育资源、师资力量弱密不可分。至于乡（镇）村学校的学生为何会最反对取消非中考或高考科目，可能是因为他们本来这些课程就很少，他们对于这类课程有着强烈的需求，故而他们最反对这类课程的取消。

总体而言，中学生的受教育权的权利意识呈现着多样的特点，他们对于受教育权的权利意识向我们展现了权利的权宜性、制度性和文化性。学生根据自己的需要和能力来确定对权利的认同程度，然而学生的这种需要和能力却深受制度、文化的影响。如应试导向的学校制度和文化深深影响了学生对参与中考或高考权利的态度和对学习非应试科目的相对忽视；社会中对性别的角色期待使得女生在对自身权利的认知、行使和维护上处于更为敏感的地位，她们受教育权的权利意识要比男生强；家庭地位阶层背后的社会制度、文化差异和资源差异使得来自基础地位阶层的学生在权利意识方面更多处于弱势地位；县城学校、城市学校和乡（镇）村学校的教育水平差异、文化差异影响了学生的权利意识。

通过比较男生与女生、高中生与初中生、不同家庭生活水平的学生、不同地位阶层的学生、所在地不同学校的学生在受教育权上的权利意识的差异，我们不难发现，弱者的权利意识往往更弱。夏勇指出一项权利之所以成立，是为了保护某种利益。[①] 对于弱势群体来说，权利的保障有着更为重要的意义。但是因为弱者本身的不利地位和有限资源（这种处境虽然有其自身的原因，但也是制度性的和文化性的），他们在这方面的权利意识极低，缺乏对自身权利的认知，缺乏维护自身权利的能力与合理途径。为此如何保障他们的权利、提升他们的权利意识，是迫切需要探讨与解决的问题。

第五章　中学生权利意识教育现状

对于现代公民而言，权利与义务的概念是相伴相生的，而在这两者之中，权利的启蒙又更为重要，因为只有珍视自由之价值，才能履行捍卫自由之责任。学校教育作为系统和规范的文化传递渠道，在学生的权利意识觉醒过程中扮演了不可或缺的角色。因此，本章将围绕学校教育对学生权利意识的影响而展开，以指明学校应担当的责任、可改进的方向。学校教育中，课程是信息传授之载体，管理是校园生活的纽带，教师是人才培养的主体，下文将从此三方面来呈现调查结果。

一　通过课程教学的权利意识教育

学科课程和活动课程是当前学校课程的两种重要形式，课题组调查考察了这两种课程形态在权利义务教育中的作用。

（一）学科课程教学

学科课程是学校课程最基本的组织形态，它以分科授课的形式为学生介绍各门各类的知识。学校中开设的各门科目都可能对学生权利意识的萌芽产生影响。如表5-1所示，思想品德/思想政治、语文、历史是被调查学生选出的影响最大的三门课程。

---

① 夏勇：《人权概念起源——权利的历史哲学》，中国社会科学出版社，2007，第39页。

表5-1 在哪些课程中我了解到权利义务方面的内容

单位：人，%

类　别	样本	百分比
语　文	3806	26.2
历　史	2919	20.1
思想品德/思想政治	4546	31.3
数　学	546	3.8
外　语	525	3.6
物　理	186	1.3
化　学	105	0.7
生　物	119	0.8
地　理	256	1.8
体　育	396	2.7
音　乐	135	0.9
美　术	93	0.6
劳　技	716	4.9
其　他	183	1.3
总　计	14531	100.0

在性别、学段等不同维度上，调查结果呈现出不同的特点。在性别维度上，通过表5-2可以看到，选择通过数学了解到权利义务方面内容的男生（13.7%）要远多于女生（8.5%），选择体育的男生（10.2%）要远多于女生（5.8%），而女生则更多是在语文、历史、思想品德/思想政治等课程中汲取权利义务方面的相关知识。

表5-2 在哪些课程中我了解到权利义务方面的内容＊性别

单位：人，%

类　别		语文	历史	思政	数学	外语	物理	化学	生物	地理	体育	音乐	美术	劳技	其他
男	人　数	1853	1415	2200	334	259	104	58	61	113	250	68	44	367	91
	百分比	75.8	57.8	89.9	13.7	10.6	4.3	2.4	2.5	4.6	10.2	2.8	1.8	15.0	3.7
女	人　数	1947	1500	2339	212	265	82	46	57	143	143	67	49	348	92
	百分比	78.4	60.4	94.2	8.5	10.7	3.3	1.9	2.3	5.8	5.8	2.7	2.0	14.0	3.7
总计	人　数	3800	2915	4539	546	524	186	104	118	256	393	135	93	715	183
	百分比	77.1	59.2	92.1	11.1	10.6	3.8	2.1	2.4	5.2	8.0	2.7	1.9	14.5	3.7

从表 5 - 3 中，课题组发现，对于通过思想政治/思想品德、语文、历史课程了解到权利义务方面内容，高中生比初中生的认可度更高，而数学和体育课程上，初中生则比高中生表现出更多的认可。

表 5 - 3　在哪些课程中我了解到权利义务方面的内容 * 学段

单位：人，%

类　　别		语文	历史	思政	数学	外语	物理	化学	生物	地理	体育	音乐	美术	劳技	其他
初中	人　数	2470	1776	2949	470	408	155	75	95	191	330	116	76	506	116
	百分比	74.8	53.8	89.4	14.2	12.4	4.7	2.3	2.9	5.8	10.0	3.5	2.3	15.3	3.5
高中	人　数	1320	1128	1579	76	116	31	29	23	64	64	19	17	207	67
	百分比	81.7	69.8	97.7	4.7	7.2	1.9	1.8	1.4	4.0	4.0	1.2	1.1	12.8	4.1
总计	人　数	3790	2904	4528	546	524	186	104	118	255	394	135	93	713	183
	百分比	77.1	59.1	92.1	11.1	10.7	3.8	2.1	2.4	5.2	8.0	2.7	1.9	14.5	3.7

调查还进一步关注了思想品德/思想政治课，因为在所调查学校中，并未有学校开设专门的公民教育课程，因此，思想品德/思想政治课就成为他们传授权利义务相关内容的最主要课程。上文所示的题项考察了学生在思想品德/思想政治课上的知识获取，而下文展现的，是学生从该课程中了解到的维权方法。在总分为 5 分的赋值中，被调查学生在"通过思想品德/思想政治课的学习，我了解到维护权利的有效渠道"这一题项上的平均得分为 4.33，从百分比来看，在"很不符合"到"非常符合"的五级量表回答中，选择"比较符合"的学生占 27.9%，选择"非常符合"的学生占 55.7%，可见学生认为这一专门课程能够较好地增进他们对权利义务的了解。

然而，不同性别、学段的学生在专门课程中的收获又略有不同。具体来说，女生（M = 4.40，SD = 0.86）比男生（M = 4.27，SD = 0.94）更明显地表现出对于思想品德/思想政治课的认可 $[t(4895) = -5.09, p = 0.000]$；初中生（M = 4.42，SD = 0.89）对思想品德课的认可度要高于高中生（M = 4.18，SD = 0.93）对思想政治课的认可度 $[t(4929) = 8.99, p = 0.000]$。

（二）活动课程教学

活动课程主要依靠学生在经验中培养能力、提升品质。现今，学校也十分注重活动课程的开展。在"你从以下哪些活动中了解到权利义务方面的内容"这一多项选择题中，学生表示，他们主要从班会（50.0%）和讲座（34.0%）中了解到权利义务方面的内容。

从图5-1中看到，女生比男生更多地从学校开展的直接教育活动中获取了权利义务的相关知识，其中又以班会、讲座和其他活动的差异最为明显。

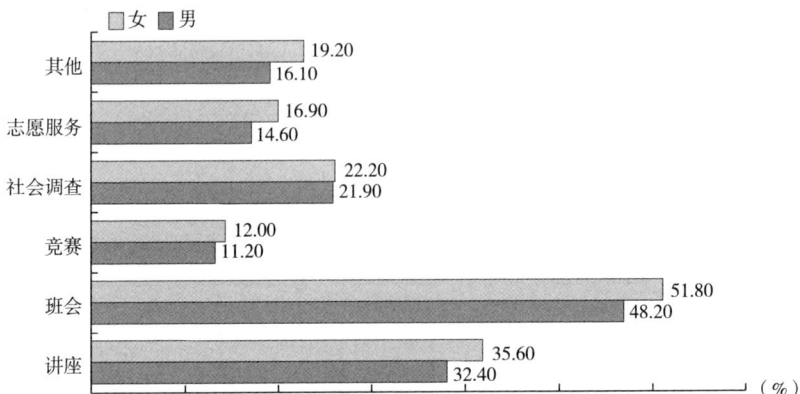

图5-1　你从以上哪些活动中了解到权利义务方面的内容*性别

如图5-2所示，初中生在竞赛和班会、社会调查、志愿服务活动中，习得权利义务知识的效果要好于高中生；而高中生则是在讲座和其他活动中比初中生获取了更多权利义务相关信息。

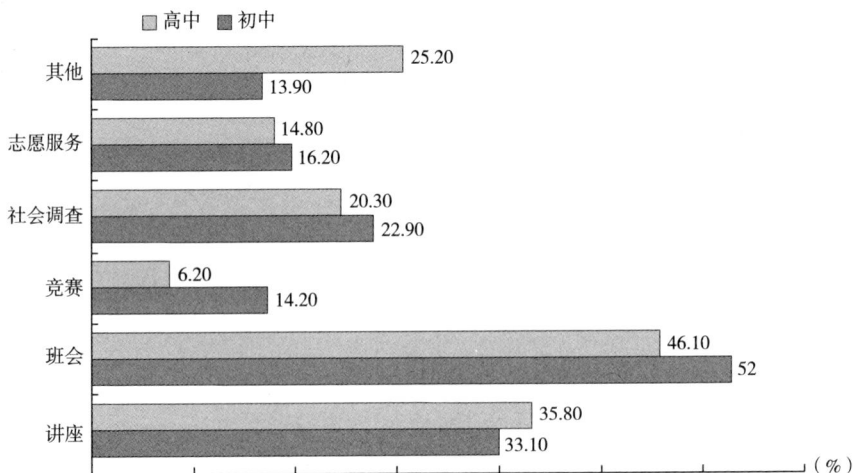

图5-2　你从以上哪些活动中了解到权利义务方面的内容*学段

　　另外，在学校所在地的比较中，城市学校的学生更倾向于从其他活动中了解权利义务的知识，而县城学校的学生则更倾向于从讲座中获得信息，乡（镇）村学校的学生则更容易从竞赛中获得有益知识；在家庭所在地的比较中，县城的学生更喜欢将讲座和社会调查作为他们获取学习权利义务知识的渠道，而乡（镇）村的学生则往往选择了班会和竞赛的方式。

　　（三）小结

　　（1）学科课程方面，首先，总体观之，影响学生权利意识萌芽的课程呈现出"文科为主"的特征，列于前三位的思想品德/思想政治、语文、历史都是文科类课程。其次，思想品德/思想政治课是当前学校进行权利义务教育的主要课程，它不仅能传授相关知识，而且还能使学生了解维护权利的有效渠道。

　　（2）活动课程方面，班会和讲座得到了大部分学生的认可，其特征之一是"结构化"，这两类活动较之于志愿服务、社会调查，其结构化程度更强，教师主导程度更高；其特征之二是"校内为主"，这两类活动的开展地点主要是校内，学生安全更有保障。大多数学生表示认可，一种情况可能是源自他们在参与过程中的良好体验，另一种情况可能是由于他们在学校中参与频率最高的就是这两种活动，所以才做出如此选择。

　　（3）性别维度上，女生明显表现出对学校课程体系的认可，无论是学科课程还是活动课程，女生的认可度都要高于男生。在具体学科上，女生对于文科类课程的认可要高于理科类课程的认可，而男生则在理科和运动类课程上表现出较高认可。

　　（4）学段维度上，学科课程往往在高中阶段更强调对知识的牢固掌握，所以，初中生更多地从思想品德/思想政治课中了解维护权利的方法，而高中生则更多地从主要课程中获取相关知识。而活动课程中，初中生更喜欢竞赛和班会，而高中生则能够在其他活动中进行知识和能力的拓展。

　　（5）城乡维度上，城市学校学生选择的权利义务知识的学习方式更开放、多元，县城和乡（镇）村学校学生的选择则较为单一。

二　学校管理中的权利意识教育

　　学校管理，从其直接效用来看，是要维护学校正常教育教学秩序，从其深远影响来看，则有助于学校民主生活氛围的形成。学校民主生活本身就是一种公民教育。公民教育固然需要通过课程有意识地培养，但同时也有赖于民主生活氛围的潜移默化。民主是一种生活方式，学校如果想要教会学生"民主"，自身就必须践行"民主"。学生只能在水中学游泳，也只能在民主生活中学会维护权利、履行义务。因此，学校如何进行管理，在某种程度上来说，也就是如何进行权利义务教育。

学校管理的核心是尊重学生的自由。学生作为一个社会人，当然不可能拥有全部自由，但学校作为现代公民的训练营，至少应该保证学生的基本自由（消极自由），并同时发展其积极自由。消极自由和积极自由的概念源自柏林的"两种自由"，其原意乃是应用于政治哲学领域，因此在教育学上也可引其内涵，故本调查在此借用。消极自由是"免于……"的自由，积极自由是"去做……"的自由，消极自由的保障要求学校管理对学生不强制、不侵害，积极自由的发展要求学校管理给予学生一定的自由空间，让其决定自身发展，并能够参与学校公共事务。

下文按照学校管理的两个主体——教师和学生，进行调查结果呈现。

（一）教师管理

教师不仅是教学的主体，也往往是管理的组织者。教师是否赋予学生权利，教师是否致力于学生的自由成长，可从教师对学生的管理方式中窥见一斑。由表5-4可见，问卷调查既考察了教师管理中的学生消极自由之维，又测验了教师管理中的学生积极自由之维。

表5-4　教师管理问卷设计一览

消极自由之维	学校是否有当众公布成绩的情况？
	我的私人物品被老师或学校管理人员搜查过
	学校对我们的发型或着装要求过于强制
	你们班是如何排座位的？
积极自由之维	我很清楚班费的使用情况
	学校是否在食堂、图书馆或其他地方设置意见簿或意见箱？
	现在的班委是否由学生投票产生？
	一般情况下，班会主题是如何决定的？

1. 消极自由之维

消极自由所考察的是学生个体不受干涉的范围。虽然学校属于公共生活领域，但学生也应留有一个最低限度的、神圣不可侵犯的个人自由领域。"因为如果这个领域被践踏，个人将会发现他/她自己处于一种甚至于对他/她的自认能力的最低限度的发展也嫌狭窄的空间中，而正是他/她的那些自然能力，使得他/她有可能追求甚至领会各种各样人们视为善良、正确或神圣的目的。"[①]

教师出于"效率"的管理需要，常常漠视学生的个人发展之需要，干涉学生的个人隐私、个性发展等基本自由。

（1）学生的个人隐私权

在"学校是否有当众公布成绩的情况"这一题项上，有 66.7% 的学生填"是"，可见在学校场域中，作为学生隐私的考试成绩并没有得到合理重视和有效保护。数据显示，高中（70.7%）比初中更经常地当众公布学生的考试成绩（64.9%），差异显著 $[\chi^2(1, N = 4888) = 16.370, p < 0.05]$；县城学校（73.8%）则比城市学校（68.1%）和乡（镇）村学校（58.8%）更倾向于当众公布学生成绩，差异显著 $[\chi^2(2, N = 4910) = 72.558, p < 0.05]$。

"我的私人物品被老师或学校管理人员搜查过"一题采取反向计分，总体情况的平均得分为 4 分，说明所调查学校学生物品被搜查的总体情况并不是特别严重。但在随后的访谈结果呈现中，我们可以看到，部分地区、部分学校还存在着搜查学生物品的情况。通过不同维度的比较，课题组发现，男生（M = 3.85，SD = 1.35）比女生（M = 4.15，SD = 1.16）更容易被搜查 $[t(4941) = -8.41, p = 0.000]$；初中生（M = 3.98，SD = 1.29）比高中生（M = 4.05，SD = 1.21）更容易被侵犯物品隐私权 $[t(4928) = -1.98, p = 0.048]$；家庭经济水平很低的学生的隐私权保障程度要显著低于家庭生活水平较低、一般和较高的学生 $[F = 10.996; p = 0.001, p = 0.000, p = 0.028]$，而家庭生活水平很高的学生的隐私保障权的实现程度不如家庭生活水平较低、一般和较高的学生 $[F = 10.996; p = 0.001, p = 0.000, p = 0.005]$，针对这种家庭经济水平两极之上的结果一致性，课题组推测了其

---

① 伯林：《自由论——自由四论》（扩充版），译林出版社，2003，第 172 页。

各自发生的原因：家庭经济水平很低学生可能一般得不到教师的重视，在进行搜查等活动时，教师往往不会给予其应有的尊重。而家庭经济水平很高的学生可能对于自身的物品隐私权更为敏感，所以对教师及学校的搜查行为反应更为激烈；县城学校（M＝3.92，SD＝1.26）不如乡（镇）村学校（M＝4.07，SD＝1.18）在对学生物品隐私权上给予的保障［F＝4.48，p＝0.011］。

（2）学生的个性发展权

"学校对我们的发型或着装要求过于强制"一题采取反向计分，其总体的平均得分为2.45，即学校对于学生的发型和着装要求还是比较宽松的。但应该指出，在"很不符合"到"非常符合"的五级量表中，选择"比较符合"的学生占11.9%，选择"非常符合"的学生占6%，可见，学校对于学生个性自由的约束还是存在的。

具体来看，男生（M＝2.36，SD＝1.20）比女生（M＝2.55，SD＝1.17）更明显地感受到这种约束［t（4940）＝－5.67，p＝0.000］；初中生（M＝2.42，SD＝1.21）在发型和着装上所受的限制比高中生（M＝2.52，SD＝1.15）更多［t（4927）＝－2.78，p＝0.005］；家庭生活水平很低的学生（M＝2.23，SD＝1.29）比生活水平一般的学生（M＝2.47，SD＝1.18）更容易受到外表上的管制［F＝2.374，p＝0.015］；乡（镇）村学校（M＝2.30，SD＝1.17）的学生比城市学校（M＝2.52，SD＝1.21）和县城学校（M＝2.53，SD＝1.16）的学生的个性自由权利更得不到保障［F＝18.205，p＝0.000］。

（3）学生的机会平等

座位编排是学校管理的重要内容。座位编排科学、平等，不仅有利于班级的管理，而且在很大程度上会影响学生的公平体验，甚至影响其身心发展。因此，座位编排的重要性不可低估。座位是为每一个学生的发展服务的，每一个学生都有选择座位的自主权和平等权。

从访谈中得知，部分学生有一定的座位选择自主权，即学生之间可以较为灵活地调换座位，老师对此并不进行干预，"有时候也有自由坐的情况，只要同学之间商量好，自己坐就行了，老师也不太干涉（SBJ3）"。同时，也存在有限度的座位选择自主权，如"一般，最后一排和第一排都是学生自愿挑的（SNC5）"。

> 有时候是根据班主任的安排，或者是根据学习的好坏，可能是因为初三了吧，特殊吧，学习比较差的学生就会尽量往后排，不影响前面学生的学习。有时候也有自由坐的情况，只要同学之间商量好，自己坐就行了，老师也不太干涉。一般不会轮换位置，这要看班级状况，如果近期纪律比较好的话，就可能会松一点排座。如果是纪律状况比较差的话，就有可能重新排一下。（SBJ3）

然而，除了部分学生有座位选择自主权外，学生座位多是由班主任安排，更有受访学生表示班主任在安排座位时拥有绝对的决定权，学生没有选择座位或提出不同意见的权利。可见，学生座位选择的自主权并未得到足够的重视。

> 由班主任统一安排。他将每一次考试进行综合评比，学习好的学生带一名学习成绩差的学生，采取互帮互助的形式。班主任看情况进行指定，我们没有选择的权利，不能想和谁坐就和谁坐。如果同学有不满意的话，也不会说，只会私底下发牢骚。（SJN5）

每一个学生都有平等选择座位的权利，首先意味着安排座位时要考虑"机会平等原则"，即学生座位是随机安排的，不考虑其他影响因素。"抽签"方式的采用便体现了这一原则。同时，也意味着安排座位时还需考虑"差异原则"，即要适当照顾学生的身高、视力、成绩、自控能力等较为不利的学生。具体来说，身高对学生座位的影响是指按学生从矮到高的顺序，依次从前往后地安排座位；视力的影响主要体现在将近视的学生尽量往前安排；考虑成绩的"差别原则"主要体现在"好带差"的帮扶形式，即将成绩好和成绩较差学生的座位安排在一起，以此带动成绩较差学生的进步；而面对自控能力较差的"差别原则"则体现在少数班主任将经常违反纪律、难以管理的学生的座位安排在教师课堂教学的有效控制范围内。

> 是抽签决定的，不根据成绩也不根据身高。（SJN2）
> 一般是根据前面同学的近视情况，或者根据同学身高，班主任给同学安排座位。（SSY9）
> 现在我们学校推行课堂组合制，就是主要培养学生那种合作的团

体意识，所以排位子经常是成绩好的学生和一些学习稍差和中等的学生合围一桌，这样辅导的时候就是成绩好的学生可以对成绩差一些的学生进行辅导，学生之间还可以互相讨论。（SNC3）

刚开始的时候就是注意力差的坐前面，让他们注意听。（SBJ5）

此外，学生座位的编排还受"学习态度""性别优先权"等因素的影响，即将学习态度好的学生的座位适当往前排，"学习差的，有上进心的就在前面（SJN8）"，女生有优先选择座位的权利（SNC5）。

一般，最后一排和第一排都是学生自愿挑的。剩下的按成绩，我们都是让女生先挑，然后男生再挑，然后就是老师和我们一块调整。（SNC5）

然而，在座位编排的实际过程中，还存在不平等的现象。主要是指按学生成绩优劣、行为表现好坏、性别等标准对学生座位进行分隔，即将成绩好及成绩较差的学生的座位分开，一般来说将座位编排作为"奖优惩差"的手段，即成绩好的学生有挑选座位的优先权，同时基本上"坐在中间"（SSY3）；将行为表现较差的学生的座位安排到教室的后面，避免影响其他学生的学习；将男女生的座位分开，如"一般情况下男生全坐后面，要不就是眼睛不太好，就坐在前面（SHZ3）"。

座位一般是按名次排。老师按照平时的表现，重新排名次。从第一名开始，第一个从班上所有的座位挑，依次下排。我觉得这对后面的同学不公平，我们平常都是班长记名字，看同学平时的表现。班长有时候对周围的（人）不爱管，只要他说话周围的（人）也会说话，所以他基本不记周围人的名字。后面的同学有时坐后面看不见，我觉得后面的同学可以往前坐第一排，这样老师也能抓一下他们的成绩，不然他们就完全不学了。（SLZ3）

座位一周一换，然后任何人都可以在前面坐一周，然后任何人也可以在班级末尾坐一周，比较公平。刚来的时候是好学生与坏学生混在一起的，就是成绩好的旁边坐一个成绩稍差的，然后可以带动一下学习成绩不好的同学的积极性。后来，班主任通过第一次考试之后再进行座位调换。就是把好学生和坏学生挑出来了，坏学生和坏学生一起，好学生和好学生一起，但是串座还是按以前那么串。好学生基本上坐在中间，无论你是从前门的窗户还是后门的窗户来看，都是目力所及的。就其合理性，我只能说一般，无论好的学校还是坏的学校都是这样安排的，尤其是在重点班，没有什么合理不合理可言的。（SSY3）

学习差的，有上进心的就在前面，眼睛近视的也在前面。一般是这样，还有只要上课不捣乱，捣乱了没被抓住，就没事，如果有的话，就会坐到后面。（SJN8）

不是按照成绩选，老师一般按照我们的意愿来选座位，想坐后面的就坐后面，但是如果两个人老是讲话，老师就会把座位换掉。一般情况下男生全坐后面，要不就是眼睛不太好，就坐在前面。（SHZ3）

(4) 学生心目中的"德育处"

"德育处"是教师对学生进行管理的重要机构。问卷设置了半开放题"一想到德育处（教导处、政教处、学生处），我……"，以探查德育处在学生心目中的形象。分析采用高频词汇计数的方式，排在前十位的词语如图 5 - 3 所示。

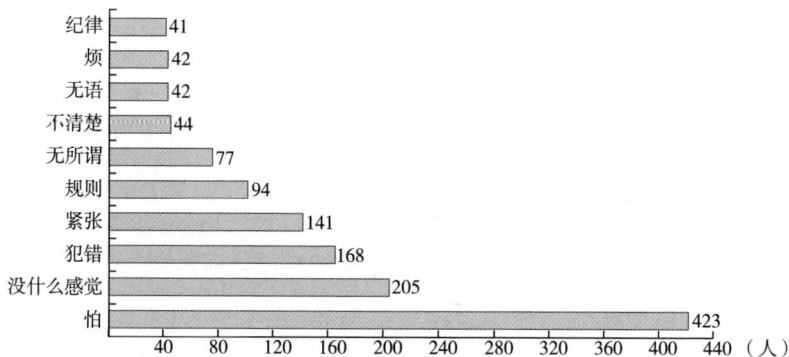

图 5 - 3 "我心目中的德育处"高频词展示

通过对高频词的分类，又可以按学生对德育处的情感分为如下七类：

A. "没感觉"型。有 205 名学生填写"没什么感觉（想法）"，77 名学生填写"无所谓"，44 名学生填写"不清楚"，20 名学生觉得这一机构"离我很远"。

B. "无奈"型。42 名学生填上了"无语"。8 名学生提到一进入德育处，就要听"大道理"，还有学生说"将要上一堂漫长'政治课'"。还有学生用反讽的口气写道"只好默默无闻，无私奉献，重新做人，开创美好明天"。

C. "厌烦"型。42 名学生使用了"烦"字，29 名学生"讨厌"德育处（学生处），12 名学生"不喜欢"德育处（学生处）。学生们认为，一想到那里，就是"规则"（94 人提到）与"纪律"（41 人提到）。

D. "畏惧"型。423 名学生用到了"怕"字，168 名学生想到了"犯错"，141 名学生认为很"紧张"，20 名学生认为老师很"凶"，14 名同学用"冷"字来形容德育处（学生处）。有学生"联想到一个冷酷无情的组织，个个凶神恶煞"，还有学生认为那是一个"充斥着打骂声的暴力场所"，有学生觉得"眼冒金星，全身发冷，心惊肉跳"，还有同学则直接填上"想死"。学生们认为德育处是一个"学校的专制机关"，"一个专门为处罚学生而设立的监狱机构"。

E. "愤怒"型。有学生认为"恨得牙痒"，有学生坦言"想让这个名词永远消失在地球上"。有关愤怒的理由，23 名学生直接提到了德育处（学生处）的"不公平"，还有学生以其他的方式表达了这种认识，如"老师对好同学偏心""觉得太做作，表面申明正义，暗地偏袒有钱有背景的学生""趋炎附势，很世故"等。

F. "敬仰"型。12 名学生填上了"敬佩"，有学生写道"心生敬仰，那是培育英才的综合地"，有学生"感觉那是存在于校园中的法院"。

G. "喜爱"型。有 27 名学生填上了"高兴"，有 5 名学生说自己"喜欢"德育处（学生处），有学生认为"我可以提出意见与德育处共同研究"，有学生说"会很感谢，因为他们帮我了解各项权利"，还有学生写道"感觉他们为学生的权利提供了一定的保障，是学生的保护神"。

2. 积极自由之维

积极自由往往与公共生活的参与相联系。要参与公共生活，首先要保证基本的知情和了解，其次要有通畅的意见表达渠道，最后则是具有一定的公共事务决策权。

（1）学生的知情权

在"我很清楚班费的使用情况"这一 5 分赋值题上，总体平均值是较低的，仅为 2.98 分，在"很不符合"到"非常符合"的五级量表回答中，选择"很不符合"的学生为 17.4%，选择"不太符合"为 20.4%，选择"一般"的学生为 27%，可见学生们并不了解班上班费的使用情况。通过不同维度的比较，课题组发现，男女生在此题上的回答并不具有显著差异；高中生（M = 3.06，SD = 1.31）比初中生（M = 2.94，SD = 1.36）更了解班费的使用情况 [t（4912）= − 2.97，p = 0.003]；县城学校（M = 3.04，SD = 1.34）的学生比乡（镇）村学校（M = 2.91，SD = 1.29）的学生更注重班费使用情况的公开化 [F = 3.51，p = 0.03]。

（2）学生的意见表达权

在这一方面，问卷共设有两道题目。一道题检测学校是否给予意见表达的通畅渠道，另一道题探查学生意见是否能够得到尊重。

在"学校是否在食堂、图书馆或其他地方设置意见簿或意见箱?"这一题项上，选择"是"的学生有 39.2%，选择"否"的学生为 32.3%，28.5% 的学生表示"不清楚"，三个选项差异显著 [χ^2（2，N = 4857）= 106.800，p < 0.05]。

如图 5 − 4 所示，高中生中更多人表示学校设置了意见簿，而初中生则倾向于认为"没有"或"不清楚"。

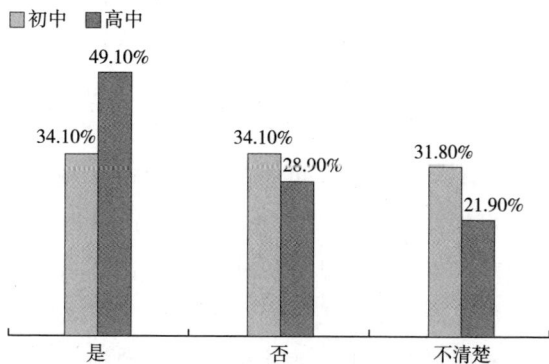

图 5 − 4 **"学校是否在食堂、图书馆或其他地方设置意见簿或意见箱"** **＊学段**

如图 5 − 5 所示，城市、县城和乡（镇）村的百分比数据差异显著 [χ^2（4，N = 4878）= 25.880，p < 0.05]，乡（镇）村学校和城市学校的学生比县城学校的学生更清楚学校设置了意见簿或意见箱，35.9% 的县城学校的学生明确指出自己学校并未设置意见簿或意见箱。

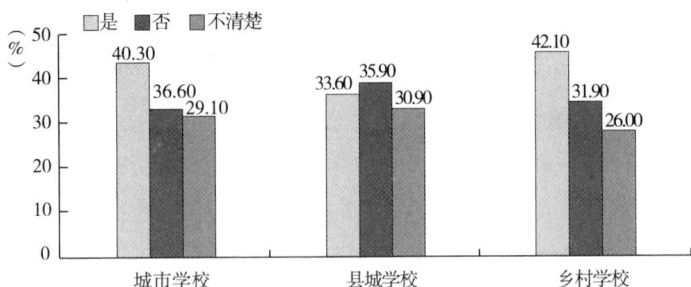

图 5-5 "学校是否在食堂、图书馆或其他地方设置意见簿或意见箱"

在"老师重视我提的意见"这一题项上，总体平均得分为 3.22，在"很不符合"到"非常符合"的五级量表回答中，选择"很不符合"的学生为 6.1%，选择"不太符合"的学生为 19.1%，选择"一般"的学生为 63.4%，可见学校对于学生意见的重视程度一般。

具体看来，女生（M = 3.28，SD = 0.95）的意见比男生（M = 3.16，SD = 1.05）的意见更容易得到重视 [F = -4.34，p = 0.000]。家庭生活水平很低的学生对于意见不受重视的感受强于生活水平较低、一般和较高的学生 [F = 8.478；p = 0.003，p = 0.000，p = 0.000]。家庭生活水平很高的学生认为自身意见不受重视的想法强于生活水平较低、一般和较高的学生 [F = 8.478；p = 0.032，p = 0.005，p = 0.004]，这种处于家庭生活水平两极学生的调查结果一致性可能出于以下原因：家庭生活水平很低的学生，其意见可能真的不受教师的重视，而家庭生活水平很高的学生，因为其对意见重视程度十分重视，因而感受更为强烈；城市学校（M = 3.29，SD = 1.05）比乡（镇）村学校（M = 3.18，SD = 0.92）和县城学校（M = 3.15，SD = 1.01）更重视学生提出的意见 [F = 9.056；p = 0.000，p = 0.000]。

（3）学生的班级生活参与

在"现在的班委是否由学生投票产生"这一题项上，选择"是"的学生占 71%，可见大部分学校在进行班干部选拔时，都采取了投票制。

在学段维度上，高中生（73.1%）比初中生（69.8%）更倾向于采用投票的方式选出班委，差异显著 [χ^2(1, 4909) = 5.595，p < 0.05]；在学校所在地的维度上，县城学校的学生（74.6%）比乡（镇）村学校的学生（71.2%）和城市学校的学生（68.6%）更多地投票选举班委，差异显著 [χ^2(2, 4930) = 14.188，p < 0.05]。

在"一般情况下，班会主题是如何决定的"这一题项上，学生们认为大多数情况下是由学校（32.8%）和班主任（32%）决定，其他情况如图5-6所示。

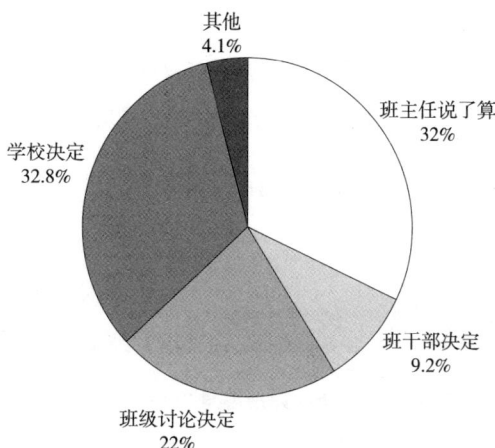

图5-6 **"一般情况下，班会主题是如何决定的"**

通过图5-7所示，我们看到，在学段维度上的百分比差异显著 $[\chi^2 (4, 4894) = 176.652, p < 0.05]$，所调查初中学生的班会主题更倾向于以学校统筹的方式决定，而所调查高中学生在"班干部决定"这一选项上人数比例明显多于初中，可见高中的班会主题也常常由班干部讨论决定。

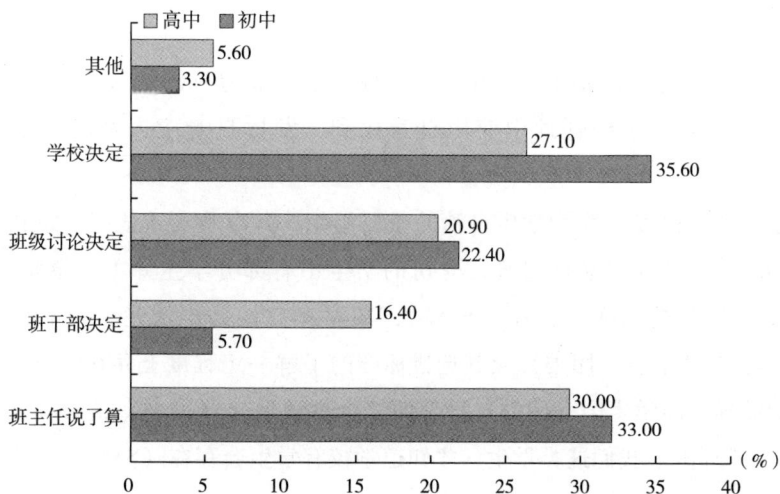

图5-7 **"一般情况下，班会主题是如何决定的" * 学段**

如图 5-8 所示，在"学校所在地"维度上的百分比差异显著 $[\chi^2 (8, 4916) = 128.705, p < 0.05]$。城市学校在"学校决定"选项上，百分比明显高于乡（镇）村学校和县城学校，可见，在城市学校中，班会主题往往被学校规定了。而县城学校则在"班干部决定"和"班主任说了算"两项上显现出优势，也就是说县城学校的班会主题决定权往往在班级，大部分情况下是由班主任决定，但也有部分地区和部分学校更重视班干部职权的发挥。

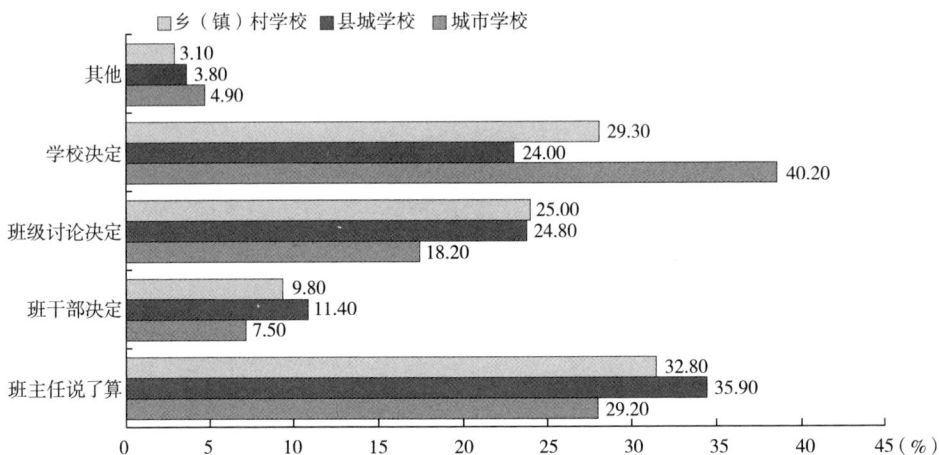

图 5-8　"一般情况下，班会主题是如何决定的"＊学校所在地

（二）学生自治

（"自由"这个词的"积极"含义源于个体成为自己主人的愿望。[1] 学生自治是学生在学校管理中使用自身权利、发挥自身主人翁作用的重要方式。

学生会（团委）作为学生自治的重要组织，其存在与选拔机制应该为学生所知晓。但是通过访谈发现，受访的学生中有部分学生并不知道学生会、团委成员的选拔标准及程序（SJN2），甚至有学生并不清楚学校有学生会（SSY9）。对学生会（团委）及其选拔标准的了解一定程度上存在组织内部和外部的差异，即学生会（团委）外部的学生对学生会（团委）的存在并不了解。"只是局限于我们这类学生，才知道学校有学生会存在（SSY3）"。

---

①　伯林：《自由论——自由四论》（扩充版），译林出版社，2003，第179页。

不了解，不知道情况，班上没有学生会。（SJN2）

没有学生会和团委。（SSY9）

我是学校的广播员，应该也算是参加学校活动的成员，只是局限于我们这类学生，才知道学校有学生会存在。但是（我）甚至于连我们学校的学生会主席是谁都不知道。学生会成员是靠人推荐，比如一些学哥、学姐，他们认识你，他们知道你有这种特长，他们就会跟学校反映，反映说××班的×××比较不错，比较优秀，适合干什么什么工作。我感觉，说严重点，这样有点不人道。毕竟学生会在学校里应该是一个比较严肃、比较重要的组织，如果不向学生公开的话，如果不组织（活动）的话，我感觉这个学校基本上脱离了学校的定义。（SSY3）

在对学生会（团委）的了解上存在地区差异，中西部地区学校的学生对此较为不了解。

根据对学生会（团委）有一定了解的学生介绍，学生会（团委）参选名额的确定主要有自愿报名（SHZ8）、学长推荐、教师推荐等几种方式。其中，学长推荐主要是受学生与其的熟悉程度影响。"学生会成员是靠人推荐，比如一些学哥、学姐，他们认识你，他们知道你有这种特长，他们就会跟学校反映，反映说××班的×××比较不错，比较优秀，适合干什么什么工作（SSY3）。"而教师推荐往往与学生的成绩、特长、工作能力、是否班干部等因素有关。

像学生会的话，规定会有几天是报名时间，你要是觉得自己可以的话，就可以报名，不论成绩好坏，只要自己有这方面的优点就可以的，老师也会到班级和同学中了解一下情况，如果觉得你比较好的话，就会录取。那个团委，就是我们班级选出来的，就是自己心目中觉得那个同学成绩比较优秀，他个人的素质也比较好，就按照无记名投票的方式选出来的。（SHZ8）

没有学生会。入团就是先是学生自愿的，我们先交志愿书，然后老师会根据情况向学校推荐入团。一般就是看学生的道德品质啊，这个学生会怎么样。然后就是看他学习成绩，学习成绩也是很重要的指标，学习好的一般会优先考虑。（SJA1）

每个班有代表，一般都是班干部，或者（是）有一些特长，体育

特别好啊什么的，老师会推荐，每个班推荐两个，然后学校选举。每个班选四五个同学去投票。（SSY8）

主要选那些比较能干的学生，由老师决定一些成绩好和有能力的学生，一个班两名，交给领导之后，由他们层层筛选。（SPG5）

学生会（团委）确定参选名额的三种途径中，自愿报名的形式得到较多的应用，其次是教师推荐，最后是学长推荐。

而在选拔程序方面，存在"内定"和投票两种形式。内定主要是指学生会内部成员或老师、领导指定，并没有经过投票等步骤（SHZ6）。投票程序又可分为"班级初选""学校再选"等步骤。

学生会一般都是内部人员选出来的，当然也有老师参与，但不是所有同学都参与投票的。我觉得自荐结合老师评价，然后通过学生选举的方式是最为合理的。（SHZ6）

一开始在班里投票，选举出团员；然后好像是再通过团委的选拔，投票选。大家都可以参加竞选。一个无记名投票，比如你觉得班里某个学生能胜任班里某个职务，你就可以投票给他。（然后他）有很短的介绍我能胜任这个职务的演说。（SSY1）

应该是每班都有一个（名额），然后每班通过班里的同学选举出来的。自愿参加，然后采取匿名投票的方式选举。（SSY5）

像学生会的话，我们会通过"两代会"，先由班级选出学生代表，学生代表开代表的会议，选出他们心中的委员，然后再在委员会中选出主席之类的职务。就是一层一层地选，就跟人民代表大会似的。（SHZ10）

选拔的两种形式中，投票相比于内定，应用得较多。

通过访谈，我们大致可以将学生会（团委）发挥的作用分为"管理"、"服务"及"教育"三类。首先，学生会、团委作为"老师之下，学生之上"（SBJ7）的组织，发挥着"上意下达，下意上传"（SHZ1）的作用。

就是老师之下，学生之上吧。就是有很多活动都是学生会组织的。（SBJ7）

学生会就是发挥一个下意上传，上意下达的作用。让学生的意思能够跟老师吻合，让学校的意思，通过我们传达给学生，让学生更好地跟学校沟通。（SHZ1）

首先，协助学校或老师管理学生。具体体现为学生会负责检查学生的日常行为规范及纪律，如监操、检查卫生、校服、黑板报、记录迟到等。

他们一般都监操啊，就是课间操、眼保健操，查校服啊。都挺严格的，也不会因为跟他们关系好，就不记你的名字。（SSY8）

负责管理学校学生的一些日常的事情，比如记录迟到的一些情况。（SPG4）

学生会里的成员会进行卫生检查，在教室里转一圈。（SJN7）

其次，发挥其服务学生的作用。具体包括向上传达、维护学生的利益以及组织活动等。学生会作为学生自治的重要组织，应该代表学生的利益，向学校或老师表达学生的意见（SSY5）。同时，负责组织活动，比如运动会、艺术节等（SJN5）。团委主要负责团支部的日常事务，如负责新团员入团的相关事务及收取团费等（SSY2）。

方便学校传达一些意见；我们有什么意见想和学校说的时候，也可以通过他们进行传达。（SSY5）

理论上我觉得学生会应该为学生服务，比如说学习，在有些时候可以组织社团活动，进行志愿工作，这样能增强我们的社会责任意识。（SJN5）

不是很了解，但我们班有一个团支部的宣传委员，好像负责新团员入团什么的。（SSY2）

最后，学生会、团委的"教育"作用，即其模范、榜样作用。受访学生认为，学生会和团委成员发挥而且应该发挥模范、榜样作用。

我觉得学生会起一个带头作用吧。团委，我目前没入团所以不了解。学生会就是让一些比较优秀的学生上去发言这些的，可以给学生一种鼓励和榜样作用，激起学生的竞争意识，这种良性循环应该是有

益的。（SNC3）

应该是起到模范的作用吧。像团委，入团之后就是会有一种责任吧。应该更加严格要求自己，给同学做好榜样，带着各方面的同学朝着更好的方向发展。（SNC7）

学生会比较具有榜样的作用，学习好的一些同学给我们树立榜样。（SPG5）

在学生会（团委）发挥的作用中，服务作用较被学生认可，即组织活动，但其在代表学生利益方面的作用发挥得并不够（SSY7），其次是管理作用。但同时，也有一部分学生对学生会（团委）发挥的作用不清楚、不认同（SBJ4），即认为学生会（团委）并没有发挥多大作用。

比如说学校一些大事情不适合全体学生都参加，他们就作为一个班的代表去了解情况，告诉我们。他们很少代表我们发表意见。他们代表的作用发挥得一般，因为有的时候学生会和团委会参加一些活动，但有的事情就不通知我们。（SSY7）

了解不多，活动几乎没有。（SBJ4）

（三）小结

（1）在消极自由之维，学生的成绩隐私不能得到学校很好的保护，但物品隐私的保护程度尚可，大部分学校对于学生的发型和着装干涉较少，但教师主要掌握着学生座位的决定权。可以看见，学生的消极权利实现的程度一般，尤其是与应试教育相关程度越高的权利，越容易被侵犯。另外，学校的严苛管理，让大部分学生感到紧张、害怕。

（2）在积极自由之维，学生反映出的情况比消极自由之维差，除班干部是由选举产生这一题项的结果较好之外，在班费知情、意见表达、班会主题确定上，学生的权利都未得到很好的发展。而班干部的"民主"选举也有可能只是学生文化资本、学业成绩的模拟角逐，并不能真正反映出学生积极权利之内涵。至于学生自治组织的建设，学生自治组织的选拔、运行都类似于学校管理组织，并为学校的高效管理服务，并不能很好地代表学生之利益。

（3）在性别维度上，男生两种自由（消极自由与积极自由）的实现程度皆比女生低，主要表现在：男生比女生更容易被教师和学校搜查私人物品，发型和着装更容易受到管制，其所提出的意见也容易被忽视。

（4）在学段维度上，除了成绩更容易被当众公布外，相较于初中生，高中生的权利在学校管理中能够得到更好的保护。他们更清楚班费的使用情况，私人物品更不容易被教师搜查，学校对其发型和着装的要求没有那么严格，拥有更多的意见表达渠道，更多地采用投票的方式选举班委，更加能够自行决定班会主题。

（5）在家庭生活水平维度上，往往是处于两极的学生更容易表现出显著性，即权利更不能得到保障。但我们一般采取不同归因，家庭生活水平很低的学生的回答可能是其遭遇的真实反映，而家庭生活水平很高的学生，其较低的得分可能是由于其较高的权利诉求所致。

（6）在城乡维度上，乡（镇）村学校在保护学生成绩隐私和物品隐私、提供学生意见反映渠道和班级协商班会主题方面，比城市学校和县城学校更多地得到学生的认可。县城学校在公开班费使用情况和鼓励班级投票选举方面，要优于城市学校和乡（镇）村学校。城市学校则在接纳学生意见方面要优于县城学校和乡（镇）村学校。

三　来自教师的权利义务意识教育

要了解学校的权利义务意识教育现状，发现其不足并在此基础上寻求可能的解决途径，就必须考察作为教育实施主体的教师。本部分主要研究教师在权利义务意识、权利义务意识教育实施理念以及权利义务意识教育实践三个方面的情况，这三个方面是相互影响，共同构成了教师实施权利义务教育的总体情况。

对教师的考察采取访谈的形式，通过相对全面深入的问题来了解现状，对访谈的分析采取共性和差异性相结合的路径，结果以呈现普遍性的发现为主。

（一）教师的权利义务意识

教师的权利义务意识是指教师作为共同体的成员对自我应享有的权利

以及自我对社会及他人的义务的认知、主张和要求，其中也包括自我对他人权利义务的社会评价。

1. 教师的权利义务认知

权利义务认知主要是指作为权利义务主体的个人对自己或者他人应该或实际享有的权利的认识或把握，以及对自己或他人应该履行的义务的认识或把握。本部分主要从五个方面来考察教师的权利义务认知，即对权利义务性质的认识；对权利与义务的关系的认识；对权利和义务内容的认识；对与人们的权利义务密切相关的宪法和人权的认识以及影响权利义务认知的教师培训。

（1）权利与义务的性质

教师基本明确什么是权利，什么是义务，认为义务是必须做的，权利是可以做的，"权利可以享受也可以放弃"。

> 我觉得，"权利"就是"我可以怎样"，"义务"就是"我必须做的"。（TBJ1）
> 权利是我可以做什么，我应该做什么。（THZ2）
> 权利义务也是相对的，义务是必须履行的，权利可以享受也可以放弃。（THZ5）
> 我认为权利就是每个人应该得到的东西，义务就是权利得到之后要履行的职责。（TLZ1）

另外，有部分教师认为义务就是凭良心来做，另一部分教师则从法律的角度来具体回答什么是义务。从某种程度上来讲，前者是一种内在道德义务，后者是以法律标准来理解义务。

（2）权利与义务的关系

教师普遍认为权利义务是相辅相成的，有什么样的权利就应该履行什么样的义务。关于义务和权利谁先行的问题，大部分教师认为义务先于权利，尽义务是实现权利的条件。

> 我觉得你尽义务的同时你也享受了权利，你实施权利的时候你同时也得尽义务，它们是相辅相成的，绝对不是单一的只享受权利不尽义务，或者是你只尽义务不享受权利，我从这个角度去看的。（TSY2）

矛盾吧，要把自己的义务做好，才谈得上权利，如果没做好呢，哪有什么权利！（THZ2）

（3）权利与义务的内容

在问及"你怎么理解权利和义务"以及"教师和学生有哪些权利或义务时"，教师主要在教育领域内讨论权利和义务。从教师对权利和义务认识的来源看，教师认为教师和学生的权利主要就是教育法规定的权利或义务。"（说到教师的权利和义务）就想到教师法里面规定的，教师应该享有的权利和义务"（TSY4）；"正常就是教师法规定的权利义务吧"（TJN2）。

从权利义务具体的内容看，教师主要强调与教师和学生身份密切相关的权利义务，从学生的权利义务看，教师强调学生有接受九年义务教育的义务，遵守学校规章制度的义务，帮助同学，尊敬师长的义务等。而学生的权利则主要体现为受教育权，上课发言的权利，参与班级管理的权利，与教师平等交流的权利等。

> 学生的学习权，教师不能剥夺。从学校的角度来讲，尽量少占学生的时间，特别是做一些对于孩子来说没有教育意义的事情的时候。学生还应该有表达自己愿望的权利。从班级管理来说，学生也有知情权……尽你最大的努力去学习是最基本的义务。维护校园卫生应该是你的义务。学生呢，又分好坏。学习好的学生呢，你有义务帮助那些不太成熟的孩子，纪律好的学生有义务提醒那些纪律不好的学生。（TSY1）

从教师对自身有哪些权利义务的认识来看，权利方面，教师主要有薪酬权，教育学生的权利以及使用学校办学条件的权利。另外有极个别教师强调教师作为一个公民应有的权利，例如个性自由的权利，选举的权利和追求幸福的权利等。义务方面，教师主要有指导学生，关爱学生和保护学生隐私的义务。

> 看到权利这两个字，我本能地想到利用自己手中的权利实现自己的理想，或者营造美好的社会环境，实现幸福的生活……我觉得作为教师，不光要讲奉献，同时也应该有追求幸福生活的权利。我也需要

有私人的时间和空间，来陪伴我的孩子和丈夫。而且，我需要保障自己身体的健康，而非整天地透支我的健康和生命。（TPG1）

（4）对宪法和人权的认识

宪法作为国家的根本大法，起着规范政府权力和保护公民基本权利的作用。从内容上看，这些基本权利在一定程度上反映了国家的民主化程度和人权状况。[1] 对宪法和人权的认识是对权利义务认知的一个重要方面。

在对宪法和人权的理解方面，在问及"您是否知道人权入宪"时，回答问题的26位教师中，只有6位明确说出自己知道这件事，其他都表示自己平时比较忙，并不知道这个事，或者"不太清楚"。虽然教师们不知道这件事情，但是绝大多数教师认为这是一种进步，是"民主进步的表现"。

教师们普遍不知道什么是人权，并且觉得宪法离自己的生活很远。谈到自己对宪法的理解，教师提到曾从政治学上学习过，宪法是根本大法，但是具体内容并不了解。有教师认为"宪法的任务首先是保护政府，然后是保护个人。"

> 不带政治或不专门学习这门学科，实际上不太知道。（宪法）明确规定了有哪些权利和义务，但是与我们的生活好像比较远啊。比如教师的休息权，我们节假日补课，也没有什么法律保护我们啊。（TJN6）
> 宪法首先是保护政府，然后是个人。（THZ1）

（5）权利义务的培训

在学校教育场域内，培训是教师在教学、管理各方面成长的重要条件，是否有关于权利义务教育的培训，教师接受怎样的权利义务教育培训影响着教师对权利义务的性质、权利义务的关系以及权利义务的内容等的认识。

在问及是否接受权利义务教育相关的培训时，受访并回答此问题的31个教师中，有18个教师表示完全没有接受相关的培训，有1个教师受过专门的培训，主要以讲座的方式，其他12名教师是以交叉渗透的方式接受相关培训。很多教师是从电视或网络上自学相关内容，教师表示，学校里的培训主要着眼于业务水平和教研水平提升。

---

[1] 蔡定剑：《宪法精解》，法律出版社，2006，第234~235页。

没有。(TBJ1)

因为我是班主任，所以主要受过一些班主任工作的培训，去年的时候还培训过，省里的一些骨干班主任过来培训。但我们培训的内容非常有局限性。只是说怎样管理班级，并没有涉及什么权利、义务之类的内容。主要是说怎么开班会、以什么样的形式进行班会。(TSY10)

2. 教师对权利义务的评价与主张

教师权利义务的评价与主张是指，教师作为权利主体对自己应该或实际享有的权利的确认，并在这些权利没有实现的现实条件下表达自己的意见和看法，并要求实现。在此，本研究不但考察教师对自身权利义务的现状的评价与主张，也考察教师对学生权利义务意识现状的评价和主张。

教师认为自己的权利义务不均衡，具体体现在很多教师都认为自己的义务多于权利，并且有多位老师明确提到自己是"弱势群体"，学生与教师的地位不平等，教师没有得到平等的对待，教师的义务多，权利少，教师的权利没有得到保障。在问及教师的权利是否得到保障时，给予否定回答的教师占大多数。

> 教师的特殊性，更多的是贡献，好像很难说什么权利。整个社会对教师的要求挺高的。(THZ2)

> 对，现在社会把教育的责任都推给了教师，要求是太高了，让我们感觉这个氛围不对。(THZ7)

教师认为自己的权利没有受到保护和重视，主要体现在工酬失衡，即付出了艰辛和努力，劳动时间过长，但是工资却不高；休息权得不到保障，主要表现为工作时间长，学校违反国家规定补课，教师的压力很大；社会对教师的要求太高。这几点在东中西部地区皆有表现。

> 比方讲现在的教师的行业的辛苦程度，但是报酬不尽（如）人意。社会对老师的评价和观点也比较偏见（颇），不公正。社会对教师的期望值比较高，失望度也高。老师其实只是一种职业，不要把老师看得很神圣。教师周末补课压力也很大，并且得不到社会的认同。(TLZ1)

在学生的权利义务方面，教师认为现在的学生盲目伸张权利，义务意识淡薄。在问及教师如何评价学生的权利意识现状时，教师的回答就能体现这一点。

> 在我看来，他们有一种盲目的权利意识。社会角色不同，人们的权利也不完全一样。他们认为所有的人都应该有同样的权利，而对义务倒不怎么在意。义务意识，责任意识应该是比他们的权利意识弱得多。（THZ2）

在解释为什么现在的学生权利意识强、责任意识弱时，教师主要解释为家庭教育的缺失、独生子女的生活环境，以及整个社会的品德在下降。

最后，教师认为学生权利意识的增强对于学校和班级的教育教学和管理带来了冲击。教师认为学生的权利意识增强之后，学校不能再像以前那样通过强制的手段对学生进行教育和管理了。另外，教师认为虽然现在学生的权利意识增强了，但是他们中有很多人并不明确自己具体有哪些权利和哪些义务，所以在具体伸张权利时比较盲目，例如认为上不上课是自己的自由，上课如何表现也是自己的自由，但是这样反而损害了别人的权利。

（二）教师对学生实施权利与义务意识教育的理念

理念和实践，是一项事业的两个维度，理念是实践的前导和预期，实践是理念的执行和结果。教师的权利义务意识教育实施理念是指教师对权利义务教育的必要性、目标方向和重点等的把握。权利义务意识教育的实施理念影响着权利义务教育的实际效果，它也对教师在班级管理等各个方面产生重要的影响。

1. 进行权利与义务教育的必要性

受访教师都肯定权利义务意识教育的必要性（除一名教师认为这不利于管理外）。虽然有关于管理的担忧，但教师们仍认为虽然现在学生的权利意识有所提升，但是其对自己具体拥有哪些权利和义务，应该怎样行使权利和义务，并没有很好的把握，尤其是义务意识的淡薄，所以有必要通过各种渠道进行相关教育，提升学生的权利义务意识，使其合理恰当地行使自己的权利，更好地走向社会。在问及进行权利义务教育的必要性时，教师基本持肯定态度。

非常重要。我觉得这对他们以后进入社会之后会很有帮助，现在就开始培养他们这个意识，以后他们更会维护自己的权益。我觉得中国人现在缺少这一块。（TNC3）

学校当然有必要进行权利义务教育。但是如果家长不配合，学校单方面是没办法做好的。（TLZ3）

2. 权利与义务教育的侧重

在问及进行权利义务教育时，更侧重权利还是义务，多数教师认为在进行权利义务教育时更侧重于义务。部分教师是因为觉得现在的学生的义务和责任意识淡薄，另一部分教师认为，侧重权利会给学校和班级管理带来很大的麻烦。

3. 权利与义务教育的期待

权利义务教育的期待是指教师在对学生进行权利义务教育后希望学生发生怎样的改变，达到怎样的目标。进行权利义务教育后，大部分教师希望学生明确自己的学习义务，落实到行动之中，并且明确自己有哪些具体的权利和义务。在明确权利和义务之后，一方面要维护自己的权利，另一方面要积极履行自己对家庭对班集体的义务。

最起码让他明白他有什么权利吧，到什么时候呢他应该用他的什么样的权利，就是应该让他明确，他是学生，他的权利是啥，他的义务是啥，他现在该做啥，有许多孩子他不知道他该做啥。比如现在这个阶段，最应该做的（是）学习，其次应该是锻炼呀，思维呀，等等吧，就这些事情，但许多孩子他不知道他这个时候该做这个。（TSY1）

对自己的权利具体有一定的了解，增强自身的社会责任感。（TLZ4）

大部分教师主要从学生自身来讲他们应该有怎样的权利义务意识和行动，另外，有少数教师从回报国家、社会的角度来讲学生的义务，希望学生懂得回报祖国和社会。

我就希望他能看到自己的发展，能看到自己将来的发展就行，但学生没有目光、没目标，学习、生活没什么目标，我看现在的学生啊，整天学习不努力呢，完了，就知道贪玩，以后怎么生活、怎么在社会上立足，怎么回报祖国、回报社会，这一点，好像是学生没想过的。(TSY9)

(三) 教师的权利与义务意识教育实践

本部分从权利义务教育实践的主体、实践的方式方法和进行权利义务教育的困难和诉求三个方面来考察教师的权利义务教育的实践。

1. 权利与义务教育实践主体

从教师的回答来看，对学生进行权利义务教育的教师主要是政治老师和班主任，政治老师表现得更为突出。政治老师进行权利义务教育的方式主要是学科课程的内容，而班主任主要通过班会课或主题活动进行权利义务教育。

文科教师会认为自己进行过权利义务教育，但有理科教师认为自己没有，他认为"我在上课的过程中把课讲好了，学生的成绩能上来，这是重中之重"。(TSY9)

> 有这种意识的老师并不多。日常生活中，我和大家说这些的时候，大家都会说你想那么多干吗。大概是因为我学语文的缘故吧。(TPG1)
>
> 好像没有。我对这个，对于其他学校或是同事的事情，我很少关注，因为本身吧我的信息很闭塞，我只关心自己的学生，说真心话，至于其他言谈的那些事，那时校长，很少关注。化学是理科，我在上课的过程中把课讲好了，学生的成绩能上来，这是重中之重。实际上，从开展德育来看吧，我们不是称职的老师。什么德育渗透啊，什么说几句客套话，不说这些话。不管哪个来听课的，我就是正常上课，很少作秀。(TSY9)

而学生们对权利义务教育的主要组织者也有自己的认识，在学生问卷"在学校中，我对权利的了解最主要来自于——"的题目中，面对"校长、书记""德育处、学生处主任""班主任""其他教师""都没有"五个选项，参加调查的4905名学生中，有43.4%选择了班主任，所占百分比最高，其他选项的排名从高到低依次为："其他教师"（22.1%），"都没有"

（13.8%），"德育处、学生处主任"（12.8%），"校长、书记"（7.9%）。

2. 进行权利与义务教育的方式方法

在问及教师主要采取哪些方式对学生进行权利义务教育时，本调查发现，教师主要从班级民主管理方面对学生进行权利义务教育，例如班委的民主选举。另外，教师会引导学生进行实践活动，用行动诠释权利义务教育。主题班会也是教师对学生进行权利义务教育的重要方式，教师会选取权利义务相关的主题，供同学们学习交流，拿具体的事例进行正面的教育。

> 让学生参与学校管理、班级管理，学生一年四次评价教师，这些算是权利教育。主要是主题班会里面，有专门的主题做过，其他比较少。（TJN1）
>
> 有很多的。比如学校前面的这条路由于工程车来往很多，路面坑坑洼洼的，但是又没有人来管来修。一个周五，我动员学生上网反映问题，之后学生回来后说他们很多都做了。我觉得这就是公民在行使权利，这就是在教育学生。（THZ2）

3. 进行权利与义务教育的困难和诉求

教师认为进行权利义务教育的困难主要包括：升学压力和家长的意见导致权利义务教育的时间得不到保证；行政干预导致教师没有在这方面的自主权；学校和家庭教育协调不当；没有专门的课程进行权利义务教育，导致这方面太松散，不成体系。

> 困难是各方面的，比如说家长，家长会说自己的孩子到学校是考大学，不是受权利义务教育的！（TJN1）
>
> 学校的质量意识比较强，所以没有时间上的保障，也不愿意用这些时间搞这些活动。现在教育的行政化比较严重，并且用学生的成绩来评价老师，我感觉这是最大的问题。阻碍方面，还有安全，考虑到安全，基本上也不搞其他活动。（TJN2）

另外，有教师认为整个国家的政治环境也会对权利义务教育带来困扰。教师认为政治"这东西忽左忽右，把握不好尺度，如果逐渐走向正轨，应该是没有什么问题的。但是不知道是谁说，中国的事情，不是左就是右，把握不好尺度"。并且有教师认为"我的直观感觉，整个国家进行的就不好。好像也没看到宣传什么。"

4. 解决困难的途径

要解决进行权利义务教育时的上述困难，应该从这些方面来着手：教师应根据具体的问题提出相应的解决途径；教育和政治的大前提要摆正；开设专门的权利义务教育课程；学校、家长与社会的协调配合；减少行政干预，发挥教师的自主权，等等。

（四）小结

在教师的权利义务意识方面，教师对权利义务性质以及它们之间的关系有比较好的把握，认为义务就是必须做的事情，权利是可以做的事情，权利义务之间的关系是相辅相成的。在权利义务的内容方面，教师对自己和学生有哪些权利的认识主要是在学校或教育场域内讨论，在教师列举的权利分类中，有政治权利，例如选举权和被选举权以及集会、结社、游行、示威等权利，而这些权利在其生活中极少体现。大部分教师对于人权的内涵很陌生，并且认为宪法离自己的生活很远。另外教师很少接受专门的权利义务教育方面的培训，学校和相关部门更加注重其业务水平和教研水平的提升。在权利义务的评价和主张上，教师认为学生盲目伸张权利，忽视义务。并且，教师普遍认为自己的义务多于权利，社会和家庭对于教师的要求和期望太高，学生和教师之间的地位不平等，教师是弱势群体。

在教师的权利义务教育实施理念方面，绝大多数教师认为学生对于自己具体有怎样的权利义务，该如何正当且恰当地行使自己的权利，并不清楚。所以教师普遍肯定进行权利意识教育的必要性。在权利义务教育的侧重点方面，教师更加注重义务意识的教育。进行权利义务教育后，教师有各种期待，主要表现在以下几个方面：教师希望学生严格履行学习的义务；希望学生明确具体的权利义务；学生不但要伸张和实现自己的权利，对于家庭和集体的义务也不可忽视。

在权利义务教育实践方面，政治教师和班主任是对学生进行权利义务教育的主要实施者，文科教师表示在教学中会结合具体内容进行相关的教育，但是理科教师对此关注较少。从对学生进行的问卷调查结果看，学生认为自身对权利义务了解主要来自班主任和其他教师，他们较少认为自己对权利义务的了解来自学校校级管理者，比如校长和书记。对学生进行权利义务教育的方式方法方面，教师主要从班级民主管理、实践活动和主题班会等方面来进行权利义务教育。教师在进行权利义务教育时碰到了各种困难，主要表现为：升学压力和家长的反对意见；教育自主权在行政干预的影响下不断丧失；学校和家庭教育协调不当；没有成体系的课程回应权利义务教育的问题。解决这些困难就需要在这些方面做出改进。

四　学生对权利意识教育的期待

在被问及"在维护自己的权利方面，希望学校和教师提供哪些支持"时，受访学生对学校和老师提出了期望。

第一，学生们普遍希望学校和老师能够加强维权教育，使同学们了解权利、义务的相关知识，例如维权程序、消费者权益、维权意识等，让学生了解自身的权利、义务，清楚自身的权利是否受到了侵犯以及自身权利受到侵犯后，应采取何种途径来维护自身权利等。同时，同学们提出了各种各样的维权教育形式，比如开设专门课程、举办讲座、举行主题班会、校内宣传、演讲比赛、知识竞赛等。再者，尤其要注意在实践中学习，通过开展各式各样的实践活动来增进维权意识和知识，比如举办模拟维权活动等，使学生熟悉维权的程序，有助于学生在权利受到侵犯时，采取相关措施维护自身的权利。

但现实是，学校在这方面并未达到多数学生的期望。

> 在课上的时候多传授一些关于权利、义务的知识。这些知识都是贴近我们自身实际的，老师应多传授一些。另外，学校或老师多组织一些关于权利、义务的班会，或设计一些课外板报等活动。课上的话已经比较充分了，在某些课上，老师已经传授了不少权利、义务的知识；但在活动、板报方面，我们学校组织得还不算多，但是也有所涉及。(SSY1)

> 不应该只从课本上吧，还是应该有些实践性的活动吧。学校并没有这方面的实践活动。(SJN1)

老师可以给我们引导，因为我们可能对某些活动的具体的操作流程是不知道的。或者说……学校可以开设这种课程，关于这方面的课程给我们选修，然后让我们多方面地了解，更强化这些意识，学校可以教育一下。（SHZ1）

我觉得学校，管理很重要，要加强对学生的教育，增强他们保护权益的意识，增加法律意识，首先我觉得就是教育是很重要的。（SNC7）

第二，同学们希望学校和老师自身首先要尊重学生权利，不要成为侵犯学生权利的一方。有部分受访学生表示，学校和老师不侵犯学生的权利就是对学生权利的维护，学校及教师的单方权威，比如不准带手机（到学校）、节假日不休息改成补课等也成为学生感觉权利受侵犯的来源。"他们（老师）反倒成为侵犯我们权利的主要来源"（SLZ4），他们希望学校和老师"别再搜包""罚钱"（SSY4）等。

就是别再搜包什么的。这事也跟班主任说过，但是没有用，学生是一帮，老师和校长是一帮。虽然跟校长有接触，但没有提过这个，我们级别不同。像罚钱这些，就好像跟"家规"一样，也没有人会说什么，好像跟"权利"不相关一样。而且这些东西都正常，不能制止，就只能适应……其实，我觉得像带手机这样的行为，确实可以不用罚钱的方式。因为像我们现在，有时候有逆反心理，你越压着我，不让我带，我就越想带。如果只是规定上课时不能玩手机，平时可以正常使用，一阵子之后大家可能就好了，毕竟现在手机是一种日常用品，特别对于住宿的同学来说，他们也确实需要跟家里人联系。（SSY4）

我觉得老师都挺那个啥的，有时候能和我们玩成一片，有时候很严厉，什么都要管。他们反倒成为侵害我们权利的主要来源。天气很热了，如果我们穿个领子稍微大点的衣服，老师都会说大冷天的还露个脖子。他说了以后，我们表面上也不会和他争论。（SLZ3）

第三，学生们希望当自己的权利受到侵犯时，学校和老师可以提供帮助。在这一点上，有些同学认为学校和老师会提供积极的帮助，有些同学认为当一部分"重大权利"受到侵犯时学校和老师才会帮助，还有一部分同学则表示学校和老师目前做得并不够好，没有也不会提供帮助，其他受访者则表示了学校和老师应当提供帮助这样的期望。有同学表示学校应当设立一个专门的咨询机构来为学生维权提供帮助。

> 如果遇到困难我肯定是要找学校帮忙。假如我和爸妈发生矛盾了，我爸妈不让我读书，我就会找学校，帮助我实现九年义务教育。（SNC4）
>
> 维权会得到老师或者家长的支持，比如说在外头有人劫钱呀什么的，肯定会受到家长和老师的保护。（SBJ7）
>
> 要学校、老师提供帮助，我觉得可能性不太大。如果给老师说的话，老师肯定会说，你都初三了，还想这些干吗。然后更不可能报到学校去了。（SBJ3）
>
> 当我的权利受到侵犯时，我希望得到老师的帮助。（SH5）
>
> 学校也可以专门地设置一个机构来给你提供这方面的咨询。（SH6）

第四，有部分受访学生表示希望学校和老师能够倾听他们的心声，并采取相应的措施来引导、保护和支持学生维护自身的权利。

> 如果我的建议是对的，老师可以采纳；如果我的建议存在不足，也希望老师能指出来。（SSY5）
>
> 学校教师没有提供。希望老师给机会表达。（SJN2）
>
> 主要提供我们一个畅谈的空间吧，比如我们对什么不满意，只要提出来老师考虑就行，就这样。（SHZ2）

最后，还有少数受访学生表示现在学校和老师在维护自身权利方面做得已经不错了，不再需要其他的支持了；还有部分学生表示没有想法、不清楚等。

> 现在学校的活动已经很不错了。（SPG3，SPG4）
>
> 这个我不太清楚。（SLZ2）
>
> 没有什么想法。（SLZ4）

五 讨论与分析

（一）现有课程不能满足公民意识与能力的培养要求

一方面，我们需要承认现有课程在学生权利意识启蒙和权利义务知识传授上，发挥了一定的作用，并得到了学生的较好反馈。尤其是思想品德/思想政治课，这一课程在设计之初，就将"增强公民意识"作为培养目标之一提出，并在内容安排之时，特别关注和合理规划了相关内容。仅以思想品德教材（人民教育出版社义务教育课程标准实验教科书）为例，第七册以"成长中的自我"为核心，以"学会用法"为主题，介绍了基本法律概念和未成年保护法方面的内容；第八册以"我与他人的关系"为核心，以"权利与义务"为主题，更为细致地教授了人身权利、经济与文化权利等内容；第九册以"我与集体、国家和社会的关系"为核心，探讨了更深层次的法律与社会秩序方面的内容。可以看见，三本教材以青少年的心理认知发展水平为基准，循序渐进，有层次、有重点地深化了学生对于权利义务的认识。

另一方面，我们又应该看到，以德育课程为主、其他学科课程为辅、活动课程为翼的现有学校课程，仍不能满足合格公民的培养要求。首先，每门学科课程都有其相应的专业学习目标，即使是德育课程——思想品德/思想政治课的课程目标也不是专门致力于公民培养。思想品德课以道德、心理健康、法律、国情为其内容之维，而思想政治课则是以社会主义物质文明、政治文明、精神文明建设常识为基本框架，可以看出，它们并不是以权利与义务为主线进行课程设置，如此一来，学生们在目标分散的课程学习中就不一定能够完整吸收和真正理解公民相关的知识。而且，思想品德/思想政治课属于常规的德育课程，而道德性往往具有"利他"特质，以"他人"和"集体"为前提的思考模式将有可能湮没个体的主体性。在这种思维方式下理解"权利与义务相统一"，常常容易走向以"义务"落实来证实"权利"之合法性的误区。然而，"自己权利的确立是以承认和尊重他人权利的意识为媒介的，而对他人权利的承认和尊重又是以自己固有的权利得到确立为媒介的[①]"，权利意识是公民意识的灵魂，公民教育的推进和落

[①] 川岛武宜：《现代化与法》，中国政法大学出版社，1994，第79页。

实必须以公民权利的维护与伸张为内核。

其次，权利义务的教育不仅仅是权利义务知识的传授，它更在于公民意识和公民能力的培养。公民意识是公民个人在国家中地位的自我认识，是公民自觉以宪法和法律规定的基本权利和义务为核心内容，以自己在国家政治生活和社会生活中的主体地位为思想来源，把国家主人的责任感、使命感和权利义务观融为一体的自我认识①。公民能力则包括公民自治能力、公民参与能力等一系列素养。公民意识和公民能力的养成，必须伴随着一定的公民体验，学生只有在行动中触碰权利、体会权利，才能真正珍惜权利、善用权利。由此看来，单一的学科课程是无法独立完成这一目标的，而无组织、无目标的活动课程也是不能满足这一要求的。

因此，一门以权利义务相关知识为基础、公民参与行为为重点的公民教育专门课程，亟待开发和实施。美国公民教育中心于1996年发起的"我们人民：公民养成"（We the People：Project Citizen）项目是国内公民教育可以借鉴的优秀课程，该课程通过"选择要研究的问题""识别社区中需要通过制定公共政策来解决的问题""收集并评估与问题相关的信息""针对问题，制定班级方案""展示行动计划，使政府采纳这一方案"以及"反思"这六个步骤来增强公民的行动能力②。在我国江苏省等地的许多学校，也以此课程为蓝本，推出了自己学校的校本课程。通过发挥其积极主动性，学生们在课程学习中明白了自身权利的效用和边界，并体会自身权利的伸张与公众利益的促成之间的关系。总之，学校应该努力促成专门公民课程的落实，这样才能实现目标更明确、指导更专业、成效更显著的公民教育。

（二）应试教育成为阻碍学校进行权利意识教育的主要障碍

本调查发现，教师对待学生权利与义务的态度与应试教育不可回避的升学率密切相关。多数教师虽然对尊重学生权利以及对学生进行权利义务教育的必要性给予肯定，但是教师们在谈论权利义务时的内在逻辑离不开学生的学习成绩以及学校的升学率。这从以下两个方面得到突出体现：从对学生权

---

① 朱小蔓、施久铭：《思想品德：更加关注公民意识教育——〈义务教育思想品德课程标准（2011年版）热点问题访谈〉，《人民教育》2012年第6期。

② 朱凌云：《美国公民教育的实践模式及其对我国公民教育的启示——以美国公民教育中心"公民养成"项目为例》，《教育科学研究》2011年第1期。

利与义务内容的认知看，教师们普遍强调学生的学习权和接受九年义务教育的义务，强调学生应当认真学习；学校以及班级管理是体现学校对待学生权利义务的态度的重要部分，从某种程度来说，管理本身也是对学生的一种隐性教育。调查发现，大部分学校在管理方面仍然是以管为主，忽视学生的个性以及自治能力的发展，强调整齐划一。而在这种管理思想下，对教师的评价体系也必然与学校的管理目标密不可分。从根源上来说，是应试教育的压力催生和加剧了学校的强压管理。学校和教师过分关注学生成绩，对学生的管束过于严格，忽视学生们其他方面素质的发展，甚至会出现侵权的行为，例如强制学生的发型、搜身等现象屡屡发生就说明了这一点。

（三）学生自治主体的弱化，教师主导地位的强化，是影响权利意识教育的重要原因

陶行知曾指出学生自治有三个要点：第一，学生指全校的同学，有团体的意思；第二，自治指自己管理自己，有自己立法、执法、司法的意思；第三，学生自治与别的自治稍有不同，因为学生还在求学时代，就有一种练习自治的意思。① 既然是练习，学生在自治的过程中还需要老师和学校的帮助和引导。正如杜威在《学生自治的组织》的讲演中提到的：许多学生，都把"自治"的意义误会。只顾了自己的"自"，忘却了还有管理自己的"治"字。自治"不是绝对的不许外界插入干涉，乃是自己练习管束自己的意思"②。可见，学生自治过程中，在突出其主体地位的同时，考虑到学生尚处于求学阶段，因此还要处理好学生和老师、学生和学校的关系，发挥老师和学校的主导作用，达到学生主体和老师、学校主导的协调一致，促进学生自治能力的发展。学生会和班委是学生自治的重要组织，是在老师和学校的正确指导下，学生以团体的形式组织起来进行自我管理、自我教育和自我服务的群众组织。

但是，在学生自治的实践过程中，却出现学校（老师）主导地位强化，而学生主体地位弱化的倾向。首先，体现在学生会或班委成员的选拔上，每个学生都应该有参与的机会。然而，学生会作为学生自治的重要组织，

① 陶行知著、徐明聪编《陶行知德育思想》，合肥工业大学出版社，2009，第3页。
② 单中惠、王凤玉编《杜威在华教育讲演》，教育科学出版社，2007，第404页。

其存在与选拔机制甚至不为全体学生所知，学生的平等参与又从何谈起？在干部选拔上应采取学生直选的方式，但现实是当前有一部分学生会干部的选拔是"内定"的，即由老师或学长选定。此种不民主的选拔方式，导致学生会与普通同学的疏远，致使学生会脱离了群众基础，并在一定程度上影响了其自治作用的发挥。学生会作为学生自己的组织，本应充分发挥其"自我管理、自我服务、自我教育"的自治功能，代表广大学生的利益，参与学校的有关管理工作，反映学生心声，切实保障学生的权益。但同时，学生会作为联系学生和学校的纽带，在"自治"的同时，也应协助学校进行管理。然而，学生会在现实运行中，由于传统的教育管理观念及学生管理能力等诸多因素的影响，学校的主导地位不断强化，并逐步演变为学校或老师对学生的直接或间接管理，学生会成为听命于"上级"的组织，忽视了学生自治能力的培养及学生主动参与精神、创造精神的养成，从而使学生的主体地位不断弱化。因此，学生会自治功能发挥得极为有限，然而协助学校管理的功能却得到较好的发挥。学生会越来越成为学校管理的附庸组织，学生会干部逐步成为学校或老师的"代理人"——监督学生日常行为规范，宣传学校或老师的工作任务和管理规则，代为管理学生，而非代表广大学生的利益，这严重偏离了学生自治"为学生服务"的使命。因此，学生会作为"老师之下，学生之上"的自治组织，其"下达"的管理功能发挥得极好，而"上传"的功能却并未得到有效的发挥。

在现今的学校管理中，学生自治和学校（老师）引导必须协调一致，明确各自所负责的事情，确实履行各自的职责。首先，由于学生自治有其限度，因此需要学校（老师）的指导。其次，学生会、班委作为学生自治的重要组织，应突出学生的主体性、独立性，充分发挥其自治的功能，体现其"为学生服务"的性质与宗旨，代表广大学生的利益，更好地向学校、老师传达学生的心声。此外，在学生会、班委成员及干部选拔上，应该使每个学生都有平等参与及投票的权利，突出其民主性。

（四）教师的"道德义务本位"意识影响了学生权利意识教育

调查发现，教师在谈论自己的权利义务时，以道德义务话语为主导。"道德义务是指在道德生活当中，道德主体在道德上应尽的一种道德责任和使命。"它的主要特点是道德主体不以获得某种权利和报酬为动机，甚至会主动牺牲自己的权利。① 如果行为主体出于追求某种功利、获取某种报偿而做出某种行为，就不能称之为道德义务。② 道德义务话语极有可能使得道德主体消极对待自己的权利。调查发现，教师在谈论到自己诸如休息权等权利得不到保障时，虽然希望自己的生存境遇得到改善，但是并没有明确提出要主动积极地争取自己的权利，在现实中也没有采取实际的行动。教师更多地认为自己的职业是"良心活"，"一切都是为了孩子"。教师的道德义务话语与中国传统的教师文化密切相关，自古以来，教师不但有"传道授业解惑"的职业要求，更是学生的道德榜样，而中国传统的道德榜样往往意味着无私奉献，人们将教师比喻为"燃烧自己，照亮别人的蜡烛"，用"春蚕到死丝方尽，蜡炬成灰泪始干"赞扬教师的无私奉献。这就使得教师消极地对待自己的权利。虽然有教师对自己的不公正待遇，对于社会媒体对教师的要求太高等方面有怨言，但是在伸张自己权利时，又跳不出传统的师德文化范畴。

（五）学生与教师期望中的权利意识教育与现实落差明显

学生渴求维权的实践能力的提升，希望了解维权的具体渠道和程序，但是有关权利与义务意识教育的现实状况是，学校侧重于权利义务知识的传授，忽视实践能力的培养，造成学生只知抽象的权利义务的概念和内容，而在自己的权利遭到侵害时，无所适从。因此，学生希望教师所传授的权利义务知识要贴近他们的现实生活，通过各种权利义务教育的方式，使其能够在实践中学习。

教师主要认为现实的权利与义务意识教育太松散，没有完整的体系，甚至没有明确的权利义务教育的课程，这使得教师们无章可循；升学压力使得权利义务教育在时间、人员等各个方面得不到保证；学校行政干预使得教师没有进行权利义务教育的自主权，即使教师意识到权利义务教育的重要性，并且有进行权利义务教育的愿望，也很难实行；教师感受到整个国家的政治环境也会对权利义务教育带来困扰。对于以上现实，教师希望：开设专门的公民课程，减弱学校的行政干预，发挥教师进行权利义务教育的自主权；政治环境稳定，国家重视国民权利义务意识和实践素养的提升。

---

① 曹辉：《教师的道德权利和道德义务》，《东北师大报》2011 年第 1 版。
② 刘金凌：《论道德义务与法律义务》，《清华大学》，2005。

附录一 问卷

中学生一般情况调查问卷

亲爱的同学：

你好！本调查用于了解当前中学生的学习和生活情况。你的真实回答对我们非常重要。本问卷匿名填写，我们将为你保密。问卷一共有六部分，请认真回答每一题，不要漏答。感谢你的合作！

北京师范大学公民与道德教育研究中心

2013 年 5 月

问卷一

请根据你的实际情况，在所选的项目数字上画"○"，每题只能选一个答案（特殊注明的除外）

1. 你的性别是：（1）男　　　（2）女

2. 你的学段是：（1）初中　　　（2）高中

3. 你的家庭所在地是：（1）城市　　　（2）县城　　　（3）乡（镇）村

4. 你父亲的文化程度是（请填写合适选项的序号）：＿＿＿＿＿＿＿

　　你母亲的文化程度是（请填写合适选项的序号）：＿＿＿＿＿＿＿

（1）没上过学　　　（2）小学　　　（3）初中　　　（4）高中（中专、中技）

（5）大学（高职、大专、本科）　　　（6）研究生（硕士、博士）

5. 你父亲的职业是（请填写合适选项的序号）：＿＿＿＿＿＿＿

　　你母亲的职业是（请填写合适选项的序号）：＿＿＿＿＿＿＿

（1）党政机关干部　　　（2）工商企业管理人员　　　（3）事业单位管理人员

（4）公司老板/股东　　　（5）科研技术人员　　　（6）文艺体育工作者

（7）律师　　　（8）医务工作者　　　（9）教育工作者　　　（10）新闻出版人员

（11）自由职业者　　　（12）个体经营者　　　（13）工业/运输业生产者

（14）商业/服务业从业者　　　（15）军人/警察　　　（16）农业生产人员

（17）离退休人员　　　（18）家庭主妇　　　（19）外地务工人员

（20）下岗/失业　　　（21）无业人员　　　（22）其他（请注明）＿＿＿＿＿＿

6. 在当地，你的家庭生活水平＿＿＿＿＿＿＿＿。

（1）很低　　　（2）较低　　　（3）一般　　　（4）较高　　　（5）很高

问卷二

请根据你的真实情况，在所选的项目数字上画"○"，每题只能选一个答案

1. 学校是否有当众公布考试成绩的情况？（1）是　　　（2）否

2. 现在的班委是否由学生投票产生？（1）是　　　（2）否

3. 学校是否在食堂、图书馆或其他地方设置意见簿或意见箱？

（1）是　　　（2）否　　　（3）不清楚

4. 你是否纳过税？（1）是　　　（2）否　　　（3）不清楚

5. 一般情况下，班会主题是如何决定的？

（1）班主任说了算　　　（2）班干部决定　　　（3）班级讨论决定

（4）学校决定　　　（5）其他（请注明）＿＿＿＿＿＿＿＿

6. 在学校中，我对权利的了解最主要来自＿＿＿＿＿＿＿＿。

（1）校长、书记　　　（2）德育处/学生处主任　　　（3）班主任

（4）其他老师　　　（5）以上都没有

7. 我认为参与选举＿＿＿＿＿＿＿＿。

（1）是公民权利　　　（2）是公民义务　　　（3）既是公民权利又是公民义务

（4）不清楚

8. 很多岗位男女都能胜任，但单位在招聘时要求只要男性，对此你的看法是：

（1）表示理解　　　（2）侵犯了女性的权利　　　（3）没有看法

（4）其他（请注明）＿＿＿＿＿＿＿＿

请根据你的真实情况，在所选的项目数字上画"〇"，每题可以选择多
个答案

9. 当学校给予的处分或处理不公平时，我会_____。

（1）仅仅私下抱怨　　　（2）无所谓　　　（3）私下实施报复行为

（4）向相关部门申诉　　　（5）通过网络等媒体曝光

（6）其他（请注明）_____

10. 你从以下哪些活动中了解到有关权利义务的内容？

（1）讲座　　　（2）班会　　　（3）竞赛　　　（4）社会调查

（5）志愿服务　　　（6）其他（请注明）_____

请根据你的真实情况，按重要程度依次选择三项填在横线上

11. 我对权利的了解主要来自_____。

（1）家庭　　　（2）学校　　　（3）大众传媒　　　（4）社区

（5）同学/朋友　　　（6）其他（请注明）_____

12. 在_____课程中我了解到权利义务方面的内容。

（1）语文　　　（2）历史　　　（3）思想品德/思想政治　　　（4）数学

（5）外语　　　（6）物理　　　（7）化学　　　（8）生物　　　（9）地理

（10）体育　　　（11）音乐　　　（12）美术　　　（13）劳技

（14）其他（请注明）_____

问卷三

请根据下列陈述与你实际情况的符合程度，在后面相应的空格内画"√"

	题　目	很不符合	不太符合	一　般	比较符合	非常符合
1	老师重视我提的意见					
2	我的私人物品被老师或学校管理人员搜查过					
3	通过思想品德/思想政治课的学习，我了解到维护权利的有效渠道					
4	受到老师的不公正评价，我会找老师沟通					
5	在我们学校，犯同样错误的学生会受到相同的对待					

续表

	题　目	很不符合	不太符合	一　般	比较符合	非常符合
6	我关心国家大事					
7	如果有机会，我会向学校反映我对学校各项事务的看法					
8	我很清楚班费的使用情况					
9	学校对我们的发型或着装要求过于强制					

问卷四

请根据你对下列陈述的赞同程度，在后面相应的空格内画"√"

	题　目	非常反对	比较反对	说不清	比较赞同	非常赞同
1	认不认真学习是我自己的事					
2	学校可以取消中考或高考不考的科目					
3	学生不适应老师的教学方式时，可以找老师沟通					
4	"三好学生"可以优先使用学校的资源（如图书等）					
5	学校有义务保护学生的隐私					
6	学校假期补课侵犯了学生的休息权					
7	有学生初中没毕业就外出打工，这是他们的自由					
8	学生不同意老师的观点时，可以提出质疑					
9	每一个孩子都不应该受到忽视					
10	学校可以不让成绩差的同学参加中考或高考					
11	业余生活应该由自己安排					
12	国家有义务为少数民族学生设置民族双语学校					
13	优惠或免费享用公共教育资源（如博物馆、图书馆等）是少年儿童的权利					

续表

	题 目	非常反对	比较反对	说不清	比较赞同	非常赞同
14	老师偏袒学习好的学生，这没什么					
15	老师可以以影响学习为由限制学生参与社团活动					
16	少年儿童对社会公共事务没有发言权					
17	有些大学生未能按时缴纳学费，学校可以将其毕业证书作为抵押					
18	学校假期补课侵犯了教师的休息权					
19	国家有义务为家庭贫困的大学生提供助学贷款					

问卷五

请根据你对下列陈述的赞同程度，在后面相应的空格内画"√"

	题 目	非常反对	比较反对	说不清	比较赞同	非常赞同
1	每个人的尊严都不可侵犯					
2	尊重社会公德是每个公民的义务					
3	商家用高音喇叭招揽顾客，附近居民有权投诉该商家					
4	国家有义务保护儿童不受虐待					
5	我有更改姓名的权利					
6	国家有义务为贫困儿童提供免费的营养午餐					
7	农民工应该享有与所在城市市民同等的权利					
8	应该尊重每个少数民族的文化习俗					
9	为了多赚钱，可以逃税					
10	未满16周岁的犯罪嫌疑人不应该公开审理					
11	国家有义务为患重病的人提供医疗救助					
12	当选为人大代表只是少数人的事情，与我无关					

续表

	题 目	非常反对	比较反对	说不清	比较赞同	非常赞同
13	国家兴亡，匹夫有责					
14	匹夫兴亡，国家有责					
15	政府有义务禁止雇用童工					
16	罪犯可以被游街示众					
17	我有权自由发表与权威人士不同的观点					
18	先天残疾的儿童没有存活的必要					
19	公民可以通过结社、集会、游行的方式表达政治意愿					
20	服兵役是每个公民的义务					
21	人大代表中农民工名额应该占相应的比例					
22	除特殊机密以外，政府信息应该公开和透明					
23	每个人有权对公共事务发表批评或反对的言论					
24	国家有义务为生活不能自理的人提供基本保障					
25	每个人都应该受到平等的对待					
26	国家必须为没有家庭抚养的儿童提供特别的保护					
27	维护宪法的尊严是每个公民的义务					
28	使用"山寨"产品是一种侵权行为					

问卷六

请根据你的真实感受和想法，在横线上填写适当的词语或句子

1. 一想到德育处（教导处、政教处、学生处），我＿＿＿＿＿＿＿＿＿＿＿

2. 由权利我联想到＿＿＿＿＿＿＿＿＿＿＿＿＿＿＿＿＿＿＿＿＿＿＿

3. 由义务我联想到＿＿＿＿＿＿＿＿＿＿＿＿＿＿＿＿＿＿＿＿＿＿＿

附录二　访谈提纲

教师访谈

1. 您是怎么理解权利义务的？（老师、学生各具有什么样的权利、义务？）它们的关系如何？您知道人权入宪的条款吗？您如何理解宪法？

2. 您如何评价学生权利意识的现状？

3. 您认为是否有必要进行权利义务教育，为什么？如果觉得有必要，进行权利义务教育后您希望学生会有什么改变或希望学生学到什么？

4. 您是否对学生进行过权利义务方面的教育？（如果进行过，您是怎么做的？）还有哪些老师进行过相关教育？在具体教育中，您更侧重对权利、义务哪方面的教育？您对当今的权利义务教育怎么看？在教学和管理中是怎样赋予学生权利的？您进行权利义务教育时都遇到哪些困难？您认为有效的解决之道是什么？

5. 您受过权利义务相关培训吗，通过何种方式参加培训的？

6. 您觉得老师的权利得到保障了吗？

学生访谈

1. 你们班是如何排座位的（成绩、与老师的关系）？

2. 你平时参与班级活动吗？如果参与，为什么？如果不参与，为什么？

3. 你平时有休息、娱乐的时间吗？如何看待休息得不到保证、娱乐受到干涉？你们锻炼的时间有保障吗？（和个人权利的关系，发展权）

4. 初中/高中毕业之后你有什么打算？你的这种想法从何而来？

5. 你们学校学生会、团委成员是怎么选出来的（自主性、门槛）？学生会、团委的作用如何？

6. 你是否知道你作为公民拥有哪些权利，应履行哪些义务？你是否认为这些权利和义务对你的日常生活重要？为什么？试举例。（你在购物时是否会索要发票？你认为你是否有权利要求政府公布税款的使用情况？）

7. 在维护自己的权利方面，你希望学校和教师提供哪些支持？

8. 你如何理解宪法？（你了解中华人民共和国宪法吗？你认为宪法有什么作用？宪法和我们有什么关系？）你知道联合国《儿童权利公约》吗？

9. 你觉得每个人生来都是平等的吗？

图书在版编目（CIP）数据

中国公民教育评论. 2017：公民权利意识与教育研
究／檀传宝主编. -- 北京：社会科学文献出版社，
2018.4

ISBN 978 - 7 - 5201 - 2392 - 1

Ⅰ.①中…　Ⅱ.①檀…　Ⅲ.①公民教育 - 研究 - 中国
Ⅳ.①D648.3

中国版本图书馆 CIP 数据核字（2018）第 043776 号

中国公民教育评论（2017）
——公民权利意识与教育研究

主　　编／檀传宝
副 主 编／班建武　林　可

出 版 人／谢寿光
项目统筹／任文武
责任编辑／丁　凡

出　　版／社会科学文献出版社·区域发展出版中心（010）59367143
　　　　　地址：北京市北三环中路甲 29 号院华龙大厦　邮编：100029
　　　　　网址：www. ssap. com. cn
发　　行／市场营销中心（010）59367081　59367018
印　　装／三河市东方印刷有限公司

规　　格／开本：787mm×1092mm　1/16
　　　　　印 张：26.25　字 数：415 千字
版　　次／2018 年 4 月第 1 版　2018 年 4 月第 1 次印刷
书　　号／ISBN 978 - 7 - 5201 - 2392 - 1
定　　价／78.00 元

本书如有印装质量问题，请与读者服务中心（010 - 59367028）联系